향기 나는 인생 나침반
# 성공의 기적

향기 나는 인생 나침반
# 성공의 기적

**1판 1쇄 발행** 2025년 4월 25일

**저자** 황상준

**교정** 주현강　**편집** 문서아　**마케팅·지원** 김혜지

**펴낸곳** (주)하움출판사　**펴낸이** 문현광

**이메일** haum1000@naver.com　**홈페이지** haum.kr
**블로그** blog.naver.com/haum1000　**인스타그램** @haum1007

**ISBN** 979-11-7374-052-7(03190)

좋은 책을 만들겠습니다.
하움출판사는 독자 여러분의 의견에 항상 귀 기울이고 있습니다.
파본은 구입처에서 교환해 드립니다.

이 책은 저작권법에 따라 보호받는 저작물이므로 무단전재와 무단복제를 금지하며,
이 책 내용의 전부 또는 일부를 이용하려면 반드시 저작권자의 서면동의를 받아야 합니다.

향기 나는 인생 나침반

# 성공의 기적

프롤로그

## 모두가 원하는 성공
## 내가 주인공이 되는 지름길

자신의 분야에서 성공하는 사람들은 과연 얼마나 될까?

지금 세상은 성공하는 것이 기적이라는 표현을 할 정도로 힘든 세상이 되었다. 사회생활은 야생의 정글처럼 맹수들이 즐비하다. 갈수록 경쟁률은 높아지고 세상의 변화가 심하여 대응하는 것이 만만치 않아 목표를 이루기가 쉽지 않은 것이 현실이다.

내가 어떻게 대처하느냐에 따라 성공과 실패의 변곡점이 달라진다. 정상에 설 수 있는 기회가 나에게 다가올 수 있도록 열정을 품고 자신에게 투자해야 한다. 내면의 잠재의식은 무궁무진하므로 그것을 어떻게 깨워 주어 창조하느냐가 성공의 관건이다.

## 성공은 시련과 위기 극복의 결과물이다!

　정상에 선 사람들은 자신이 하는 일에 모든 것을 바친 사람들이라 해도 과언이 아니다. 신이 인간에게 시련을 주는 것은 우리가 고통을 당한 만큼 큰 그릇으로 만들어 주기 위한 과정이라고 생각하면 된다. 살다 보면 뜻대로 되는 것보다 안 되는 일들이 훨씬 많다.
　하지만 절망 속에서도 희망의 꽃은 피어난다. 대부분 몇 번씩 실패의 쓴맛을 본 후 성공하기 마련이다. 우리는 성공할 수 있는 잠재 능력과 위대한 일을 창조할 수 있는 유전자를 갖고 있다. 자신의 능력이 드러난 것은 빙산의 일각에 불과함을 믿고 더 큰 세상을 향해 나아가야 한다.


## 성공하려면 어떻게 해야 하는가?

　성공한 사람들이 어떻게 이루어 냈는지, 살아온 삶이 어떠한지 유심히 관찰할 필요가 있다. 성공은 쉽게 이루어지는 것이 아니므로 자신의 장점과 재능을 발휘하여 찾아내야 한다. 그 누구도 당신의 꿈을 제한할 수 없다. 우리는 무궁무진한 잠재력을 지닌 존재이다.
　거센 파도가 유능한 선장을 만들 듯이 실천하는 자에게 반드시 기회가 오기 마련이다. 세상을 바꾸어 나가는 것은 결국 인간이고, 인간을 바꾸는 것은 지혜와 창조이다. 당신의 꿈이 세상을 바꿀 수도 있음을 명심하라.

1부는 자기 계발서로 성공에 접근할 수 있는 방법에 중점을 두었고

2부는 상대방 장점과 단점, 경제관, 상황에 맞게 대처하는 TIP까지 기술해 주었다.

성공하려면 반드시 좋은 인연을 만나야 한다. 그러기 위해서는 사람을 보는 안목을 키워야 한다. 업무 파트너나 경쟁자의 성향을 본 서적을 통하여 빠르게 체득하여 현장에서 유익하게 활용하기 바란다.

국내 최초로 생일과 혈액형을 접목시켜 240가지로 분류, 상대방 성향을 쉽고 빠르며 정확하게 파악할 수 있도록 하였다. 동양철학의 원리이므로 성향이 혈액형 4가지에 모두 포함되나 가장 돋보이는 성향을 해당 혈액형에 설명하였다.

유명 인사도 남녀별로 구분하여 20명을 해당하는 일간에 설명해 주어 흥미를 가미하여 지루하지 않게 구성하였다. 임상 실험한 결과 처음 보는 사람도 일간과 일주의 정확도가 80~90% 이상 된다고 자부하는 바이다. 물론 오행이 자기 계절에 태어난 사람은 정확도가 더욱 높고 자기 계절이 아닌 사람은 성향이 조금 옅어지는 특성이 있다는 것을 알고 보면 참작이 될 것이다.

끝으로 영원한 인생의 스승이신 법운 큰스님께서 자비심을 베풀어 주시고 큰 가르침을 주신 은혜를 조금이라도 보답하는 날이 오기를 고대해 본다. 많이 부족한 글을 넓은 아량으로 받아 주고 좋은 책으로 출간해 준 하움출판사 문현광 대표와 주현강 편집자, 문서아 디자이너에게

감사를 드리는 바이다.

  앞으로 독자 제현들의 무궁한 발전과 성공을 달성하는 데 조금이라도 보탬이 되기를 기원한다.

모악산에서 **황 상 준**

## 제1부
## 위기를 기회로 바꾸는 성공의 기술

### 1. 미쳐야 성공한다 — 14
- 간절하게 추구하라 — 14
- 진정한 성공의 길 — 16
- 제대로 미쳐 보자 — 18

### 2. 기회는 반드시 온다 — 20
- 준비하는 자에게 기회가 있다 — 20
- 절망 속에서도 희망의 꽃은 핀다 — 22
- 거센 파도가 유능한 선장을 만든다 — 23

### 3. 꿈에 투자하라 — 26
- 꿈은 이루어진다 — 26
- 희망은 면역력을 높여 준다 — 28
- 꿈은 여행 지도다 — 29

### 4. 개천에서 용이 나온다 — 32
- 결승점에 먼저 도착하는 자가 이긴다 — 32
- 자기 계발의 힘 — 33
- 시련을 이겨 내야 프로다 — 35

### 5. 인연의 소중함 — 37
- 하늘에서 내려 준 귀중한 선물 — 37
- 인연은 인맥이자 자산 — 39
- 내 곁에 있는 소중한 사람 — 40

### 6. 존재만으로도 축복　　　　　　　　　　42
- 나는 사랑받기 위해 태어났다　　　　　42
- 내 인생은 나의 것　　　　　　　　　　44
- 나를 찾아 떠나는 여행　　　　　　　　46

### 7. 인생은 사이클　　　　　　　　　　　48
- 나무가 아닌 숲을 보라　　　　　　　　48
- 지금도 늦지 않았다　　　　　　　　　49
- 전화위복을 믿어라　　　　　　　　　51

### 8. 사랑과 행복을 위해　　　　　　　　53
- 사랑하고 또 사랑하자　　　　　　　　53
- 소소한 행복 누리기　　　　　　　　　55
- 좋은 에너지를 축적하라　　　　　　　56

### 9. 미완성 그림　　　　　　　　　　　　58
- 더불어 사는 삶　　　　　　　　　　　58
- 평상심을 유지하라　　　　　　　　　60
- 감사하는 삶이 행복하다　　　　　　　61

### 10. 성공의 비밀　　　　　　　　　　　64
- 명리 사상과 인생　　　　　　　　　　64
- 성공할 확률을 높여라　　　　　　　　65
- 희망의 등대가 되어라　　　　　　　　66

- 책을 마치며　　　　　　　　　　　　　70

## 제2부
# 상대를 파악하는 성공의 비밀

## 甲(갑)에 대한 해설　　　　　　　　　　　　　73
- 남성의 특징 : 김성주　　　　　　　　　　　73
- 여성의 특징 : 황정음　　　　　　　　　　　77
- 甲(갑) 일주(日柱) 혈액형과 해설　　　　　81

## 乙(을)에 대한 해설　　　　　　　　　　　　　84
- 남성의 특징 :장근석　　　　　　　　　　　　84
- 여성의 특징 : 김수현　　　　　　　　　　　88
- 乙(을) 일주(日柱) 혈액형과 해설　　　　　92

## 丙(병)에 대한 해설　　　　　　　　　　　　　95
- 남성의 특징 : 김구라　　　　　　　　　　　95
- 여성의 특징 : 고현정　　　　　　　　　　　99
- 丙(병) 일주(日柱) 혈액형과 해설　　　　103

## 丁(정)에 대한 해설　　　　　　　　　　　　106
- 남성의 특징 : 유재석　　　　　　　　　　106
- 여성의 특징 : 하희라　　　　　　　　　　110
- 丁(정) 일주(日柱) 혈액형과 해설　　　　114

## 戊(무)에 대한 해설　　　　　　　　　　　　117
- 남성의 특징 : 반기문　　　　　　　　　　117
- 여성의 특징 : 박세리　　　　　　　　　　121
- 戊(무) 일주(日柱) 혈액형과 해설　　　　124

## 己(기)에 대한 해설　　　　　　　　　127
- 남성의 특징 : 이회창　　　　　　　127
- 여성의 특징 : 장윤정　　　　　　　131
- 己(기) 일주(日柱) 혈액형과 해설　　135

## 庚(경)에 대한 해설　　　　　　　　138
- 남성의 특징 : 정주영　　　　　　　138
- 여성의 특징 : 한명숙　　　　　　　142
- 庚(경) 일주(日柱) 혈액형과 해설　　146

## 辛(신)에 대한 해설　　　　　　　　149
- 남성의 특징 : 이명박　　　　　　　149
- 여성의 특징 : 김태희　　　　　　　153
- 辛(신) 일주(日柱) 혈액형과 해설　　157

## 壬(임)에 대한 해설　　　　　　　　160
- 남성의 특징 : 싸이　　　　　　　　160
- 여성의 특징 : 고두심　　　　　　　164
- 壬(임) 일주(日柱) 혈액형과 해설　　168

## 癸(계)에 대한 해설　　　　　　　　171
- 남성의 특징 : 홍석현　　　　　　　171
- 여성의 특징 : 김연아　　　　　　　175
- 癸(계) 일주(日柱) 혈액형과 해설　　179

# 제3부
# 만세력

- 1966~2005　　　　　　　　　　　184

제1부

# 위기를 기회로 바꾸는 성공의 기술

# 1 미쳐야 성공한다

## 👆 간절하게 추구하라

　자신이 하는 일에 미쳐야 성공할 수 있는 시대이다. 열정을 품고 자신이 하고자 하는 일에 미치지 않고서는 성공하기 어렵다. 성공은 능력도 중요하지만 자신에 대한 믿음과 열정에 의해서 결정된다. 성공할 수 있다는 신념으로 자기 자신을 믿으며 행동할 때 비로소 길이 열린다.
　과거에는 남들보다 조금만 더 노력하면 성공할 수 있는 시절도 있었다. 하지만 현대 사회는 스펙을 쌓은 사람들이 너무 많다 보니, 경쟁이 너무 치열하다. 경쟁자를 물리치고 우뚝 서는 성공의 비결은 자신에 대한 믿음이다. 자신에 대한 믿음과 확신은 성공의 마중물이다.

　좋아하는 일을 찾아 열정을 쏟아부으면 그 일에 미칠 수 있다. 일에 미친다는 것은 즐거운 마음으로 삶의 희망을 껴안는 것이며 성공의 열쇠를 움켜잡는 것이다. 행동해야 변화하고 변화의 과정에서 독보적인 전문가가 되어야 성공의 길로 다가설 수 있다. 용기와 믿음을 갖고 실천한다면 남들보다 먼저 성공할 수 있다. 큰 웅지를 품은 사람은 작은 것에 연연하지 않는다.

뜻을 세우고 성공하기 위해서는 간절함이 절실하다. 자기 자신을 믿고 성공을 간절하게 원하라. 도중에 실패해도 좌절하지 않는 인내력과 추진력은 성공의 지름길이다. 간절함은 지친 나를 다시 일으켜 세우고 앞으로 나아가게 한다.

미국 보험업계의 전설이며 최연소 백만장자로 기네스북에 오른 폴 마이어. 어려운 여건을 딛고 화려하게 성공하여 마침내 신화가 되었다. 젊은 시절에 폴 마이어는 면접에서 무려 57번이나 떨어진 끝에 겨우 보험회사에 취직하게 된다. 간신히 합격한 회사조차 소심하고 내성적이며 말을 더듬는다는 이유로 3개월 만에 해고를 당한다. 어렵게 취업했지만, 뜻도 펼치기 전에 해고된 그는 자신에 대한 실망과 낙담으로 모든 것을 포기한 채 노숙 생활까지 하게 된다.

그는 삶의 의욕을 잃고 무기력하게 지내던 어느 날, 자살하려고 미시시피강으로 갔다. 강변에 있는 사람들 모두 행복한 표정으로 경치를 즐기고 있는 것을 보게 된다. 순간, 죽는다는 것이 너무 억울하다는 생각을 하게 되었다. 그는 죽는 대신 꼭 성공해 보리라는 결심을 하고 발길을 돌렸다.

폴 마이어는 성공한 사람들을 만나 본 후 그들의 성공 노하우를 분석한다. 그 결과 성공한 사람들이 공통적으로 '뚜렷한 목표 의식', '적극적인 태도', '좋은 습관'을 가지려고 노력했다는 사실을 알아낸다.
성공한 사람들을 만나면서 나도 할 수 있다는 확신을 가진 그는 보험회사에 다시 입사했다. 성공한 자신의 모습을 이미지화하며 자신감을 갖고 열정적으로 일했다. 열심히 뛰어다니자 실적이 오르는 것은 당연했다.

탄력을 받아 더욱 열정적으로 뛴 결과 폴 마이어는 마침내 기네스북에 오르는 최고의 명성과 함께 보험업계의 전설이 되었다.

자신감으로 보험업계에서 대성공을 거둔 그는 과감하게 보험업계를 떠나 '성공 동기부여 인터내셔널(Success Motivation Institute)'을 설립한다. 자신의 성공 노하우와 인생철학을 공유하는 새로운 사업에서도 성공을 거둔 폴 마이어는 '자기 계발 연구의 창시자'로 불리게 되었다.

폴 마이어처럼 혹독한 실패의 쓴맛은 보약이 될 수 있으며 훌륭한 자산이 되기도 한다. 인생의 위기가 닥쳤을 때 기회의 문도 함께 열린다는 사실이다. 바닥으로 곤두박질치면 올라갈 기회만 남아 있다는 이치이다. 그러니 한두 번 실패했다고 해서 좌절하지 말고 다시 일어서는 용기가 필요하다.

 ## 진정한 성공의 길

성공의 시작은 명확한 목표로부터 시작된다. 열망하는 것을 얻기 위해서는 목표를 명확하게 결정하는 것이 중요하다. 목표를 정하려면 인생에서 무엇으로, 어떻게 성공하고자 하는지를 정확히 알아야 한다.

목표를 성취하기 위해 무엇을 해야 하는지 반드시 종이에 옮겨 써서 목록으로 만들자. 당신이 적어 놓은 미래의 삶에 대한 가치들은 성공으로 나아가는 중요한 동기부여가 될 것이다. 목표를 여러 사람에게 알리는 것은 각오를 더욱 확실히 하는 계기가 되며 주변에서 도움을 받을 수도 있다.

목표를 향해 도전하다 실패해도 두려워하지 않고 계속 두드리면 빛을 보게 될 날이 반드시 올 것이다. 자신의 목표가 확실하다면 지금 미천한 일을 한다고 해도 전혀 부끄럽지 않다. 승부수를 띄워야 할 때 과감하게 도전해야 더 높은 곳을 오르게 된다. 목표에 다가갈수록 당신은 즐거울 것이다. 즐거움은 곧 사명감으로 바뀌고, 사명감은 당신이 하는 일에 더욱 신명 난 힘을 보태 줄 것이다.

바둑은 조화를 이루는 게임이며 인생의 축소판이라 비유하기도 한다. 《목숨을 걸고 둔다》라는 책을 집필한 바둑 기사 조치훈 명인의 '휠체어 대국'에 관한 유명한 일화를 소개한다.

그는 1986년에 기성전 결승을 열흘 앞두고 교통사고로 전치 6개월의 중상을 당했다. 교통사고로 1국은 불참하여 실격패를 당한 그는 혼수상태에서 깨어나자 죽는 한이 있어도 바둑을 두겠다며, 의사의 만류에도 불구하고 깁스를 한 채 2국부터 참가한다. 4대 2로 져서 승리하지는 못했지만, 그의 정신력에 많은 사람이 감동의 박수를 보냈다.

정신력과 실천하는 힘이 강하기 때문에 어려운 여건에서도 일본 최고의 기사가 될 수 있었던 것이다. 이렇듯 한 가지 일에 미쳐야 정상에 설 수 있다는 것을 배워서 실행해야 한다. 자신이 하고 싶은 일에 집중하고 반복하다 보면 뜻도 이루고 대가도 따라온다. 저돌적으로 미친 듯이 노력하는 사람은 성공하지만, 적당한 수준은 뒤처질 수밖에 없다. 성공으로 가는 길에 쓴맛을 보는 사람은 일시적인 실패자일 뿐 영원한 패배자는 결코 아니다. 진정한 성공이란 조치훈 명인처럼 어렵고 고통스러운 상황이라도 결코 자신에 대한 믿음, 자신의 일에 대한 신념을 내려놓지 않는 것이다. 자신이 하고자 하는 일에 모든 뜻을 모으고, 좋지 않은 상황에서도 용기를 갖고 일어서는 것이 진정한 성공의 길이다.

 **제대로 미쳐 보자**

소프트뱅크의 손정의 회장은 "뜻을 세우는 일이 중요하다."라고 했다. 그러나 더 중요한 것은 계획한 것을 실천하는 추진력이다. 경쟁자는 나와 경쟁하는 상대가 아니라 자신과의 약속을 실행으로 옮겨서 이겨내는 사람이다. 치밀한 계획과 열정, 승부욕이 있어야 남들보다 앞서 나갈 수 있다. 결정을 내리기 전에는 신중해야 하지만 일단 결단을 내리면 무서운 추진력으로 돌파해야 한다.

인생은 원하는 대로 이루어지기보다 엇박자를 내고 나의 뜻과 다르게 다른 길로 가려고 기를 쓴다. 이것을 이겨 내고 스스로 주인이 되어 추진하는 사람만이 인생의 달콤함을 맛보게 된다. 계획했으면 추진해야 하고, 추진하면서 즐거운 마음으로 열정을 다해야 한다.

흥선대원군 이하응의 집권 전 일대기는 경외심을 갖게 한다. 안동 김씨 세도가들에게 멸시를 당하면서 왕족으로서의 권위도 내팽개친 채 살아남기 위한 몸부림은 실로 처절하다. 왕인 철종에게까지 '강화도령'이라는 별명을 붙이고 있던 안동 김씨 세력은 그에게도 '궁도령'이란 별명을 붙였다가 나중에는 '상갓집 개'라고 불렀다. 파락호로 행세하며 상갓집 개라는 치욕적인 상황에서도 그는 이를 악물고 훗날을 도모했다.

야욕을 숨기며 긴 시간 동안 수모를 견뎌 낸 흥선대원군. 미치광이 노릇을 하면서 야망을 위한 기반을 마련하는 과정은 보통 사람으로서는 감히 흉내 내기도 어렵다. 미쳐야 성공한다는 단면의 최고치를 보여 주었다 해도 과언이 아니다. 자신이 하는 일에 미쳐라. 그래야 성공한다.

자신의 분야에서 성공하여 정상에 서고 싶으면 그 무게를 감당할 각오와 노력으로 시작해야 한다. 성공은 시련과 위기 극복의 결과물이다. 정상에 선 사람들은 자신이 하는 일에 모든 것을 바친 사람들이라 해도 과언이 아니다. 꿈, 희망, 열정으로 일했음에도 그들 역시 실패의 길을 걸었다. 성공한 사람들이 일반인과 다른 것은 실패했을 때 주저앉지 않고, 실패의 위기를 기회로 삼아 더욱 열정적으로 해결했다는 점이다. 즉, 실패를 극복하고 이겨 냈기에 성공의 열쇠를 거머쥘 수 있었던 것이다.

우리는 성공할 수 있는 잠재 능력과 위대한 일을 창조할 수 있는 유전자를 갖고 있다. 훌륭한 유전자를 제대로 살리기 위해서는 자신이 좋아하는 일을 찾아야 한다. 하고자 하는 일을 찾았다면 열정을 갖고 제대로 덤벼들어 미쳐라.
험난한 협곡이 가로막아도 실망하지 않는 긍정의 힘으로 힘껏 밀어붙여라. 그러면 당신이 원하는 것이 정상에서 기다리고 있을 것이다. 정상으로 올라설 때까지 제대로 미쳐 보자!

## 2  기회는 반드시 온다

 **준비하는 자에게 기회가 있다**

    인생을 살아가다 보면 누구에게나 일생에 세 번의 기회가 있다고 한다. 백 세 시대를 사는 요즘에 기회가 단 세 번뿐이라면 너무 야박하다. 옛날에는 인간의 수명을 고려했을 때 청·장년기에 들어오는 대운의 시기를 특별히 세 번의 기회라고 명명했을 수도 있다. 인간이 가장 왕성하게 활동하는 시기에 들어오는 세 번의 기회라고 예상한 것이다. 현대에서 세 번의 기회만 있다는 말은 시의적절하지 못하다. 다양한 환경의 변화에서 오는 불확실성과 위기 속에서 기회는 언제나 존재하기 때문이다.

    기회를 잡기 위해서 자신의 장점과 아이디어를 활용한다면 훨씬 수월하게 잡을 수 있다. 자신의 장점을 살려 시간과 노력을 투자했을 때 그것이 기회라는 것을 즉각 알 수 있다. 기회를 보는 안목이 생겼다면 기회를 단 세 번뿐이 아니라 더 많이 발견할 수도 있다. 사람은 진정 이루고 싶은 일, 가치 있는 일을 할 때 흥이 나기 마련이다.

주어진 일을 즐겁게 하고 있고, 전문가가 되기를 희망한다면 기회를 보는 안목을 키워야 한다. 그러면 기회가 왔을 때 재빨리 기회를 잡을 수 있다. 위기 또한 도약할 수 있는 기회의 일부분이다. 위기가 왔을 때 너무 위축되지 말고 자신의 장점을 살려 새로운 길을 모색해야 한다. 그러면 성취감을 느끼게 되고 성취감은 당신을 성공으로 안내할 것이다.

미국의 석유왕 존 록펠러는 "사업에 성공하고 경제적인 부를 누리고 싶다면 노력만으로는 부족하다. 지혜를 끌어모아 적극적으로 기회를 만들 줄 알아야 성공할 수 있다. 행운을 잡고 싶다면 자신의 선택에 확신을 갖고 끝까지 밀고 나갈 수 있어야 한다."라고 말했다.

기회는 누구에게나 공평하게 찾아온다고 하지만 아니다. 준비된 자만이 그 기회를 잡을 수 있다. 오랜 시간을 준비하고 노력하는 자와 그렇지 않은 자의 기회가 똑같다는 것은 이치에 맞지 않는 논리다.
기회는 도전정신을 살려 스스로 만들어 나가는 것이다. 기회가 왔을 때 잡느냐 잡지 못하느냐는 각자 개인의 능력과 안목에 따라 달라진다. 안목이란 자신의 분야에 투자한 시간과 노력만큼 키워진다. 성공한 사람들은 야망을 키우면서 기회가 오면 놓치지 않는 특징이 있다. 기회가 왔을 때 잡는 것이 성공의 지름길이다.

흔히 무엇을 하든 운이 따라야 한다고 하는데, 운도 실력을 갖추고 준비가 철저하게 되어 있을 때 찾아온다. 운이 따르는 것도 성공한 사람과 실력자들의 공통점이다. 운이 따르는 사람들은 위기조차 긍정적으로 받아들인다. 반면에 실패하는 사람들은 위기 때 "이것은 안 돼." 하면서

부정적인 기운을 불러 모은다.

항상 긍정적인 마인드로 임해야 운도 따라온다. 성공과 실패의 분기점은 좋은 습관을 지니고 사느냐 아니면 나쁜 습관이 몸에 젖어 있느냐의 차이다. 그중에서도 태만과 게으름은 가장 경계해야 한다. 노력하지 않는 사람에게 기회란 존재하지 않는다.

##  절망 속에서도 희망의 꽃은 핀다

살다 보면 뜻대로 되는 것보다 안 되는 일들이 훨씬 많다. 한 번에 성공한다는 것은 정말로 운이 좋은 사람이 아니면 쉽지 않다.

대부분 몇 번씩 실패의 쓴맛을 본 후 성공하기 마련이다. 불가능하다는 강박관념에서 벗어나 자신감을 갖고 도전을 해야 불가능을 성공으로 바꿀 수 있다. 절망 속에서도 희망의 꽃은 핀다.

하는 일마다 항상 성공할 수는 없다. 그러니 실패를 두려워하지 마라. 실패가 주는 교훈으로 문제를 파악하여 성공의 받침대로 삼아야 한다.

자신의 능력이 드러난 것은 빙산의 일각에 불과함을 믿고 더 큰 세상을 향해 나아가야 한다. 자신을 절대 믿어라. 무궁무진한 당신의 능력을 마음껏 발휘하라. 운도 노력하는 당신 편이다.

하버드대학의 에드워드 밴필드 박사는 50년 이상 연구를 진행한 끝에 '몇 년 후의 미래까지 생각해 현재의 결정을 내리는 장기적 안목'이 삶의 경제적, 개인적 성공을 좌우하는 가장 중요한 요인이라고 했다.

성공하고 싶고 돈을 벌고 싶으면 돈을 좇아가는 것이 아니라 돈이 나를 따라오게 해야 한다. 장기적 안목을 발휘하여 자신이 하는 일에 열정적으로 집중하다 보면 부와 명예는 결코 배신하지 않을 것이다.

중국 춘추시대의 백규라는 사람은 상업에 천부적인 재능을 타고났다. 전쟁터에서 실수는 생명을 보장할 수 없다는 것을 일찌감치 간파한 그는 장사도 전쟁하듯이 하라고 2,000년 전에 설파하였다. 사업에 실패하면 재기하기까지 엄청난 시간과 열정이 필요하다는 것을 알았던 것이다.

'장사의 신'이라 불린 그는 박리다매의 상술을 응용하여 거상이 되었으며, 한참 뒤인 송나라 때에는 상성(商聖)으로 봉해질 정도였다.

그는 시장 변화를 주시하여 상황에 적합하고 빠르게 대처하였다. 때로는 역발상의 중요함이 시장 법칙의 기본이라며 유연한 대처를 강조했다. 일찌감치 '장기적 안목'으로 먼 미래를 내다보고 성공을 위해 계획하고 추진했다. 과정에서 실패도 있었지만, 실패를 발판 삼아 부가가치를 창출할 줄 알았던 것이다. 자신의 능력을 최대한 발휘하여 시장의 기능성을 알아보고, 철저한 계획에 따라 실천했던 백규의 사업 철학은 시간을 초월하여 배울 점이다.

##  거센 파도가 유능한 선장을 만든다

긍정적인 사람은 자신을 사랑하며 적극적으로 행동한다. 언제나 밝은 마음으로 일을 하고 사람들을 대하다 보니 스트레스에 훨씬 유연하게 대처할 수 있는 능력을 키우게 된다. 긍정적인 사람은 매사에 감사할 줄 알고 또 다른 감사를 불러들이고 행복한 마음을 전달한다. 그러나 모든 것을 부정적으로 대하는 사람은 스트레스가 쌓이게 되고, 결국 감사한 마음도 사라지게 되니 삶도 행복하기보다는 우울할 때가 더 많아지게 된다.

생각이 삶을 바꾼다. 좋은 생각은 좋은 행동으로 이어져 자연적으로 좋은 습관이 만들어진다. 좋은 습관은 결과적으로 좋은 일을 만들어 낸다. 어려운 상황이 닥치더라도 긍정적인 믿음으로 내면을 단단하게 하면 실패도 두렵지 않을 것이다. 긍정과 감사의 사고를 지니고 행동한다면 성공의 확률이 훨씬 높아진다.

어느 날, 밤을 쪄서 먹다가 불현듯 깨달은 것이 있다. 밤을 감싸고 있는 속껍질이 두꺼울수록 맛있고 속껍질이 얇을수록 물렁하다. 속내가 얇은 사람일수록 큰 나무는 되지 못한다는 것을 조그만 밤에서 알게 된 것이다.

주변을 돌아보면 부를 이어받은 부자도 있지만, 어려운 환경에서 시련을 딛고 자수성가한 사람들도 많다. 성공하기까지 수십 번 쓰러지고 처절할 정도로 몸부림치면서 오뚝이처럼 일어서는 이야기는 감동적이다. 인간도 내면이 긍정적으로 단단해야 성공의 가능성이 커진다. 긍정적 사고는 성공의 기회를 불러온다.

에디슨은 전구를 발명하기까지 무려 1만 번에 가까운 실험을 반복했다고 한다. 발명왕이라는 성공을 이루기까지는 실패를 두려워하지 않고 끊임없이 노력하는 긍정적인 도전정신이 있었기에 가능했던 것이다.

세상에 불가능한 일은 없다. 그 누구도 당신의 꿈을 제한할 수 없다. 성공하려는 의지만 굳건하다면 어떠한 것이든지 해낼 수 있는 것이 인간이다. 실패를 두려워하지 않는 성공에 대한 신념과 긍정은 자신을 지탱할 수 있게 해 주는 원동력이다.

불가능하다는 고정관념에서 벗어나 넓은 세상으로 뛰쳐나와라. 목적을 달성하지 못하고 실패하는 경우도 생기겠지만 그래도 긍정의 마음으로 다시 일어서야 한다. 추락을 두려워한다면 성공할 기회마저 없다. 성공은 실패를 두려워하지 않고 위기를 극복하는 것이며, 강한 의지와 땀과 노력이라는 대가를 반드시 요구한다.

당당하고 멋지게 성공한 자신의 미래를 꿈꾸면서 실천하는 삶은 아름답다. 인간은 위대한 일도 창조할 수 있는 무궁무진한 잠재력을 지닌 존재이다. 성공한다는 긍정적인 마인드로 한계에 도전하면 이루지 못할 일이 없다. 어려운 환경에서 새로운 것을 창조하여 개척해 나가는 것은 얼마나 멋진 일인가.

물 들어올 때 노 저으라는 말이 있듯이 기회가 왔을 때 주저하지 말고 밀어붙여야 한다. 성공한다는 비결은 오로지 끝까지 포기하지 않고 최선을 다하는 것이다. 거센 파도가 유능한 선장을 만들 듯이 준비한 자에게 기회가 온다.

성공에 대한 집념은 격렬한 열정을 불타오르게 한다. 세상을 바꾸어 나가는 것은 결국 인간이고, 인간을 바꾸는 것은 지혜와 창조이다. 당신의 꿈이 세상을 바꿀 수도 있음을 명심하라!

# 3  꿈에 투자하라

## 👆 꿈은 이루어진다

인간은 한 치 앞을 모르는 미래의 불안감 속에서 살아간다. 스스로 인생을 개척해서 발전시켜 나가는 것 또한 인간만의 특권이자 주어진 숙제이다. 그렇기에 웅지를 품고 노력하여 목표에 도달한 사람도 있겠지만 꿈을 이루지 못한 사람이 더 많은 게 현실이다.

원하는 것을 이루지 못한 사람들이 많기에 꿈이라고 부른다. 자신에게 가장 중요하고 소중한 것을 담은 것이 꿈이니 간절히 원해야 한다. 이루고 싶은 꿈은 소중하게 가꾸고 키워 나가야 한다.

성공하고 싶은가? 웅대한 꿈을 꾸어라. 반드시 성공할 것이라 확신하라. 꿈은 반드시 이루어진다. 꿈은 명확하고 구체적이어야 한다. 성공을 꿈꾸는 사람은 성공할 자격이 주어지며, 꿈꾸지 않는 사람보다 훨씬 앞서게 된다.

인간의 능력은 무한하다. 잠재의식이 무궁무진하고 발상이 풍부하여 상상력의 끝을 알 수 없을 정도로 무한대다. 현대 시대는 직업이 다양해져서 도전할 것이 많아졌다. 잠재의식 속에서 발상을 찾아내 한 가지 분야에서 확실한 프로가 되어 보자. 그래야 성공의 가능성이 크다. 개인의 역사가 성공으로 만들어지기 위해서는 부단히 경험을 쌓아야 한다.

2002년 월드컵 당시에 "꿈은 이루어진다."라는 대형 현수막이 우리의 가슴을 뜨겁게 했었다. 그리고는 마침내 거짓말처럼 월드컵 4강에 올랐다. 꿈꾸던 것이 현실로 나타난 것이다. 흙 속에 숨겨진 보석도 세상 밖으로 나와 가공되어야 아름다운 빛을 보듯이 우리의 꿈도 언젠가는 찬란하게 피어날 것이다. 꿈은 반드시 이루어진다.

성공한 사람들도 모두 실패를 경험했다. 당신도 실패를 경험했다면 성공으로 가는 첫걸음이라 생각하고 실패의 원인을 찾아 처리하면 된다.

내일은 또 다른 태양이 떠오르듯이 현재 처한 상황이 어렵고 힘들더라도, 포기하지 말고 발상을 전환하여 끝까지 도전하면 좋은 결과가 반겨 줄 것이다.

지금 살고 있는 집의 문에 구멍이 있는데 그 사이로 벌이 집을 지었다. 시간이 지나면서 개체 수가 늘어나더니 방 안으로 들어오기도 하지만, 벌들의 생명도 소중하여 같이 산다. 벌들은 얼마나 근면한지 새벽부터 해 질 녘까지 쉬지 않고 일을 한다. 조그만 생명체가 하루 종일 열심히 일하는 모습을 보면서 '만물의 영장이라고 자부하는 인간이 나태하면 안 되겠구나.' 하고 느낀 것이 많다.

벌들처럼 미래에 대해 투자해야 한다. 실패의 두려움을 이겨 내고 한계에 도전하라. 성공한 자신의 모습을 꿈꾸며 경영자의 관점에서 행동한다면 당신의 인생은 분명 성공의 길을 걸을 것이다. 인생을 살다 보면 늘 성공할 수만은 없다. 목표를 향해 가다 보면 실패도 할 수 있다. 일희일비(一喜一悲)하지 말고 목표를 향해 정진하자. 그러다 보면 우뚝 선 자신의 모습을 보게 될 것이다.

##  희망은 면역력을 높여 준다

제롬 그루프먼(Jerome Groopman) 하버드대 의학 교수는 "미래에 대한 믿음과 희망이 면역력을 높여 주고 건강을 주지만, 미래에 대한 상실은 면역력을 떨어트려 건강을 잃는다."라고 했다. 또한 "희망이란 사고와 느낌이 섞이면서 발생하며, 그 느낌은 몸의 기관들과 조직들이 보내온 신경 정보에 의해서 생겨난다. 도미노의 효과처럼 각각의 결과가 다음번의 결과를 더욱 크게 만드는 연쇄반응을 희망으로 보았다."라고 했다.

긍정적인 꿈과 희망을 품는 것은 인간만이 누릴 수 있는 특권이다. 개인의 장점과 능력은 신이 선물한 귀중한 보물이다. 잠재적 능력이 보석으로 빛을 내기 위해서는 힘든 과정을 딛고 일어서야 한다.

강남은 대한민국의 중심지답게 꿈과 욕망, 돈과 사람이 집결된 특별한 장소이다. 강남에서는 기발한 발상만 잘하면 수입이 몇 배가 될 정도로 다른 세상이다. 어떻게 경제활동을 해야 할지 막막하여 컨설팅을 받으려고 하니 시간당 220만 원을 요구하였다. 1년간 노하우를 교육하고 진출시키는 데 2천3백만 원을 받는다고 한다.

고액의 수업료를 내야 하지만 그곳을 졸업하기 전에 투자 금액보다 몇 배 수익을 창출할 수 있다면 충분히 도전해 볼 만한 가치가 있다고 생각한다. 강남에서의 생활은 개인적으로 꿈을 이루어 가는 유익한 시간이었다.

상류층으로 진입하고 싶다면 성공한 사람들의 좋은 습관을 습득하는 것도 도움이 된다. 기회가 된다면 로터리나 라이온스 클럽 모임에 들어가서 활동하는 것도 좋은 방법이다. 가급적 CEO(Chief executive officer) 과정 모임에 가입하여 활동하기를 적극적으로 추천한다. 함께 활동하다 보면 친목과 인맥도 넓히고 사회생활을 하면서 얻는 것이 많다. 자신의 그릇이 좀 더 커지고 성숙하는 발전적인 모습을 보게 될 것이다.

 꿈은 여행 지도다

낭만주의 대표 작가인 프랑스 빅토르 위고(Victor Hugo)는 "용감한 사람도 소중한 꿈을 잃어버리면 나락으로 떨어져 공허함에 휩싸일 것이다. 인생은 여행과 같고, 꿈은 여행 지도와 같다. 지도를 잃어버리면 가던 길을 멈출 수밖에 없는 것처럼 인생에 목표가 없다면 열정도 메말라 버린다."라고 말했다.

삶을 소중하게 이끌어 가는 것은 꿈과 열정이다. 이루고 싶은 꿈은 소중하게 가꾸고 키워 나가야 한다. 꿈이 있으면 열정적으로 살게 되고, 열정은 꿈을 이루게 해 준다. 부자가 되고 싶은 것이 꿈이라면 부자가 되는 꿈을 키우면서 도전하면 된다.
선생님이 되는 것이 꿈이라면 부단히 임용고시를 준비하고, 사업가가 되고 싶다면 당장이라도 구체적으로 계획을 짜고 실행하라. 꿈이 이루어진다면 당신의 인생은 보다 보람찰 것이다. 만약 꿈이 없다면 오늘이라도 만들어 보자. 꿈을 이루지 못한다 해도 도전정신과 경험은 자존감을 높게 만들 것이다.

나는 판사가 되는 것이 꿈이었다. 초등학교 다닐 때 집에서 멀지 않은 곳에 법원이 있었다. 틈만 나면 법원으로 달려가 재판 과정을 지켜보았다. 어린 나이에도 재판하는 과정을 구경하는 것이 그렇게 신기하고 재미있을 수가 없었다. 근엄해 보이는 판사의 법복과 높은 자리에 앉아 피의자들에게 판결하는 것이 너무 멋지게 보였다.

맹모삼천지교를 논하지 않더라도 주변 환경이 얼마나 중요한지 누구나 공감할 것이다. 내가 성장한 곳은 대형 시장이 있는 동네였다. 보고 배우는 장소가 교육에 좋지 않은 것은 자명한 사실이었다. 주변에는 중학교를 졸업하지 못한 친구도 있었을 뿐 아니라 나쁜 짓을 하다가 교도소에 가는 선배들도 많았다.

나는 중학교를 간신히 졸업하고 나쁜 친구들과 어울렸다. 그러면서도 마음속으로는 '이게 아닌데.' 하는 생각에 방황이 심했다.

군대에 갔는데 소대원 중에 나만 중학교 졸업 학력인 것에 자존심이 상하고 창피했다. 나는 군 생활에 어느 정도 적응하자 마음을 독하게 먹고 고졸 검정고시를 준비하였다. 취침 시간에는 잠을 줄이고, 옆의 전우에게 피해를 줄까 봐 모포를 뒤집어쓰고 랜턴을 켜 놓고 공부도 해 봤다.

시간이 부족하니 오히려 정신적으로 열의가 불타올라 지독하게 매달려서 공부하기도 했다. 독학으로 고졸 검정고시에 합격했는데 부대장이 칭찬을 많이 해 주었다. 제대 후에는 서울에 있는 대학교에 들어가서 꿈에 그리던 대학생이 되었다. 세상을 얻은 기분이었다. 세상에 뜻을 품고 행하면 이루지 못할 것이 없다는 것을 그때 크게 깨달았다.

무엇을 이루고자 소망할 때 진인사대천명(盡人事待天命)을 생각하면서 실천하면 이루지 못할 것이 없다. 삶이 어렵거나 힘들 때는 일체유심조(一切唯心造)를 되새기면 한결 마음이 가벼워지며 위안을 받는다. 진인사대천명과 일체유심조는 서로 어울리지 않는 것 같으면서도 결국에는 일맥상통한다. 진리는 하나인 것이다.

인생은 예측하기 힘들고 오늘의 결정이 어떠한 결과로 나타날지 짐작하기 힘들다. 그러나 뜻이 있는 곳에 길이 있다. 시작은 어려워도 시간이 지나면 목표를 이루는 위대함이 우리에게는 존재한다. 꿈이 있기에 인생의 아름다움을 느끼며 멋진 삶을 살아가게 된다. 꿈에 투자하자! 당신의 꿈이 영롱하게 이루어지는 날이 찬란하게 올 것이다.

개천에서 용이 나온다

 결승점에 먼저 도착하는 자가 이긴다

    요즘은 개천에서 용이 나지 않는다고 한다. 환경의 지배를 받으면서 그만큼 살아가기 어렵다는 이야기일 것이다. 취업하지 못하는 사람들도 많고, 젊은 사람들도 비전이 없다며 힘들어한다. 가능성은 전보다 적어졌다 해도 자신이 어떻게 개척하느냐에 따라 달라질 수 있다.

    물론 부모 잘 만나서 고생 없이 살아갈 수 있다면 좋겠지만, 그렇지 못하다고 해서 너무 실망할 필요는 없다. 부자 부모를 둔 자녀는 출발점에서 앞서고 가난한 부모를 둔 자녀는 출발이 느리다는 차이만 있을 뿐이다.

    출발점은 다르지만, 결승점에 누가 먼저 도착할지는 세상사 아무도 모르는 일이다. 그러므로 부모가 잘산다고 해서 으스대지 말고 가난하다고 해서 기죽거나 움츠러들 필요가 없다. 공부를 열심히 해서 사회적 기반을 마련하거나, 사업을 시작하려는 사람은 종잣돈을 마련해서 마중물을 만들어 가면 된다.

개천에서 용이 되려면 남들만큼 해서는 절대 이루지 못한다. 성공하는 사람들은 새로운 무언가를 시도하는 것을 절대 두려워하지 않는다. 강인한 정신력으로 시련과 고통을 극복하여 성공으로 끌어내고야 마는 것이다. 삶의 정글에서는 사소한 것들이 차이를 만들어 내고 문제를 해결하며 결국 승패를 가름한다.

문제가 생겼다면 어떻게든 해결하려는 습관을 지녀야 한다. 목표를 이루기 위한 행동의 습관과 실천 능력이 곧 결승점으로 가는 지름길임을 명심하자. 현재 주변 환경이 어렵다고 해서 패배의식에 젖을 필요는 없다. 인생에서 지나가는 하나의 과정일 뿐이다. 불가능이 없다는 것을 믿으면 무한한 잠재의식은 반드시 소망을 이루게 할 것이다.

##  자기 계발의 힘

인간은 누구나 자신만의 재능과 소질이 있다. 자신을 대중에게 알리려면 자신의 재능을 펼쳐야 한다. 현대사회는 변화가 빠르다. 변화를 빨리 체감하여 의식을 변화시키기 위해서 남들과 다른 자기만의 재능이 필요한 것은 당연하다. 자신만의 노하우로 남들 앞에서 자신감으로 호감을 주는 것은 성공으로 향하는 지름길이다.

무한한 정보를 당신의 가슴과 머리에 끊임없이 담아 사고방식을 개선하라. 그러면 열정적으로 일하게 될 것이다. 열정은 당신을 성공으로 이끌 것이며 보다 더 현명한 판단을 내리게 할 것이다. 현재가 어렵다고 언제까지나 가난하게 살 수는 없지 않은가?

물줄기가 큰 강은 소리를 내지 않고 유유히 흐르지만 개울물은 소리가 요란하다는 것을 가슴 깊이 새겨야 한다. 진취적으로 노력하는 당신의 내일은 오늘보다 훨씬 더 빛날 것이다.

　성공하기 위해서는 어떠한 콘텐츠를 정할 것인가를 염두에 둔 자신만의 노하우 개발이 필요하다. 우주의 수많은 별이 저마다 빛나는 것처럼 신께서는 개인마다 특별한 장점을 갖고 태어나게 하였다.
　생각을 깊게 하고, 자기 계발을 통해 아이디어를 창출하려고 노력해야 한다. 조금만 신경 쓰고 들여다보면 틈새시장이 분명히 존재한다. 그 빈틈을 공략해 조그마한 아이디어라도 소중하게 생각하여 좋은 유실수가 되도록 키워 주어야 한다.
　나의 아이디어로 만든 제품이 있는데, 어느 회사에서 나에게 자본금을 투자하고 싶다고 하였다. 그만큼 아이디어가 중요하다. 기회가 왔을 때 장점을 살릴 수 있는 아이디어를 창출하는 것이 성공을 빠르게 앞당길 수 있다. 자신이 잘하는 장점을 살리는 일에 모든 역량을 집중한다면 반드시 좋은 결과를 얻게 될 것이다. 도전을 멈추지 않는 열정은 당신을 정상으로 올려놓을 것이다.

　압구정동에 큰 빌딩을 두 동이나 소유하고 있는 회장을 만나러 간 일이 있다. 건물 한 동의 임대료가 월 2억 정도라니 일 년이면 상당히 큰 금액이다. 대화가 끝나고 나오는데 회장이 직접 문을 열어 주고, 엘리베이터 앞에서 버튼을 눌러 준 다음, 문이 닫힐 때까지 기다렸다가 인사한다. 감동적인 모습이었다.
　그 회장은 지방에서 상경하여 고생을 무척 많이 했는데, 성공하고서도 흐트러짐 없는 모습을 보여 준다. 재물이 많다 보면 남을 우습게 생각하는 기본이 덜된 사람도 있는데, 회장 같은 사람을 만나면 존경심이 드는 것이 사실이다.

  부자가 되려면, 부자들이 어떻게 재산을 형성했는지, 살아온 삶이 어떠한지 유심히 관찰할 필요가 있다. 그들을 만나서 경험할 수 있으면 더욱 좋다. 정상에 서고 싶다면 존경하는 멘토를 자신만의 이상형으로 간직하고 그의 인생관과 철학을 배우는 것도 좋은 방법이다. 멘토는 틀림없이 많은 도움이 될 것이다.

##  시련을 이겨 내야 프로다

  셰익스피어는 "아플 때 우는 것은 삼류이고, 참는 것은 이류이며, 즐기는 것이 일류 인생이다."라고 했다. 프로는 즐겨야 한다고 하지만 말처럼 쉬운 일이 아니다. 프로는 혹독한 시련의 과정을 견뎌 내야 한다.

  세상은 넓고 올라갈 곳도 많아 보이지만, 우리가 사는 세상은 넓지만 올라갈 곳은 한정되어 있다. 높은 곳에 오르기 위해서는 공중전과 수중전에 이어 지하전도 있다는 것을 염두에 두어야 한다. 그것을 염두에 두고 기꺼이 행동하는 사람은 성공할 수 있다.

  실패를 거듭하면서도 다시 도전하는 것은 위험이 큰 만큼 보상 또한 지대하다는 것을 알기 때문이다. 하지만 대다수 사람은 높은 곳을 쳐다만 볼 뿐, 감히 용기를 내지 않는다. 그러면서도 낮은 곳에 있는 자신을 한탄한다. 세상을 살아가는 것은 절대로 만만하지 않다. 나태함 속에서 한탄만 하지 말고 일어나서 즉시 시작해야 한다. 게으른 자신을 경계해야 한다.

  에이브러햄 링컨 미국 대통령의 생애는 실패의 연속이었으나 패배를 극복하고 위대한 승리를 기록하였다. 그의 학력은 초등학교 중퇴이다. 가난한 농민의 아들로 태어나 어려서부터 노동을 하였기 때문에 학교 교육을 제대로 받지 못했다. 하지만 독학으로 변호사가 되었다.

하원, 상원 의원에 출마하였다가 두 번이나 낙선의 고배를 마셨다. 말도 잘하지 못하였으며 연설도 너무 짧게 한다고 혹평을 받았다. 하지만 포기하지 않고 끊임없는 노력으로 자신을 갈고닦아 나중에는 뛰어난 연설로 대중을 사로잡았다.

대통령으로 재임 시 나라가 남북으로 분열되어 역사상 가장 치욕으로 기록되는 최악의 유혈 사태를 겪었는데, 이것이 유명한 남북전쟁이다.

링컨은 계속된 패배에도 불구하고 심기일전해서 결국 위대한 승리를 거두었다. 미국 역사상 가장 위대한 대통령으로 칭송받는 인물이 된 것은 불굴의 의지와 집념이 있었기 때문이다.

자신의 환경이 어렵다고 한탄한들 달라지는 것은 아무것도 없다. 부유한 환경에서 자란 사람은 작은 시련에도 좌절하고 일어서지 못하는 경우가 생기지만, 잡초처럼 모든 것을 겪은 사람은 힘들고 어려워도 쓰러지지 않는다. 가난한 가정에서 태어났다면, 부자인 가정에서 태어난 사람보다 몇 배의 노력을 해야겠지만, 이것 또한 운명으로 새로 개척하면서 성공으로 향하는 커다란 힘이자 자산이다.

내면에 숨어 있던 잠재의식을 깨우면 엄청난 일이 생기지 말라는 법도 없다. 결승점에 도착하는 그날까지 웅지를 품고 시련을 이겨 내야 한다. 운명 앞에 좌절하지 말고 인생의 승리자가 되어 행복한 결실을 맺도록 해야 한다. 웅지의 날개를 펼쳐 용이 되어 날아 보자!

# 5 인연의 소중함

 하늘에서 내려 준 귀중한 선물

인간은 고독한 존재이다. 고로 인간은 혼자서 살아갈 수 없는 동물이다. 누구나 인생을 살다 보면 각자의 영역에서 자의든 타의든 수많은 사람과 인연을 맺게 된다. 가족이나 친구는 하늘에서 내려 준 귀중한 선물이다. 사람의 인연은 하늘이 맺어 주고 그 몫은 인간이 만든다는 이야기가 있다. 그만큼 인간관계에 신중을 기해야 한다.

사람의 복 중 으뜸으로 여기는 것이 인복이라고 한다. 사람과 사람의 관계가 중요하다는 것을 의미하며 인연의 중요성을 강조한다. 불교에서는 옷깃만 스쳐도 500겁 인연이고 부부의 인연이 되려면 7,000겁의 인연이 있어야 한다고 했다.

1겁이란 4억 3200만 년으로 천 년에 한 번 지상에 내려온 선녀가 치맛자락을 스쳐 큰 바위가 닳아서 없어질 때까지 걸리는 시간이라고 한다. 감히 헤아릴 수조차 없는 시간이다. 그만큼 인연이 소중하다는 것을 일깨워 준다.

사회생활에서 인간관계가 중요한 것은 어떠한 사람을 만나느냐에 따라 자신의 인생이 달라질 수 있기 때문이다. 사람을 만나다 보면 인생의 벗이 되고 멘토가 되는 사람이 있는 반면에 얽혀서는 안 될 인연을 만나는 경우도 생긴다. 그렇기에 진정한 사람과 의미 없는 인연을 구분하는 안목을 길러야 한다.

좋은 인간관계를 오래 지속하려면 내가 조금 손해 보고 산다는 희생정신이 있어야 틀이 깨지지 않는다. 사람의 인연은 원만할 때는 한없이 좋다가도 싫은 소리를 하거나 다툼이 생기면 서운함이 넘쳐흐른다. 방치하면 마음이 완전히 돌아서고 돌처럼 굳어 관계 회복이 쉽지 않다. 그렇게 되기 전에 화해하는 타이밍이 절대 필요하다.

서로 만난 지 얼마 되지 않아도 마음이 유달리 잘 맞는 사람이 있다. 사회에서 만난 지 30년 정도 된 1급 장애우가 있는데, 내가 참으로 존경하는 분이다. 그분은 하반신 마비에 등이 많이 굽었다. 그분과 함께 외국 여행도 하고 수시로 만나 살아가는 이야기도 나누면서 가르침을 많이 받는다.

인생은 순리대로 살아야 한다고 말하는 그분은 죄는 지은 대로 가고 공은 닦은 대로 간다고 누차 강조한다. 맞는 말이다. 세상엔 육체적으로 장애가 없지만, 정신적으로 장애가 있는 사람들이 많다는 것을 생각해 봐야 한다.

그분과 이야기를 나누다 보면, 정직하게 열심히 일하는 것이 얼마나 인간적인지를 느끼게 된다. 자신의 일을 열심히 하는 것, 미래를 향해 어떤 상황이든 긍지를 갖고 산다는 것은 분명 성공적인 인생이다.

**인연은 인맥이자 자산**

인간관계에서 큰 나무 덕은 못 보아도 큰 사람 덕은 본다는 어른들 말씀이 있다. 꼭 덕을 보려고 하는 것은 아니지만 사람을 잘 사귀어 놓으면 나에게 이로움을 줄 때가 반드시 온다는 말이다. 사회생활을 할 때 인간관계를 잘 유지하는 것은 성공의 밑거름이자 가장 큰 원동력이 된다. 좋은 사람이 곁에 있다는 것은 계산할 수 없는 무궁무진한 자산이다.

아쉬울 때는 간이라도 빼 줄 것처럼 하다가도 어려움이 없어지면 언제 그랬냐는 듯이 안면을 싹 바꾸는 사람들도 존재한다. 믿었던 사람에게 배신을 당하면 잊히지 않고 상처가 평생 간다.

나 또한 형제처럼 친밀하게 지내던 동생에게 생각지도 못한 배신을 당했다. 스트레스 때문에 움직이지 못할 정도가 되어 노스님에게 대침을 3회나 맞았다. 1회 맞을 때마다 머리에서 흘러내린 피가 옷을 적시고, 온몸이 뒤틀릴 정도라 고통은 이루 말할 수 없었다. 육체적인 아픔보다, 돈을 잃은 것보다, 지인에게 배신당했다는 상처가 오래도록 후유증으로 남는다.

사업을 하고자 하는 사람들은 때에 따라 사람보다 돈을 좇는 경우가 있는데, 자칫하면 사람 잃고 돈도 놓치는 우를 범할 수 있다는 사실을 명심해야 한다.

조선 후기의 거상 임상옥은 "장사란 이익을 남기는 것이 아니라 사람을 남기는 것이다."라고 했다. 또한 "장사에서 이익을 남기는 것도 중요하지만 이익이 사람보다 앞서게 되면 본의 아니게 거짓말도 하게 된다. 조금씩 쌓인 거짓말은 걷잡을 수 없이 커져 나중에는 믿지 못하게 된다. 신뢰로 하는 장사는 눈앞의 이익은 줄어들지 모르지만, 장기적으로는 분명 이익이다."라는 명언을 남겼다.

장사의 이익도 사람의 신뢰를 얻어야 가능하다는 이야기다. 인간관계는 그 무엇보다 신뢰가 최우선이다. "베푸는 만큼 되돌아온다."라는 말이 있다. 주변을 돌아보면 자신의 삶이 힘든데도 나눔을 실천하는 사람들이 있다.

##  내 곁에 있는 소중한 사람

절에서 생활하고 있을 때 이야기다.

어느 여름날, 신도가 수박을 사 왔다. 주지 스님은 무더운 날씨에도 매듭이 묶인 수박 끈을 일일이 풀고 계셨다. 가위로 자르면 될 것을 왜 힘들게 푸시냐고 여쭤보았다. 스님께서는 모든 것을 끊으면 안 된다며, 사람과의 인연도 서운함이 앞선다고 끊으면 안 된다고 하셨다. 하찮은 수박 끈의 교훈이지만 잔잔한 감동을 받았다.

사람과의 관계를 말할 때, 내 옆에 있을 때 잘하라는 말이 있다. 사람들은 평소에 소중한 줄 모르고 지내다가 곁에서 사라지면 그제야 절실함을 느낀다. 중요한 것을 잃어 보지 않은 사람은 그 소중함을 가늠하기 어려운 법이다.

일상에서 스트레스를 받으면 가까운 사람에게 화를 내는 경우가 많다. 나와 가까울수록 소홀히 하고 아무렇지 않게 대하는 경우가 허다하다. 세상에서 제일 소중한 사람에게 화풀이하여 마음을 아프게 하는 바보 같은 짓을 반복하고 있는 것이다. 배려와 존중으로 상대를 높여 주고 칭찬을 많이 해 주면 스스로 빛을 발하고 품격이 올라간다.

인연은 만남이 있으면 언젠가는 반드시 헤어짐이 있기 마련인 것이 만고의 법칙이다. 대학 입학 전에 만난 형이 있다. 그 형은 내가 전방에서 군대 생활을 할 때 그 먼 곳으로 두 번이나 면회를 왔을 정도로 친했다. 사회생활을 하면서도 서로 어려울 때는 지갑에서 돈을 빼 줄 정도로 흉허물 없이 가깝게 지냈다.

지방에서 생활할 때였는데, 오랜만에 형에게서 만나자는 연락을 받고 형이 머무르고 있는 곳에 가니, 바짝 말라 거죽만 남은 상태로 목에 붕대를 붙이고 누워 있었다. 처음 들어 보는 침샘암이라고 하였다.

그것이 형과의 마지막 만남이었다. 내가 해 줄 수 있는 것이 없어서 너무나 가슴이 아팠다. 세월이 흘렀지만 다정했던 형에 대한 기억과 함께 조금 더 자주 만나고, 더 잘해줄 걸 하는 후회가 밀려오곤 한다. 내 곁에 머무는 사람이 가장 소중한 사람이라는 것을 명심하고, 지금부터라도 내 곁에 있는 사람에게 잘해 주자.

# 6 존재만으로도 축복

 나는 사랑받기 위해 태어났다

잉태는 우주의 근원이요, 태어남은 생명의 신비스러움이다. 나는 존재 자체만으로도 너무 소중한 사람이다. 광활한 우주에 비하면 인간의 존재는 티끌에 불과하다. 하지만 내가 있음으로 해서 모든 것이 존재하므로 세상에서 나 자신이 제일 중요한 중심축이 된다. 자신이 이 세상에서 가장 고귀하고 유일무이한 존재이므로 존엄성과 존재감을 높이면서 멋지게 살아가야 한다.

인생을 살아가다 보면 고통도 따르겠지만 그럴수록 자신을 소중하고 귀중하게 여기며 진정 사랑해 주어야 한다. 삶은 경이로움과 놀라움의 연속이요, 신비의 바다이다. 우주 전체의 조화 속에서 내가 구성원이라는 자체가 감동이다. 거대한 우주의 한 부분에 내가 핵심이 되었다는 것은 나라는 사람이 그만큼 위대한 존재라는 것이다. 그러므로 자부심을 가져야 한다.

세상에 태어나 경험해 보는 것도 운명이요, 숙명이니 경이롭기까지

하다. 이 세상 구경을 하고 싶어서 태어나는 사람이 없듯이 다시 바꿀 수도 없는 것이 우리들의 숙명이다. 인간은 태어나는 순간부터 기나긴 한 편의 감동적인 드라마가 시작된다. 인생은 대본 없는 한 편의 생방송이므로 살아가는 데 정답이란 있을 수 없다.

인간으로 태어나 삶을 살아가는 동안 삶의 각본은 각자 자신이 쓰고 연출하며 스스로 주인공이 된다. 긴 여백을 채워 나가며 자기 인생은 각자 책임져야 한다. 사람들이 일하는 영역은 저마다 다르지만, 모두가 소중하고 중요하니 자기 자리에서 열심히 살아야 한다.

어차피 태어난 인생, 주인공으로 무대에 올랐으니 이왕이면 축복받는 주인공이 되어야 하지 않겠는가?

존재만으로 축복이라고 하면 금수저로 생각하겠지만 나는 흙수저 중 흙수저로 생활했다. 아버지는 내가 초등학교에 입학한 지 삼 개월 만에 지병으로 돌아가셨다. 내가 아기 때는 아버지가 광산을 하셔서 부자로 살았는데, 나중에 차용증만 노트 한 권 정도 되었다고 한다. 아버지 연세 55세에 늦게 얻은 막둥이라 부모님들이 무척 애지중지하셨다. 내가 학교에 가면 아버지는 아픈 몸을 이끌고 학교 정문까지 와서 내가 있는 교실만 쳐다보고 계셨단다. 그만큼 나는 아버지의 사랑을 듬뿍 받았지만 길지 못했다.

어머니는 나의 초등학교 졸업도 지켜보지 못하고 화병으로 이 세상을 떠나셨다. 화병이라는 것이 얼마나 무서운지 나는 어머니 곁에서 과정들을 낱낱이 지켜보면서 생활했다.

어머니가 돌아가신 후, 대청마루에 광목으로 병풍을 치듯이 네모지게 상청을 만들어 사진과 위패를 모셔 놓고 일 년간 조석으로 밥을 지어 올렸다. 형님들이 모두 객지에 나가 있는 관계로 초등학교 6학년 말부터 중학교 1학년까지 1년간 나 혼자 그렇게 생활했다. 혼자 생활하다 보니, 저녁에 촛불을 켜고 상식을 올릴 때나 천둥 번개가 치는 날은 무서웠다. 하지만 견뎌 내야 했다.

과거에는 학년 초가 되면 담임 선생님이 가정을 방문하는 제도가 있었다. 중학교 1학년 때 담임 선생님은 체육 과목을 담당했는데, 유도를 하여 체격이 건장했다. 우리 집을 방문한 선생님은 내가 사는 환경을 보더니 너무 놀라 기둥을 잡고 엄청나게 우셨다. 그 정도로 내가 살던 환경은 너무 열악했다.

내가 어렵게 성장한 이야기를 하는 것은 젊은 사람들이 불우한 환경에서 고난이 닥치더라도 용기를 잃지 말고 위안이 되기를 바라기 때문이다. 지치고 힘들 때는 삶을 포기하고 싶은 순간도 있겠지만 힘든 시기를 넘어서면 산다는 것에 희열과 감사함을 느끼게 된다. 우리는 사랑받기 위해 태어났다. 그러므로 사랑하고 사랑받으며 행복하게 살아야 한다.

##  내 인생은 나의 것

인간은 존재하는 자체만으로 축복이며 가치 있는 삶이다. 이 세상의 빛을 보게 해 준 부모님에게 감사하고 고마움을 가져야 하는 이유다. 나의 인생을 나답게 살기 위해서는 나는 어떠한 사람인지, 무엇을 해야 하는지, 인생관이 어떠한지 정확히 아는 것이 중요하다. 인생은 어떻게 살아야 하는지 공식이 없다. 각자의 자리에서 꼭 필요한 사람이 되는 것이 잘 사는 인생이다.

　자신이 하고 싶은 일이 있는데도 타의에 의해 하지 못하는 것은 시간적으로도 낭비지만 자신에게도 손해다. 사회나 직장의 규칙에 따라 인생을 살다 보면 자신의 능력을 발휘하지 못하는 경우가 허다하다. 내 인생은 나의 것이다. 부모가 원한다고, 사회가 원한다고 해서 무조건 가야 할 길이 아니다. 하지만 새로운 길을 선택할 때는 신중히 결정해야 하며, 한 번 더 생각하고 확신이 섰을 때 그 길을 가야 한다.

　삶이란 스스로 개척해 나가는 인생 역량이다. 각자 목표가 있고 누구나 성공을 원한다. 성공하고 싶다는 욕망은 분발을 촉구하는 자극제가 되어 자신을 성숙하게 만든다. 자신을 성장시키는 것은 결국 본인 자신이다. 성공한 사람들은 자신이 잘하거나 좋아하는 일을 찾아 열정적으로 노력했다. 그러다 보니 성취감 또한 대단하다. 무슨 일을 선택할 때는 심사숙고해야 함은 물론이다. 자신의 분야에서 우뚝 서고 싶다면 자신이 좋아하는 것, 하고 싶은 일에 집중해야 한다. 나답게 살기 위한 삶을 선택한 당신은 진정 성공한 인생이 될 것이다.

　우울하거나 지칠 때 나는 전통시장을 한 바퀴 돌아보면서 기분 전환을 한다. 어렸을 때 추억도 있지만 사람 사는 일상적인 모습을 보면 활력이 느껴지고 정감이 가기 때문이다.
　성철 스님 말씀 중 "산은 산이요, 물은 물이로다."라는 누구나 아는 유명한 법어가 있다. 힘들어하며 아웅다웅 사는 세상이지만 지금 서 있는 이곳이 그래도 살 만한 세상이라고 감히 해석하고 싶다. 그러니 여러분들도 지금 환경이 힘들어도 나약해지지 말고 힘을 내기 바란다. 역사는 내가 창조하고 만들어 가는 것이다. 삶의 궤적에서 자존감과 자긍심을 잃지 않는다면 정신이 풍요로운 인생이 될 것이다. 당신은 성공과 함께 행복한 삶을 살 권리가 있다.

##  나를 찾아 떠나는 여행

자신의 삶을 찾기 위해서 명상을 하거나 끝없이 고민하는 사람들이 많다. 나는 왜 살아가며 무엇을 이루고자 하는가? 스님들은 수행할 때 화두를 한 가지 정해 놓고 해탈을 이루고자 끝없는 고행을 한다. 자신에게 문제를 던지고 도를 깨달아 가는 참선 수행 방법 중 하나이다. 스님들은 깨달음을 얻기 위해 오늘도 고해의 정진을 계속하고 있다.

일반인들도 종교를 떠나 나에게 가장 중요한 화두는 무엇인가를 찾아야 한다. 나는 누구이며 어디로 와서 어디로 가고 있는가 고민하는 나 자신을 찾는 마음공부가 필요하다. 이는 인생에서 크게 이탈하지 않고 중심을 잡아 흐트러지지 않고 살 수 있는 방법 중 하나이다.

인생의 항로 중 비교적 젊었을 때 여행을 많이 하라고 조언해 주고 싶다. 국내 여행도 좋지만, 기회가 된다면 외국 배낭여행을 권한다. 넓은 세상으로 나가 보면 시야가 넓어지는 것을 느낄 수 있다. 크고 넓은 세상에서 나날이 변화하는 시대에 필요한 것이 무엇인지 몸소 체험할 수 있다. 낯선 곳에서의 새로운 체험들은 앞으로 어떻게 살아가야 할지에 대한 이정표 역할을 한다.

모든 것이 낯선 외국에서의 생활은 나에게 더욱 몰입할 기회가 된다. 자신이 어떤 사람인지, 무엇을 하며 살고 싶어 하는지를 구체적으로 생각해 보는 기회를 만들 수 있다. 여행을 하다 보면 자신이 가야 할 곳, 즉 목표가 명확해진다. 자신의 삶에서 목표가 무엇인지 확고하게 알고 몰입한다면 보다 더 긍정적인 피드백을 얻을 수 있다.

젊음의 장점은 실패마저 성공의 자양분이 되고 다시 일어설 힘이 된다는 것이다. 시대가 원하는 것을 알고 도전한다는 것은 아름다운 일이다. 패기가 있을 때 도전하고, 세상을 여행하면서 자신의 꿈을 키워라. 넓은 세상만큼 당신이 해야 할 일도 많다. 세상에 나의 존재가 있음을 축복하자. 신뢰로 쌓은 인간관계를 유지하면서 좋아하는 일을 찾아 찬란하게 꽃피우는 인생은 얼마나 멋진가!

# 7  인생은 사이클

 **나무가 아닌 숲을 보라**

사람마다 일정한 사이클이 존재한다. 산은 한없이 올라갈 것 같아도 반드시 내리막길이 있다. 인생도 마찬가지다. 힘들 때는 끝이 보이지 않을 것 같지만 언젠가는 어둠이 걷히고 반등하기 시작한다. 사람은 이러한 주기가 반복되는데 정점에 섰을 때 관리를 잘하고 대비를 해야 어려운 고비가 와도 무사히 넘길 수 있다.

인생을 살아가다 보면 한 번은 반드시 위기가 찾아온다. 결국 해결할 수 있는 것은 자신의 몫이다. 위기를 어떻게 대처하느냐에 따라 나락으로 떨어질 수 있고 아니면 슬기롭게 대처하여 더 발전할 수도 있다.

상황이 어려울 때 조급하게 빠져나가려고 몸부림을 칠수록 상황이 더 꼬여 수렁 속에서 허우적대며 악화된다. 망상은 번뇌를 낳고 번뇌는 괴로움의 원인이 되는 악순환이 이어져 영혼을 지치게 한다. 그렇다고 절망하거나 포기해서는 안 되며 멀리 숲을 봐야 한다.

나의 선택이 혹여 실패를 했더라도 좌절하지 마라. 산에는 나무가 많다. 그 많은 나무가 모여 숲을 이루었다. 많은 나무 중 한 그루가 부러졌다 해도 숲은 여전히 숲으로서 존재한다. 당신의 미래도 아름다운 숲이다. 그러니 부러진 한 그루 나무를 보지 말고 숲을 보아야 한다.

　냉정하게 주변을 성찰하고 문제를 해결하려고 시도하면 반전의 길이 분명 보일 것이다. 자신의 분야에서 최고가 되기 위해서 노력하고 헌신해야 한다. 그래야 노력의 나무들이 자라서 숲을 이루게 된다. 하늘에서 뚝 떨어진 성공은 어느 곳에도 없다.

###  지금도 늦지 않았다

　누구나 가슴에 작은 소망이나 꿈, 앞으로 나아질 것이라는 기대를 안은 채 살아가고 있다. 그러나 사방에서 조여 오는 삶의 무게가 짓누르고, 조금 행복해지려면 그것을 시기하여 고행의 길로 안내하려고 한다. 세상을 똑바로 가려고 하는데 주변 환경이 만만하지 않아 나를 흔드는 경우가 많다. 주변 사람들에게 받은 상처는 쉽게 잊히지 않고 삶을 무력하게 만들기도 한다.

　때로는 흔들리기도 하고 고통을 느끼지만, 살다 보면 어느새 적응력이 키워져 내성이 생기기도 한다. 그럼에도 여전히 흔들리고 불안한 것이 인생이고, 흔들림 속에서 주저앉기보다는 한 단계 성장하기 위해서 오늘도 열심히 사는 것이 우리들의 삶이다.

　어느 날 신도가 세상 살아가는 것에 마음이 너무 힘들다며 스님께 하소연하니, 고통스러운 마음을 꺼내 놓으면 치유해 주겠다고 한다. 마음이란 것이 꺼내어 놓거나 눈에 보이는 것도 아닌데 왜 얼토당토않은 말씀을 하실까? 잠시 갸우뚱하긴 했지만, 마음이란 생각하기 나름이므로 생각부터 고치라고 일부러 그런 말씀을 하신 것이리라.

사회에서 잘나가다 실패하면 그 처절함은 이루 말할 수가 없다. 실패를 인정하고 싶지 않아 더욱 나락으로 떨어지는 것이다. 세상은 돌고 도는 것이라 올라가는 사람이 있으면 내려가는 사람도 있다지만, 바닥은 같아도 떨어지는 높이가 달라 충격의 강도가 다르다.

가난은 죄가 아니라고 떳떳하게 살아가라고 하지만, 살아가면서 느껴야 하는 감정은 형벌과 진배없다. 경제적으로 곤란함을 겪기도 하지만 외부에 드러내지 못하는 마음의 상처가 더 문제인 경우가 많다.

삶의 의욕을 잃고 무기력한 생활에서 벗어나지 못하고 방황하는 분들에게 권하고 싶은 곳이 있다. 비용은 조금 들겠지만, 생의 의욕을 다질 겸 필리핀 팍상한 폭포(Pagsanjan Falls)를 한번 다녀오라고 추천한다. 팍상한 폭포는 세계 7대 절경 중 하나에 속하며 많은 영화 촬영지로도 유명한 장소이다.

카누처럼 생긴 배인 방카에 관광객이 타는데, 사공 두 명이 앞에서 끌고 뒤에서 밀어 주면서 강의 급류를 한참이나 거슬러 올라간다. 관광객이야 편히 앉아서 가면 되지만, 급류를 거슬러 올라가야 하는 그들은 너무 힘들어서 이 직업은 세계 극한 직업 중 하나로 꼽힌다.

너무 고되고 힘들게 일하면서도 그들은 결코 웃음을 잃지 않는다. 그들의 천진난만한 웃음을 보면서 나의 상황이 힘들다고 무기력하게 늘어져 있다면 삶에 대한 모독이라는 생각을 했다. 사는 것이 내가 제일 힘든 것 같지만 주위를 둘러보면 나보다 더 불행한 사람들도 많다. 그러니 오뚝이처럼 다시 일어서자. 마음 깊이 남아 있는 상처를 보듬고 스스로 치유하는 방법도 알아야 한 단계 성장한다.

　힘들고 복잡한 세상을 살면서 스트레스를 받지 않고 살아갈 수는 없겠지만, 잘못한 것이 있더라도 자신을 너무 학대하지 마라. 스트레스를 받았을 때 스스로 벗어나려는 지혜가 필요하다. 그래야 충격을 줄일 수 있다.

##  전화위복을 믿어라

　인간의 모든 괴로움은 탐(貪), 진(瞋), 치(癡)에서 비롯된다. 살아가면서 이 세 가지만 잘 다스리면 고행에 빠져들지 않는다는 부처님의 가르침이다. 지나치게 욕심을 부려 화를 자초하고, 마음에 들지 않으면 화부터 내서 분위기를 망치고, 사리 판단을 바르게 하지 못해 어려운 길로 들어선다는 내용이다. 종교를 초월하여 가슴에 새기고 실행한다면 지혜로운 사람이 되어 세상사를 살아가게 될 것이다.

　나는 절에서 10년 동안 생활하다 하산하였다. 인생의 황금기를 사회와 차단한 채 절에서 지내다 사회생활을 다시 시작하려니 모든 것이 새롭고 어렵기만 했다. 절 생활을 하면서 정신적으로 얻은 것도 많지만 사회생활을 하는 데는 별로 도움이 되지 않는다. 시간이 지날수록 사회인도 아니고, 절 생활을 하는 사람도 아닌 회색 인간이 되어 겉돌게 된다. 그럴 때 주변 사람들이 많은 위로와 격려를 해 주었다. 위로와 격려에 힘을 얻고 다시 사회생활을 할 수 있는 원동력이 되었다.

실패한 사람이 다시 일어서려면 몇 배의 열정과 노력으로도 재기하는 것은 매우 어려운 것이 현실의 한계이다. 그러니 신중하고 치밀하게 기획해서 꼼꼼하게 짚어 보는 것이 잘못되어 후회하는 것보다 백번 낫다. 좌절과 고통을 딛고 일어서면 더 큰 그릇으로 만들어진다.

하나의 그릇으로 만들어지려면 뜨거운 불 속에서 견뎌 내야 하듯이 인간도 수많은 실패를 이겨 내야 큰 인물로 탄생하는 것이다. 많은 사람이 흘리는 눈물은 미래의 보석으로 만들어야 고생한 보상을 받는다. 우리에게 좌절과 시련을 주는 것은 큰 그릇으로 만들기 위한 과정이며 신의 섭리라고 위안으로 삼아야 한다. 나룻배처럼 세파에 흔들리면서도 중심을 잡으려고 안간힘을 쓰며 노력하는 것이 우리들의 자화상이다.

위기를 전화위복의 계기로 만드는 것은 신념이다. 신념을 갖고 다시 일어서겠다는 마음가짐이 필요하다. 내가 존경하는 사람은 유명한 사회 인사들이 아니라 어려움을 이겨 내고 자수성가한 당당한 사람들이다. 그들은 모두 신념을 갖고 우뚝 섰다.

강한 신념은 어렵고 힘든 순간이 닥치더라도 삶을 지탱해 주고 이겨 낼 힘을 선물한다. 어둠이 진할수록 별이 빛나듯이 어려움을 딛고 일어섰을 때 감동은 더욱 진하다. 앞으로 잘될 거라는 희망을 가슴에 품고 열심히 산다면 장밋빛 인생이 펼쳐질 것이다!

# 8 사랑과 행복을 위해

 ## 사랑하고 또 사랑하자

이 세상에 사랑만큼 좋은 단어가 또 있을까? 사랑하는 사람과 행복하게 살고 싶은 것이 누구나 갖고 있는 소망일 것이다.

결혼한 사람들을 보면 대다수가 성향이 반대인 경우가 많아 살면서 사사건건 부딪치는 경우가 허다하다. 전기도 (+), (-)가 있어야 통하듯이 인간은 자신이 갖지 못한 부분이 있는데, 그것을 채워 줄 사람을 배우자에게 찾게 되는 본능이 잠재되어 있다.

부부간이라도 성향과 욕망이 다르다 보니 서로 이해하고 맞추어 가면 다행인데 그렇지 않으면 다툼으로 이어진다. 어머니 배에서 나온 형제도 성격이 다르고 내 몸에 있는 손가락도 길이가 전부 다르다. 몇십 년을 다른 환경에서 성장한 남남끼리 만나서 살아야 하니, 맞추어 가는 것이 그리 쉬운 것은 아니다. 아니, 너무도 어려운 일이다.

순간의 선택이 되었든, 오랜 세월 지켜봐 왔든, 결혼하는 동시에 부부는 상대를 보듬고 맞춰 가는 평생 동반자가 되어야 한다. 불나방이 화려

한 불만 보고 덤벼들면 목숨을 보전하지 못하듯이, 인생도 재미만 추구하다 보면 불나방 신세가 되기 십상이라는 것을 명심해야 한다. 서로의 차이를 인정하는 과정에서 서로를 배려하여 모자란 부분을 채워 주고 보듬어 주면서 맞추어 가는 것이 부부가 가야 할 길이다.

사랑은 내가 대접받으려고 하는 것이 아니라 상대에게 맞추어 주면서 조화를 만들어 내는 것이다. 상대가 먼저 해 주기를 바라지 말고 내가 먼저 상대가 원하는 것을 해 주어라. 자존심을 버리고 감싸 주는 배려가 필요하다.

지는 것이 이기는 것이다. 가족의 평화를 위해 이 방법이 지혜롭게 사는 비결이다. 혼자 가는 길은 외로움이 묻어나지만 둘이 함께 가면 아름답고 행복한 사랑과 우정이 가득하다. 일을 하다 잘못되었을 때 가장 든든하게 받쳐 주고 믿을 수 있는 사람은 역시 가족이다.

남녀 간의 사랑이나 행복을 가정에서 찾을 수 있겠지만 정말 위대한 사랑이 어떠한 것인지 나에게 심어 준 분이 계신다. 시골의 허름한 집에서 중증 장애인들을 보살펴 주는 목사 부부를 만난 적이 있다. 목사 부부는 부모마저 외면한 중증 장애인들과 생사고락을 같이하고 있었다. 힘든 일에 앞장서서 장애인들을 헌신적으로 돌봐 주는 모습은 하늘에서 내려온 천사로 보였다.

사모님의 손이 수세미처럼 거칠어진 것을 보고 가슴이 뭉클하였다. 세상이 알아주지 않아도 자신을 희생하면서 남을 위해 헌신하는 사람들은 거룩하고 존경스럽다. 성인(聖人)이 따로 없다. 사람의 정이 그리운 원생들은 내가 안아 주니 떨어지지 않으려고 한다. 헤어지려고 나오는데 원생들이 울먹거리면서 매달려 발길이 떨어지지 않았다. 일상의 생활을 뒤로한 채 중증 장애인들을 돌보며 지내는 존경스러운 목사 부부의 모습은 시간이 지나도 가슴속에 선명하게 남아 있다.

##  소소한 행복 누리기

인간의 궁극적 삶의 가치는 행복을 느끼며 사는 것이다. 인간은 자신이 원하는 것을 얻거나 마음이 충만해질 때 행복해진다. 소소한 일상에서 기분 좋은 시간을 만들어 기쁨으로 충만하면 그것이 재미요, 행복이다. 그러나 행복한 시간보다 고민하고 괴로워하며 세상을 재미없게 보내는 사람이 더 많은 것이 현실이다. 행복을 너무 거창하게 생각하기 때문이다.

그렇다면 행복해지려면 어떻게 해야 하는가?

본인이 좋아하는 일을 하게 되면 자연히 열중하게 되고, 만족감이 생기면서 자존감도 높아지는 것은 당연한 이치이다. 행복을 멀리서 찾지 말고 가까운 내부에서 찾아라. 행복은 조건에 있지 않고 마음에 있다는 것을 새겨야 한다.

나는 산을 좋아해서 기회가 되면 자주 오른다. 힘들고 어려울 때도 언제나 반겨 주는 산 정상에 서면 쌓인 스트레스가 모두 날아간다. 내려오다가 절이 보이면 대웅전에 들어가 기도와 명상을 하면 머리도 맑아지고 충만감이 느껴진다. 나만의 소소한 행복이다.

독일의 철학자 칸트는 행복의 원칙에서 어떤 일이든 자신에게 주어진 일을 잘 하고, 누군가를 사랑하며, 어떤 일에도 희망을 가진다면 행복해진다고 했다. 이렇듯 돈을 많이 벌었거나 정상에 있다고 행복한 것이 아니다. 돈이 많아도 정신적으로 불행한 사람들이 있다. 성공한 자신의 위치에서 벗어나지 않기 위해 행복과 점점 멀어지는 사람들도 많다. 인간의 궁극적인 삶의 질은 물질이 아니라 정신적인 행복인 것이다.

법정 스님은 가진 것이 많으면 소중함을 모른다고 무소유를 몸소 실천한 분으로 유명하다. 소유하면 행복하리라 생각하지만 인간의 만족감은 끝이 없는 게 사실이다. 현재 주어진 상황을 어떻게 생각하느냐 하는 것은 주관적이지만, 소중함을 잊고 사는 경우가 허다하며 감사함을 모른 채 지나치는 경우가 많다. 주변 환경을 원망하면 더 나빠질 수도 있는 것을, 이 정도로 끝나서 다행이라고 긍정적으로 생각하며 위안을 삼자. 인간은 누구나 행복할 권리가 있다. 즐거운 인생을 산다는 것은 행복할 권리를 누리는 것이다.

##  좋은 에너지를 축적하라

나는 책과 자연을 사랑한다. 비 오는 날 빗소리를 듣는 것도 좋아하고, 음악을 들으면서 책 읽는 시간은 잔잔한 즐거움이 존재하니 좋다. 글을 쓸 때 좋은 글귀가 생각나지 않아 고통스러운 순간도 있지만, 글을 써 나갈수록 충만감을 느낀다.

마음속에 묻혀 있는 이야기를 백지 위로 끄집어내어 친구가 되기도 하고, 때로 글귀들은 나의 반면 선생이 되기도 한다. 자신이 주인공이 되어 이야기를 전개해 나가고 몰입하다 보면 시간 가는 줄 모르고 모든 것을 다 잊게 된다.

  글을 쓰는 공간이 삭막했었는데 작은딸이 어버이날에 사 준 카네이션 화분이 공간을 밝게 해 준다. 카네이션을 보고 있으면 행복감에 젖는다. 자그마한 것이지만 행복하다.

  몇 년 전, 시에서 운영하는 양로원에 위문을 간 적이 있다. 할머니 한 분이 귤을 드시지 않고 주머니에 계속 넣기에 왜 그러시냐고 여쭤보았더니 좋아하는 할아버지에게 주려고 챙기는 거란다. 나이를 먹어도 이성을 사랑하는 할머니의 순박함이 인상적이었다.

  사랑과 행복을 위해, 무엇보다 소중한 자신을 위해 심신이 건강해지는 투자를 해야 한다. 일상생활이 쳇바퀴 돌 듯 무료하고, 만사가 귀찮고 의욕이 저하되면, 혼자서 여행을 떠나는 것도 기분 전환을 위해 좋다. 나는 혼자 부산에서 동해안을 따라 강원도를 거쳐 전국을 일주했다. 혼자라 가끔 고독해지기도 하지만, 그 고독한 것조차 힐링이 되는 것이다.

  혼자만의 여행, 나만의 시간을 갖는 것도 나름대로 매력이 있고 삶을 즐겁게 해 준다. 여행을 하다 보면 일상에서 만나지 못하는 새로운 세상을 접하게 되고 기분 좋은 에너지를 축적하게 된다. 멀리서 무지개를 찾지 말고 작은 것도 소중하게 여기면서 감동이 있는 삶을 찾으려 노력하면 삶의 질은 당연히 높아질 것이다.

# 미완성 그림

 더불어 사는 삶

　인생은 결코 길지 않다. 우리는 잠시 왔다 가는 나그네이다. 잘난 사람이든 못난 사람이든 인생의 종착역을 거부할 수 없다. 누구나 이 세상에 태어나면 반드시 죽기 마련이다. 죽음은 언제 찾아올지 아무도 모르기 때문에 누구나 죽는 것에 대한 두려움을 지니고 있다.
　죽음은 그 누구도 거부할 수 없으므로 대비는 하고 살아야 한다. 사람은 죽음에 이르렀을 때, 이룬 것에 대한 기쁨보다는 이루지 못한 것에 대해 아쉬움을 많이 토로한다고 한다. 그중에서도 주변 사람들에게 베풀지 못하고 죽는 것에 대한 후회가 제일 크다고 하니, 평소에 베푸는 인생을 살아야 한다.
　가진 것이 많을 때 남을 도와주는 것도 좋지만, 가진 게 적어도 이웃에게 나누는 삶, 더불어 사는 삶을 살면 후회가 적을 것이다. 등대는 어둠 속의 바다 위를 비춰 배가 잘 항해하도록 인도해 주는 고마운 역할을 한다. 법당의 초도 자기 몸을 태우면서 주변을 밝힌다. 누구나 등대가 되고 초가 되는 인생을 살 수는 없지만, 그럼에도 주변을 환하게 밝히는 인생은 죽음마저 자유로울 것이다.

   절에서는 사람이 죽으면 49재를 지내 준다. 이승에서 저승으로 가는 길을 인도하는데 다음 세상에서는 좋은 곳에서 윤회하기를 비는 제례 의식이다.
   한 치 앞도 모르는 인간의 삶, 죽음 앞에서는 동전 하나 가지고 갈 수 없음에도 베풀기는커녕 돈의 노예가 되는 경우가 흔하다. 돈에 대한 애착심이 강할수록 돈의 노예가 되기 쉽다. 그런 사람들은 베푸는 것에 인색하고 저승에 갈 때 모든 것을 가지고 갈 것처럼 행동한다. 하지만 수의에는 주머니가 없다는 것이 무엇을 의미하는지 알아야 한다.

   주변에 몇백억 재산을 모은 사람이 있다. 하지만 친구들 모임에서도 식사비가 5만 원 이상만 되면 슬금슬금 사라지곤 한다. 인색하게 생활했기에 그 정도 재산을 모았겠지만 불쌍한 인생이라고 수군대는 것을 그 사람은 정녕 모른다.
   우리가 가장 많이 하는 착각은 현재 가진 재물이 모두 내 소유물이라고 생각하는 것이다. 그러나 영원한 것은 하나도 없다. 한시적으로 잠깐 내 품에서 머물다 어느 시기가 되면 떠나가게 된다. 결국 세상은 돌고 도는 것이다. 그러니 살아 있는 동안에 돈과 욕망에 탐욕을 부리지 말고 어려운 이웃을 도와주는 이타적인 삶을 살아야 한다.

   어느 날 산에서 내려오다가 미끄러져 발이 골절되는 부상을 당한 적이 있다. 수술을 하고 요양병원에서 치료를 받았다. 그곳에 입원한 어르신 중에는 집이 부유해 상속해 줄 재산이 있는 분은 가족들이 면회를 계속 오지만, 재산이 없는 어르신은 가족들이 면회를 거의 오지 않는 것을 보았다.

심지어 몇 달씩 요양비가 밀려서 독촉하면 병원비만 내고 부모는 찾지도 않고 그냥 가는 자식도 있다는 소리를 들었다.

모두 각자 삶의 모양새가 다르겠지만, 돈 때문에 부모와 자식 관계가 멀어지는 일은 없어야 한다. 하늘이 내린 천륜을 어기는 짓은 하지 말아야 한다.

삶을 살기 위해 필요한 것이 돈이지만, 돈의 노예가 되지 말고 베풀면서 인생을 즐기라고 권유한다. 가족을 소중하게 여기며 행복지수를 높이는 것이 무엇인지 찾아내 여유를 즐기는 생활을 해야 한다.

##  평상심을 유지하라

조용한 산사에서 딱따구리가 집을 짓느라 나무 위에서 쪼아 대는 소리가 청량하게 들린다. 스님이 말씀하시길 딱따구리가 10만 번 정도를 쪼아야 새 둥지가 완성된다고 한다. 그렇게 힘들게 지었음에도 가끔은 보금자리를 다른 동물들에게 내주는 경우가 있다고 하니 불공평하기도 하다. 둥지를 빼앗긴 딱따구리의 마음은 어떨까?

현대는 삶의 질은 높아진 반면 외로움과 고독감을 느끼는 사람들이 많아졌다. 집을 빼앗긴 딱따구리처럼 여러 가지 상황을 맞닥뜨리면 평상심을 유지하기 힘든 것도 사실이다.

생각지 않게 속세를 떠나야만 했을 때, 나 또한 마음을 다스리는 것이 너무 힘들었다. 요사채의 벽에 걸린 액자 속 일체유심조(一切唯心造)라는 글이 항상 눈에 들어왔다. 모든 것은 오로지 마음이 지어낸다고 하지만, 나 자신조차 이겨 내지 못하고 정신적으로 방황하는 시간이 너무 많았다. 사회적인 물욕과 정신세계의 틈바구니에서 갈등을 느끼는 시간이 길었다.

평정심을 유지하기 위해 나는 명상과 기도에 매달렸다. 갈등이 깊어질 때마다 명상하고 기도하는 시간이 늘어나자 차츰 평상심을 찾기 시작했다. 그런데 모든 것을 내려놓았다 싶으면 쓸데없는 번뇌가 더 큰 구름을 만들고 소나기를 내려 나를 흠뻑 적시기도 한다.

소나기에서 빠져나오려 하면 할수록 나를 놓아주지 않고 더욱 힘들게 한다. 그래도 끊임없이 평정심을 찾으려 부단히 애썼다. 그러다 보니 절제가 익숙해지고 마음도 조금씩 편안해졌다.

인간으로 태어나 남보다 앞서 나가고 싶은 욕망은 누구에게나 있기 마련이다. 돈이나 명예도 중요하지만 그보다 마음이 편해야 한다. 해탈까지는 아니더라도 평상심을 유지해야 삶이 편안하다.

삶이 고달플수록 마음의 평정을 찾기가 쉽지 않다. 물을 먹은 솜처럼 지탱하는 것조차 힘들 때도 있겠지만 운명에 순종하며 마음을 편하게 하는 습관을 들여야 한다. 마음이 흔들릴 때 명상을 하면서 평정심을 유지하자. 명상은 삶의 질을 보다 유익하게 할 것이다.

 **감사하는 삶이 행복하다**

우리나라는 경제적으로 세계 10위권을 놓고 경쟁하지만 행복지수는 한참 뒤에서 맴돈다. 과거에 서로 어렵게 살 때는 몰랐는데, 경제력이 올라가 눈높이가 높아지다 보니 주변 사람들과 나의 경제력을 비교하기 때문이다. 타인과 비교하다 보면 자칫 우울증에 사로잡힐 수 있다. 우울증은 무기력을 동반하고 패배주의에 빠지기 쉽다.

나의 삶은 타인과 비교 대상이 아닌, 나만의 목적이 있는 삶이다. 자신을 사랑하는 사람은 아무리 거센 파도가 온다 해도 회피하지 않는다. 매사에 감사할 줄 안다. 감사함은 감사할 일을 더 많이 만들게 하고, 결국 인간관계도 좋아지고 성공의 길, 행복의 길로 안내한다.

데일 카네기의 《데일 카네기 인간관계론》을 보면 교도소에 수감 중인 살인자들조차 자신을 나쁜 사람이라고 여기는 죄수는 극히 적다고 한다. 자신의 잘못보다 남과 주변 환경을 탓하고 각종 이유를 대면서 반사회적 행동이 정당했다고 여기며 변명을 하는 사람이 많다고 한다.

자신을 사랑한다면 매사에 감사하고 잘못을 인정할 줄 알며 이타적인 삶을 산다. 자신의 잘못을 인정하지 않고, 변명을 일삼는 사람은 자기 자신을 사랑하지 못하는 사람일 수 있다. 그런 사람에게 인생에 대한 충고를 함부로 했다가는 반감을 사기 쉽다. 충고도 상대가 받아들일 그릇이 되었을 때 하는 것이다.

주변을 둘러보면 "굵고 강하게 살자."라고 말하는 사람이 있는데 너무 강한 것도 좋지 않다. 대나무는 태풍에도 부러지지 않지만 때로는 굵은 고목도 쓰러진다. 대나무는 성장하면서 속을 비우고 마디를 만들기 때문에 태풍에도 흔들리기만 할 뿐 쉽게 부러지지 않는다.

살아가는 동안에 힘든 시간이 오면 음악의 쉼표처럼 휴식과 여행을 해 주며 나만의 시간을 가져야 한다. 대나무가 마디를 만들듯이 지쳐 있는 심신도 충전하여야 더 큰 그릇으로 성장할 수 있다.

우리가 꿈꾸는 행복은 진정한 자유를 얻는 것이다. 자신이 하고 싶은 일이나 이루고자 하는 목표를 향해 질주하는 인생은 얼마나 감사한가! 그러니 당신이 하고 싶은 일에 집중하고 열중하라. 그러면 행복해질 것이고, 매사에 감사함이 따를 것이다.

자신을 사랑하고 감사할 줄 아는 사람은 최고의 멋쟁이며 인생을 성공적으로 이끌어 간다. 축복받은 자신에게 감사하자. 그리고 또 감사하자.

감사할 줄 아는 당신은 이미 성공으로 가는 길 위에 존재할 것이다.

# 성공의 비밀

 **명리 사상과 인생**

동양 사상의 하나인 역학은 2,000년 전 중국 은나라에서 처음 시작되었다. 송나라와 명나라를 거치면서 음양오행의 상생과 상극 이론을 결합하여 간명(看命)한 것이 획기적인 발전을 이루게 되었다.

우리나라도 고려시대 때 역술에 통달하신 분들이 관직은 물론 국사에도 참여하였다. 정도전 선생이나 이율곡 선생도 역학에 능통하신 분들이다. 명리 사상은 개인의 능력 중에서 뛰어난 부분을 찾아 알려 주는 학문으로 자연과 인간의 조화로운 진리이다.

명리학은 동양의 음양과 오행으로 요약되는 자연철학이며, 태어난 날과 시간에 해당하는 사주로 한 사람의 운명, 즉 길흉화복을 예측하는 동양철학의 한 학문이다. 인간 또한 천지간에 존재하는 삼라만상의 하나이기에 천리(天理)에 따라 당연히 음양의 영향을 받는다. 때로는 순행하고 극하며 대립하면서 세상의 진리를 밝혀내니 신비스러우면서도 변화하는 수가 무궁무진하다.

사람이 태어난 사주를 분석하여 인간의 길흉화복과 미래를 예측하는 명리학은 통찰력 있는 고귀하고 소중한 학문이다. 명리학은 일반인들이 관심과 호기심을 갖는다. 인생의 흐름을 파악하여 미래가 어떻게 펼쳐질지 예견해 주는 신비스러움이 존재하기 때문이다.

너무나 심오하고 오묘하여 책만 보고 수년간 공부해도 통변하는 것이 쉽지 않다. 명리학의 목적은 어려운 일이 닥칠 것을 미리 조언하여 최소화하고, 고통에 잠긴 사람은 벗어날 수 있도록 도와주는 것이다.

악용만 하지 않고 제대로 인생을 설계해 준다면 행복과 희망을 나누어 주는 아름다운 활인법(活人法)이라고 할 수 있다.

##  성공할 확률을 높여라

프로이트와 쌍벽을 이루는 정신의학 분야의 개척자로 스위스 정신과 의사인 카를 구스타프 융(Carl Gustav Jung)이 있다. 분석심리학의 기초를 세운 그는 모든 사람은 외향 기질과 내향 기질을 동시에 갖고 있으며 어느 한쪽이 우세한가에 따라 유형이 결정된다고 보았다. 또 경험을 바탕으로 한 응용심리학으로 자신의 생애는 '무의식이 그 자신을 실현한 역사'라고 말했다.

사람이 태어난 날에 받은 하늘의 기운을 천성이라 하며 이는 본래 타고난 성품을 말한다. 숙명은 태어남과 동시에 부모와 형제가 정해지는 등 주어진 환경에서 살아가야 하므로 나의 의지로 바꿀 수 없다. 운명은 각자 주어진 그릇이 있으나 자신의 노력 여하에 따라 삶이 얼마든지 바뀔 수 있기에 최선을 다해야 한다.

사람의 마음을 파악하는 것은 어렵지만 성공하려면 상대를 정확하게 파악하여야 한다. 상대의 성향을 빠르게 파악하여 대처한다면 사회에서 성공할 확률이 높아지는 것은 자명하다. 이 책 2부에 해답이 있으므로 일상에서 잘 활용하여 엄청난 결과의 차이로 만들어 내는 것은 독자의 몫이다.

솔로몬왕은 "현명한 사람들의 조언에 귀를 기울이며 지혜를 찾겠다." 라고 했다. 상대를 파악하려면 상대의 말에 귀를 기울여 경청해야 한다. 경청은 상대의 신뢰를 얻는 기본 예의다. 나의 말만 장황하게 늘어놓는 것은 스스로 경계해야 한다.

내가 아는 분은 서울 유명한 대형 교회의 신도이다. 그분은 주위에 아픈 사람이 있으면 손수 죽을 끓여서 대접하고, 어려움을 당한 사람이 있으면 먼저 달려가 위로해 준다. 이타심이 강한 그분의 보살핌에 감동한 사람들은 전도를 한다 해도 거부하지 않을 것이다. 이처럼 상대의 처지를 먼저 알아주고 공감해 주는 것은 주변의 신뢰를 얻는 큰 덕목이다.

##  희망의 등대가 되어라

명리학을 공부하는 사람들은 인생의 진정한 상담자가 되어야 한다. 사람의 운명을 감정한다는 것은 결코 쉽지 않다. 본질을 찾으려 노력해야 하며 미래의 운명 전개에 희망의 등대가 되어야 한다.

인생을 살아가면서 절박하게 기도하며 빌어 본 적이 있는가? 보통 때는 그냥 넘어가다 어려움이 닥치면 종교가 없더라도 신에게 간절하게 빌게 된다. 인생의 어려움을 겪고 있을 때 상담하러 온 사람에게 거짓된

상담을 하면서 마음을 아프게 하거나 절망을 느끼게 해서는 안 된다.

내가 절에 머무르고 있을 때의 일이다. 젊은 사람이 절 마당을 서성거리는데 생기를 잃고 힘이 없어 보였다. 이유를 물어보니, 인생이 제대로 풀리지 않아 무속인에게 점을 봤는데 3개월밖에 살지 못한다고 했다는 것이다. 그 말을 듣고 의욕을 잃은 중에 지나가다가 절이 보여서 힘든 마음을 부처님께 기도하기 위해 왔다고 하였다.

젊은이의 처지가 딱해서 상담을 해 주었다. 사주를 풀어 주면서 그런 일은 없을 테니 찜찜한 마음을 버리고 다시 새 출발을 하라며 용기를 주었다. 6개월 정도 지나 그 젊은이가 고맙다는 인사를 하러 왔다. 힘을 내어 건강하게 살아가는 젊은이를 보고 내가 반가울 정도이니 당사자는 얼마나 힘들고 고통이 컸을까?

사람을 죽여야만 살인이 아니다. 상담자가 말 한마디 잘못하면 마음에 지울 수 없는 상처를 주고 폐인도 만들 수 있다. 말 한마디는 사람을 죽이는 무서운 도구가 될 수 있다. 다른 사람에게 상처 주는 말은 되도록 삼가야 한다.

상담을 하다 보면 젊은 사람은 취업과 이성 문제로 고민하고, 중년은 배우자와 재물운, 자식 문제가 대두되며 노년은 건강 문제와 경제력이 주를 이룬다. 대체로 운이 좋지 않을 때 찾아오는 경우가 많아 좋은 소식보다는 가슴 아픈 일을 많이 듣게 된다. 이때 인생을 설계하는 조언을 해 주고 시행착오를 줄이며 성공에 접근하도록 보살펴 주어야 한다. 인생이 오르막, 내리막이 있듯이 확장할 때와 축소해야 할 시기가 있다는 것을 알아야 한다. 특히 장사하는 사람과 사업하는 사람은 많이 참고를 해야 실패의 확률이 줄어든다.

굴곡을 최소화하여 바르게 가도록 하는 것이야말로 훌륭한 상담자의 역할이다. 잘되는 사람은 더 잘되게 살펴 주고 고통과 실의에 빠진 사람에게는 희망과 위로를 해 주어 좋은 길로 인도하는 것은 보람된 일이다.

인생살이 별것도 아닌데 왜 이렇게 삶이 고단한지 참으로 안타깝다. 주위를 둘러보면 나보다 훨씬 큰 상처를 가슴에 묻고 살아가는 사람들이 부지기수로 많다. 인생을 살아가면서 힘들지 않은 사람이 어디 있으랴. 힘들어도 다시 한번 기운을 내자!

현대에서는 명리학을 미래 예측학이라 칭하기도 하는데 전통역학에 과학과 자연철학을 포괄하는 종합적인 학문이 되었다. 명리학은 일기예보와 같아서 이 학문을 부정한다면 어부가 고기를 잡으러 갈 때 태풍주의보를 무시하는 것과 같은 이치라고 하겠다. 이제 대학에서 학사, 석사, 박사까지 배출하고 있으니 앞으로 세계로 진출하는 날도 멀지 않았다고 자부한다.

2부에서는 태어난 일자 하나만 가지고 상대방의 성향과 특성을 쉽고 빠르며 정확하게 파악할 수 있도록 정리했다. 남성과 여성으로 분류하여 성격의 장점과 단점, 경제관, 좋은 인연이 되는 TIP으로 대응 방법까지 기술하였다.

각 일간에 해당하는 유명 인사 20인을 남녀별로 선별하여 흥미 있게 다루어 재미있게 볼 수 있도록 하였다. 또한 혈액형을 명리학의 일주로 정확도 높게 구성하였다.

뒤에서 열거한 하나하나를 잘 습득하여 일상에서 활용한다면 성공으로 접근하는 비밀이라 할 수 있다. 1부와 2부의 내용을 접목하여 활용한다면 반드시 성공의 궤도에 진입하는 기적을 맛볼 것이다!

책을 마치며

# 모든 독자가
# 행복해지기를 바라며

　개인적인 소망들을 모두 이루길 빌면서 국민의 한 사람으로서 대한민국도 앞으로 잘될 것이라 믿는다. 우리 민족의 우수성과 강한 힘을 세계만방에 제대로 보여 줄 수 있는 그런 날이 오기를 고대해 본다.
　특히 현재 사는 것이 힘들고 암울한 사람은 언젠가 좋은 소식이 꼭 올 것이라는 희망과 기대감으로 열심히 살기를 당부한다.
　모든 독자에게 신의 은총이 가득하여 행복하기를 빌면서 마무리한다.

제2부

# 상대를 파악하는 성공의 비밀

2부를 읽으려면 일간과 일주로 나누어 설명하고 있으므로, 3부 만세력에서 알고 싶은 사람의 일간과 일주를 찾아야 한다.

우리나라는 일본 시간을 기준으로 하기 때문에 수정을 해 주어야 하는데 독자들은 오류가 생길 수 있으므로 가급적 핸드폰에서 원광만세력 앱을 다운로드해서 보면 더욱 정확하게 볼 수 있다.

성별과 생년월일을 양력과 음력으로 구분하여 기재해서 조회하기를 누르면 사주가 나오는데, 일원으로 표시되는 부분을 본 서적 2부에서 해당하는 것을 찾아 읽으면 된다.

본 서적 3부 만세력에서 찾으려면 생일을 양력으로 보는 사람은 출생연도를 찾아 좌측 칸의 월 표시를 무시하고 모두 양력 칸에서 월과 일을 찾아야 한다.

생일을 음력으로 보는 사람은 출생연도를 찾아 좌측 칸에서 월을 찾고 음력 칸에서 해당하는 일자를 찾으면 된다.

일간(위 한 글자)과 일주(위아래 두 글자)를 찾았으면 앞 차례에서 해당하는 페이지를 찾아 읽으면 된다. 일간과 일주 찾는 법을 혼동하거나 한 글자라도 옆의 것을 잘못 보면 다른 사람 것이 나올 수 있으니 유의해서 찾아야 한다.

사주로 보면 정확도가 더 높겠지만 내용이 방대해 책에 담는 데 한계가 있다.

여기서는 태어난 일만 가지고서 상대방을 간단하고 쉽게 파악할 수 있도록 중점을 두었으며, 독자들이 활용하기 쉽도록 책 한 권에 담아 정리했다.

# 甲(갑)에 대한 해설

##  남성의 특징

### 갑의 남성 장점

갑 남성은 마음이 어질고 상대방 입장을 잘 이해해 준다. 인정이 많고 배려심이 돋보인다는 평가를 받으며, 부드럽고 온화하여 남에게 부담을 주지 않는다. 목적의식이 뚜렷하고 매사 적극적이며 활동적이다.

생각이 깊고 자기 이상을 현실적으로 실현시키기 위해 어려움에 굴복하지 않는다. 발전적인 기상이 있어서 목표를 정하면 실행에 옮겨 반드시 이루려는 강한 집념의 소유자이다.

기획력이 풍부하고 미래 지향적으로 창조적인 재능을 발휘하며 당당하여 남에게 쉽게 고개 숙이지 않는다. 솔선수범하는 행동으로 관리자 역할도 잘 해내는 갑의 남성은 신중한 기획가이기도 하다.

융통성이 있으면서 주관이 확실하여 현실에 처한 환경을 긍정적으로 생각한다. 성실하게 성공의 길을 밟아 가는 갑은 명분이 확실한 것을 선호하는 기질이 있다. 자기 이상을 실현하기 위해 무에서 유를 창조하는 능력이 존재한다.

## ❈ 갑의 남성 단점

갑 남성은 자유스러운 기질이 있어서 다른 사람이 간섭하면 지시라고 생각하여 반발하는 특성이 있다. 주체성이 강하여 남에게 비위 맞추는 것을 싫어하여 손해 보는 경우가 생긴다.

결정을 내리면 끝까지 관철시키려는 기질이 있어서 굽히기 싫어한다. 자신과 맞지 않으면 미련을 두지 않으며, 독단적으로 결정을 하여 주위의 반목을 사기도 한다.

자기 비위가 상하면 감정의 변화가 겉으로 드러날 정도로 억제력이 약하다. 일을 시작하면 앞뒤 가리지 않으며 낮은 것은 눈에 차지 않고 높은 이상을 바라보며 일을 진행하는 경우가 많다.

자신의 판단이 옳다고 생각하면 물러서지 않는다거나, 누구에게 지는 것을 싫어하고 욕심을 부리다 화를 자초하기도 한다. 자제력이 부족하여 좋아하는 것에 집중하면 쉽게 빠져드는 경향도 나타난다.

### 갑의 남성 경제관

갑 남성은 신용을 중시하며 덕망이 있다. 강한 자립 의지를 보여 주어 다른 사람에게 의존하려고 하지 않는다. 시련과 고난이 닥쳐도 어려움을 슬기롭게 헤쳐 나가는 모습을 보여 준다.

금전에 대한 관념이 강하고 현실적이어서 자신이 노력하지 않고 그냥 얻으려고 하지 않는다. 금전이 수중에 들어오면 금전 출입이 빈번하여 일정하지 않고 사교적인 지출로 돈이 새는 경우가 많다.

기분파 기질이 있어서 겉으로는 화려하게 보이나 실속이 적고, 지출을 가볍게 여기는 경향이 있다. 재물을 모았다가도 가까운 지인이 부탁하면 쉽게 거절하지 못한다.

신용과 능력을 발휘하여 가계나 사업을 발전시키는 수완가가 많으며, 확실한 투자 계획을 수립하고 계획에 없는 낭비는 싫어한다. 낮은 것은 수준에 맞지 않으며 더 넓은 세상으로의 진출을 항상 꿈꾼다.

#### 갑의 남성과 좋은 인연이 되는 TIP

1. 추구하려는 힘이 강하므로 호응해 주어라.
2. 담백하고 솔직하게 접근하여 친분을 쌓아라.
3. 자부심과 신념이 대단하므로 칭찬을 해 주어라.
4. 자유 지향적인 개성이 존재하므로 간섭을 삼가라.
5. 인정이 많고 정의감이 강하기 때문에 감정에 호소하라.

## 인정이 많고 배려심이 돋보이는 갑의 남성 김성주

　방송인 김성주가 대표적인 갑 남성이다. 공영방송 아나운서로 직장인이었다가 프리랜서 선언을 하면서 방송계에서 본보기로 기피하는 인물로 견제당해 한동안 방송 활동을 하지 못하였다. MBC 간판 아나운서일 정도로 무게감이 있었는데, 갑작스러운 퇴사에 화가 난 방송국에서 괘씸죄를 적용하여 출연 정지를 시켰다. 처음에는 쉬게 되어 좋았지만 시간이 길어지다 보니 심신이 너무 힘들었다고 토로했다. 이러한 시기에 같은 소속사였던 강호동이 많은 도움을 주었다고 전해진다.

　직진하는 갑의 성향으로, 당시 누구도 도전하기를 꺼리던 케이블 TV의 진행자로 발군의 실력을 발휘할 기회를 놓치지 않아 오늘의 성공을 이루었다 할 수 있다. 또한 아들과 함께 출연했던 예능 프로에서 감성적이고 화합을 잘 하는 갑의 성향이 잘 나타나, 시청자들에게 친근감을 주면서 제2의 전성기를 가져오는 기폭제가 되었다.
　최근 국민들에게 열풍을 일으킨 〈미스트롯〉과 〈미스터트롯〉의 능수능란한 사회 진행 솜씨는 성공 신화라고 불리어도 과찬이 아닐 정도이다. 결과론적이지만 프리랜서로 전향한 것이 처음에는 고전했지만 지금은 본인에게 많은 발전이 되었다고 볼 수 있다. 명품 MC의 새로운 지평을 열었으며 남다른 내공을 보유하고 있어서 앞으로가 더 기대되는 인물인 갑일간 남성이다.

# 여성의 특징

## ✸ 갑의 여성 장점

　갑 여성은 낙천적이고 명랑하며 밝은 성향이다. 마음이 어질고 착해 상대방의 입장을 잘 이해해 준다. 이해심이 많으면서도 할 말은 해야 직성이 풀리고, 신용을 중시하여 공사(公私)가 분명하다.
　무엇이든 하려는 의욕이 대단한 갑 여성은 독립적이고 활동적인 삶을 영위하는 진취적인 성향을 보여 준다. 능동적인 사고방식으로 선두에 나서기를 좋아하고 사회 참여 활동도 높다.

　과감한 성향이 있어서 결단력이 돋보이고, 자신의 신념대로 밀고 나가며 분명한 모습을 보여 준다. 또한 능동적인 사고방식으로 순간적 포착이 뛰어나고 대인 관계가 활발하다.
　외향적이고 경위가 바른 갑 여성은 동정심과 인정이 많을 뿐만 아니라 남에게 베푸는 것을 좋아한다. 이성에게 상처를 받아도 갑 여성은 다른 여성보다 충격이 적다. 결혼 후에도 남편에게만 의지하지 않고, 생활력과 의지력이 강하다.

## 갑의 여성 단점

갑 여성은 자신의 판단이 옳다고 생각되면 강직해져서 물러서지 않는다거나, 누구에게 지는 것을 싫어하고 욕심을 부리다 화를 자초하기도 한다. 갑 여성은 재물을 모았다가도 가까운 지인이 부탁하면 쉽게 거절하지 못한다.

귀가 얇아 누가 솔깃한 말을 하면 넘어가 손실을 당하기도 한다. 크든 작든 이런 실수들을 반복하는데 이러한 것 또한 삶의 일부이지만 이런 실수와 과오를 바로잡거나 대비해야 한다.

자신과 맞지 않으면 미련을 두지 않으며, 심사숙고하기보다는 행동이 앞서는 모양새를 보여 준다. 남에게 의존하려고 하지 않고 리드하려는 잠재의식이 있어서 남성이 이해해 주지 않으면 마찰이 일어난다.

주관이 뚜렷한 성향은 불의를 보면 강자에게 강하고 약자에게는 정에 이끌려 손해를 보기도 한다. 특히 자존심이 강해 체면이 손상되는 것을 싫어하므로 특별한 주의를 요한다.

### 갑의 여성 경제관

갑 여성의 경제관은 강한 자립 의지를 보여 주어 다른 사람에게 의존하려고 하지 않는다. 신용과 능력을 발휘하여 집안의 경제나 사업을 발전시키는 수완가가 많다.

확실한 투자 계획을 수립하고 계획에 없는 낭비는 싫어한다. 금전적인 욕심도 많으며 저축이나 투자에 의한 재산 증식에도 남다른 재능을 보여 준다.

현실주의자여서 조심성이 많으며 이재에 밝아서 실패가 적고, 투기와 모험을 좋아하지 않아 무모하게 무리하지 않는다. 금전이 수중에 들어오면 금전 출입이 빈번하여 일정하지 않은 성향이다.

경제적인 면에서 철저한 면을 보여 금전을 모으기도 하지만, 수중에 돈이 없다고 기죽거나 움츠러들지 않는다. 갑의 남성은 사교적인 지출로 돈이 새는 것에 비해, 갑 여성의 지출은 귀가 얇아 지인을 믿거나 도우면서 발생할 때가 많다.

### 갑의 여성과 좋은 인연이 되는 TIP

1. 자유로운 삶을 추구하므로 억압하지 마라.
2. 어려운 일도 헤쳐 나가므로 호응을 해 주어라.
3. 독립심이 강하므로 성취감을 느끼게 해 주어라.
4. 판단과 행동에 대한 자부심이 강하므로 응원해 주어라.
5. 사회참여 의식이 높으므로 신념대로 밀고 나가게 하라.

## 낙천적이고 명랑하고 밝은 갑의 여성 황정음

아이돌 그룹이었다가 지금은 연기자로 활동하고 있는 황정음이 갑의 여성에 해당한다. 어릴 때부터 리틀엔젤스 단원으로 활동했으며 당시 평양 공연에 참가하기도 했다. 어려서부터 활동해서 가수와 연기자라는 두 마리 토끼를 잡지 않았나 생각한다.

처음에는 걸 그룹 멤버였다가 연기자로 전업했으나 처음에는 매우 고전하였다. 오래전 그녀는 모 예능 프로그램에서 자신의 텅 빈 통장을 공개했다. 어중간해진 아이돌 그룹의 현실을 보여 주듯 재정적으로 엉망이었지만 그녀는 낙천적이고 명랑해 보였다.

그 모습을 인상적으로 본 시트콤 PD는 그녀에게 어울리는 활발하고 적극적인 캐릭터를 선사해 배우의 길을 열어 주었다. 그녀의 첫 출연작인 시트콤의 활약에도 본인 성격에 맞을 뿐 배우로서 가능성을 높이 평가받지 못했는데, 이후 놀라운 연기력을 선보이며 여배우로 성장했다. 본인이 부족한 점을 고치려 노력한 결과, 걸 그룹 중에서 뛰어난 연기를 소화한다고 평가를 받게 되었다.

결혼 후에도 드라마를 계속 찍고 있는데, 결혼을 하더라도 남편에게만 의지하지 않는 갑 여자다운 면모이다. 최근 안타까운 소식이 들리지만 이것 또한 삶의 일부이므로, 잘 딛고 이겨 나가 행복한 인생이 되기를 기원한다. 밝은 성향의 소유자이므로 세상의 어둡고 그늘진 곳까지 환하게 비추어 소외당하는 사람들에게 힘을 주는 역할로, 연기자들의 기둥으로 성장할 것을 믿어 의심치 않는 갑 일간 여성이다.

## 甲(갑) 일주(日柱) 혈액형과 해설

### 갑자(甲子)

| | | | |
|---|---|---|---|
| A | 자부심 강하다<br>추진력이 뛰어나다<br>불의와 타협하지 않는다<br>집념과 의지력이 강하다 | B | 사교성이 좋다<br>직감력이 뛰어나다<br>조언과 배려를 잘 한다<br>수직 지향적 사고가 강하다 |
| O | 이해심이 많다<br>진취적인 성향이다<br>대인관계가 원만하다<br>생각하는 것이 원대하다 | AB | 신뢰감을 준다<br>상황 분석을 잘 한다<br>처세에 신중을 기한다<br>이상이 높고 안목이 뛰어나다 |

### 갑술(甲戌)

| | | | |
|---|---|---|---|
| A | 주체성이 강하다<br>신념이 투철하다<br>이론적 논리가 강하다<br>권위에 쉽게 굽히지 않는다 | B | 명랑 쾌활하다<br>추진력이 뛰어나다<br>소탈하고 꾸밈이 적다<br>사물을 능동적으로 대처한다 |
| O | 긍정적으로 생각한다<br>활발하고 활동적이다<br>의리나 신의를 중요시한다<br>친근감을 주는 매력이 있다 | AB | 합리적인 성향이다<br>현실감각이 뛰어나다<br>생각하는 수준이 높다<br>명분이 확실한 것을 선호한다 |

## 갑신(甲申)

| | | | |
|---|---|---|---|
| **A** | 곧고 진실하다<br>스스로 개척해 나간다<br>시작과 끝이 분명하다<br>독창적인 개성이 강하다 | **B** | 활기가 넘친다<br>화제가 풍부하다<br>순간적인 재치가 뛰어나다<br>친한 사람에게 비밀이 적다 |
| **O** | 신의가 있다<br>융통성이 풍부하다<br>분위기를 밝게 한다<br>자신의 생각대로 밀고 나간다 | **AB** | 계획성이 철저하다<br>설득력이 뛰어나다<br>머리 회전이 빠르다<br>앞날을 대비하며 현명하다 |

## 갑오(甲午)

| | | | |
|---|---|---|---|
| **A** | 창의적이다<br>사리 판단이 확실하다<br>일의 집중력이 뛰어나다<br>좋고 싫음의 구별이 뚜렷하다 | **B** | 기회 포착을 잘 한다<br>꾸밈이나 가식이 없다<br>적응력이 좋아 호감을 준다<br>결론을 빠르게 내려 실행한다 |
| **O** | 의욕이 강하다<br>조화를 잘 맞춘다<br>관리적인 능력이 뛰어나다<br>책임을 전가하지 않는다 | **AB** | 언변술이 뛰어나다<br>이해하는 것이 빠르다<br>자아실현의 욕구가 강하다<br>자기 절제를 하는 힘이 있다 |

## 갑진(甲辰)

| | | | |
|---|---|---|---|
| **A** | 담백하다<br>경위가 밝다<br>처세가 신중하다<br>뚜렷한 주관을 확립한다 | **B** | 온순하다<br>처세술이 좋다<br>순발력이 뛰어나다<br>생각하는 것이 긍정적이다 |
| **O** | 솔직하다<br>융통성이 많다<br>배려를 잘 해 준다<br>넓은 시야를 지니고 있다 | **AB** | 현실감각이 좋다<br>기획력이 뛰어나다<br>빈틈을 잘 보이지 않는다<br>여유를 갖고 신중을 기한다 |

## 갑인(甲寅)

| | | | |
|---|---|---|---|
| **A** | 경위가 밝다<br>먼저 나서지 않는다<br>인생철학이 뚜렷하다<br>속마음을 잘 드러내지 않는다 | **B** | 솔선수범한다<br>합리적인 사고방식이다<br>하고 싶은 것을 해야 한다<br>형식에 얽매이는 것은 힘들다 |
| **O** | 배포가 있다<br>자부심이 강하다<br>추진력이 뛰어나다<br>대범하고 과감성이 있다 | **AB** | 의욕이 강하다<br>준비성 철저하다<br>판단력이 뛰어나다<br>이상과 현실의 조화가 좋다 |

# 乙(을)에 대한 해설

##  남성의 특징

### 을의 남성 장점

　을 남성은 세심하고 꼼꼼하여 빈틈이 없을 정도로 정확하고, 확실하게 맺고 끊는 것을 좋아한다. 사람을 가려서 사귀고 환경 적응력이 매우 뛰어나 어려움에도 대처를 잘 한다.
　거짓말을 싫어하고 공사(公私)가 분명하여 마음에 없는 말을 가식적으로 표현하지 못한다. 목표로 하는 것은 끝까지 실행에 옮기는 집념과 끈기를 보여 주어 신뢰를 받는다.

　논리가 확고하고 사리 판단이 정확하여 현실적인 이론에 밝고 사리 판단이 확실하여 실수를 잘 하지 않는다. 명분을 중시하는 자부심이 있어서 인정을 받으면 기대에 부응하여 능력 이상을 발휘한다.
　평소 무모하게 나서지는 않지만 활력소 역할을 잘 하여 주위에서 인정도 받는다. 이성적이고 객관적이어서 조급하게 서두르지 않으며 자신이 목표로 하는 것은 묵묵히 수행하는 실천가이다.

### 🏅 을의 남성 단점

　을 남성은 자신을 낮추면서도 자기 속을 잘 드러내지 않으며 지나간 일에 미련이 많다. 속마음을 알기 어려운 데다 포용력이 넓지 못하여 문제점이 생기면 한꺼번에 모아서 터트리는 경향이 있다.
　꼼꼼하고 치밀한 을은 달리 말하면, 고지식하고 융통성이 부족하다. 확신이 서지 않으면 뚜렷한 주관성이 결여되기 쉬워 과감성이 부족해지고 우유부단한 모습이 나타나므로 결단의 과감성이 필요하다.

　주체성이 강하여 남에게 비위 맞추는 것을 싫어하여 손해 보는 경우도 생긴다. 너무 세세한 부분까지 짚고 넘어가는 경향이 있어 상대를 피곤하게 만들기도 한다.
　현실주의자여서 조심성이 많으면서도 좋아하는 것에 집중하면 쉽게 빠져들기도 한다. 이해심이 있으면서도 상황에 따라서 아집과 고집으로 밀고 나가는 경향이 있으므로 주위 조언도 수용할 수 있는 아량이 필요하다.

## 🏷 을의 남성 경제관

　을 남성은 경제 개념이 철저하여 자립적인 의지력이 강하고 낭비를 싫어한다. 사리에 밝고 계산이 철저하며 현재와 미래의 계획을 수립해서 철저한 대비책을 세워 생활을 준비한다.
　사업이나 금전 거래도 조심성이 많으며 무모하지 않다. 앞날에 대한 생활의 설계가 확실하여 철저히 대비책을 세워 놓으며 환경 적응력이 뛰어난 모습을 보여 준다.

　합리적인 성향이 강하여 현실을 중시하면서 내실을 기하며, 분수에 넘치는 생활을 싫어하여 안정적으로 발전할 수 있다. 게다가 재물에 대한 욕심이 있어서 모아 놓아야 안심한다.
　금전이 있어야 행세할 수 있다고 생각하며 금전적인 거래에서도 확실한 것을 선호한다. 실속을 중시하여 자신이 손해 보는 행동은 하지 않으며, 현재 여건이 어렵고 힘들어도 생활력이 강하여 반드시 극복해 내는 억척스러운 모습도 존재한다.

> **❗ 을의 남성과 좋은 인연이 되는 TIP**
>
> 1. 신중하고도 규범에 맞게 접근하라.
> 2. 성급하거나 경솔한 행동을 하지 마라.
> 3. 매사가 정확하므로 실수를 하지 마라.
> 4. 남을 쉽게 믿지 않기 때문에 신뢰감을 쌓아라.
> 5. 외골수 기질이 있으므로 자존심을 건드리지 마라.

## 성실하고 자립적이며 의지력이 강한 을의 남성 장근석

을의 남성인 장근석은 아시아의 프린스라 불리는 한류 스타이다. 6살에 아동복 모델로 데뷔하였으므로 연예계 생활은 오래되었다고 할 수 있다. MBC 시트콤 〈논스톱〉으로 대중에게 이름이 알려지기 시작했다. 부잣집 도련님 같은 이미지와는 달리 그의 어린 시절은 가정 형편이 좋지 않았다. 예능 프로에서 말하기를, 20만 원을 들고 상경해 외가에서 생활하다가 속옷 광고를 찍은 돈으로 월세 보증금을 얻었다고 한다. 초등학교 저학년 때이니, 과히 자수성가형 인물이 아닐 수 없다.

불세출의 드라마 〈미남이시네요〉로 일본에서 뜨기 전까지만 해도 아역배우 출신의 청춘스타에 불과했던 그는 일본에서 '근사마'로 성공한 후 탁월한 공연 기획으로 순식간에 돈을 벌었다. 일본에서 활약할 때 도쿄돔에서 4만 5천 명이 운집한 콘서트를 할 정도로 엄청나게 인기가 많았다. 지금은 모든 흙수저의 로망인 건물주이다.

무려 서울 강남과 도쿄 시부야에 빌딩을 갖고 있다. 청담동 빌딩은 2011년에 구입했는데 그의 나이 만 24살 때이다.

그 외 논현동 빌라와 삼성동 빌딩 등 서른도 되기 전에 부동산 자산가가 되었다. 게다가 그는 1인 기획사 사장이자, 유일한 소속 연예인이다. 놀라운 재산 관리 능력이 아닐 수 없다. 을 남성의 꼼꼼하고도 계산적인 성향이 보인다. 배우로서 흥행은 아직 아쉽지만 앞으로 기회는 있을 것이라 기대해 본다.

# 여성의 특징

### 🏅 을의 여성 장점

　을의 여성은 기본적으로 온순하고 겸손하며 착하다. 차분하고 조용하여 정서적으로 안정이 되어 있다. 순발력이 뛰어난 모습을 보여 주고 현실적인 이론에 밝다. 판단력이 뛰어나 기회를 포착하는 데 빠르며 섬세하면서도 주도면밀한 성향이다.
　자신의 뜻이 확실하다고 생각하면 주관대로 밀고 나가는 당찬 모습을 보여 준다. 분석적인 사고방식이 뛰어나면서도 실천력을 겸비했으며 꾸미지 않는 소탈함도 존재한다.

　생각하는 것이 깊고 전형적으로 여성스러움이 넘치며 가정에 희생적이다. 함부로 정을 주지 않고 참을성과 적응력이 강하여 어려워도 쉽게 좌절하지 않는다. 상대가 기대에 못 미쳐도 자존심을 지켜 주며 도리를 다하는 현모양처가 많다.
　생활력이 강하여 살림도 야무지게 잘하며 이지적인 모습으로 편안한 분위기를 만든다. 사회에서도 현명한 판단으로 실수가 적으며 일 처리도 깔끔하고 빈틈이 없는 이상적인 모습이어서 신뢰를 받는다.

## ❤ 을의 여성 단점

　을의 여성은 한번 눈 밖에 벗어나면 좀처럼 돌아서지 않으며 쉽게 화합하지 못하는 장면이 연출된다. 매사에 미련이 많고, 힘들어도 욕구나 불만을 꾹꾹 누르고 내색하지 않는 모습을 보여 준다.
　겉으로 활발한 것 같으나 낯가림이 있다든가, 마음속을 표현하지 않아 스트레스를 받는다든가, 상처를 받으면 오래가는 경향이 있다. 이해 타산이 빠르면서도 자신의 비위에 맞지 않으면 참지 못한다.

　자존심이 강하여 무시당한다고 생각하면 미련을 두지 않으며 맺고 끊는 것이 확실하다. 하고 싶은 일이 생겨도 주위 상황을 너무 파악하느라 실행에 옮기지 못하는 경우가 생긴다.
　경계심이 강하고 의심이 많아 상대를 쉽게 믿지 못하는 예민한 면도 있다. 완벽주의를 지향하는 경향이 존재하며 자신에 대한 애착심이 강한 면모도 존재한다.

### 💮 을의 여성 경제관

　을의 여성은 경제관념이 투철하고 재산 관리에 철두철미하다. 재물에 대한 애착심이 강하고 알뜰하여, 금전을 쌓아 놓아야 안심하며 계획된 지출을 보여 준다. 앞날에 대한 설계가 확실하여 철저히 대비책을 세워 놓는다.
　자립심이 강하여 남에게 의지하지 않으며 사회참여 의식이 높다. 경제적으로 여유가 생겨도 검소하고 절제된 생활로 사치와 낭비는 거의 하지 않는다.

　실속을 중시하여 자신이 손해 보는 행동은 하지 않는다든가, 빈틈이 없다는 인상을 주면서도 이성적이고 무리하지 않아 생활의 기복이 대체로 적은 편이다.
　현재 여건이 어렵고 힘들어도 생활력이 강하여 반드시 극복해 내는 억척스러운 모습도 보인다. 금전에 대한 거래도 정확하고 확실하며 생활이 안정된 유형이 많은 것이 을 여성의 특징이다.

---

**❗ 을의 여성과 좋은 인연이 되는 TIP**

1. 현실 파악이 뛰어남을 칭찬하라.
2. 정확하고 규범에 맞게 행동하라.
3. 세밀하고 꼼꼼하므로 실수하지 마라.
4. 경계심이 강하므로 신중하게 접근하라.
5. 논리적이고 이지적이므로 완벽하게 대해 주어라.

## 분석적이고 사고방식이 뛰어난 을의 여성 김수현

　김수현 작가는 을 일간의 여성으로 고려대학교 국어국문과를 졸업한 당시로서는 인텔리 여성이다. 문화방송 개국 7주년 기념 라디오 극본 현상 공모에 〈그해 겨울의 우화〉가 당선되어 작가로 활동을 시작했다. 여성 특유의 감성이 어우러져 타의 추종을 불허하는 기록과 화제를 동시에 받는 작가로서 유명인사가 되었다.

　그녀의 작품은 변해 가는 시대 속에서 대가족 및 구성원들의 면모와 갈등을 다루는 가족극, 인물들 간 엇갈린 사랑을 그리는 멜로드라마, 명절 및 기념일 등에 걸맞은 주제 의식을 강하게 드러내는 특집극 등 크게 세 가지로 나뉜다. 가족과 애정이라는 대중적 소재를 빠르고 거침없는 대사를 통해 경쾌하게 전달함으로써 대중적 인기를 얻었다고 평가받는다.

　을 여성의 꼼꼼하고 세밀한 부분을 어필하여 대본의 세세한 부분까지 체크할 정도여서, 유명한 배우들도 그녀 앞에서는 긴장을 놓지 못할 정도였다고 한다. 드라마를 섬세하고 감각적으로 묘사하여 내놓는 작품마다 대중들의 엄청난 인기를 독차지하고 시청률도 대단하여 독보적인 존재라 해도 과언이 아니다. 특급 작가로서 예우를 받으며 명예와 부를 얻었지만 을 여성 성향의 특색이 나타나 작품에서 배우가 눈에 들어오면 등장인물이 쉽게 변하지 않는 고집과 자부심이 존재한다.

## 乙(을) 일주(日柱) 혈액형과 해설

### 을축(乙丑)

| | | | |
|---|---|---|---|
| A | 집중력이 뛰어나다<br>꼼꼼하고 세밀하다<br>우직할 정도로 성실하다<br>꾸미지 않는 소탈함이 있다 | B | 화합을 중시한다<br>부드럽고 섬세하다<br>행동으로 믿음을 준다<br>창조와 다양성을 추구한다 |
| O | 생각성이 깊다<br>능동적이고 적극적이다<br>환경 적응력이 뛰어나다<br>목적을 달성하는 끈기가 있다 | AB | 상황 판단이 빠르다<br>완벽함을 추구한다<br>활력소 역할을 잘 한다<br>평화주의 성향이 강하다 |

### 을해(乙亥)

| | | | |
|---|---|---|---|
| A | 안정감이 있다<br>실속을 중시한다<br>차분하고 신중하다<br>끈기와 집념이 강하다 | B | 재치가 있다<br>준비성이 철저하다<br>신의를 중요시 여긴다<br>모나지 않고 편하게 대한다 |
| O | 자립심이 강하다<br>솔직하고 꾸밈이 없다<br>명분을 소중하게 여긴다<br>주도적이 되어야 만족한다 | AB | 빈틈이 적다<br>서두르지 않는다<br>현실적 이론에 밝다<br>분석적인 사고방식이다 |

## 을유(乙酉)

| | | | |
|---|---|---|---|
| **A** | 질서 정연하다<br>최선을 다한다<br>직감력이 뛰어나다<br>무모하게 나서지 않는다 | **B** | 경위가 밝다<br>순발력이 뛰어나다<br>마무리하는 것이 확실하다<br>여러 분야에 흥미를 갖는다 |
| **O** | 현실적이다<br>집념이 강하다<br>차분하고 논리적이다<br>자립적인 의지력이 강하다 | **AB** | 무리하지 않는다<br>개성이 뚜렷하다<br>냉철하게 판단한다<br>변화에 대하여 예민하다 |

## 을미(乙未)

| | | | |
|---|---|---|---|
| **A** | 부지런하다<br>내실을 기한다<br>안정성을 중시한다<br>책임을 묵묵히 수행한다 | **B** | 신용을 중요시한다<br>인정과 의리가 있다<br>가식적인 언행을 못 한다<br>상황에 빠르게 대처한다 |
| **O** | 언행이 단정하다<br>꼼꼼하고 정확하다<br>원만함을 보여 준다<br>독립적 의지력이 강하다 | **AB** | 합리적이다<br>이재에 밝다<br>순리에 순응한다<br>섬세한 일에 재능이 있다 |

### 을사(乙巳)

| | | | |
|---|---|---|---|
| **A** | 공사가 분명하다<br>시야가 객관적이다<br>깔끔한 인상을 준다<br>조급하게 서두르지 않는다 | **B** | 유연성이 있다<br>임기응변에 능하다<br>처세술이 뛰어나다<br>끝을 봐야 직성이 풀린다 |
| **O** | 언변이 논리적이다<br>능력을 인정받는다<br>목적의식이 뚜렷하다<br>신념과 행동에 자신감이 있다 | **AB** | 다재다능하다<br>처신을 잘 한다<br>기회 포착이 뛰어나다<br>안정과 실리를 우선한다 |

### 을묘(乙卯)

| | | | |
|---|---|---|---|
| **A** | 현실을 중시한다<br>자기 관리가 철저하다<br>생존 경쟁력이 강하다<br>일 처리가 빈틈이 없다 | **B** | 재능이 많다<br>현실을 직시한다<br>진취적인 삶을 산다<br>부드러움 속에 강인함이 있다 |
| **O** | 표현력이 좋다<br>끝맺음이 확실하다<br>대처 능력이 뛰어나다<br>주위에서 신뢰도가 높다 | **AB** | 생활에 충실하다<br>판단력이 뛰어나다<br>자아실현 욕구가 강하다<br>문제를 침착하게 해결한다 |

# 丙(병)에 대한 해설

 남성의 특징

### 병의 남성 장점

  병의 남성은 명랑하고 개방적이며 사교적이라 어디서나 분위기를 밝게 한다. 상황 판단이 빨라 옳고 그름을 명확하게 가리며 경위가 밝아 정확하고 분명한 것을 선호한다.
  상대를 신뢰하면 변함없으며 남의 사정을 이해할 줄 알고 가급적 베풀려고 한다. 솔직 담백하며 급한 성향이지만 상대에게 서운한 일이 생겨도 오래가지 않고 뒤끝이 별로 없다.

  과감한 추진력이 돋보이며 어려운 일도 무난히 해결하는 모습을 보여주고, 큰일이 생겨도 대범하게 처리하는 배포도 있다. 강한 의지와 실천력으로 자신의 삶을 개척하며 남에게 의지하지 않으려고 한다.
  긍정적이고 사회성과 응용 능력이 뛰어나 성공을 위해 전진할 수 있는 힘이 존재한다. 너무 단순하다고 생각하지 말고 그의 가슴속엔 차가운 냉철함도 있다는 것을 항상 명심해야 한다.

## ❖ 병의 남성 단점

　병 남성은 자부심이 강하여 일을 시작하면 빨리 끝내려고 서두르며 남보다 조금이라도 앞서야 만족하는 성향이 존재한다. 화끈한 성격이 화를 부르는 경우가 있는데, 조그만 것에 만족하지 못하고 과욕을 부리다 손해 보는 때이다.

　추진력은 강한데 끈기가 부족하고 쉽게 타오르고 쉽게 식는 성향도 있다. 개방적인 성향이어서 때로는 분위기나 기분에 좌우되는 모습을 보이며 감정의 변화가 표면적으로 나타날 때가 많다.

　화가 나면 감정을 자제하지 못하고 폭발해 시간이 지나서 후회한다. 마찰이 생기면 물러서지 않으려 하여 더 큰 다툼이 되는 게 문제다. 결정을 내리면 다른 사람의 말을 잘 안 듣고 독자적으로 진행하다가 결정적인 순간에 실리를 놓치기도 한다.

　자극을 받으면 자제심이 약하므로 진행을 자제해야 하지만 쉽게 말을 듣지 않는다. 자신이 하는 일에 간섭이나 억압을 당하면 견디기 힘들어 한다. 다방면에 소질이 많으나 한 가지 일에 집중하지 못하는 것을 경계해야 한다.

## ✪ 병의 남성 경제관

　병 남성의 사교적인 성향은 그의 경제관에 영향을 미친다. 부정한 방법만 아니고 돈을 번다면 어떠한 일도 할 수 있는 과감성을 지녔으며, 금전을 써야 할 곳에는 기분 좋게 지출하는 매력도 있다.
　주어진 이익이나 개발을 위한 기회가 오면 놓치지 않는 특성이 있다. 많은 사람과 대화 속에서 정보를 수집하는데, 경제 감각도 뛰어나고 정세 파악이 빠른 모습을 보여 준다.

　사리사욕으로 뒷거래하는 것을 싫어하고, 자기 수중에 돈이 없어도 궁핍한 내색을 하지 않는다. 현재 어려워도 긍정적이어서 다시 일어선다는 신념이 강하며, 기회가 오면 그냥 넘어가지 않고 발판 삼아 발전한다.
　주위 어려운 사람은 배려심을 발휘하면서도 스스로를 돌아보는 현실적인 측면이 약하다. 기분파 기질이 있어서 남들보다 행동이 앞서 계산하므로 재정 관리가 계획보다는 다소 시간이 걸린다.

> **❗ 병의 남성과 좋은 인연이 되는 TIP**
>
> 1. 마음을 터놓고 그와 상대하라.
> 2. 모호하고 복잡한 제안을 삼가라.
> 3. 추진하는 열정이 강하므로 호응해 주어라.
> 4. 정보 수집과 정세 파악이 빠름을 칭찬하라.
> 5. 성급한 반면에 차가운 이성도 있음을 명심하라.

## 좋고 싫음이 분명하고 분석력이 뛰어난 병의 남자 김구라

　방송인 김구라가 대표적인 병의 남성이다. 비교적 젊은 나이에 방송사 개그맨 공채에 합격하고도 꽤 오랜 무명 생활을 했던 그를 대신해 아내가 식당에서 일을 도와 가족의 생계를 책임졌다는 사실은 잘 알려져 있다.
　그런 아내가 17억이라는 큰 빚을 지게 되었고 그 때문에 공황장애까지 겪었던 김구라는 이혼하고도 아내의 빚을 대신 갚았다고 한다. 김구라 본인이 말하길 사업을 한 것도 아닌데 가정주부가 무슨 17억의 빚이 생기냐고 했는데, 그 속사정을 살펴보면 남편이 돈 버느라고 바쁜 틈을 탄 친정 식구가 발단이라고 할 수 있다.

　이미 신용불량자였던 아내가 그 모든 사건의 원인이지만, 좀 의외인 건 평소 이미지와는 달리 자산 관리를 이렇게까지 등한시한 건가 싶은 김구라다. 평소 그는 토크쇼 예능에서 게스트의 경제적 배경에 관심이 지대했으며 경제 감각도 상당했었다.
　딱 전형적인 병 남성이 아닐 수 없다. 대화 속에서 정보를 수집하고 정세 파악은 빠르나 돈을 모으고 관리하는 데는 그만 못한 것이 그저 안타까울 따름이다. 아내의 금전 사고가 처음도 아니었는데 끝까지 믿어 주려고 했던 것이나, 헤어지면서도 그 많은 빚을 본인이 떠안고 갚아 가고 있는 모습 또한 다시 일어서는 전형적인 화끈한 병 남성의 스타일이다.

# 여성의 특징

## 병의 여성 장점

　병 여성은 마음 씀씀이가 넓고 이해심이 많으며 인간미가 풍부하다. 인정과 포용력이 있고 예의가 바르다. 상대가 잘못한 것이 있어도 오래 담아 두지 않고 풀어 버린다거나, 감정을 숨기지 않고 표현한다.
　자아실현 욕구가 강하고 합리적 타당성을 추구하여 근본적인 문제를 해결하는 능력도 보여 준다. 본성이 착하고 인정이 많아 남이 어려움을 당하면 앞장서서 도와주는 따뜻한 마음씨를 지니고 있다.

　밝고 명랑하며 교제가 활발하여 사람들과 어울리는 것을 좋아한다거나, 긍정적이어서 매사를 선하게 처리하면서도 옳고 그름이 확실하다. 자신의 행동에 대해 투철한 책임감을 지니고 있다
　처세술이 뛰어나 현실에 대처가 빠르며, 자신의 행동에 의한 결과에 대해서는 잘못되어도 구차하게 변명하지 않는다. 목적의식과 사리 판단도 분명하고 적극적이어서 할 일이 있으면 시원스럽게 추진하여 마무리하는 것이 특징이다.

### ❂ 병의 여성 단점

　병 여성은 개방적인 성격이어서 기분에 좌우되는 성향을 보여 준다. 개성이 강하여 까다로운 형식에 얽매이면 견디기 힘들어하며 자유로운 사고방식으로 살아가려는 생활 태도를 선호한다.
　직선적인 성향이 강하여 인내심이 부족하며, 화가 나면 감정 관리가 쉽지 않고 순간을 참지 못하여 충돌이 생긴다. 마찰이 생기면 물러서지 않으려 하여 더 큰 다툼이 되는 게 문제일 때가 있다.

　무슨 일을 하려고 계획한 것은 빨리 끝내야 직성이 풀리는데, 이때 주위를 배려하지 못해 자잘한 마찰을 수습하기는커녕 일을 키우기도 한다. 또한 집중력이 부족하여 끝맺음하는 것이 아쉬울 때가 있다.
　감정의 변화가 표면적으로 나타나 자기 생각을 그대로 표현하여 절제하지 못하는 경우가 생긴다. 재능은 많으나 여러 방면에 관심을 두어 최대의 효과가 분산되는 것을 경계해야 한다.

### ❖ 병의 여성 경제관

　병 여성은 자립정신이 강하여 남에게 기대려고 하지 않으며 이해타산에도 밝아 금전 관계와 거래에서 뛰어난 능력을 보여 준다. 기분파 성향이 있어서 계산하는 자리가 생기면 먼저 결제를 해야 마음이 편하다.
　남에게 신세 지는 것을 싫어하며, 만약 신세를 끼쳤다면 몇 배로 갚아야 속이 시원한 타입이다. 소탈한 모습이어서 뒷거래는 싫어하며 돈을 쓸 경우에는 당돌한 모습을 보여 주기도 한다.

　자기 수중에 돈이 없어도 궁핍한 내색을 하지 않으며, 남들보다 행동이 앞서 지출을 하므로 재정 관리가 계획보다는 다소 시간이 걸리는 경우가 많다.
　어려운 사람을 보면 인정에 약해져 아껴야 한다고 생각하지만 실행이 쉽지 않다. 사회참여 의식이 높아 적극적인 생활 태도를 보이며 어떠한 환경에도 구애받지 않고 목표를 향해 도전한다.

**병의 여성과 좋은 인연이 되는 TIP**
1. 명랑하고 활발하므로 호응을 많이 해 주어라.
2. 자유로운 사고방식이므로 간섭하지 마라.
3. 자기실현 욕구가 강하므로 칭찬을 해 주어라.
4. 복잡한 것을 싫어하므로 단순 명쾌하게 대하라.
5. 급하지만 차가운 이성도 있음을 기억하라.

## 화끈한 성격과 마음 씀씀이가 넓은 병의 여성 고현정

화끈한 여배우의 대명사 고현정이 대표적인 병 여성이다. 자기 이름을 타이틀로 한 예능 프로에서 보여 준 거침없는 언변과 솔직하고 털털한 모습이 전형적인 병 여성답다. 미스코리아 출신으로 세기의 명작 〈모래시계〉의 혜린이로 사랑받으며 출중한 미모에 연기력도 뛰어나 출연한 작품 대부분이 성공해서 배우로서는 손색이 없다고 해도 과언이 아니다. 한참 인기가 올라갈 시점에 돌연 신세계그룹 이명희 여사의 며느리로 정용진의 아내가 되어 은퇴했다.

이혼한 후 은퇴 10년 만에 배우로 돌아와 또 다른 명작 〈선덕여왕〉의 미실이 되기까지 그녀의 파란만장한 배우로서의 행적에 대해서 잘 알려져 있으나 그녀의 자녀와 재산에 관해선 소문만 무성하다. 배포 있고 씀씀이도 크며 매사 옳고 그름이 확실하지만, 부정한 방법만 아니고 돈을 번다면 어떤 일도 할 수 있는 유연함과 매력이 넘치는 그녀이다.

자유로운 연예계에서 생활하다가 갑자기 재벌가의 며느리가 되어 직선적이고 마음에 담아 두지 못하는 성격에 얼마나 답답하고 힘든 시간을 보냈을지 가늠하기 어렵다. 피아노 실력이 매우 뛰어난 것으로 알려졌으며 동국대학교 연극학부 겸임교수로 임용되어서도 수업을 유머러스하고 재미있게 진행했다고 한다.

이제 연예계로 돌아왔고 개성이 강하고 자유로운 영혼을 가진 그녀이기에 앞으로 얼마나 발전할지 귀추가 궁금해지는 병 여성상이다.

## 丙(병) 일주(日柱) 혈액형과 해설

### 병인(丙寅)

| | | | |
|---|---|---|---|
| **A** | 준비성이 뛰어나다<br>전진하려는 힘이 좋다<br>현실적이고 실리적이다<br>단체 생활에서 능력을 발휘한다 | **B** | 열정적이다<br>불의를 보면 참지 못한다<br>새로운 것에 관심이 많다<br>생각을 내면에 숨기기 어렵다 |
| **O** | 신의가 있다<br>추진력이 강하다<br>행동하는 반경이 넓다<br>강자에게 강하고 약자는 살핀다 | **AB** | 설득력이 강하다<br>상황 판단이 빠르다<br>환경에 구애받지 않는다<br>힘든 일도 재치 있게 처리한다 |

### 병자(丙子)

| | | | |
|---|---|---|---|
| **A** | 집념이 강하다<br>분석력이 뛰어나다<br>남의 간섭을 싫어한다<br>마음먹은 것은 실행에 옮긴다 | **B** | 긍정적이다<br>언변이 좋다<br>동정심이 많다<br>자기 주체성이 분명하다 |
| **O** | 대인관계가 넓다<br>준비성이 철저하다<br>추진력이 뛰어나다<br>의도대로 하려는 기질이 있다 | **AB** | 처세술이 좋다<br>논리가 확실하다<br>안정성을 추구한다<br>감정의 변화가 다양하다 |

## 병술(丙戌)

| | | | |
|---|---|---|---|
| **A** | 활동적이다<br>기회 포착을 잘 한다<br>한번 신뢰하면 변함없다<br>현실에 대한 대처가 빠르다 | **B** | 낙천적이다<br>호기심이 강하다<br>대화에 막힘이 없다<br>능력에 대한 자부심이 있다 |
| **O** | 명랑하다<br>포용력이 있다<br>형식에 얽매이지 않는다<br>두려움이 적고 적극적이다 | **AB** | 재능이 많다<br>미래 지향적이다<br>정세 파악이 빠르다<br>공과 사의 구분이 명확하다 |

## 병신(丙申)

| | | | |
|---|---|---|---|
| **A** | 솔선수범한다<br>감정 표현이 솔직하다<br>끝까지 추진하는 열정이 있다<br>강압적인 것에 적응하지 못한다 | **B** | 의욕적이다<br>포부가 원대하다<br>기분파 기질이 있다<br>빠른 발전의 기회를 모색한다 |
| **O** | 소통을 잘 한다<br>힘든 일도 앞장선다<br>대범한 기질이 있다<br>선두에 서야 직성이 풀린다 | **AB** | 이상이 높다<br>도전 정신이 있다<br>목적의식이 뚜렷하다<br>자기 의도대로 밀고 나간다 |

### 병오(丙午)

| | | | |
|---|---|---|---|
| **A** | 솔직하다<br>성취 욕구가 강하다<br>사리 분별력이 뛰어나다<br>옳으면 끝까지 밀고 나간다 | **B** | 활동 반경이 넓다<br>승부 근성이 강하다<br>상황 판단력이 빠르다<br>남과 어울리는 사교성이 좋다 |
| **O** | 배포가 있다<br>독립심이 강하다<br>통솔력이 뛰어나다<br>불의를 보면 참지 못한다 | **AB** | 신념이 강하다<br>기세가 당당하다<br>처세술이 뛰어나다<br>좋고 싫음의 구분이 명확하다 |

### 병진(丙辰)

| | | | |
|---|---|---|---|
| **A** | 결정이 빠르다<br>수완이 뛰어나다<br>행동으로 실천한다<br>자립적 의지력이 강하다 | **B** | 외유내강이다<br>바른말을 잘 한다<br>추진력이 뛰어나다<br>환경에 구애받지 않는다 |
| **O** | 활발하다<br>논리력이 뛰어나다<br>결정에 주저함이 없다<br>잘못한 것은 짚고 넘어간다 | **AB** | 의욕적이다<br>조화와 균형을 맞춘다<br>새로움과 변화를 추구한다<br>위로 올라서려는 욕망이 강하다 |

# 丁(정)에 대한 해설

##  남성의 특징

### ✅ 정의 남성 장점

　정 남성은 내면이 따뜻하고 온화하여 남의 어려운 사정을 잘 알아준다. 심성이 착하며 희생과 봉사정신이 강하다. 주위에서 인정을 받으면 헌신적으로 몇 배의 능력을 발휘한다.
　정(情)이 많아 다정다감하게 상대를 감싸 친근감을 주면서, 상대에게 극단적인 표현은 잘 하지 않는다. 의외로 강자에게 강한 면을 보이면서 약자에게는 한없이 따뜻한 마음을 베풀어 주는 훈훈함이 인상적이다.

　차분하고 헌신적이며 남에게 권모술수를 쓸 줄 모르고, 합리적인 사고방식으로 친절하면서도 부담감을 주지 않는다. 상하를 구분할 줄 알며 업무 처리가 정확하고 어려운 일에 부딪혀도 언젠가 해낸다는 믿음이 있다.
　순간적 상황 판단이 빠르고 분석적 사고방식이 뛰어나다. 계획이 치밀하여 빈틈이 없을 정도이며, 상대가 믿어 주면 몇 배의 능력을 발휘한다. 한번 마음을 주면 언제나 변함이 없어서 친구로 둘 수만 있다면 먼저 배신하지 않는다.

## ✪ 정의 남성 단점

정 남성은 융통성이 부족하기에 대범하지 못한 성향이 있고, 복잡한 것을 싫어하여 즉흥적인 경우가 나타난다. 본능적으로 자기 보호 의식이 강하여 사람이 접근하면 경계심을 갖고 대하여 친구를 사귀는 데 시간이 걸린다.

평소에는 착한 양이지만 건드려서 화가 나면 감정의 변화를 다스리지 못하고 격정적으로 변해 전혀 다른 모습을 보여 주기도 하지만, 그 순간만 지나면 후회하는 경우가 많다.

마음이 여리고 상처를 쉽게 받으며, 너무 정직하고 단순하여 요령이 부족하다는 소리도 듣게 된다. 개성이 강하여 겉으로 드러나는 것보다 속정이 많은데, 그 정(情) 때문에 손해도 보게 된다.

경쟁심과 자존심이 강하여 지는 것을 싫어하며, 상대가 조금만 잘해 주면 넘어가 이용당하기도 한다. 감정 기복이 있어서 좋고 싫은 구분이 확연하며, 사회생활에서 손해를 보는 스타일로 본인 자질보다 저평가 되는 경우가 많다.

### ✅ 정의 남성 경제관

　정의 남성은 꼼꼼하고 세밀하여 경제 계획을 철저하게 수립한다. 현실주의자여서 거래가 확실하여 계산이 정확하며, 신중을 기하면서도 투자할 때는 과감한 모습도 보인다.
　신용을 중시하여 금전에 관한 약속은 확실하게 지킨다. 자존심 때문에 남에게 신세 지는 것을 무척 싫어하고 자신이 대접받는 것보다 남에게 베풀어야 할 자리가 많다.

　기분파 기질이 있어서 수중에 금전이 있으면 앞장서서 계산해야 직성이 풀린다. 약속을 지키지 못하면 안절부절못하며 걱정이 많고, 금전이 수중에 없으면 사람을 만나는 것도 꺼리고 외출도 잘 하지 않는다.
　이분법적 성향이 존재하여 실리 추구에 민감하고 빈틈이 없는 것 같으면서도, 의외로 이익을 차지하는 것에 대해 강하게 주장하지 못하고 전체를 우선하여 양보를 하는 경우도 많다.

　경제적으로 여유가 있으면 자신감을 가지고 활발하다가, 여유가 없으면 남에게 아쉬운 소리를 쉽게 못 한다.

#### 정의 남성과 좋은 인연이 되는 TIP

1. 가급적 친구로 만들어라.
2. 확실하고 정확하게 대하라.
3. 희생과 봉사정신을 칭찬하라.
4. 능력 이상의 실력을 발휘하게 만들어 주어라.
5. 변화를 기대하여 귀가 얇은 그의 단점을 커버해 주어라.

## 믿음을 주면 몇 배의 능력을 발휘하는 정의 남성 유재석

개그맨 유재석이 대표적인 정의 남성이다. 자신의 분야에서 정상에 오른 사람이면서 모범적이고 온후한 인상으로 자기 관리에 뛰어나다. 3사 연예대상과 백상예술대상을 합하여 최다 대상 수상자이다. 그는 개그맨 동료들에게 의리 있는 것으로도 알려져 있다.

동료 개그맨 신동엽이 차린 기획사에서 출연료를 제때 받지 못하는 일까지 발생했을 때도 유재석 쪽에서 인내한 것으로 알려져 있다.

그 후 오랫동안 소속사 없이 활동하다가 〈런닝맨〉이 인기를 얻으면서 중국 진출 문제로 새로운 소속사와 결합했는데 이번에도 동료들 추천이 결정적인 역할을 했다고 한다. 그야말로 믿음을 주면 변하지 않는 신의를 보이는 대표적인 예다. 국민 MC라 불린 이후에도 오랜 기간 정상에서 독보적인 1인자 자리를 유지하는 것도 대단한 일이다.

자기 관리가 철저하여 스캔들이나 사건이 발생한 적이 전혀 없고, 진행 솜씨가 매끄러워 감히 넘볼 수 없는 존재가 되었다. 그의 성실성과 노력의 결과물이 성공의 자리에 오랫동안 머무르게 되어 자랑스러우며 정의 성향이 드러난 스타일이다.

# 여성의 특징

## ❖ 정의 여성 장점

　정 여성은 명랑하고 고상하여 깔끔한 것을 좋아하고, 기품이 있고 친화성이 돋보이며 자신감을 가지고 생활한다. 부드러우면서도 신중하게 대처하며 여성적인 분위기를 느끼게 하는 매력적인 여성이다.
　배려심이 뛰어나고 적응력이 강하여 어떠한 환경에서도 조화를 이루며 문제가 생기면 고민하기보다 행동으로 실천력을 보여 준다. 인정과 신의가 있어서 지인이 어려움을 당하면 앞장서서 도와주려는 성의가 있다.

　활발하고 막힘이 없으며 이지적이어서 호감을 사는 한편 객관적인 시야로 이성적으로 판단하며 의외로 대담성이 있다. 사리 판단이 분명하고 싹싹하여 예의에 벗어나는 일은 하지 않으며 주위 사람들에게 고민상담도 잘 해 준다.
　마음에 드는 이성이 나타나면 조건을 크게 따지지 않으며, 결혼하면 헌신적이 되어 내조를 잘한다. 책임감이 강하고 솔선수범하며, 자신에게 주어진 임무는 끝까지 완벽하게 마무리하며 호감이 가는 스타일이다.

## 🏅 정의 여성 단점

정 여성은 평소 좋고 싫은 감정을 감추다가 기회가 되면 쏟아 내는 성향이 있다. 자존심에 상처를 받으면 성질이 급하여 감정 조절이 힘들기 때문이다. 그래서 마음을 주고 잘못되면 상처가 크기에 냉정한 척한다.

매사에 심사숙고하면서도 마음이 약한 면이 있어서 상대가 헌신적으로 보살펴 주면 기울어지고, 마음에 드는 이성이 나타나면 조건을 크게 따지지 않는 성향도 나타난다.

처음에 열정이 넘치다가도 마음이 약해 끊고 맺는 것이 아쉬움을 줄때가 있다. 다정다감한 성향이 존재하여 처음에 냉정한 척해도 정을 주고 잘못되면 마음의 상처를 받을 수밖에 없다.

자아실현의 욕구가 강하여 남들이 간섭하거나 구속받는 것을 싫어한다. 자신이 하는 일에 완벽성을 추구하여 다른 사람의 의사를 무시하고 자신의 생각대로 끝까지 밀고 나가려는 면도 존재한다.

### ❄ 정의 여성 경제관

　정 여성은 자립적 의지력이 강하고 경제적으로 자기 관리를 잘 하며 절제할 줄 안다. 재물에 대한 애착심이 있고, 조심성이 많으며 빈틈이 적어 재산 증식에 능력을 보인다.
　합리적인 사고방식으로 흐트러짐이 없으며 금전 관리를 직접 하려는 자세를 보인다. 소극적이지 않고 참여의식이 강하여 직업을 가지려고 하며 결혼해서도 남편에게만 의지하지 않으려고 한다.

　평소 자기 관리에 뛰어난 능력을 보여 자기 절제에 능하면서도 자기 주도적인 재무 관리를 하여 계획성 있게 소득과 지출을 한다. 분위기에 만족하면 기분파 기질도 있어서 앞장서서 계산하는 면도 보여 준다.
　금전이 없으면 사람을 만나는 것도 꺼리고 외출도 하지 않는 자존심이 센 여성이다. 가급적 지인들과 금전 거래를 피하는 것이 좋은 이유는 정에 약하여 모질지 못하므로 자중해야 한다.

 **정의 여성과 좋은 인연이 되는 TIP**

1. 친화적인 모습으로 대하라.
2. 섬세하고 정확하므로 실수하지 마라.
3. 희생적이고 따뜻한 마음씨를 칭찬하라.
4. 사회참여 의식이 높은 것을 호응해 주어라.
5. 이성적이고 자부심이 강하므로 맞추어 주어라.

## 기품이 있고 내조를 잘 하는 정의 여성 하희라

　연기자 하희라가 대표적인 정의 여성이다. 소탈하면서도 재치가 있고 시원한 모습을 보여 주며 생활의 안정성을 유지하는 전형적인 정의 여성이다. 대만인 아버지와 한국인 어머니 사이에서 태어났으며 밝고 명랑한 이미지를 준다. KBS 어린이 합창단 출신으로 아역 스타부터 시작해 청소년 드라마에도 많이 출연했으며 당시 KBS에는 하희라가, MBC는 이연수가 아역계의 양대 산맥일 정도로 인기가 대단했다. 성인이 되어 현대극과 사극을 넘나들면서 여러 가지 장르의 역을 다양하게 소화하였다.

　최수종과 결혼하면서 한국 국적을 취득했으며, 결혼 후에도 부부 싸움을 한 번도 하지 않을 정도의 연예계 대표적인 잉꼬부부로 사는 것을 보면 부럽기도 하고 대단한 인연이다. 대한민국 남편들의 공공의 적이 된 최수종은 아내 하희라를 위해 이벤트를 자주 하여 감동을 주는 것으로 유명하다. 결혼 후에는 출산과 육아 문제로 연기에 소홀했지만, 연세대학교에서 사회복지학과 석사 학위를 받을 정도로 자신의 발전에 대한 열정이 가득하다.

　국내와 해외에서 다양한 후원과 봉사 등 기부 활동을 지속해 오고 있는 최수종, 하희라 부부는 연예계의 모범적인 가정이다. 그녀는 솔직하고 구김이 없으며 활동적인 성향으로 속정도 깊은 대표적인 정 여성의 표본이다.

##  丁(정) 일주(日柱) 혈액형과 해설

### 정묘(丁卯)

| | | | |
|---|---|---|---|
| **A** | 겸손하다<br>신뢰감을 준다<br>판단력이 냉철하다<br>자기 관리가 철저하다 | **B** | 온순하다<br>신의가 있다<br>머리 회전이 빠르다<br>섬세하고 이지적이다 |
| **O** | 헌신적이다<br>빈틈없이 치밀하다<br>사전 준비가 철저하다<br>합리적이며 끈기가 있다 | **AB** | 눈치가 비상하다<br>차분하고 꼼꼼하다<br>세밀한 것까지 챙긴다<br>바라보는 시각이 객관적이다 |

### 정축(丁丑)

| | | | |
|---|---|---|---|
| **A** | 희생정신이 강하다<br>무에서 유를 창조한다<br>업무 수행 능력이 좋다<br>분석적인 사고방식이 뛰어나다 | **B** | 다정다감하다<br>품격을 유지한다<br>상황을 신속하게 대처한다<br>친화적으로 분위기를 맞춘다 |
| **O** | 신중을 기한다<br>잔꾀를 부리지 않는다<br>주위와 원만함을 유지한다<br>원하는 것을 빨리 파악한다 | **AB** | 호기심이 강하다<br>순발력이 뛰어나다<br>논리적인 입장을 취한다<br>인정을 받으면 혼신의 힘을 다한다 |

## 정해(丁亥)

| | | | |
|---|---|---|---|
| **A** | 원칙적이다<br>현실을 중시한다<br>약속하면 철저하다<br>어떠한 일이든 심사숙고한다 | **B** | 진실하다<br>솔직담백하다<br>외유내강형이다<br>처세술이 뛰어나다 |
| **O** | 합리적이다<br>자신에게 엄격하다<br>활동적이고 진취적이다<br>옳고 그른 것에 대해 확실하다 | **AB** | 착실하다<br>청결함을 선호한다<br>규칙 준수를 잘 한다<br>처지를 돌아보고 일을 진행한다 |

## 정유(丁酉)

| | | | |
|---|---|---|---|
| **A** | 신의가 있다<br>정신력이 강하다<br>거짓과 가식이 없다<br>신세 지는 것을 싫어한다 | **B** | 진솔한 성품이다<br>상하 관계가 확실하다<br>일을 남에게 미루지 않는다<br>근면성과 정직함이 돋보인다 |
| **O** | 인간미가 있다<br>남을 속이지 않는다<br>생각하면 밀고 나간다<br>솔선수범하는 자세가 되어 있다 | **AB** | 융통성이 적다<br>감성이 예민하다<br>계획성이 철저하다<br>임무는 확실하게 처리한다 |

## 정미(丁未)

| | | | |
|---|---|---|---|
| **A** | 사려가 깊다<br>인내력이 강하다<br>치밀하여 믿음을 준다<br>주도면밀하게 일 처리를 한다 | **B** | 승부욕이 강하다<br>조금만 잘하면 빠져든다<br>힘들어도 내색하지 않는다<br>새로운 분야에 관심이 많다 |
| **O** | 경위가 밝다<br>행동이 바르다<br>불의를 참지 못한다<br>이상이 높고 포부가 크다 | **AB** | 예의가 바르다<br>상식이 풍부하다<br>궁금한 것은 파고든다<br>모나지 않게 처세한다 |

## 정사(丁巳)

| | | | |
|---|---|---|---|
| **A** | 집념이 강하다<br>원칙대로 처리한다<br>성실하여 신뢰를 받는다<br>자아실현 욕구가 강하다 | **B** | 생각이 유연하다<br>먼저 배신하지 않는다<br>좋아하는 일에 몰두한다<br>솔직하여 감정 처리가 확실하다 |
| **O** | 다재다능하다<br>완벽함을 추구한다<br>사고방식이 건전하다<br>상대를 진실성 있게 대한다 | **AB** | 수완이 좋다<br>업무 처리가 치밀하다<br>기회가 오면 과감하다<br>상황 대처 능력이 뛰어나다 |

# 戊(무)에 대한 해설

##  남성의 특징

### 무의 남성 장점

　무 남성은 명분을 중시하고 차분하게 관찰하여 내실을 기한다. 중용을 지켜 중간적인 역할을 잘 하며 주위 사람들에게 신뢰를 받는다. 사교적이고 친화력이 있으면서도 우직한 면이 존재한다.
　대담하면서도 무모하지 않으며 주변 시선에 개의치 않는 편이지만 마찰이 생기는 것을 싫어한다. 합리적이고 현실적인 이론에 밝은 편으로 어려운 상황이 생겨도 서두르지 않는다.

　인품이 수려하여 신의가 있으며 배려를 잘 하는 성향으로 활동적이고 개방적인 모습을 보여 준다. 맺고 끊는 것이 정확하여 엄격함이 내면에 존재하며 인내와 끈기로 발전을 추구한다.
　포용력이 있으면서도 한다면 하는 듬직함이 있으며, 신뢰하는 사람에게는 진심 어린 충고도 해 주므로 무의 충고를 듣게 된다면 그의 완전한 신뢰를 받는 것으로 판단해도 좋다.

### ❂ 무의 남성 단점

　무 남성은 주체성이 강하고 영역이 확실하여 간섭받는 것을 싫어하며, 자신이 옳다고 생각하는 것은 물러서지 않는다. 게다가 직선적이고 보이지 않는 까다로움이 내면에 존재한다.
　특히 지나간 일도 쉽게 잊지 않고 좋지 않은 상황이 오면 까다로움이 돌출하기 때문에 평소에 실수하지 않도록 조심해야 한다. 보수적인 성향이 존재하여 고집이 있으므로 가급적 그의 심기를 건드리지 말아야 한다.

　순간적인 상황이나 감정에 좌우되면 과격한 성향이 튀어나오며, 감정에 대한 억제력이 부족한 모습을 보여 준다. 독립적이고 영역이 확실해 침범하면 싫어하므로 거리를 두고 균형감을 유지하도록 해야 한다.
　생각하는 것은 즉시 실행에 옮겨야 직성이 풀리므로 조급함을 보일 때가 있다. 뜻에 어긋나면 성급하고 강렬해져 물러설 줄 모르며 독선적인 성향도 나타난다. 의욕이 넘쳐 주위에서 인정받지 못하면 힘들어한다.

## 무의 남성 경제관

　무 남성은 합리적으로 안정성을 중시하여 투자한다. 돌다리도 두드려 보고 건널 만큼 신중한 성격으로 무리한 모험을 하지 않으려고 한다.
　즉, 경제의 중요성을 잘 알고 만일의 사태에 대비한 준비성이 좋다. 하지만 작은 것에 만족하지 못하고 큰 것만을 염두에 두는 성향도 존재하지만, 신중하여 중요한 문제에는 조심성을 갖고 실행에 옮긴다.

　시대의 정세 파악에 남들보다 앞서가 재물의 흐름 파악이 빠르다. 독점욕도 강하여 자신을 따르는 사람은 자기 능력 이상으로 돌보아 준다. 자기가 갖고 싶은 물건은 수중에 넣어야 직성이 풀리는 스타일이다.
　계획성이 뛰어난 무이기에 현실적인 이론과 계산에 밝아 금전적인 거래가 깔끔하고 확실한 모습을 보이면서도 돈을 써야 할 곳에는 아끼지 않는다.

### 무의 남성과 좋은 인연이 되는 TIP

1. 명분을 살려 주고 중용의 도를 지켜 주어라.
2. 지인들과 어울리는 것을 좋아하므로 활용하라.
3. 신뢰를 얻기까지 시간이 걸리는 것을 명심하라.
4. 잠재되어 있는 까다로움이 돌출되지 않도록 조심하라.
5. 마찰이 생기는 것을 싫어하므로 영역을 침범하지 마라.

## 포용력과 중용의 미덕을 지니고 있는 무의 남성 반기문

무 남성에는 대표적으로 반기문 전 UN 사무총장이 있다. 사람을 상대하고 조직을 관리하는 정점에 이른 외교관이며, 직업적으로 사교성이 뛰어나고 호감을 사야 성공하는 특성이 무 남성의 성향과 일치한다. 고시 합격 후 관료의 길로 들어선 그는 싫고 좋은 것을 드러내지 않는 무 성향답게 5공화국 시절부터 퇴직한 그날에 이르기까지 외교관으로서 승승장구한 셈이다. UN 사무총장 임기를 마치고 퇴임하여 대선 출마 운동을 열심히 하다가 2주 만에 불출마 선언을 하여 오히려 명예가 많이 훼손되었다.

하지만 한국에서 배출한 UN 사무총장을 10년이나 역임한 자랑스러운 한국인이라 하겠다. 국내 정치 상황과 무관하게 뉴욕에 오래 거주하였음에도 대권 후보로 거론되는 것에는, 온화하고 대인관계가 원만한 무 성향과 상당히 밀접한 관계가 있어 보인다. 참여정부 시절 외교부 장관으로 발탁되어 국가적으로 지원받아 UN 사무총장 자리에 오른 그는 무 일간의 합리적이고 안정성을 중시하는 균형감이 정점을 찍은 사례에 해당한다 할 수 있다. 정세 파악에 뛰어나고 논리가 정연하여 변화하는 주위 상황에 대처하는 능력이 뛰어난 무 남성의 특성이다.

# 👆 여성의 특징

### ✅ 무의 여성 장점

　무 여성은 인간관계가 원만하고 사교적이며, 중심이 바르고 여유가 있다. 여러 사람이 모이면 중간적인 역할을 잘 하며, 다른 사람이 어려움을 호소하면 잘 들어 주고 조언도 해 주므로 소통이 잘 된다.
　세련되고 언변이 능숙하여 모임에서도 앞장서며 부담을 주지 않아 인기가 많다. 적극적인 사고와 생활 태도로 어떠한 상황에서도 적응하는 모습으로 자기 계발에 탁월하다.

　중용과 지조가 있어서 이성의 유혹에 쉽게 넘어가지 않으며, 활발하여 남자 앞에서 기죽거나 수줍어하지 않는다. 생활력이 강해서 결혼해도 직업을 갖는 경우가 많으며, 명랑하고 낭만적이어서 어울리는 것을 좋아한다.
　실현의 욕구가 강하여 사회적으로 활발하고 현실 상황에 적극적으로 활동하며 정신적 수준이 높다. 언변이 뛰어나고 사회적인 지위나 경제적인 여건에 구애받지 않고 자신의 의도대로 밀고 나가는 여성이다.

### 무의 여성 단점

무 여성은 자존심이 강하여 힘들어도 내색하지 않고 혼자 해결한다. 반면 아집이 있어 잘못한 것이 있어도 쉽게 굽히지 않으며, 주관이 강하여 억압하거나 간섭이 심하면 견디지 못한다.

평소에 이해심이 많으면서도 내면에 은근한 까다로움이 존재하여 사소한 것도 잊지 않는다. 따라서 무 여성 내면의 까다로움이 발현되지 않도록 평소 처신에 주의해야 한다.

재치와 센스가 있으면서도 한 가지를 끝까지 밀고 나가는 지구력이 약한 면이 아쉬울 때가 있다. 생각보다 행동이 앞서는 경우가 생겨서 감정에 대한 억제력이 약한 모습을 보여 준다.

대인관계가 원만하면서도 상대가 한번 싫어지면 쉽게 돌아서는 냉정함도 존재한다. 평소에 소탈하면서도 당돌한 행동을 보일 때가 있으며, 활동적이어서 집에만 있지 못하고 밖으로 돌아다니길 좋아하는 취향을 잊지 마라.

**무의 여성과 좋은 인연이 되는 TIP**

1. 사교적이므로 억압이나 간섭하지 마라.
2. 고민이 생기면 상담하고 조언을 들어라.
3. 여러 분야에 관심이 많으므로 호응해 주어라.
4. 적극적이므로 능력을 최대한 발휘하게 하라.
5. 까다로움이 돌출되지 않도록 자존심을 세워 주어라.

## 적극적인 사고와 실현의 욕구가 강한 무의 여성 박세리

프로골퍼 박세리가 대표적인 무의 여성이다. 어린 나이에 훈련장에서 새벽 2시까지 남아 훈련을 하고, 공동묘지에서 담력을 키우며 연습한 사실은 유명한 일화이다. 중 3 시절 KLPGA 대회에서 프로선수와 대결하여 연장에서 우승을 차지한 것은 신기하며, 고 3이었던 아마추어 시절에 4승을 거두었다는 것도 놀라울 따름이다.

IMF 시절 어렵고 힘든 시기에 박세리 선수가 유명한 트레이드 마크인 양말을 벗고 물에 들어가 해저드 샷을 쳐 내는 장면은 감동적이며 우승까지 하여 우리에게 용기와 큰 기쁨을 선사하였다. 무 여성의 적극적이면서 힘들어도 스스로 해결해 내는 일면이 아닐 수 없다.

LPGA에 진출해 메이저대회 그랑프리를 차지하는 등 우리나라 여성 골프계의 선두주자인 그녀는 리우 올림픽에서 골프 대표 감독으로 변신하기도 했다. 무 여성의 솔직하면서도 통솔력 있는 모습에 해당한다. 덕분에 116년 만에 부활한 골프 올림픽 금메달을 박인비 선수가 따내는 쾌거를 이루었다.

골프선수로 성공하고 꽤 많은 유혹이 있었을 텐데도 별다른 구설수에 오르지 않은 것으로 볼 때 그녀의 균형감이 전형적인 무 여성처럼 뛰어나다는 방증이다. 뿐만 아니라 아직까지 많은 동료, 후배에게 지지와 인정을 받는 모습은 사교적이면서도 모두에게 신뢰받는 무 여성의 표본에 해당한다 할 수 있다.

#  戊(무) 일주(日柱) 혈액형과 해설

### 무진(戊辰)

| | | | |
|---|---|---|---|
| **A** | 신뢰감을 준다<br>준비성이 뛰어나다<br>결정하는 데 심사숙고한다<br>능력에 대한 자부심이 있다 | **B** | 진취적이다<br>원만하고 활달하다<br>새로운 변화를 추구한다<br>불의를 보면 참지 못한다 |
| **O** | 설득을 잘 한다<br>추진력이 강하다<br>중간적인 역할을 잘 한다<br>용의주도하여 신임을 받는다 | **AB** | 자기 관리가 철저하다<br>다양한 것을 선호한다<br>활동적이고 자신감이 있다<br>심사숙고 후 결정하면 빠르다 |

### 무인(戊寅)

| | | | |
|---|---|---|---|
| **A** | 독립심이 강하다<br>언행이 일치한다<br>정확하고 신중하다<br>우직하게 밀고 나간다 | **B** | 현실 적응이 빠르다<br>새로운 것을 추구한다<br>전진하려는 힘이 강하다<br>문제를 앞장서서 해결한다 |
| **O** | 중심이 바르다<br>서두르지 않는다<br>현실에 적극적이다<br>상황을 세밀하게 판단한다 | **AB** | 논리적으로 생각한다<br>목표 의식이 뚜렷하다<br>창조적인 분야에 적합하다<br>감각적이어서 분위기를 살린다 |

## 무자(戊子)

| | | | |
|---|---|---|---|
| **A** | 직선적이다<br>결단력이 있다<br>대충 넘어가지 않는다<br>침착하고 판단력이 뛰어나다 | **B** | 솔직하다<br>세밀하고 정확하다<br>합리적으로 대처한다<br>언변의 구사 능력이 뛰어나다 |
| **O** | 활동적이다<br>중용을 잘 지킨다<br>추진력이 뛰어나다<br>일의 마무리가 정확하다 | **AB** | 신용을 중시한다<br>정신적 수준이 높다<br>현실적인 이론에 밝다<br>간섭받는 것을 싫어한다 |

## 무술(戊戌)

| | | | |
|---|---|---|---|
| **A** | 사리 판단이 정확하다<br>분명한 것을 선호한다<br>자신의 주장이 확실하다<br>이론적이면서 논리적이다 | **B** | 안목이 높다<br>상황 판단이 빠르다<br>여러 분야에 관심이 많다<br>어려워도 내색하지 않는다 |
| **O** | 포부가 원대하다<br>대범하고 여유가 있다<br>인연을 맺으면 변함없다<br>조그만 것에 만족을 못 한다 | **AB** | 근면하고 성실하다<br>균형 감각이 뛰어나다<br>대처하는 능력이 빠르다<br>능력에 대한 자부심이 강하다 |

## 무신(戊申)

| | | | |
|---|---|---|---|
| **A** | 집념이 강하다<br>절제력이 뛰어나다<br>위에 서는 것을 선호한다<br>맡은 일은 깔끔하게 처리한다 | **B** | 의욕이 넘친다<br>분위기를 맞춰 준다<br>처세하는 수단이 좋다<br>자기 관리에 충실하다 |
| **O** | 활동 반경이 넓다<br>의도대로 밀고 나간다<br>한쪽으로 치우치지 않는다<br>남에게 베푸는 것을 좋아한다 | **AB** | 자부심이 강하다<br>중간적 역할을 잘 한다<br>조급하게 서두르지 않는다<br>소탈하면서 당돌한 면도 있다 |

## 무오(戊午)

| | | | |
|---|---|---|---|
| **A** | 진취적이다<br>끈기가 강하다<br>묵묵히 자기 위치를 지킨다<br>잘못된 것은 바로잡아야 한다 | **B** | 열정이 있다<br>심성이 착하다<br>개방적인 성향이다<br>어떠한 상황에서도 위축되지 않는다 |
| **O** | 솔직하다<br>포용력이 있다<br>화합의 중심이 된다<br>목표한 것은 이루어 낸다 | **AB** | 적응력이 빠르다<br>일 처리가 뛰어나다<br>이성적이고 차분하다<br>활동적이며 중심이 바르다 |

己(기)에 대한 해설

##  남성의 특징

### 기의 남성 장점

　기 남성은 정확하고 빈틈이 없으며 모범생 타입으로 실수가 적다. 침착하고 냉철하면서 공정하여 시비를 분명히 한다. 신중하고 사려가 깊어 정도에서 벗어난 행동을 하지 않으며, 남에게 피해를 주거나 부담을 주지 않는다.

　이성적이어서 논리적인 입장을 선호한다. 상황 판단이 빠르므로 정확한 이론을 바탕으로 실천하여 실패가 적다. 목표를 설정하면 시간이 걸리더라도 반드시 이루고야 마는 집요함도 보여 준다.

　현실적으로 여유가 있어서 쉽게 흥분하지 않으며 사물을 바라보는 시각이 객관성을 중요시하여 안정감을 유지한다. 새로움을 추구하면서도 일을 할 때는 무모하지 않으며 완벽성을 기하여 인정을 받는다.

　합리적이므로 실현 가능한 범위 내에서 목표를 설정하며 냉철하고 실무 능력이 탁월하다. 현실주의자여서 한 가지 일에 집중하는 기질이 강하며, 기 일간에서 난세의 영웅들이 출현하므로 누가 영웅이 될지는 아무도 모르는 일이다.

### ✹ 기의 남성 단점

기 남성은 진취성이 부족하여 모험적이고 도전적인 일보다는 안정적인 것을 우선으로 한다. 사물을 보는 안목이 넓지 못하고 상대를 배려하는 것도 서투른 면이 존재한다.

사람을 가려서 사귀면서도 아집이 있어서 한번 비위에 거슬리면 다시 상대하지 않으려 한다. 경계심이 강하고 긍정적인 생각이 아쉬운 면이 있으며 과거에 집착한다.

보수적이어서 완고한 면이 있으며 새로운 환경에 익숙해지려면 다른 사람보다 시간이 더 걸린다. 사람을 사귀어도 감정의 흐름이 아닌 가치 기준을 가지고 판단하므로 시행착오를 겪는 일이 생긴다.

겉으로 드러난 모습만 보고 제대로 판단하기가 어려우며 상대가 답답함을 느껴 주위 사람들이 어려워한다. 융통성이 다소 부족하여 단조로운 면이 있으며, 일을 추진할 때 과감한 적극성이 아쉽다.

### 🏅 기의 남성 경제관

　기 남성의 경제관은 현실주의자의 빈틈없는 성향에서 출발한다. 손익 계산이 철저하여 실리 추구에 뛰어난 모습을 보이며, 재물의 가치를 알아서 분수에 벗어나는 행동은 하지 않는다.
　세밀하고 약속 개념이 철저한 사람으로 상대가 믿음을 주면 관계가 오래간다. 세상 물정에 대한 안목이 뛰어나고 낭비를 하지 않으므로 안정된 생활을 하는 사람이 많다.

　생활력이 강하여 경제적으로 다른 사람에게 의존하지 않는다. 현실적인 상황에서는 예리하고 처세 능력이 뛰어나 실패가 적으며, 확고하게 내실을 다지는 생활을 한다.
　재물에 대한 인식이 강하여 계산이 정확하며, 자기 관리가 철저하므로 약속을 어겨서는 안 된다. 축적심이 강하여 절제된 생활을 하는 사람이 많다는 것도 기 남성의 특징이다.

**기의 남성과 좋은 인연이 되는 TIP**

1. 약속을 철저히 지켜라.
2. 깔끔하고 완벽하게 대하라.
3. 이성적이고 논리적임을 칭찬하라.
4. 경계심이 강하므로 진실하게 대하라.
5. 현실 안정주의자라는 사실을 염두에 두어라.

## 침착하고 빈틈이 없는 모범생 타입 기의 남성 이회창

한나라당 전 대표 이회창이 대표적인 기의 남성이다. 1960년 서울중앙지방법원 법관으로 임명되어 박정희 정권과 전두환 정권의 요청을 거절하는 등 기피 인물로 선정되어 1986년 4월 대법관직에서 퇴임하였다. 군사정권의 청탁과 압력에 굴하지 않고 소신껏 판결을 내려 대쪽 판사라는 별명이 붙기도 했다. 1988년 노태우 정부 출범 이후 복귀하였으나 노태우 정부의 선거 개입과 부정선거를 질타하고 1993년 법관직을 사퇴하였다. 이후 문민정부 시절 감사원장을 거쳐 대쪽 국무총리로 지지받았던 그는 IMF라는 국가적 위기 속에서도 집권당 당수로 당시 대통령에 맞서는 이미지로 대선에 도전했으나 아들 병역 비리 문제로 대선에 실패했다.

15대 대통령 선거 출마 당시 같은 당에 있던 이인제 의원을 포용력으로 감싸지 못하고 분당하여 대통령 선거에 출마하게 함으로써, 자신감에 차 있다가 김대중 후보에게 39만여 표 차이로 낙마했다. 이인제 후보가 500만여 표를 가져갔으니, 이회창 후보가 같은 당에 있다가 탈당한 이인제 후보를 감싸안았더라면 대한민국 정치가 어떻게 변했을지 아무도 모르는 일이었다. 그 후 이른바 이회창 대세론이 팽배했던 5년 뒤 또다시 대선에 실패하면서 정치적 영향력을 잃은 케이스다. 우리나라 엘리트 정치인이 대중적으로 실패한 대표적인 사례에 해당하는데 냉철한 기 남성의 성향이 그의 성공과 실패의 분기점이 되었다 할 수 있다.

**여성의 특징**

### 기의 여성 장점

　기 여성은 신중하여 흐트러지는 일이 적으며 행동을 함부로 하지 않는다. 고상하고 깔끔하여 좋고 싫음이 분명하다. 현실과 조화를 잘 이루어 남들이 들어서 기분 나쁜 이야기를 돌려서 말하는 재치가 있다.
　섬세하고 부드러운 태도를 유지하여 상대를 편하게 하며 누구에게나 거부감이 들게 하지 않는다. 임기응변이 강하여 분위기에 맞게 적응을 잘 하며 현실적 판단이 뛰어나서 일 처리가 능숙한 모습을 보여 준다.

　꼼꼼하여 맺고 끊는 것이 확실하고 야무지며, 적극적 사고와 경험을 통해 일을 차분하고 세밀하게 처리하여 신임을 받는다. 자부심이 있어서 어려운 일도 합리적으로 대처하며, 생활의 가치관을 바꾸지 않는 매력 있는 여성이다.
　결혼하면 가정을 중시하므로 이성에게 유혹당하지 않는 지조가 있다. 가족을 각별하게 생각하여 평온한 가정을 만들려는 현모양처 성향이 강하다. 배우자가 잘못해도 웬만해서 이별까지 가지 않는 경우가 많다.

## 🏅 기의 여성 단점

　기 여성은 남들에게 자신의 마음을 드러내는 일이 적은 섬세한 감정의 소유자이다. 자신의 성향과 맞지 않으면 미련을 두지 않아 한번 싫어지면 쉽게 돌아서지 않는 면이 존재한다.
　자아실현의 욕구가 강하여 현실과 이상의 부조화로 생각이 많아 스스로 허탈감에 빠지는 경우가 종종 있다. 마찰이 생기면 자기중심적으로 변해 다른 사람의 의견을 잘 받아들이지 않으며 간섭을 싫어한다.

　자부심이 강하여 완벽하려는 끈질긴 면이 자신과 상대를 피곤하게 만든다. 현실감각이 뛰어나면서도 상대가 동정심에 호소하거나 어려운 부탁을 하면 귀가 얇아 솔깃하여 잘 넘어간다.
　결혼하여 배우자가 자신만 못하면 자신이 주체적이 되어 지배하려고 하는 성향도 나타난다. 소유욕이 강하여 가족 사랑이 지나칠 정도이지만 남들에게 베푸는 것은 조금 미약하다.

### 🏅 기의 여성 경제관

기 여성은 현실을 중시하고 계산이 빠르며 규모 있는 생활을 하여 지혜롭게 대처한다. 자립적 의지력이 강하고 경제 개념이 철저하여 구분이 확실하며 알뜰하여 과욕을 부리지 않아 생활의 기복이 적다.

견실한 경제 감각으로 모험적이거나 무모한 도전을 싫어하며, 재테크에 관심이 많아 수입이 들어오면 확장할 방법을 찾는다. 사치와 낭비를 싫어하고 생활력이 강해 살림도 야무지게 잘 한다.

현실을 정확하게 파악하여 근면하고 성실한 행동으로 적응을 잘 하며 더 나은 삶을 위하여 항상 무엇인가 추구한다. 이해득실에 민감하므로 손해 보거나 대충 넘어가는 계산은 용납하지 않는다.

경제적으로 힘든 상황일지라도 최소 비용으로 최대 효과를 창출하여 궁핍한 생활은 거의 하지 않는다. 평소에 소탈하면서도 돈을 써야 할 때는 과감하게 행동을 하여 당돌함을 보여 주기도 한다.

### 기의 여성과 좋은 인연이 되는 TIP

1. 재치와 임기응변을 칭찬하라.
2. 신중하므로 언행을 항상 조심하라.
3. 이해득실에 민감하므로 약속을 지켜라.
4. 현실적인 판단이 뛰어나므로 조언을 들어라.
5. 맺고 끊는 것이 확실하므로 신중하게 접근하라.

## 신중하며 현실적 판단이 뛰어난 기의 여성 장윤정

가수 장윤정이 대표적인 기의 여성이다. 외모나 행동 어디를 봐도 어른들이 좋아할 현모양처이다. 어렸을 때 집안이 너무 가난하여 가족들이 흩어져서 살았을 정도였다고 한다. 알려진 대로 그녀는 어려서부터 가족의 생계를 책임지며 고생을 많이 했다.

가족들이 모두 그녀만 쳐다보고 있을 정도였다. 가수로 데뷔하는 과정도 만만하지 않았는데 조그만 기획사와 계약하여 여유가 없고, 음반을 낼 돈이 없어서 단역배우로 활동하기도 했다. 20대에 〈어머나〉로 데뷔하여 대박을 칠 정도로 크게 성공하여 새로운 트로트 시장을 개척하였다.

트로트 가수로 성공해 전국을 누비는 그녀를 두고 중소기업이라고 할 정도로 많은 현금을 벌어들였던 그녀는 뜻밖의 구설수로 세간의 안타까움을 샀다. 요약하자면 그녀의 어머니가 그동안 그녀가 모은 돈을 당신의 돈처럼 함부로 사용하다가 사달이 난 것이다. 사건을 알면 알수록 그녀의 지극한 가족애가 가져온 파국의 가족사인지라 차마 입에 담기조차 어렵다.

어찌 되었든 그녀의 가족주의 성향이 가져온 사건에도 그녀는 도경완 KBS 아나운서와 결혼해서 다시 방송에 모습을 드러내는데, 사람들의 따뜻한 시선이 필요하다. 냉철한 이성과 어디서 그런 말이 나오는지 놀랄 정도로 진행 솜씨가 뛰어나 시청자들을 놀라게 한다. 이제 아들과 딸을 두고 있으니 가정을 중시하는 기의 여성답게 평온한 가정을 만들어 나갈 것이다.

#  己(기) 일주(日柱) 혈액형과 해설

### 기사(己巳)

| | | | |
|---|---|---|---|
| **A** | 꾸준함이 있다<br>환경에 충실하다<br>안정감을 우선시한다<br>상황 판단이 예리하다 | **B** | 외유내강이다<br>처세술이 뛰어나다<br>의견을 잘 수용한다<br>도덕과 상식을 중시한다 |
| **O** | 논리적이다<br>생각성이 깊다<br>끈질긴 면이 있다<br>대의와 중용을 따른다 | **AB** | 세밀하다<br>이론이 정확하다<br>완벽함을 추구한다<br>남의 의중을 빠르게 파악한다 |

### 기묘(己卯)

| | | | |
|---|---|---|---|
| **A** | 인내력이 강하다<br>사리 판단이 분명하다<br>진지하며 성의가 있다<br>규범에 어긋나지 않는다 | **B** | 생각성이 민첩하다<br>높은 곳을 추구한다<br>온순하고 신의가 강하다<br>바라는 일은 이루고야 만다 |
| **O** | 정신력이 강하다<br>명석하고 논리적이다<br>웬만해서 흔들림이 적다<br>원칙에서 벗어나지 않는다 | **AB** | 계획성이 철저하다<br>끊고 맺음이 분명하다<br>꼼꼼하여 실수가 적다<br>검소하고 중심이 바르다 |

## 기축(己丑)

| | | | |
|---|---|---|---|
| **A** | 근면 성실하다<br>빈틈이 별로 없다<br>분석력이 뛰어나다<br>가식적으로 행동하지 못한다 | **B** | 삶의 지혜가 있다<br>적응 능력이 뛰어나다<br>진실하게 살려고 한다<br>할 일은 끝내야 마음이 편하다 |
| **O** | 묵묵히 실천한다<br>활력소 역할을 한다<br>능동적으로 대처한다<br>무모하지 않으면서 상부상조한다 | **AB** | 판단이 분명하다<br>계획성이 철저하다<br>신의를 중요하게 여긴다<br>할 일은 완벽하게 마무리한다 |

## 기해(己亥)

| | | | |
|---|---|---|---|
| **A** | 차분함을 보인다<br>꾸밈이나 거짓이 없다<br>모험은 잘 하지 않는다<br>검소하고 실속을 차린다 | **B** | 신념이 강하다<br>객관성을 중시한다<br>생활하는 자세가 반듯하다<br>사리에 밝고 수치에 민감하다 |
| **O** | 자제할 줄 안다<br>맡은 일에 냉철하다<br>끈질기고 집요함이 있다<br>손해 보는 일은 하지 않는다 | **AB** | 소유욕이 강하다<br>현실감각이 뛰어나다<br>치밀하여 실수가 적다<br>대충 넘어가지 못한다 |

## 기유(己酉)

| | | | |
|---|---|---|---|
| **A** | 절제할 줄 안다<br>주체성이 강하다<br>깔끔하고 주도면밀하다<br>세밀한 계획과 구상이 좋다 | **B** | 생각성이 깊다<br>승부 기질이 있다<br>현실적인 이론에 밝다<br>불확실한 일을 싫어한다 |
| **O** | 품격이 있다<br>준비성이 좋다<br>추진력이 뛰어나다<br>상황에 빠르게 대처한다 | **AB** | 재치가 있다<br>보호 본능이 강하다<br>순간적인 포착을 잘 한다<br>세상을 보는 시각이 뛰어나다 |

## 기미(己未)

| | | | |
|---|---|---|---|
| **A** | 실수가 적다<br>솔선수범한다<br>언행이 단정하다<br>묵묵히 책임을 다한다 | **B** | 안목이 높다<br>거짓과 가식이 없다<br>분위기 파악을 잘 한다<br>일을 빈틈없이 처리한다 |
| **O** | 침착성을 유지한다<br>경우에 어긋남이 적다<br>근면하고 정직함이 있다<br>유혹에 쉽게 넘어가지 않는다 | **AB** | 심사숙고한다<br>시비를 분명히 한다<br>자신의 영역이 확실하다<br>성장하려는 의욕이 강하다 |

# 庚(경)에 대한 해설

 남성의 특징

### 경의 남성 장점

경 남성은 주관이 뚜렷하여 맺고 끊는 것이 정확한 원칙주의자이다. 정직하고 담백하면서도, 논리적이고 감정 표현이 확실하여 바른말을 잘 한다. 불의를 보면 참지 못하고 적극적이며 외유내강형 스타일이다.

소신과 결단력이 있어서 인생을 살아가는 철학이 뚜렷하다. 진취적이어서 큰일을 당해도 대범하며 침착한 자세로 해결한다. 이상과 포부가 커서 조그마한 것에는 만족하지 못하고, 일의 결과가 빠르다.

자신의 분수를 알고 사리 판단이 분명한 경은 내면이 굳고 강직하여 믿음직하다. 마음을 주면 먼저 배신하지 않으며 한번 하겠다고 마음먹으면 반드시 이루고야 마는 적극성이 있다.

신념이 확실하여 다른 사람에게 쉽게 굴복하거나 포기하지 않으며 결과를 보고야 마는 강인한 정신력의 소유자이다. 의리가 있어 소속감이 분명하고 진취적인 기상이 강하여 발전적인 힘이 있다.

## 경의 남성 단점

경 남성은 아집이 강하고 배신을 당하면 용서하지 않는다. 아군과 적군의 구분이 심하여 자칫하면 주변에 적을 만들기 쉬우며, 소신이 강해 자신이 옳다고 판단하면 끝까지 밀고 나간다.

원리 원칙을 중시하는 성향에 냉정해 보이고, 융통성도 부족해 보인다. 뜻대로 안 되면 성급하고 격렬해져 독선적이 되기도 한다. 심지어 상대의 잘못을 지적하여 끝까지 따지고 그냥 넘어가지 못한다.

개방적인 분위기를 선호하여 구속을 당하면 견디지 못하며, 자신의 판단이 옳다고 생각하면 물러서지 않는다. 자존심이 세서 남에게 비위를 맞추거나 굽실거리는 것을 힘들어한다.

지배욕도 강하여 남보다 위에 올라서야 직성이 풀린다. 상대방이 정도에 어긋나면 정확하게 해 줄 것을 요구한다. 부러지는 한이 있어도 굽히지 않는 면이 있어 사회생활에 적응하기 어려워하는 부분이 있다.

### 🏅 경의 남성 경제관

경의 남성은 공과 사의 구분이 정확하고 자립적 의지력이 강하여 남에게 기대려고 하지 않는다. 재물보다도 명예가 실추되는 것을 수치스럽게 생각한다.

절약하는 정신이 강하여 필요 이상의 지출은 되도록 삼가지만 인색하게 안달을 하면서 재물을 모으지 않는다. 기분에 치우칠 때는 한꺼번에 금전을 쓰는 기질이 있다.

한번 하겠다고 마음먹으면 반드시 이루고야 마는 적극성으로 무엇이든 해 보려는 의욕이 강하다. 이상과 포부가 커서 조그마한 것에는 만족하지 못하며 새로운 일을 하다가 실패해도 쉽게 좌절하지 않는다.

세상 물정에 어두운 면이 있어 속임수에 조심해야 하고, 독단적이어서 타협이 쉽지 않으므로 가급적 동업은 삼가야 한다. 현실적으로 금전에 대한 인식이 확고하면서도 인정과 의리에 약해 자신의 주머니를 털어 주기도 한다.

> **경의 남성과 좋은 인연이 되는 TIP**
>
> 1. 적극성을 활용하라.
> 2. 외유내강형을 칭찬하라.
> 3. 구속하거나 간섭하지 마라.
> 4. 신의와 원칙으로 상대해 주어라.
> 5. 이상과 포부가 큰 것을 염두에 두어라.

## 원칙주의자로 진취적인 기상이 강한 경의 남성 정주영

현대그룹의 창업주인 고 정주영 회장이 대표적인 경의 남성이다. 대한민국 재벌의 한 축을 담당하는 현대기업을 일으킨 자수성가형 기업인이다. 일제 강점기인 1940년대 자동차 정비회사인 아도서비스를 인수하여 기업가가 된 그는 1946년 현대자동차공업사를, 1947년에 현대토건사를 설립하면서 건설업을 시작하였다.

이를 바탕으로 현대그룹의 모체를 일으켰으며 건설 사업을 지속적으로 추진해 성공을 거두었다. 열일곱 살 나이에 누이 시집보낼 돈을 훔쳐 고향인 북한 강원도 통천을 떠나왔던 그는 기업인으로 성공한 후 국민의 정부를 도와 대북사업의 한 축을 담당하게 되었다.

1998년 6월 16일, 통일 소라고 불린 소 500마리와 함께 판문점을 넘는 이벤트를 연출하여 세계 언론의 주목을 받았다. 이후 한 차례 더 소 501마리를 북한으로 보냈는데, 고향을 떠나올 때 가져왔던 돈을 소 1,000마리로 갚으며 이에 이자 한 마리를 더한다는 의미였다. 기업인으로 성공한 그는 대권에 도전하여 1992년 통일국민당을 창당하고 총재로 선출되었으며 제14대 총선에서 전국구 국회의원으로 당선되었다.

그해 12월에 제14대 대선에 통일국민당 소속으로 출마하나 낙선하였다. 이듬해 2월 의원직을 사퇴하고 통일국민당을 탈당함으로써 대권 도전은 막을 내리게 된다. 기업인으로 시작하여 좌절한 정치가가 되었다가 남북한을 잇는 민간 외교관이기도 했던 그는 여러모로 입지전적인 인물이 아닐 수 없다. 그를 주인공으로 하는 드라마 〈영웅시대〉가 제작되기도 할 정도로 그의 인생사는 굳고 당찬 경의 남성 스타일이다.

#  여성의 특징

### 경의 여성 장점

경 여성은 사리 판단이 분명하고 자기 관리가 철저하면서도 순수하며 영악하지 않다. 명랑하고 활달하며 꿈과 이상은 높아도 분수를 지켜 정도에 벗어나는 행동은 하지 않는다.

한번 마음을 주면 쉽게 변하지 않는 모습을 보여 주고, 분위기에 빠지거나 유혹에 쉽게 넘어가지 않는다. 처세술이 좋아서 상대가 원하는 것이 무엇인지 알고 임기응변이 뛰어나 주위에서 인정을 받는다.

준비성이 철저하여 생각지 않은 일이 발생해도 크게 당황하지 않고 대처를 잘 한다. 현실에 충실하고 빈틈없는 일 처리가 깔끔하여 어느 자리에 있어도 환영을 받으며, 자신의 몫을 몇 배로 해내는 활기차고 적극적인 모습이다.

논리적이고 분석적인 성향으로 현실적이며, 실리적인 이론에 밝아 생활의 균형을 잘 잡아 나간다. 재치가 있어서 어른에게 사랑받고 기분 좋으면 애교도 부리는 여성스러운 모습을 보여 준다.

### ✪ 경의 여성 단점

경 여성은 원칙주의자에 신념이 확실하여 현실에서 어려움을 겪기도 한다. 상대에게 순종하는 경우가 적어 마찰이 생긴다거나 비위에 거슬려 틀어지면 다시 상대하려고 하지 않는다.

일을 할 때 너무 완벽한 것을 추구하여 스트레스를 많이 받는다. 자신의 뜻대로 안 되면 조급해지는 경향이 있으며, 의견 대립으로 갈등이 생기면 먼저 다가가거나 사과하지 않는다.

주체성이 강하여 좋고 싫음이 뚜렷하며, 자신이 하는 일에 구속하거나 간섭하는 것을 싫어한다. 자신이 옳다고 생각하면 물러서지 않으며 상대가 잘못하면 그냥 넘어가지 못한다.

원리 원칙을 중시하므로 융통성이 아쉬울 때가 있으며, 강한 자에 강하고 약한 자에 약한 모습을 보여 손해를 당하기도 한다. 겉으로 보면 차갑고 냉철하게 느껴질 때가 많지만, 인간성을 알게 되면 속정이 깊은 따뜻한 마음씨를 지니고 있다.

### ✪ 경의 여성 경제관

경의 여성 경제관은 분수에 넘치는 일은 하지 않으며 능력에 맞게 절제 있는 생활을 영위한다. 독립적인 성향이 강하여 남에게 기대지 않으며, 금전 거래는 섬세하고 주도면밀하며 확실한 모습을 보여 준다.

경제 감각은 사회적인 발전 가능성에 비하면 조금 아쉬운 면이 있다.

현실적인 사고를 하는 반면 실리적이지 못하고, 욕심이 많아서 단기간에 목돈을 만들려고 과욕을 부리기도 한다.

꿈과 이상이 높아 조그마한 것에는 만족하지 못하며, 새로운 일을 하다가 실패해도 쉽게 좌절하지 않는다. 자부심이 강해 재산의 다소와 관계없이 써야 할 곳에는 과감하게 지출하는 스타일이다.

활동적이라 사회참여 의식이 높고 결혼해도 무슨 일이든 하려는 의욕이 강하다. 가정생활에도 빈틈을 보이지 않을 정도로 열심히 최선을 다하는 모습을 보여 준다.

**경의 여성과 좋은 인연이 되는 TIP**

1. 자부심을 세워 주어라.
2. 적극적인 성향을 활용하라.
3. 개성이 강하므로 간섭하지 마라.
4. 임기응변이 뛰어나므로 칭찬해 주어라.
5. 속정이 깊은 것을 활용하여 접근하라.

## 개성이 강하고 사리 판단이 분명한 경의 여성 한명숙

사회운동가 출신 정치인 한명숙이 대표적인 경의 여성이다. 이화여자대학교 불문학과 재학 중에 남편 박성준을 만나 결혼하였으나, 6개월 만에 남편이 통일혁명당 사건으로 수감되어 1981년에 석방될 때까지 13년간 남편을 옥바라지하며 민주화 운동에 본격적으로 참여했다가 이후 정치인으로 변신하게 된다. 그런데 그녀는 두 건의 뇌물죄 혐의로 오랜 재판을 받으며 수감 생활을 겪기도 했다. 하나는 인사 청탁으로 5만 달러를 받았다는 혐의로 기소되었다가 2013년 대법원에서 무죄 판결을 받았다.

그와는 별도로 2007년 3~8월 세 차례에 걸쳐 불법 정치자금 9억여 원을 받은 혐의로 2010년 불구속 기소되었다. 1심에서 무죄를 선고받았으나, 검찰이 항소하여 2심에서는 징역 2년과 추징금 8억 8천만 원을 선고받았다. 2015년 대법원 전원 합의체는 징역 2년과 추징금 8억 8천만 원을 선고한 원심을 확정했다. 이로써 유죄가 확정되어 교도소에 수감되면서 대한민국 헌정 사상 실형을 살게 되는 첫 총리라는 불명예를 안게 되었다. 여성운동 초창기 소외 계층 여성의 인권 문제 해결을 위해 활동하여 국민의 정부 초대 여성부 장관이었으며 나아가 최초 여성 국무총리의 길을 걸었던 그녀가 뇌물죄에 연루된 현실은 공사 구별이 확실한 원칙주의자 경의 여성이 가진 경제적인 약점이 노출된 예라 볼 수도 있다.

##  庚(경) 일주(日柱) 혈액형과 해설

### 경오(庚午)

| | | | |
|---|---|---|---|
| **A** | 굳고 의연하다<br>집중력이 뛰어나다<br>원칙을 중요시한다<br>끊고 맺음이 정확하다 | **B** | 두려움이 적다<br>기회 포착이 빠르다<br>사리 판단이 분명하다<br>솔직하여 숨기는 것이 적다 |
| **O** | 직선적이다<br>계획성이 치밀하다<br>생각하는 세계가 넓다<br>활동적이고 진취적이다 | **AB** | 혁신적이다<br>준비성이 좋다<br>성취 욕구가 강하다<br>자기주장이 뚜렷하다 |

### 경진(庚辰)

| | | | |
|---|---|---|---|
| **A** | 의지력이 강하다<br>실천력이 뛰어나다<br>위계질서를 중시한다<br>자신의 가치관을 실현한다 | **B** | 포부가 크다<br>과감성이 있다<br>재치가 뛰어나다<br>개척 정신이 강하다 |
| **O** | 담대하다<br>배짱이 있다<br>집념이 강하다<br>포용력으로 대한다 | **AB** | 기획력이 좋다<br>언행이 믿음직하다<br>이성적이고 냉철하다<br>변화의 흐름을 빨리 읽는다 |

## 경인(庚寅)

| | | | |
|---|---|---|---|
| **A** | 확실해야 한다<br>가식적이지 않다<br>끈질긴 면이 있다<br>자기 관리가 철저하다 | **B** | 솔선수범한다<br>임기응변이 좋다<br>자기중심적으로 판단한다<br>설득력과 순발력이 뛰어나다 |
| **O** | 대범하다<br>독립심이 강하다<br>추진력이 뛰어나다<br>환경에 구애받지 않는다 | **AB** | 개성이 강하다<br>상황 판단이 빠르다<br>완벽해야 만족을 한다<br>간섭하는 것을 싫어한다 |

## 경자(庚子)

| | | | |
|---|---|---|---|
| **A** | 인내심이 강하다<br>분석력이 뛰어나다<br>신의를 중요시한다<br>일에 대한 욕심이 많다 | **B** | 두려움이 적다<br>교제가 활발하다<br>인정을 받는 노력파다<br>위기관리 능력이 뛰어나다 |
| **O** | 의리가 있다<br>동료의식이 강하다<br>외교적 수완이 뛰어나다<br>과감한 추진력이 돋보인다 | **AB** | 용의주도하다<br>선두를 달려야 한다<br>생활 관념이 확실하다<br>시대를 앞서는 감각이 좋다 |

## 경술(庚戌)

| | | | |
|---|---|---|---|
| **A** | 명예를 중시한다<br>정신력이 뛰어나다<br>의지와 실행력이 강하다<br>한번 사귀면 변함이 없다 | **B** | 이상이 높다<br>열정이 눈부시다<br>어려운 일도 솔선수범한다<br>상식에 어긋나면 참지 못한다 |
| **O** | 솔직 담백하다<br>활동 반경이 넓다<br>통솔력이 뛰어나다<br>포부가 크고 거침이 없다 | **AB** | 판단력이 뛰어나다<br>혁신적이고 냉철하다<br>위기를 기회로 만든다<br>시작은 신중하나 추진력이 좋다 |

## 경신(庚申)

| | | | |
|---|---|---|---|
| **A** | 독립심이 강하다<br>주관이 확고부동하다<br>완벽해야 만족을 한다<br>목표를 정하면 집념이 끈질기다 | **B** | 목표가 원대하다<br>정신력이 뛰어나다<br>불의와 타협하지 않는다<br>결단을 내리면 밀고 나간다 |
| **O** | 의협심이 있다<br>추진력이 뛰어나다<br>자부심과 신의가 있다<br>사회에 공헌하는 직업이 좋다 | **AB** | 소신이 강하다<br>계획성이 뛰어나다<br>빈틈없는 처리가 깔끔하다<br>냉정하게 보이나 속정이 있다 |

# 辛(신)에 대한 해설

 남성의 특징

### 신의 남성 장점

　신 남성은 경위가 밝아서 정확하고 분명한 것을 선호한다. 성취 욕구가 강하여 밀어붙이는 기질이 있어서 생존 경쟁력이 높다. 적극적이고 진취적이어서 계획과 구상이 좋으며, 생각하는 것이 얽매이지 않는 대범함이 내면에 존재한다.
　이성적인 사고방식이어서 자기 관리가 철저하고, 매사를 합리적으로 처리하여 실수하는 경우가 적다. 근면하여 주위에서 인정을 받으며, 계획한 일은 능력을 발휘하여 이루어 내는 저력을 보여 준다.

　침착하고 깔끔하며 현실에 대한 안목이 넓어 원하는 목표를 달성하는 능력이 좋다. 자기 관리도 철저하고 상황에 냉철하게 대응하며, 객관적인 판단력이 뛰어나고 빈틈을 잘 보이지 않는다.
　눈치가 비상하여 상대가 한마디 하면 의미를 바로 파악할 정도로 정세 파악이 빠르다. 비즈니스에 재능을 보이는 사람이 많고, 약자나 자신에게 의지하는 사람은 친절하게 보살펴 준다.

## 🏅 신의 남성 단점

신 남성은 명분을 중시하면서도 냉철하고 까다로움이 잠재해 있다. 자신과 의견이 어긋나면 직선적으로 변하여 마찰을 일으키기 쉽다. 온화하면서도 칼 같은 냉철한 면도 내면에 존재한다.

경계심이 강하여 사람을 쉽게 믿지 못하고 사람을 가려서 사귀며, 주관적이어서 자신의 계획대로 이끌려고 한다. 모험적인 일도 강행하는 승부사 기질이 있으며, 뜻대로 안 되면 성급하고 격정적으로 변한다.

승부욕이 강하여 남에게 지는 것을 싫어하고, 상대가 정도를 벗어나는 행동을 하면 직언도 서슴지 않는다. 감정의 억제력이 부족하여 감정 변화에 민감하므로, 자존심을 건드리지 말아야 한다.

강한 상대를 만나도 정당하다고 생각하면 고개를 숙이지 않아 손해를 보기도 한다. 수동적이어서 남의 비위를 맞추는 데 서투르지만 정에 약한 모습도 지니고 있다.

## 🏵 신의 남성 경제관

신 남성의 경제관은 현실적인 이론가이면서 요령이 좋아 현실에 능동적으로 대처하며 낭비와는 거리를 두는 면모를 보여 준다. 승부욕이 강하면서도 위험한 행동은 자제하고 재테크에 최선을 다한다.

기본적으로 재물 관리가 철저하며 명분이 있는 일에는 금전을 아끼지 않는다. 논리적 원칙을 앞세우면서도 실속을 차리는 실리를 추구하여 무리하지 않으면서 안정을 취한다.

이익 앞에서 손해 보는 행동은 하지 않으며 큰일을 할 때는 대범하면서도, 적은 금액이라도 잘못이 있을 때는 놓치지 않고 일일이 따지기도 한다. 성취 욕구가 강하여 자신이 하고 싶은 일은 해야 직성이 풀린다.

현실을 냉철하게 파악한 후 실행력이 뛰어나므로 원하는 자신의 목표를 달성하는 능력이 좋다. 자신의 마음에 들면 무엇을 주어도 아깝지 않지만, 틀어지면 냉혹한 단면을 보여 준다.

### 신의 남성과 좋은 인연이 되는 TIP
1. 치밀하게 준비해서 상대하라.
2. 자기주장을 내세우면 물러서라.
3. 비즈니스에 재능이 많으므로 호응해 주어라.
4. 경계심이 강하므로 신뢰할 수 있게 행동하라.
5. 눈치와 정세 파악이 빠르므로 거짓말을 하지 마라.

## 승부사 기질이 있는 현실주의자 신의 남자 이명박

대한민국 제17대 이명박 전 대통령이 대표적인 신의 남성이다. 현대건설 평사원으로 입사해 회장이라는 성취를 이룬 후 정치에 도전해 서울시장과 대통령 자리에까지 오른 또 한 명의 불세출의 기업인이자 정치인이다. 현대건설에 입사해 5년 만에 이사가 됐고, 12년 만인 37세 나이로 현대건설 사장이 되면서 '샐러리맨 신화'로 불렸다. 1992년에 현대건설 회장직을 그만두고 민자당에 입당해 정계에 입문했으며, 14대에 이어 15대 국회의원을 지내던 중, 〈공직선거 및 부정선거방지법〉 위반죄 혐의로 피소되어 1997년 1심 벌금형을 선고받았다. 1998년 항소를 진행하였으나 항소심에서 벌금 400만 원 형이 선고되자 대법원에 항고했다가 조지워싱턴대학 객원연구원 자격으로 미국으로 건너갔다.

1999년 대법원으로부터 벌금형이 확정되었으나, 다음 해 광복절 특사로 사면 복권된다. 그 후 민선 3기 서울특별시장에 당선되어 청계천 복원 사업, 서울시 대중교통 환승 체계 구축, 서울 숲 조성 등의 업적을 남겼다. 2007년 제17대 대선에서 '경제 대통령'이라는 슬로건을 내세워 당선됐다. 그 과정에서 BBK를 비롯해 수많은 부패 비리 의혹이 제기되었지만, 경제만 살리면 된다는 국민적 염원에 힘입어 대통령이 될 수 있었다. 그러나 성공적인 서울시장으로서의 업적에 비해 경제 대통령으로서의 업적은 미비해 결과적으로 747 공약은 허구가 되고 말았다. 게다가 4대강 개발과 자원 외교 비리 등 수많은 의혹을 남기고 퇴직했으나 신 남성의 꼼꼼하고도 유연한 기질을 발휘해 정치적 고비를 넘기는 등 처세에 능통한 결과를 가져왔다.

#  여성의 특징

## ❂ 신의 여성 장점

　신의 여성은 활발하고 친절하며, 심성이 착하고 인정이 많으며 희생과 봉사정신이 있다. 눈치가 빠르고 상냥하며 아량이 넓어 이해심도 많다. 행동이 단정하고 품위가 있으며 외모에 관심이 많다.
　감각이 뛰어나서 자기 개성을 창조하는 세련미도 존재한다. 헌신적이고 작은 것이라도 소중하게 여기며 상대방에게 부담을 주지 않아 편안함을 느끼게 해 준다.

　지성미가 있고 주위 사람들과 조화를 이루며 상대를 배려할 줄 아는 매력이 있다. 긍정적이면서 현실주의자이며 생활이 어느 정도 안정되면 인생을 즐기면서 살려고 한다.
　재치가 있고 순발력이 뛰어나므로 전문적인 직종에서 능력을 발휘하는 여성이 많으며, 적극적인 사고방식으로 능력에 대한 자부심이 있다. 인내심이 강하여 힘들어도 웬만한 것을 잘 참고 견디며, 직업을 가져도 가정에 소홀하지 않다.

## ✺ 신의 여성 단점

신의 여성은 자신의 욕구를 내면에 간직한 채 쌓아 둔다거나, 고민이 있어도 쾌활한 척하고 겉으로 표현하지 않는다. 속마음을 쉽게 드러내지 않고 마음을 열기까지 시간이 걸린다.

시간을 두고 관찰하여 확신이 서야 마음을 주지만, 마음을 주기 전에 충돌이 생기면 냉정하게 돌아선다. 잘못 건드리면 냉혹해지는 면이 있으므로, 사이가 좋을 때도 방심하고 함부로 대하면 안 된다.

의심이 많고 경계심이 강하여 상대를 쉽게 믿지 않는다. 할 말이 있어도 가슴에 담아 두는 경향이 있으며, 자존심이 상하게 되면 마음의 상처를 쉽게 받는다.

부드러움 속에 냉철한 면이 존재하며 완벽주의 성향으로 주변 환경에 민감하게 대응하기도 한다. 명분을 중요하게 생각하며 남의 비위를 맞추는 데 서투르면서 정에 약한 모습도 지니고 있다.

### 🌟 신의 여성 경제관

　신의 여성 경제관은 경제 감각이 탁월하여 재물을 모으는 능력이 뛰어나다. 품위를 지키면서 수준에 맞는 생활 태도를 유지하며, 재물에 대한 자립적 의지력이 강하다.
　전반적으로 경제력에 문제가 발생하지 않는데, 기분이 좋거나 이해관계가 있으면 앞장서서 지출하는 모습도 보여 준다. 하지만 현실주의자여서 낭비를 하지 않으며 생활력과 환경 적응력이 강하다.

　주변 상황에 화합하고 사교적이어서 생존 경쟁력이 높아 예상치 못한 기발한 생각으로 재미를 보기도 한다. 안정성을 중시하여 위험한 행동은 자제하고 이익 앞에서 손해 보는 일은 하지 않는다.
　결혼해서도 가정에 안주하지 않고 직업전선에 뛰어들어 맞벌이 부부가 많은 것이 특징이다. 투기나 모험에 관심이 적고 크게 욕심을 부리지 않으며, 결혼하면 가급적 배우자에게 맞추어 주려고 한다.

 **신의 여성과 좋은 인연이 되는 TIP**

1. 고민과 어려움을 상담하라.
2. 변함이 없는 친구로 만들어라.
3. 개성을 창조하는 세련미를 칭찬하라.
4. 부드러움 속에 냉철함이 있음을 잊지 마라.
5. 생존 경쟁력이 강하므로 능력을 발휘하게 하라.

## 세련미가 넘치며 환경 적응력이 강한 신의 여성 김태희

연기자 김태희가 대표적인 신의 여성이다. 그녀가 연예계로 진출한 계기는 미모 때문이었지만 세간의 화제는 그녀의 학벌이었다. 서울대 의류학과 출신의 재원으로 뛰어난 지성과 미모를 자랑하는 엄친아 배우이다. 이미 울산여자고등학교 시절 학원에서 수강을 하면 남학생들이 몰려와 등록할 정도로 유명세를 탔다고 한다. 대학교 다닐 때 지하철에서 광고대행사 디자이너를 만나 광고를 찍으면서 연예계에 데뷔했다. 2000년대 대한민국 대표 미녀 계보를 잇는 배우로 선정될 정도로 미모가 뛰어나다.

그녀의 연기는 예쁜 외모에 비해 조금 아쉬운 느낌이 없지 않았으며 CF 스타라는 오명을 입을 정도였다. 그래도 〈아이리스〉부터 호평을 받았으며 KBS 연기대상 우수상을 받아 이미지 전환의 계기가 되었다. 그녀에 대한 또 다른 화제는 그녀의 남자 친구인 비가 그녀와 사귀던 당시, 군대 연예사병으로 근무 중 특혜를 받았다며 구설수에 오른 것이다. 남자 친구에 대한 세간의 날카로운 비판에도 여전히 관계가 이어져 5년의 열애 끝에 결혼까지 성공하는 모습을 보여 주었다. 한국천주교회의 첫 미사가 봉헌된 곳인 가회동 성당에서 천주교 예식으로 경건하게 진행되었다. 과연 현모양처형의 신 일간 여성의 아름다운 면모가 아닐 수 없다.

##  辛(신) 일주(日柱) 혈액형과 해설

### 신미(辛未)

| | | | |
|---|---|---|---|
| A | 논리가 정연하다<br>일 처리가 깔끔하다<br>예민한 면이 존재한다<br>신중하여 돌다리도 두드린다 | B | 상황 판단이 빠르다<br>준비성이 철저하다<br>논리적인 면이 뛰어나다<br>현실적인 지혜가 돋보인다 |
| O | 집념이 강하다<br>단호한 면이 있다<br>완벽함을 선호한다<br>내면이 곧고 생각이 깊다 | AB | 눈치가 비상하다<br>좋고 싫음의 변화가 크다<br>마음에 들면 아까운 것이 없다<br>부드러움 속에 냉철한 면이 있다 |

### 신사(辛巳)

| | | | |
|---|---|---|---|
| A | 현실주의자이다<br>적응력이 강하다<br>야무져서 실수가 적다<br>결정하면 돌아보지 않는다 | B | 승부욕이 강하다<br>창의력이 돋보인다<br>현실감각이 뛰어나다<br>새로운 변화를 추구한다 |
| O | 합리적이다<br>품위를 지킨다<br>대범함을 보인다<br>현실적으로 행동한다 | AB | 세련미가 있다<br>자제심이 강하다<br>분석력이 뛰어나다<br>자신만의 논리가 확고하다 |

## 신묘(辛卯)

| | | | |
|---|---|---|---|
| **A** | 생존력이 강하다<br>끈기가 대단하다<br>정확한 것을 선호한다<br>맺고 끊는 것이 확실하다 | **B** | 열정이 있다<br>사고의 폭이 넓다<br>발전적인 기상이 높다<br>변화의 흐름에 잘 적응한다 |
| **O** | 진취적이다<br>신의를 중요시한다<br>업무 처리가 깔끔하다<br>세상을 보는 안목이 뛰어나다 | **AB** | 처세가 분명하다<br>예리함이 존재한다<br>계획과 구상이 뛰어나다<br>자아실현의 욕구가 강하다 |

## 신축(辛丑)

| | | | |
|---|---|---|---|
| **A** | 집요함이 있다<br>안정성을 중시한다<br>주변 정리가 깔끔하다<br>확실한 인생관을 수립한다 | **B** | 창의적이다<br>언행이 정확하다<br>신의와 인정에 약하다<br>사물에 대한 지식이 풍부하다 |
| **O** | 공명정대하다<br>사고방식이 견실하다<br>자기 관리가 철저하다<br>갈등이 생겨도 풀어 나간다 | **AB** | 기획력이 뛰어나다<br>다재다능하다<br>업무 처리가 능숙하다<br>어디에서나 인정을 받는다 |

## 신해(辛亥)

| | | | |
|---|---|---|---|
| A | 신념이 굳건하다<br>사리 판단이 정확하다<br>완벽주의 기질이 있다<br>언행일치로 신뢰감을 준다 | B | 긍지가 강하다<br>응용 능력이 뛰어나다<br>큰일에 대범함을 보인다<br>자유스러운 분위기를 선호한다 |
| O | 활동력이 강하다<br>편안하게 대해 준다<br>이론적이고 논리적이다<br>강자를 만나도 두려움이 적다 | AB | 품위를 지킨다<br>현실 대처가 뛰어나다<br>지적이면서 낭만적이다<br>차분하고 치밀함을 보여 준다 |

## 신유(辛酉)

| | | | |
|---|---|---|---|
| A | 주관이 뚜렷하다<br>정확하고 세밀하다<br>의지와 신념이 굳건하다<br>신의를 중요하게 생각한다 | B | 희생정신이 강하다<br>진취적인 사고방식이다<br>주변 분위기를 밝게 한다<br>현실에 능동적으로 대처한다 |
| O | 친화적이다<br>신념이 뚜렷하다<br>처세술이 뛰어나다<br>사회 활동이 활발하다 | AB | 재치가 있다<br>정확하고 세밀하다<br>실리와 안정을 기한다<br>현실 적응력이 뛰어나다 |

# 壬(임)에 대한 해설

## 남성의 특징

### 임의 남성 장점

임 남성은 솔직하고 사교적이며 사고방식이 개방되었다. 인간관계가 원만하고 화합을 중시하며, 온화하면서 생각이 깊고 마음 씀씀이가 넓다. 마음의 여유가 있어서 급히 서두르지 않는다.

언행이 일치하고 균형 감각이 뛰어나며, 명예를 존중하여 품위가 손상되는 행동은 하지 않는다. 논리적이고 치밀한 기획력으로 현실적인 타당성과 이론을 검토하는 꼼꼼한 면도 있다.

상대를 배려하고 양보할 줄 알며, 생각하는 것이 융통성이 있으며 유연성 있게 행동한다. 상황 판단이 뛰어나면서도 매사를 긍정적으로 생각하며, 지혜가 많아 총명하고 이해력과 창의력이 높다.

할 일이 있으면 앉아서 시키지만 않고 솔선수범하며, 처세를 잘 하여 사회적으로 성공을 거두는 사람이 많다. 자신의 의도대로 가치관을 정립하여 구애받지 않는 삶을 살려고 하며 유머와 재치도 있다.

## 🏵 임의 남성 단점

임 남성은 성향이 개방되어 있으면서도 흐르는 강물처럼 자신의 속마음을 드러내지 않는다. 무슨 생각을 하는지 잘 모르는 경우가 많아서 상대방이 답답함과 어려움을 느낄 때가 많다.

급하고 느린 것이 일정하지 않아 상대하는 것이 쉽지만은 않으며, 참을성은 많지만 뜻대로 안 되면 다혈질 기질도 나타난다. 가끔 충동적인 성향을 보이고 격식에 얽매이면 답답해한다.

능력에 대한 자부심이 강하여 자신의 존재를 인정받지 못한다고 생각하면 회의감에 빠진다. 간섭하거나 억압하면 힘들어하며, 낙천적인 성향으로 용두사미가 되는 것을 경계해야 한다.

맺고 끊는 것에 대한 단호함이 아쉬울 때가 있어서 결정적인 판단을 내려야 할 때 다소 주춤하는 모습을 보인다. 마음이 여린 순박함이 있어서 상대가 아쉬운 소리를 하면 쉽게 거절하지 못한다.

### 🏅 임의 남성 경제관

임 남성은 창조적이고 합리적인 성향으로 항상 준비성이 뛰어나서 재물을 응용하는 능력이 탁월하다. 경제 개념이 철저하여 안정된 생활을 하는 사람이 많다.

써야 할 곳에는 뒤로 빠지지 않고 과감하게 베풀 줄도 안다. 자신이 하고 싶은 것은 어떻게 해서든지 해 봐야 직성이 풀리지만 안전성을 선호하여 투기나 모험은 가급적 멀리한다.

자부심이 강하여 금전을 손해 보더라도 명예가 손상되는 행동은 하지 않는다. 자립적 의지력이 강하여 남에게 기대지 않으며 금전 관리는 철저하게 한다.

만일의 사태에 대비하는 준비성이 좋은 사람으로 실리 추구에 충실한 면을 보여 준다. 현실을 긍정적으로 바라보는 밝은 성향으로, 안정된 생활을 우선적으로 생각한다.

> **❗ 임의 남성과 좋은 인연이 되는 TIP**
>
> 1. 명예를 존중해 주어라.
> 2. 유연성과 창조성을 칭찬하라.
> 3. 자유로운 개방주의자임을 잊지 마라.
> 4. 다혈질 기질이 나타나지 않도록 건드리지 마라.
> 5. 속마음을 잘 드러내지 않는다는 것을 염두에 두어라.

## 창조력이 뛰어나 무에서 유를 창조한 임의 남자 싸이

가수 싸이, 박재상이 대표적인 임의 남성이다. 한국에서 고등학교를 졸업하고 미국 보스턴대학을 다녔지만 자퇴한 뒤 버클리음대에 진학했다. 미국에서 유학 생활을 해서인지 영어는 뛰어난 편이다. 싸이의 등장은 파격적이었다. "나 완전히 새 됐어."라는 터무니없는 데뷔곡에, 터무니없는 춤, 개성적인 외모, 모든 것이 당시의 기준을 깨는 도전이었기에 '엽기 가수'라 불렸던 그가 우리 가요계에 자리를 잡을 수 있었던 건 그의 에너지, 즉 그의 창조성 덕분이었다.

대한민국의 기존 가수들과는 차원이 다른 퍼포먼스부터 엄청 튀고 독특한 매력이 넘치는 인물이다. 대학교 축제에서 가장 인기가 많은 가수로 열기를 휘어잡는 카리스마가 무대를 장악하니 대학생들이 선호하지 않을 수 없다.

일명 군대 두 번 간 사건을 겪고도 재기할 수 있었던 것 역시 그의 에너지와 창조성 덕분, 그리고 마침내 방점을 찍은 〈강남스타일〉이다. 처음 그 곡이 발표되었을 때 국내 팬들은 오래 보아 왔던 싸이 스타일이었기에 그러려니 했다. 그런데 완전 낯선 것을 처음 목격한 전 세계가 그에게 열광했다. 그의 창조성이 결실을 맺은 것이다. 하지만 뉴욕에 진출한 그의 다음 행보가 아쉽기만 하다.

그를 성공시킨 창조적인 혁신이 후속곡에 빠져 있었던 것. 침체기를 겪고 있을 그가 창조성을 자극하는 임 일간의 자유로운 모습으로 날개를 달아 다시 비상하기를 기대한다.

#  여성의 특징

### 🏵 임의 여성 장점

　임 여성은 명랑하고 재치가 있어 분위기를 밝게 하며, 활동적이고 사고방식이 개방적이다. 신념과 행동에 대해 자부심이 강하여 사회참여 의식도 높고 활동 범위가 다양한 모습을 보여 준다.
　대인관계도 원만하고 환경에 적응이 빠르며, 일에 대한 욕심이 많아 선두적인 위치를 지키려는 사회적 능력이 뛰어나다. 침착하고 분위기에 휩쓸리지 않으며 자신의 주관대로 행동한다.

　남에게 민폐를 끼치거나 신세 지는 것을 싫어하며, 적극적이어서 신념대로 밀고 나가는 추진력이 대단하다. 솔직하고 생각이 깊어 정신세계가 넓으며 지혜가 있어서 가정생활을 잘 이끌어 나간다.
　문제가 생겨도 남에게 의지하지 않고 스스로 해결하며, 과장이 없고 있는 그대로 처세하기를 좋아한다. 결혼해도 남편에게만 의지하지 않고 직업을 갖는 여성이 많은데 수단이 뛰어나 두각을 나타낸다.

## ✅ 임의 여성 단점

임 여성은 기품이 있지만 독단적으로 판단하여 좋고 싫을 때의 차이가 크다. 자존심이 세서 힘들거나 어려워도 남들에게 내색하지 않아 남들이 모를 때가 있다.

분위기에 따라 변화가 생길 때는 자신의 신념대로 추진하여 상대하는 것이 쉽지 않을 때가 있다. 자기 주관이 강하여 직선적으로 너무 솔직하게 표현하여 손해 보는 경우도 생긴다.

끊고 맺음이 확실하여 완벽하게 처리하려는 성향으로 자신에게 스트레스를 받고 피곤할 때가 많다. 여성이면서 의협심이 있어서 불의를 참지 못해 약자 편에 서다가 손해를 당하기도 한다.

결혼하면 배우자에게 잡혀 살지 않고 지려고도 하지 않으므로 갈등이 생길 수 있다. 자유분방함이 내면에 존재하여 집에만 있으면 답답하게 생각하여 자유롭게 돌아다니는 것을 선호한다.

### ✪ 임의 여성 경제관

임의 여성 경제관은 경제 개념이 발달하여 수치에 밝다. 넓은 지식 덕분에 수단이 좋아 경제적인 부가가치를 높이는 능력이 있으며 경제를 확장시킬 방법을 강구한다.

자신의 분수를 지켜서 정도에서 벗어나지는 않는다. 부지런하며 사치하지 않고, 생활력이 강하여 살림도 규모 있고 알뜰하게 해낸다. 현실에 맞추어 생활하며 무리하게 금전을 지출하지 않는다.

겉으로 대충 하는 것 같아도 물질적인 흐름에 민감하며 믿는 사람이 아니면 거래하지 않는다. 재물에 대한 인식이 확고하여 남에게 줄 것, 받을 것의 선이 명확하여 실수하지 않는다.

자립심이 강하여 남에게 의존하지 않으며, 안목이 높아 수준 낮은 것은 쳐다보지 않는다. 활발한 사회생활을 하면서도 검소한 그녀이기에 합리적인 수준에서 그녀의 가정생활과 사회생활의 균형을 유지한다.

> **임의 여성과 좋은 인연이 되는 TIP**
>
> 1. 높은 안목과 취향을 칭찬하라.
> 2. 자부심이 강하므로 믿고 맡겨라.
> 3. 사회적 능력이 뛰어나므로 활용하라.
> 4. 사고방식이 개방적이므로 억압하지 마라.
> 5. 끊고 맺음이 확실하므로 명확하게 지켜라.

## 솔직하면서도 우아하고 정신세계가 깊은 임의 여성 고두심

　연기자 고두심이 대표적인 임의 여성이다. 제주도를 대표하는 상징적인 인물이라 해도 과언이 아닐 정도이며, 제주도 홍보대사도 맡고 있다. 대한민국 '국민 엄마'라는 타이틀을 얻을 정도로 데뷔 초부터 서민 가정 전문 엄마 역할을 많이 소화했다. 방송 3사에서 연말에 시상하는 연기대상의 최다 수상자이며, 방송 3사에서 모두 대상을 받은 탤런트이다. 게다가 백상예술대상 TV 부문 대상까지 받은 배우는 아직까지 그녀가 유일할 정도이다.

　그녀는 제주여고를 졸업하고 상경했는데 이유가 재미있고 독특하다. 배우 신성일이 학교를 방문했는데 그것을 계기로 배우의 꿈을 꾸게 되었다. 그냥 서울에 간다고 하면 집에서 반대를 할 것 같아 서울에서 대학을 다니던 셋째 오빠의 밥을 해 주겠다는 핑계를 대었으므로 재치가 뛰어나다. 집안에서 어렵게 허락을 받고 서울에 올라왔다고 하니 훌륭한 인물들의 이야기는 언제 들어도 재미있다. MBC 공채 5기 전체 1등으로 입사했으나 심부름 및 단역만 전전하다가 수익도 제대로 얻지 못하자, 연기를 그만두고 일반 회사에 취직해 2년가량 일을 한 특이한 경력도 있다. 그러던 중 고두심을 눈여겨봤던 드라마 PD에게 연락을 받고 〈갈대〉라는 작품으로 복귀한다. PD의 눈썰미가 없었더라면 뛰어난 연기자가 탄생하지 못했을 것이다. 다행스럽게도 세속에 묻히지 않고 보석으로 탄생하여 유연하고 창의력이 높은 임의 여성답게 우리에게 감동을 선사해 준다.

##  壬(임) 일주(日柱) 혈액형과 해설

### 임신(壬申)

| | | | |
|---|---|---|---|
| **A** | 지성미가 있다<br>주관이 뚜렷하다<br>기획력이 뛰어나다<br>교양과 기품이 있다 | **B** | 긍정적이다<br>언변술이 뛰어나다<br>분위기를 밝게 한다<br>사고방식이 개방적이다 |
| **O** | 활동 범위가 넓다<br>판단력이 뛰어나다<br>언행에 신뢰감을 준다<br>새로운 일에 두려움이 적다 | **AB** | 감성이 풍부하다<br>성취 욕구가 강하다<br>창조적인 힘이 있다<br>자율적일 때 능률이 높다 |

### 임오(壬午)

| | | | |
|---|---|---|---|
| **A** | 논리적이다<br>준비성이 좋다<br>관찰력이 뛰어나다<br>솔선수범하는 행동을 보인다 | **B** | 객관적이다<br>재치가 돋보인다<br>자유로움을 선호한다<br>무에서 유를 창조한다 |
| **O** | 추진력이 좋다<br>의지력이 강하다<br>완급을 조절할 줄 안다<br>여유가 있고 협조적이다 | **AB** | 합리적이다<br>균형 감각이 좋다<br>핵심을 정확하게 파악한다<br>서두르지 않고 확실하게 끝낸다 |

## 임진(壬辰)

| | | | |
|---|---|---|---|
| **A** | 굳건하다<br>독립성이 강하다<br>말과 행동이 일치한다<br>적극적이고 과단성이 있다 | **B** | 안목이 높다<br>과감성이 있다<br>추진력이 강하다<br>직선적이고 성급하다 |
| **O** | 대범하다<br>의지력이 강하다<br>결단력이 뛰어나다<br>전진하는 힘이 좋다 | **AB** | 진취적이다<br>자부심이 강하다<br>일 처리가 확실하다<br>일에 대한 욕심이 많다 |

## 임인(壬寅)

| | | | |
|---|---|---|---|
| **A** | 속이 깊다<br>준비성이 좋다<br>일 처리가 확실하다<br>생활의 흐트러짐이 적다 | **B** | 솔직 담백하다<br>승부욕이 강하다<br>상황 파악을 잘 한다<br>적극적으로 대처한다 |
| **O** | 신념이 확고하다<br>안정감을 중시한다<br>대화에 막힘이 없다<br>위기를 극복하는 힘이 있다 | **AB** | 박학다식하다<br>보호 본능이 강하다<br>인생관이 뚜렷하다<br>유연하여 막힘이 없다 |

## 임자(壬子)

| | | | |
|---|---|---|---|
| **A** | 신중하게 접근한다<br>사리 판단이 확실하다<br>쉽게 흥분하지 않는다<br>마음을 먹으면 끝내야 한다 | **B** | 수완이 좋다<br>의욕이 넘친다<br>솔직하게 대한다<br>순간적인 재치가 있다 |
| **O** | 신념이 확고하다<br>친밀감 있게 대한다<br>논리 정연하게 대처한다<br>알려 주는 것을 좋아한다 | **AB** | 재주가 많다<br>적응력이 뛰어나다<br>기발한 생각을 많이 한다<br>부드러움 속에 강직함이 있다 |

## 임술(壬戌)

| | | | |
|---|---|---|---|
| **A** | 치밀함이 존재한다<br>사리 분별이 뚜렷하다<br>인품이 수려하고 변함없다<br>결정되면 의지대로 진행한다 | **B** | 낙천적이다<br>품위 있게 행동한다<br>기회 포착이 뛰어나다<br>합리적이고 기획력이 좋다 |
| **O** | 분수를 지킨다<br>실행력이 뛰어나다<br>조직을 결집하는 힘이 있다<br>체면이 손상되는 행동은 하지 않는다 | **AB** | 센스가 있다<br>경쟁력이 뛰어나다<br>계획성 있게 생활한다<br>일의 끊고 맺음이 확실하다 |

# 癸(계)에 대한 해설

 남성의 특징

### 계의 남성 장점

계 남성은 지혜가 많고 환경에 잘 적응하며 대응하는 능력이 뛰어나다. 공정함을 중시하여 옳고 그른 것을 분명히 하는 가치관을 지녀 체면이 손상되는 행동은 하지 않는다.

온순하고 재치가 있으며 어떤 상황에서든 급하지 않게 감정 조절을 잘 하며 느긋하게 대처한다. 합리적이고 현실적이어서 애매모호한 것을 싫어하고 구체적인 것을 선호한다.

현명하면서 언행이 일치하고 매너가 좋으며 인품이 수려하다. 공과 사가 확실하여 대충 넘어가는 것을 싫어하고, 사물을 객관적으로 판단하여 흐트러짐이 없고 실수가 적다.

침착하고 이성적이어서 자신의 분수를 잊지 않으며, 정보 분석이 빨라 상황을 세밀하게 판단하여 흐름에 대처하는 능력이 뛰어나다.

유연함 속에 강인함도 간직하고 있으며, 한번 인연을 맺으면 쉽게 헤어지지 않는다.

### ✦ 계의 남성 단점

계 남성은 예민하면서도 자기 기준이 확실해 까다로운 편이며, 겉으로 강한 척해도 여리며 매사에 조심스러움이 많다. 속마음을 쉽게 열지 않아 비밀이 많은 사람처럼 보인다.

감수성이 풍부하고 감성적이 되어 분위기에 빠져들며 과감한 결단력과 실행력이 아쉬울 때가 있다. 시비가 분명하여 틀렸다고 생각한 것은 끝까지 고쳐야 직성이 풀린다.

복잡한 것을 싫어하고 밀고 당기는 방식에 서투르며 체면을 중시하여 상황 변화에 상당히 민감하다. 사람을 가려서 사귀며 단순하여 한 가지 일에 집중하여 빠져들기도 한다.

말이나 행동에 조심성이 많고 실수하면 자책하며, 자신을 위험한 곳에 노출시키지 않으려는 보호 본능이 강하다. 아무리 친한 사이라도 진한 농담은 삼가고 예의를 지켜 줘야 한다.

### 🟢 계의 남성 경제관

계 남성은 현실적이고 자립정신이 강하여 자신의 힘으로 해결하려고 한다. 물질의 흐름에 민감하고 계산이 빨라 선은 명확하게 긋는다. 신용과 약속을 철저히 지켜 주위에서 인정을 받는다.

금전이 들어오면 쉽게 지출하지 않고 세밀하게 관리하여 재산을 꾸준히 모으는 유형이다. 불안한 생활은 견디지 못하여 재물이 축적되어 있어야 안심을 한다.

생활이 어느 정도 안정되면 무리하게 크게 욕심을 부리지 않는다. 명예를 존중하여 체면을 손상하면서까지 재물을 모으지 않는다. 경제관념조차 공정한 실리를 추구하는 현실주의자이다.

사물을 객관적으로 판단하여 흐트러짐이 없고 유연하게 탄력성 있는 삶을 살아가므로 안정된 생활을 하는 사람이 많다. 자신의 분수를 지켜 낭비를 싫어하는 모범 가장이 많다.

**계의 남성과 좋은 인연이 되는 TIP**

1. 명예나 체면을 살려 주어라.
2. 정확하고 구체적인 것을 제시하라.
3. 이성적이고 지혜가 많음을 칭찬하라.
4. 대응 방안이 뛰어나므로 어려움을 상담하라.
5. 돌려서 말하거나 애매모호하게 처신하지 마라.

## 지혜가 많으며 합리적이고 공정한 계의 남성 홍석현

전 주미대사이며 언론인 홍석현 중앙홀딩스 회장이 대표적인 계 남성이다. 중앙미디어네트워크, 《중앙일보》, JTBC 등 글로벌 미디어 그룹 회장을 역임했다. 서울대 전자공학과를 졸업하고 미국 스탠퍼드대에서 산업공학 석사와 경제학 박사 학위를 받아, 세계은행(World Bank) 이코노미스트로, 한국개발연구원(KDI) 연구위원으로 일했다. 1994년 《중앙일보》 사장으로 취임해 1999년 회장직에 올랐다. 이때부터 《중앙일보》 한글 제호 변경, 가로쓰기 시행, 섹션 신문 발행 등 한국 일간지의 혁신을 주도하며 언론인의 길을 걸어온 그는 세계신문협회 회장, 한국신문협회 회장을 역임했다. 아시아 지역 출신이 세계신문협회 회장을 맡은 건 당시 홍 회장이 처음이었다.

2005년 주미 대한민국 대사로 재직하다가 삼성 X 파일 사건과 관련된 논란으로 주미대사직을 중도에 사퇴하였다. 2006년 중앙일보 회장 복귀 후 2011년부터는 JTBC 회장을 맡았다. 홍 회장이 공을 들여 손석희 사장을 영입한 것은 신의 한 수로 평가된다. 다른 종편사와 비교하기 어려울 정도로 신뢰성이 높아져 2년간 '신뢰도 1위 언론사'로 선정되기도 했다. 이건희 삼성 회장이 그의 자형이기에 삼성가의 일원임에도 삼성이 연관된 최순실 스캔들 보도에 앞장서는 JTBC의 회장이기도 해 대한민국의 명실상부한 언론인으로 평가받고 있다. 합리적이고 공정한 계 남성의 면모라 할 수 있다.

여성의 특징

### 계의 여성 장점

　계 여성은 착하고 재치가 있어서 분위기를 편하게 해 준다. 상대에게 부담을 주거나 민폐 끼치는 행동을 싫어한다. 합리적이면서 활발하고 생기가 있어 적응력도 뛰어나다.
　신념이 강하고 일의 완벽성을 기하며, 원만한 사회생활 속에서 이상을 추구한다. 행동이 단정하고 말에 품격이 있으며, 재주가 다양한 팔방미인으로 주위에서 칭찬을 듣는다.

　현실주의자이면서 지적으로 보이고, 감수성이 풍부하여 순수하게 느껴지며 이성들에게 매력으로 다가온다. 마음씨가 순수하고 지혜가 많아서 상대방을 설득시키는 힘이 대단하다.
　온순하고 차분하면서도 신념이 강하며, 정숙한 인상으로 호감을 주고 멋에 대한 센스도 뛰어나다. 나이를 먹어도 가슴에 꿈을 안고 살아가며, 자신의 가치관을 소중하게 생각하는 여성이다.

## 계의 여성 단점

계 여성은 분위기에 약한 모습으로 마음이 여리고 감수성이 예민하여 변화에 민감하게 작용한다. 단순한 면이 있어서 좋아하는 것이 나타나면 순간적으로 빠져들기도 한다.

말이나 행동에 조심성이 많고 실수하면 자책하며 자신을 위험한 곳에 노출시키지 않으려는 보호 본능이 강하다. 사람을 가려서 사귀므로 좋아하는 사람만 선호하는 경향이 나타난다.

자신의 주관이 확고하여 시비가 분명하므로 틀렸다고 생각한 것은 끝까지 고쳐야 직성이 풀린다. 자부심이 강하여 인정을 받지 못하면 직선적으로 변하여 감정 처리가 미숙한 모습도 나타낸다.

속마음을 쉽게 열지 않아 비밀이 많은 사람처럼 보인다. 신념이 강하면서도 지구력이 약하여 아쉬울 때가 있다. 완벽성을 추구하여 조건에 맞는 배우자를 찾기까지는 시간이 걸리는 경우가 많다.

## ✅ 계의 여성 경제관

계의 여성 경제관은 경제 개념이 꼼꼼하고 현실을 중시하여 투기는 싫어한다. 손해 보는 행동은 웬만해서 하지 않으며, 정확하고 확실하여 대충 넘어가는 계산은 용납하지 못한다.

지혜가 많아 유연한 사고방식으로 내실을 기해 실패가 적다. 모험심과 투기심이 적어 편안하고 안정된 생활을 하는 여성이 많지만, 힘들거나 어려우면 남에게 의지하려고 한다.

과욕을 부리지 않고 조금씩 축적하여 재물을 늘려 나간다. 진실하여 잔재주나 요령으로 사람을 속이고 이용하지 않는다. 맺고 끊는 것이 확실하며, 이해타산이 밝아 경우에 어긋나는 행동을 하지 않는다.

평소에 상황이 어려워도 서두르지 않으며, 차분하게 일에 몰두하여 주위 사람들에게 신뢰감을 준다. 결혼하면 배우자에게 조언을 잘 하여 가정이나 사업에 발전성이 있게 한다.

### 계의 여성과 좋은 인연이 되는 TIP

1. 민폐나 부담을 주지 마라.
2. 감수성이 풍부함을 염두에 두어라.
3. 지혜가 많으므로 조언을 구하라.
4. 경우에 어긋나는 행동을 하지 마라.
5. 유연한 사고방식을 발휘하게 해 주어라.

## 지혜롭고 명랑하며 신념이 강한 계의 여성 김연아

피겨스케이팅 선수 출신 김연아가 대표적인 계의 여성이다. 대한민국에서 피겨스케이팅은 김연아가 활약할 당시에는 불모지나 다름이 없었다. 혜성같이 나타나 세계의 정상에 우뚝 서서 겨울 스포츠를 상징하는 자랑스러운 최고의 스타 중 하나가 되었다.

매력적인 미모와 실력까지 겸하여 국민들의 많은 응원을 받았으며, 인기에 힘입어 국민 여동생이라는 칭호까지 얻었다. 소치 올림픽을 끝으로 은퇴한 그녀는 피겨 역사에 불후의 명작을 남긴 스타임에도 아이스링크 한가운데서 시작 포즈를 잡고 음악이 시작되기를 기다릴 때가 가장 긴장되고 고독하다고 했다. 선수 생활 내내 강심장임을 증명해 왔지만, 실은 감수성이 예민한 계 여성이었던 것이다.

그녀는 어려서부터 밴쿠버 올림픽을 끝으로 은퇴하는 것이 소원이라 밝혀 왔다. 2번째 올림픽 참여는 주위의 기대에 대한 그녀의 응답이었던 셈이다. 그 결과가 러시아의 금메달 강탈이라는 어처구니없는 결말이어서 더욱 아쉬울 따름이다. 2010년 유니세프 친선대사이기도 했던 그녀는 많은 기부로도 유명한데, 그녀의 생일을 맞아 매년 팬들이 계좌를 열어 기부금을 모으는 행사에 '김연아'라는 이름으로 오천만 원을 송금해 팬들을 즐거운 혼란에 빠트렸던 적도 있었다. 첫 CF를 찍었을 때부터 시작된 후배 지원을 지금도 아끼지 않는다. 2022년 성악가 고우림과 결혼하여 많은 축하를 받았으며, 지혜가 넘치는 그녀이기에 행복한 결혼 생활을 꾸려 나갈 것을 믿어 의심치 않는다. 이른바 품격 있는 계 여성의 상징이 아닐 수 없다.

#  癸(계) 일주(日柱) 혈액형과 해설

### 계유(癸酉)

| | | | |
|---|---|---|---|
| **A** | 경위가 밝다<br>인품이 준수하다<br>안정성을 중시한다<br>완벽한 논리를 추구한다 | **B** | 이해심이 많다<br>감수성이 민감하다<br>적응하는 능력이 뛰어나다<br>원하는 것을 빠르게 파악한다 |
| **O** | 생각성이 깊다<br>조언을 잘 해 준다<br>위기 상황에도 침착하다<br>서두르지 않고 중용을 지킨다 | **AB** | 이상이 높다<br>센스가 뛰어나다<br>온화하면서 냉철하다<br>상황에 빠르게 대처한다 |

### 계미(癸未)

| | | | |
|---|---|---|---|
| **A** | 집중력이 좋다<br>현실을 중요시한다<br>자기 관리가 철저하다<br>분위기에 휩쓸리지 않는다 | **B** | 배려를 잘 한다<br>적응력이 빠르다<br>전문성이 뛰어나다<br>이론과 행동이 조화를 이룬다 |
| **O** | 관찰력이 좋다<br>목표의식이 높다<br>안정성을 우선시한다<br>사고방식이 진취적이다 | **AB** | 실수가 적다<br>절제력이 강하다<br>모험적인 일은 싫어한다<br>명예와 실리를 추구한다 |

### 계사(癸巳)

| | | | |
|---|---|---|---|
| **A** | 신념이 강하다<br>언행이 신중하다<br>끊고 맺음이 정확하다<br>자기 관리가 철저한 모습이다 | **B** | 사심이 적다<br>감성이 풍부하다<br>차분함 속에 열정이 있다<br>솔선수범하여 모범을 보인다 |
| **O** | 합리적이다<br>이해를 잘 시킨다<br>성취 욕구가 강하다<br>흐트러짐이 별로 없다 | **AB** | 지성미가 있다<br>변화에 민감하다<br>창조적인 힘이 강하다<br>명예를 소중하게 여긴다 |

### 계묘(癸卯)

| | | | |
|---|---|---|---|
| **A** | 속이 깊다<br>이론에 뛰어나다<br>빈틈이 없어 실수가 적다<br>어려움에 굴복하지 않는다 | **B** | 지성미가 있다<br>미래 지향적이다<br>분위기를 밝게 한다<br>새로운 것에 관심이 많다 |
| **O** | 의욕이 강하다<br>응용 능력이 좋다<br>마음의 여유가 있다<br>과감한 모습도 보여 준다 | **AB** | 현명하다<br>지적 욕구가 높다<br>판단력이 뛰어나다<br>자아실현의 욕구가 강하다 |

### 계축(癸丑)

| | A | | B |
|---|---|---|---|
| **A** | 침착하다<br>희생정신이 있다<br>일목요연해야 한다<br>결정을 내리면 확고하다 | **B** | 단정하다<br>조화를 이룬다<br>추진력이 강하다<br>부드러우면서 지적이다 |
| **O** | 외유내강이다<br>인품이 수려하다<br>약자에 헌신적이다<br>믿음과 신뢰를 준다 | **AB** | 객관적이다<br>실수가 적다<br>언행이 일치한다<br>섬세하면서 분명하다 |

### 계해(癸亥)

| | A | | B |
|---|---|---|---|
| **A** | 차분하다<br>준비성이 좋다<br>깔끔하고 분명하다<br>끈질기게 밀고 나간다 | **B** | 낙천적이다<br>새로움을 추구한다<br>정보 분석이 빠르다<br>현명하고 재치가 뛰어나다 |
| **O** | 개방적이다<br>응용 능력이 좋다<br>공정함을 중시한다<br>주관이 흔들리지 않는다 | **AB** | 이지적이다<br>계획이 철저하다<br>사교적인 수완이 좋다<br>정신적인 교류를 중시한다 |

## 제3부

# 만세력

· 별도 첨부 ·

# 1966년

## 1월

| 음력 | 1/1 | 2 | 3 | 4 | 5 | 6 | 7 | 8 | 9 | 10 | 11 | 12 | 13 | 14 | 15 | 16 | 17 | 18 | 19 | 20 | 21 | 22 | 23 | 24 | 25 | 26 | 27 | 28 | 29 |
|---|---|---|---|---|---|---|---|---|---|---|---|---|---|---|---|---|---|---|---|---|---|---|---|---|---|---|---|---|---|
| 양력 | 1/22 | 23 | 24 | 25 | 26 | 27 | 28 | 29 | 30 | 31 | 2/1 | 2 | 3 | 4 | 5 | 6 | 7 | 8 | 9 | 10 | 11 | 12 | 13 | 14 | 15 | 16 | 17 | 18 | 19 |
| 일주 | 신사 | 임오 | 계미 | 갑신 | 을유 | 병술 | 정해 | 무자 | 기축 | 경인 | 신묘 | 임진 | 계사 | 갑오 | 을미 | 병신 | 정유 | 무술 | 기해 | 경자 | 신축 | 임인 | 계묘 | 갑진 | 을사 | 병오 | 정미 | 무신 | 기유 |

## 2월

| 음력 | 2/1 | 2 | 3 | 4 | 5 | 6 | 7 | 8 | 9 | 10 | 11 | 12 | 13 | 14 | 15 | 16 | 17 | 18 | 19 | 20 | 21 | 22 | 23 | 24 | 25 | 26 | 27 | 28 | 29 | 30 |
|---|---|---|---|---|---|---|---|---|---|---|---|---|---|---|---|---|---|---|---|---|---|---|---|---|---|---|---|---|---|---|
| 양력 | 2/20 | 21 | 22 | 23 | 24 | 25 | 26 | 27 | 28 | 3/1 | 2 | 3 | 4 | 5 | 6 | 7 | 8 | 9 | 10 | 11 | 12 | 13 | 14 | 15 | 16 | 17 | 18 | 19 | 20 | 21 |
| 일주 | 경술 | 신해 | 임자 | 계축 | 갑인 | 을묘 | 병진 | 정사 | 무오 | 기미 | 경신 | 신유 | 임술 | 계해 | 갑자 | 을축 | 병인 | 정묘 | 무진 | 기사 | 경오 | 신미 | 임신 | 계유 | 갑술 | 을해 | 병자 | 정축 | 무인 | 기묘 |

## 3월

| 음력 | 3/1 | 2 | 3 | 4 | 5 | 6 | 7 | 8 | 9 | 10 | 11 | 12 | 13 | 14 | 15 | 16 | 17 | 18 | 19 | 20 | 21 | 22 | 23 | 24 | 25 | 26 | 27 | 28 | 29 | 30 |
|---|---|---|---|---|---|---|---|---|---|---|---|---|---|---|---|---|---|---|---|---|---|---|---|---|---|---|---|---|---|---|
| 양력 | 3/22 | 23 | 24 | 25 | 26 | 27 | 28 | 29 | 30 | 31 | 4/1 | 2 | 3 | 4 | 5 | 6 | 7 | 8 | 9 | 10 | 11 | 12 | 13 | 14 | 15 | 16 | 17 | 18 | 19 | 20 |
| 일주 | 경진 | 신사 | 임오 | 계미 | 갑신 | 을유 | 병술 | 정해 | 무자 | 기축 | 경인 | 신묘 | 임진 | 계사 | 갑오 | 을미 | 병신 | 정유 | 무술 | 기해 | 경자 | 신축 | 임인 | 계묘 | 갑진 | 을사 | 병오 | 정미 | 무신 | 기유 |

## 3월 윤달

| 음력 | 3/1 | 2 | 3 | 4 | 5 | 6 | 7 | 8 | 9 | 10 | 11 | 12 | 13 | 14 | 15 | 16 | 17 | 18 | 19 | 20 | 21 | 22 | 23 | 24 | 25 | 26 | 27 | 28 | 29 |
|---|---|---|---|---|---|---|---|---|---|---|---|---|---|---|---|---|---|---|---|---|---|---|---|---|---|---|---|---|---|
| 양력 | 4/21 | 22 | 23 | 24 | 25 | 26 | 27 | 28 | 29 | 30 | 5/1 | 2 | 3 | 4 | 5 | 6 | 7 | 8 | 9 | 10 | 11 | 12 | 13 | 14 | 15 | 16 | 17 | 18 | 19 |
| 일주 | 경술 | 신해 | 임자 | 계축 | 갑인 | 을묘 | 병진 | 정사 | 무오 | 기미 | 경신 | 신유 | 임술 | 계해 | 갑자 | 을축 | 병인 | 정묘 | 무진 | 기사 | 경오 | 신미 | 임신 | 계유 | 갑술 | 을해 | 병자 | 정축 | 무인 |

## 4월

| 음력 | 4/1 | 2 | 3 | 4 | 5 | 6 | 7 | 8 | 9 | 10 | 11 | 12 | 13 | 14 | 15 | 16 | 17 | 18 | 19 | 20 | 21 | 22 | 23 | 24 | 25 | 26 | 27 | 28 | 29 | 30 |
|---|---|---|---|---|---|---|---|---|---|---|---|---|---|---|---|---|---|---|---|---|---|---|---|---|---|---|---|---|---|---|
| 양력 | 5/20 | 21 | 22 | 23 | 24 | 25 | 26 | 27 | 28 | 29 | 30 | 31 | 6/1 | 2 | 3 | 4 | 5 | 6 | 7 | 8 | 9 | 10 | 11 | 12 | 13 | 14 | 15 | 16 | 17 | 18 |
| 일주 | 기묘 | 경진 | 신사 | 임오 | 계미 | 갑신 | 을유 | 병술 | 정해 | 무자 | 기축 | 경인 | 신묘 | 임진 | 계사 | 갑오 | 을미 | 병신 | 정유 | 무술 | 기해 | 경자 | 신축 | 임인 | 계묘 | 갑진 | 을사 | 병오 | 정미 | 무신 |

## 5월

| 음력 | 5/1 | 2 | 3 | 4 | 5 | 6 | 7 | 8 | 9 | 10 | 11 | 12 | 13 | 14 | 15 | 16 | 17 | 18 | 19 | 20 | 21 | 22 | 23 | 24 | 25 | 26 | 27 | 28 | 29 |
|---|---|---|---|---|---|---|---|---|---|---|---|---|---|---|---|---|---|---|---|---|---|---|---|---|---|---|---|---|---|
| 양력 | 6/19 | 20 | 21 | 22 | 23 | 24 | 25 | 26 | 27 | 28 | 29 | 30 | 7/1 | 2 | 3 | 4 | 5 | 6 | 7 | 8 | 9 | 10 | 11 | 12 | 13 | 14 | 15 | 16 | 17 |
| 일주 | 기유 | 경술 | 신해 | 임자 | 계축 | 갑인 | 을묘 | 병진 | 정사 | 무오 | 기미 | 경신 | 신유 | 임술 | 계해 | 갑자 | 을축 | 병인 | 정묘 | 무진 | 기사 | 경오 | 신미 | 임신 | 계유 | 갑술 | 을해 | 병자 | 정축 |

## 6월

| 음력 | 6/1 | 2 | 3 | 4 | 5 | 6 | 7 | 8 | 9 | 10 | 11 | 12 | 13 | 14 | 15 | 16 | 17 | 18 | 19 | 20 | 21 | 22 | 23 | 24 | 25 | 26 | 27 | 28 | 29 |
|---|---|---|---|---|---|---|---|---|---|---|---|---|---|---|---|---|---|---|---|---|---|---|---|---|---|---|---|---|---|
| 양력 | 7/18 | 19 | 20 | 21 | 22 | 23 | 24 | 25 | 26 | 27 | 28 | 29 | 30 | 31 | 8/1 | 2 | 3 | 4 | 5 | 6 | 7 | 8 | 9 | 10 | 11 | 12 | 13 | 14 | 15 |
| 일주 | 무인 | 기묘 | 경진 | 신사 | 임오 | 계미 | 갑신 | 을유 | 병술 | 정해 | 무자 | 기축 | 경인 | 신묘 | 임진 | 계사 | 갑오 | 을미 | 병신 | 정유 | 무술 | 기해 | 경자 | 신축 | 임인 | 계묘 | 갑진 | 을사 | 병오 |

## ■ 7월

| 음력 | 7/1 | 2 | 3 | 4 | 5 | 6 | 7 | 8 | 9 | 10 | 11 | 12 | 13 | 14 | 15 | 16 | 17 | 18 | 19 | 20 | 21 | 22 | 23 | 24 | 25 | 26 | 27 | 28 | 29 | 30 |
|---|---|---|---|---|---|---|---|---|---|---|---|---|---|---|---|---|---|---|---|---|---|---|---|---|---|---|---|---|---|---|
| 양력 | 8/16 | 17 | 18 | 19 | 20 | 21 | 22 | 23 | 24 | 25 | 26 | 27 | 28 | 29 | 30 | 31 | 9/1 | 2 | 3 | 4 | 5 | 6 | 7 | 8 | 9 | 10 | 11 | 12 | 13 | 14 |
| 일주 | 정미 | 무신 | 기유 | 경술 | 신해 | 임자 | 계축 | 갑인 | 을묘 | 병진 | 정사 | 무오 | 기미 | 경신 | 신유 | 임술 | 계해 | 갑자 | 을축 | 병인 | 정묘 | 무진 | 기사 | 경오 | 신미 | 임신 | 계유 | 갑술 | 을해 | 병자 |

## ■ 8월

| 음력 | 8/1 | 2 | 3 | 4 | 5 | 6 | 7 | 8 | 9 | 10 | 11 | 12 | 13 | 14 | 15 | 16 | 17 | 18 | 19 | 20 | 21 | 22 | 23 | 24 | 25 | 26 | 27 | 28 | 29 |
|---|---|---|---|---|---|---|---|---|---|---|---|---|---|---|---|---|---|---|---|---|---|---|---|---|---|---|---|---|---|
| 양력 | 9/15 | 16 | 17 | 18 | 19 | 20 | 21 | 22 | 23 | 24 | 25 | 26 | 27 | 28 | 29 | 30 | 10/1 | 2 | 3 | 4 | 5 | 6 | 7 | 8 | 9 | 10 | 11 | 12 | 13 |
| 일주 | 정축 | 무인 | 기묘 | 경진 | 신사 | 임오 | 계미 | 갑신 | 을유 | 병술 | 정해 | 무자 | 기축 | 경인 | 신묘 | 임진 | 계사 | 갑오 | 을미 | 병신 | 정유 | 무술 | 기해 | 경자 | 신축 | 임인 | 계묘 | 갑진 | 을사 |

## ■ 9월

| 음력 | 9/1 | 2 | 3 | 4 | 5 | 6 | 7 | 8 | 9 | 10 | 11 | 12 | 13 | 14 | 15 | 16 | 17 | 18 | 19 | 20 | 21 | 22 | 23 | 24 | 25 | 26 | 27 | 28 | 29 |
|---|---|---|---|---|---|---|---|---|---|---|---|---|---|---|---|---|---|---|---|---|---|---|---|---|---|---|---|---|---|
| 양력 | 10/14 | 15 | 16 | 17 | 18 | 19 | 20 | 21 | 22 | 23 | 24 | 25 | 26 | 27 | 28 | 29 | 30 | 31 | 11/1 | 2 | 3 | 4 | 5 | 6 | 7 | 8 | 9 | 10 | 11 |
| 일주 | 병오 | 정미 | 무신 | 기유 | 경술 | 신해 | 임자 | 계축 | 갑인 | 을묘 | 병진 | 정사 | 무오 | 기미 | 경신 | 신유 | 임술 | 계해 | 갑자 | 을축 | 병인 | 정묘 | 무진 | 기사 | 경오 | 신미 | 임신 | 계유 | 갑술 |

## ■ 10월

| 음력 | 10/1 | 2 | 3 | 4 | 5 | 6 | 7 | 8 | 9 | 10 | 11 | 12 | 13 | 14 | 15 | 16 | 17 | 18 | 19 | 20 | 21 | 22 | 23 | 24 | 25 | 26 | 27 | 28 | 29 | 30 |
|---|---|---|---|---|---|---|---|---|---|---|---|---|---|---|---|---|---|---|---|---|---|---|---|---|---|---|---|---|---|---|
| 양력 | 11/12 | 13 | 14 | 15 | 16 | 17 | 18 | 19 | 20 | 21 | 22 | 23 | 24 | 25 | 26 | 27 | 28 | 29 | 30 | 12/1 | 2 | 3 | 4 | 5 | 6 | 7 | 8 | 9 | 10 | 11 |
| 일주 | 을해 | 병자 | 정축 | 무인 | 기묘 | 경진 | 신사 | 임오 | 계미 | 갑신 | 을유 | 병술 | 정해 | 무자 | 기축 | 경인 | 신묘 | 임진 | 계사 | 갑오 | 을미 | 병신 | 정유 | 무술 | 기해 | 경자 | 신축 | 임인 | 계묘 | 갑진 |

## ■ 11월

| 음력 | 11/1 | 2 | 3 | 4 | 5 | 6 | 7 | 8 | 9 | 10 | 11 | 12 | 13 | 14 | 15 | 16 | 17 | 18 | 19 | 20 | 21 | 22 | 23 | 24 | 25 | 26 | 27 | 28 | 29 | 30 |
|---|---|---|---|---|---|---|---|---|---|---|---|---|---|---|---|---|---|---|---|---|---|---|---|---|---|---|---|---|---|---|
| 양력 | 12/12 | 13 | 14 | 15 | 16 | 17 | 18 | 19 | 20 | 21 | 22 | 23 | 24 | 25 | 26 | 27 | 28 | 29 | 30 | 31 | 1/1 | 2 | 3 | 4 | 5 | 6 | 7 | 8 | 9 | 10 |
| 일주 | 을사 | 병오 | 정미 | 무신 | 기유 | 경술 | 신해 | 임자 | 계축 | 갑인 | 을묘 | 병진 | 정사 | 무오 | 기미 | 경신 | 신유 | 임술 | 계해 | 갑자 | 을축 | 병인 | 정묘 | 무진 | 기사 | 경오 | 신미 | 임신 | 계유 | 갑술 |

## ■ 12월

| 음력 | 12/1 | 2 | 3 | 4 | 5 | 6 | 7 | 8 | 9 | 10 | 11 | 12 | 13 | 14 | 15 | 16 | 17 | 18 | 19 | 20 | 21 | 22 | 23 | 24 | 25 | 26 | 27 | 28 | 29 |
|---|---|---|---|---|---|---|---|---|---|---|---|---|---|---|---|---|---|---|---|---|---|---|---|---|---|---|---|---|---|
| 양력 | 1/11 | 12 | 13 | 14 | 15 | 16 | 17 | 18 | 19 | 20 | 21 | 22 | 23 | 24 | 25 | 26 | 27 | 28 | 29 | 30 | 31 | 2/1 | 2 | 3 | 4 | 5 | 6 | 7 | 8 |
| 일주 | 을해 | 병자 | 정축 | 무인 | 기묘 | 경진 | 신사 | 임오 | 계미 | 갑신 | 을유 | 병술 | 정해 | 무자 | 기축 | 경인 | 신묘 | 임진 | 계사 | 갑오 | 을미 | 병신 | 정유 | 무술 | 기해 | 경자 | 신축 | 임인 | 계묘 |

# 1967년

## ■ 1월

| 음력 | 1/1 | 2 | 3 | 4 | 5 | 6 | 7 | 8 | 9 | 10 | 11 | 12 | 13 | 14 | 15 | 16 | 17 | 18 | 19 | 20 | 21 | 22 | 23 | 24 | 25 | 26 | 27 | 28 | 29 | 30 |
|---|---|---|---|---|---|---|---|---|---|---|---|---|---|---|---|---|---|---|---|---|---|---|---|---|---|---|---|---|---|---|
| 양력 | 2/9 | 10 | 11 | 12 | 13 | 14 | 15 | 16 | 17 | 18 | 19 | 20 | 21 | 22 | 23 | 24 | 25 | 26 | 27 | 28 | 3/1 | 2 | 3 | 4 | 5 | 6 | 7 | 8 | 9 | 10 |
| 일주 | 갑진 | 을사 | 병오 | 정미 | 무신 | 기유 | 경술 | 신해 | 임자 | 계축 | 갑인 | 을묘 | 병진 | 정사 | 무오 | 기미 | 경신 | 신유 | 임술 | 계해 | 갑자 | 을축 | 병인 | 정묘 | 무진 | 기사 | 경오 | 신미 | 임신 | 계유 |

## ■ 2월

| 음력 | 2/1 | 2 | 3 | 4 | 5 | 6 | 7 | 8 | 9 | 10 | 11 | 12 | 13 | 14 | 15 | 16 | 17 | 18 | 19 | 20 | 21 | 22 | 23 | 24 | 25 | 26 | 27 | 28 | 29 | 30 |
|---|---|---|---|---|---|---|---|---|---|---|---|---|---|---|---|---|---|---|---|---|---|---|---|---|---|---|---|---|---|---|
| 양력 | 3/11 | 12 | 13 | 14 | 15 | 16 | 17 | 18 | 19 | 20 | 21 | 22 | 23 | 24 | 25 | 26 | 27 | 28 | 29 | 30 | 31 | 4/1 | 2 | 3 | 4 | 5 | 6 | 7 | 8 | 9 |
| 일주 | 갑술 | 을해 | 병자 | 정축 | 무인 | 기묘 | 경진 | 신사 | 임오 | 계미 | 갑신 | 을유 | 병술 | 정해 | 무자 | 기축 | 경인 | 신묘 | 임진 | 계사 | 갑오 | 을미 | 병신 | 정유 | 무술 | 기해 | 경자 | 신축 | 임인 | 계묘 |

## ■ 3월

| 음력 | 3/1 | 2 | 3 | 4 | 5 | 6 | 7 | 8 | 9 | 10 | 11 | 12 | 13 | 14 | 15 | 16 | 17 | 18 | 19 | 20 | 21 | 22 | 23 | 24 | 25 | 26 | 27 | 28 | 29 |
|---|---|---|---|---|---|---|---|---|---|---|---|---|---|---|---|---|---|---|---|---|---|---|---|---|---|---|---|---|---|
| 양력 | 4/10 | 11 | 12 | 13 | 14 | 15 | 16 | 17 | 18 | 19 | 20 | 21 | 22 | 23 | 24 | 25 | 26 | 27 | 28 | 29 | 30 | 5/1 | 2 | 3 | 4 | 5 | 6 | 7 | 8 |
| 일주 | 갑진 | 을사 | 병오 | 정미 | 무신 | 기유 | 경술 | 신해 | 임자 | 계축 | 갑인 | 을묘 | 병진 | 정사 | 무오 | 기미 | 경신 | 신유 | 임술 | 계해 | 갑자 | 을축 | 병인 | 정묘 | 무진 | 기사 | 경오 | 신미 | 임신 |

## ■ 4월

| 음력 | 4/1 | 2 | 3 | 4 | 5 | 6 | 7 | 8 | 9 | 10 | 11 | 12 | 13 | 14 | 15 | 16 | 17 | 18 | 19 | 20 | 21 | 22 | 23 | 24 | 25 | 26 | 27 | 28 | 29 | 30 |
|---|---|---|---|---|---|---|---|---|---|---|---|---|---|---|---|---|---|---|---|---|---|---|---|---|---|---|---|---|---|---|
| 양력 | 5/9 | 10 | 11 | 12 | 13 | 14 | 15 | 16 | 17 | 18 | 19 | 20 | 21 | 22 | 23 | 24 | 25 | 26 | 27 | 28 | 29 | 30 | 31 | 6/1 | 2 | 3 | 4 | 5 | 6 | 7 |
| 일주 | 계유 | 갑술 | 을해 | 병자 | 정축 | 무인 | 기묘 | 경진 | 신사 | 임오 | 계미 | 갑신 | 을유 | 병술 | 정해 | 무자 | 기축 | 경인 | 신묘 | 임진 | 계사 | 갑오 | 을미 | 병신 | 정유 | 무술 | 기해 | 경자 | 신축 | 임인 |

## ■ 5월

| 음력 | 5/1 | 2 | 3 | 4 | 5 | 6 | 7 | 8 | 9 | 10 | 11 | 12 | 13 | 14 | 15 | 16 | 17 | 18 | 19 | 20 | 21 | 22 | 23 | 24 | 25 | 26 | 27 | 28 | 29 | 30 |
|---|---|---|---|---|---|---|---|---|---|---|---|---|---|---|---|---|---|---|---|---|---|---|---|---|---|---|---|---|---|---|
| 양력 | 6/8 | 9 | 10 | 11 | 12 | 13 | 14 | 15 | 16 | 17 | 18 | 19 | 20 | 21 | 22 | 23 | 24 | 25 | 26 | 27 | 28 | 29 | 30 | 7/1 | 2 | 3 | 4 | 5 | 6 | 7 |
| 일주 | 계묘 | 갑진 | 을사 | 병오 | 정미 | 무신 | 기유 | 경술 | 신해 | 임자 | 계축 | 갑인 | 을묘 | 병진 | 정사 | 무오 | 기미 | 경신 | 신유 | 임술 | 계해 | 갑자 | 을축 | 병인 | 정묘 | 무진 | 기사 | 경오 | 신미 | 임신 |

## ■ 6월

| 음력 | 6/1 | 2 | 3 | 4 | 5 | 6 | 7 | 8 | 9 | 10 | 11 | 12 | 13 | 14 | 15 | 16 | 17 | 18 | 19 | 20 | 21 | 22 | 23 | 24 | 25 | 26 | 27 | 28 | 29 |
|---|---|---|---|---|---|---|---|---|---|---|---|---|---|---|---|---|---|---|---|---|---|---|---|---|---|---|---|---|---|
| 양력 | 7/8 | 9 | 10 | 11 | 12 | 13 | 14 | 15 | 16 | 17 | 18 | 19 | 20 | 21 | 22 | 23 | 24 | 25 | 26 | 27 | 28 | 29 | 30 | 31 | 8/1 | 2 | 3 | 4 | 5 |
| 일주 | 계유 | 갑술 | 을해 | 병자 | 정축 | 무인 | 기묘 | 경진 | 신사 | 임오 | 계미 | 갑신 | 을유 | 병술 | 정해 | 무자 | 기축 | 경인 | 신묘 | 임진 | 계사 | 갑오 | 을미 | 병신 | 정유 | 무술 | 기해 | 경자 | 신축 |

## 7월

| 음력 | 7/1 | 2 | 3 | 4 | 5 | 6 | 7 | 8 | 9 | 10 | 11 | 12 | 13 | 14 | 15 | 16 | 17 | 18 | 19 | 20 | 21 | 22 | 23 | 24 | 25 | 26 | 27 | 28 | 29 |
|---|---|---|---|---|---|---|---|---|---|---|---|---|---|---|---|---|---|---|---|---|---|---|---|---|---|---|---|---|---|
| 양력 | 8/6 | 7 | 8 | 9 | 10 | 11 | 12 | 13 | 14 | 15 | 16 | 17 | 18 | 19 | 20 | 21 | 22 | 23 | 24 | 25 | 26 | 27 | 28 | 29 | 30 | 31 | 9/1 | 2 | 3 |
| 일주 | 임인 | 계묘 | 갑진 | 을사 | 병오 | 정미 | 무신 | 기유 | 경술 | 신해 | 임자 | 계축 | 갑인 | 을묘 | 병진 | 정사 | 무오 | 기미 | 경신 | 신유 | 임술 | 계해 | 갑자 | 을축 | 병인 | 정묘 | 무진 | 기사 | 경오 |

## 8월

| 음력 | 8/1 | 2 | 3 | 4 | 5 | 6 | 7 | 8 | 9 | 10 | 11 | 12 | 13 | 14 | 15 | 16 | 17 | 18 | 19 | 20 | 21 | 22 | 23 | 24 | 25 | 26 | 27 | 28 | 29 | 30 |
|---|---|---|---|---|---|---|---|---|---|---|---|---|---|---|---|---|---|---|---|---|---|---|---|---|---|---|---|---|---|---|
| 양력 | 9/4 | 5 | 6 | 7 | 8 | 9 | 10 | 11 | 12 | 13 | 14 | 15 | 16 | 17 | 18 | 19 | 20 | 21 | 22 | 23 | 24 | 25 | 26 | 27 | 28 | 29 | 30 | 10/1 | 2 | 3 |
| 일주 | 신미 | 임신 | 계유 | 갑술 | 을해 | 병자 | 정축 | 무인 | 기묘 | 경진 | 신사 | 임오 | 계미 | 갑신 | 을유 | 병술 | 정해 | 무자 | 기축 | 경인 | 신묘 | 임진 | 계사 | 갑오 | 을미 | 병신 | 정유 | 무술 | 기해 | 경자 |

## 9월

| 음력 | 9/1 | 2 | 3 | 4 | 5 | 6 | 7 | 8 | 9 | 10 | 11 | 12 | 13 | 14 | 15 | 16 | 17 | 18 | 19 | 20 | 21 | 22 | 23 | 24 | 25 | 26 | 27 | 28 | 29 |
|---|---|---|---|---|---|---|---|---|---|---|---|---|---|---|---|---|---|---|---|---|---|---|---|---|---|---|---|---|---|
| 양력 | 10/4 | 5 | 6 | 7 | 8 | 9 | 10 | 11 | 12 | 13 | 14 | 15 | 16 | 17 | 18 | 19 | 20 | 21 | 22 | 23 | 24 | 25 | 26 | 27 | 28 | 29 | 30 | 31 | 11/1 |
| 일주 | 신축 | 임인 | 계묘 | 갑진 | 을사 | 병오 | 정미 | 무신 | 기유 | 경술 | 신해 | 임자 | 계축 | 갑인 | 을묘 | 병진 | 정사 | 무오 | 기미 | 경신 | 신유 | 임술 | 계해 | 갑자 | 을축 | 병인 | 정묘 | 무진 | 기사 |

## 10월

| 음력 | 10/1 | 2 | 3 | 4 | 5 | 6 | 7 | 8 | 9 | 10 | 11 | 12 | 13 | 14 | 15 | 16 | 17 | 18 | 19 | 20 | 21 | 22 | 23 | 24 | 25 | 26 | 27 | 28 | 29 | 30 |
|---|---|---|---|---|---|---|---|---|---|---|---|---|---|---|---|---|---|---|---|---|---|---|---|---|---|---|---|---|---|---|
| 양력 | 11/2 | 3 | 4 | 5 | 6 | 7 | 8 | 9 | 10 | 11 | 12 | 13 | 14 | 15 | 16 | 17 | 18 | 19 | 20 | 21 | 22 | 23 | 24 | 25 | 26 | 27 | 28 | 29 | 30 | 12/1 |
| 일주 | 경오 | 신미 | 임신 | 계유 | 갑술 | 을해 | 병자 | 정축 | 무인 | 기묘 | 경진 | 신사 | 임오 | 계미 | 갑신 | 을유 | 병술 | 정해 | 무자 | 기축 | 경인 | 신묘 | 임진 | 계사 | 갑오 | 을미 | 병신 | 정유 | 무술 | 기해 |

## 11월

| 음력 | 11/1 | 2 | 3 | 4 | 5 | 6 | 7 | 8 | 9 | 10 | 11 | 12 | 13 | 14 | 15 | 16 | 17 | 18 | 19 | 20 | 21 | 22 | 23 | 24 | 25 | 26 | 27 | 28 | 29 |
|---|---|---|---|---|---|---|---|---|---|---|---|---|---|---|---|---|---|---|---|---|---|---|---|---|---|---|---|---|---|
| 양력 | 12/2 | 3 | 4 | 5 | 6 | 7 | 8 | 9 | 10 | 11 | 12 | 13 | 14 | 15 | 16 | 17 | 18 | 19 | 20 | 21 | 22 | 23 | 24 | 25 | 26 | 27 | 28 | 29 | 30 |
| 일주 | 경자 | 신축 | 임인 | 계묘 | 갑진 | 을사 | 병오 | 정미 | 무신 | 기유 | 경술 | 신해 | 임자 | 계축 | 갑인 | 을묘 | 병진 | 정사 | 무오 | 기미 | 경신 | 신유 | 임술 | 계해 | 갑자 | 을축 | 병인 | 정묘 | 무진 |

## 12월

| 음력 | 12/1 | 2 | 3 | 4 | 5 | 6 | 7 | 8 | 9 | 10 | 11 | 12 | 13 | 14 | 15 | 16 | 17 | 18 | 19 | 20 | 21 | 22 | 23 | 24 | 25 | 26 | 27 | 28 | 29 | 30 |
|---|---|---|---|---|---|---|---|---|---|---|---|---|---|---|---|---|---|---|---|---|---|---|---|---|---|---|---|---|---|---|
| 양력 | 12/31 | 1/1 | 2 | 3 | 4 | 5 | 6 | 7 | 8 | 9 | 10 | 11 | 12 | 13 | 14 | 15 | 16 | 17 | 18 | 19 | 20 | 21 | 22 | 23 | 24 | 25 | 26 | 27 | 28 | 29 |
| 일주 | 기사 | 경오 | 신미 | 임신 | 계유 | 갑술 | 을해 | 병자 | 정축 | 무인 | 기묘 | 경진 | 신사 | 임오 | 계미 | 갑신 | 을유 | 병술 | 정해 | 무자 | 기축 | 경인 | 신묘 | 임진 | 계사 | 갑오 | 을미 | 병신 | 정유 | 무술 |

## 1월

| 음력 | 1/1 | 2 | 3 | 4 | 5 | 6 | 7 | 8 | 9 | 10 | 11 | 12 | 13 | 14 | 15 | 16 | 17 | 18 | 19 | 20 | 21 | 22 | 23 | 24 | 25 | 26 | 27 | 28 | 29 |
|---|---|---|---|---|---|---|---|---|---|---|---|---|---|---|---|---|---|---|---|---|---|---|---|---|---|---|---|---|---|
| 양력 | 1/30 | 31 | 2/1 | 2 | 3 | 4 | 5 | 6 | 7 | 8 | 9 | 10 | 11 | 12 | 13 | 14 | 15 | 16 | 17 | 18 | 19 | 20 | 21 | 22 | 23 | 24 | 25 | 26 | 27 |
| 일주 | 기해 | 경자 | 신축 | 임인 | 계묘 | 갑진 | 을사 | 병오 | 정미 | 무신 | 기유 | 경술 | 신해 | 임자 | 계축 | 갑인 | 을묘 | 병진 | 정사 | 무오 | 기미 | 경신 | 신유 | 임술 | 계해 | 갑자 | 을축 | 병인 | 정묘 |

## 2월

| 음력 | 2/1 | 2 | 3 | 4 | 5 | 6 | 7 | 8 | 9 | 10 | 11 | 12 | 13 | 14 | 15 | 16 | 17 | 18 | 19 | 20 | 21 | 22 | 23 | 24 | 25 | 26 | 27 | 28 | 29 | 30 |
|---|---|---|---|---|---|---|---|---|---|---|---|---|---|---|---|---|---|---|---|---|---|---|---|---|---|---|---|---|---|---|
| 양력 | 2/28 | 29 | 3/1 | 2 | 3 | 4 | 5 | 6 | 7 | 8 | 9 | 10 | 11 | 12 | 13 | 14 | 15 | 16 | 17 | 18 | 19 | 20 | 21 | 22 | 23 | 24 | 25 | 26 | 27 | 28 |
| 일주 | 무진 | 기사 | 경오 | 신미 | 임신 | 계유 | 갑술 | 을해 | 병자 | 정축 | 무인 | 기묘 | 경진 | 신사 | 임오 | 계미 | 갑신 | 을유 | 병술 | 정해 | 무자 | 기축 | 경인 | 신묘 | 임진 | 계사 | 갑오 | 을미 | 병신 | 정유 |

## 3월

| 음력 | 3/1 | 2 | 3 | 4 | 5 | 6 | 7 | 8 | 9 | 10 | 11 | 12 | 13 | 14 | 15 | 16 | 17 | 18 | 19 | 20 | 21 | 22 | 23 | 24 | 25 | 26 | 27 | 28 | 29 | 30 |
|---|---|---|---|---|---|---|---|---|---|---|---|---|---|---|---|---|---|---|---|---|---|---|---|---|---|---|---|---|---|---|
| 양력 | 3/29 | 30 | 31 | 4/1 | 2 | 3 | 4 | 5 | 6 | 7 | 8 | 9 | 10 | 11 | 12 | 13 | 14 | 15 | 16 | 17 | 18 | 19 | 20 | 21 | 22 | 23 | 24 | 25 | 26 | 27 |
| 일주 | 무술 | 기해 | 경자 | 신축 | 임인 | 계묘 | 갑진 | 을사 | 병오 | 정미 | 무신 | 기유 | 경술 | 신해 | 임자 | 계축 | 갑인 | 을묘 | 병진 | 정사 | 무오 | 기미 | 경신 | 신유 | 임술 | 계해 | 갑자 | 을축 | 병인 | 정묘 |

## 4월

| 음력 | 4/1 | 2 | 3 | 4 | 5 | 6 | 7 | 8 | 9 | 10 | 11 | 12 | 13 | 14 | 15 | 16 | 17 | 18 | 19 | 20 | 21 | 22 | 23 | 24 | 25 | 26 | 27 | 28 | 29 |
|---|---|---|---|---|---|---|---|---|---|---|---|---|---|---|---|---|---|---|---|---|---|---|---|---|---|---|---|---|---|
| 양력 | 4/28 | 29 | 30 | 5/1 | 2 | 3 | 4 | 5 | 6 | 7 | 8 | 9 | 10 | 11 | 12 | 13 | 14 | 15 | 16 | 17 | 18 | 19 | 20 | 21 | 22 | 23 | 24 | 25 | 26 |
| 일주 | 무진 | 기사 | 경오 | 신미 | 임신 | 계유 | 갑술 | 을해 | 병자 | 정축 | 무인 | 기묘 | 경진 | 신사 | 임오 | 계미 | 갑신 | 을유 | 병술 | 정해 | 무자 | 기축 | 경인 | 신묘 | 임진 | 계사 | 갑오 | 을미 | 병신 |

## 5월

| 음력 | 5/1 | 2 | 3 | 4 | 5 | 6 | 7 | 8 | 9 | 10 | 11 | 12 | 13 | 14 | 15 | 16 | 17 | 18 | 19 | 20 | 21 | 22 | 23 | 24 | 25 | 26 | 27 | 28 | 29 | 30 |
|---|---|---|---|---|---|---|---|---|---|---|---|---|---|---|---|---|---|---|---|---|---|---|---|---|---|---|---|---|---|---|
| 양력 | 5/27 | 28 | 29 | 30 | 31 | 6/1 | 2 | 3 | 4 | 5 | 6 | 7 | 8 | 9 | 10 | 11 | 12 | 13 | 14 | 15 | 16 | 17 | 18 | 19 | 20 | 21 | 22 | 23 | 24 | 25 |
| 일주 | 정유 | 무술 | 기해 | 경자 | 신축 | 임인 | 계묘 | 갑진 | 을사 | 병오 | 정미 | 무신 | 기유 | 경술 | 신해 | 임자 | 계축 | 갑인 | 을묘 | 병진 | 정사 | 무오 | 기미 | 경신 | 신유 | 임술 | 계해 | 갑자 | 을축 | 병인 |

## 6월

| 음력 | 6/1 | 2 | 3 | 4 | 5 | 6 | 7 | 8 | 9 | 10 | 11 | 12 | 13 | 14 | 15 | 16 | 17 | 18 | 19 | 20 | 21 | 22 | 23 | 24 | 25 | 26 | 27 | 28 | 29 |
|---|---|---|---|---|---|---|---|---|---|---|---|---|---|---|---|---|---|---|---|---|---|---|---|---|---|---|---|---|---|
| 양력 | 6/26 | 27 | 28 | 29 | 30 | 7/1 | 2 | 3 | 4 | 5 | 6 | 7 | 8 | 9 | 10 | 11 | 12 | 13 | 14 | 15 | 16 | 17 | 18 | 19 | 20 | 21 | 22 | 23 | 24 |
| 일주 | 정묘 | 무진 | 기사 | 경오 | 신미 | 임신 | 계유 | 갑술 | 을해 | 병자 | 정축 | 무인 | 기묘 | 경진 | 신사 | 임오 | 계미 | 갑신 | 을유 | 병술 | 정해 | 무자 | 기축 | 경인 | 신묘 | 임진 | 계사 | 갑오 | 을미 |

## ■ 7월

| 음력 | 7/1 | 2 | 3 | 4 | 5 | 6 | 7 | 8 | 9 | 10 | 11 | 12 | 13 | 14 | 15 | 16 | 17 | 18 | 19 | 20 | 21 | 22 | 23 | 24 | 25 | 26 | 27 | 28 | 29 | 30 |
|---|---|---|---|---|---|---|---|---|---|---|---|---|---|---|---|---|---|---|---|---|---|---|---|---|---|---|---|---|---|---|
| 양력 | 7/25 | 26 | 27 | 28 | 29 | 30 | 31 | 8/1 | 2 | 3 | 4 | 5 | 6 | 7 | 8 | 9 | 10 | 11 | 12 | 13 | 14 | 15 | 16 | 17 | 18 | 19 | 20 | 21 | 22 | 23 |
| 일주 | 병신 | 정유 | 무술 | 기해 | 경자 | 신축 | 임인 | 계묘 | 갑진 | 을사 | 병오 | 정미 | 무신 | 기유 | 경술 | 신해 | 임자 | 계축 | 갑인 | 을묘 | 병진 | 정사 | 무오 | 기미 | 경신 | 신유 | 임술 | 계해 | 갑자 | 을축 |

## ■ 7월 윤달

| 음력 | 7/1 | 2 | 3 | 4 | 5 | 6 | 7 | 8 | 9 | 10 | 11 | 12 | 13 | 14 | 15 | 16 | 17 | 18 | 19 | 20 | 21 | 22 | 23 | 24 | 25 | 26 | 27 | 28 | 29 |
|---|---|---|---|---|---|---|---|---|---|---|---|---|---|---|---|---|---|---|---|---|---|---|---|---|---|---|---|---|---|
| 양력 | 8/24 | 25 | 26 | 27 | 28 | 29 | 30 | 31 | 9/1 | 2 | 3 | 4 | 5 | 6 | 7 | 8 | 9 | 10 | 11 | 12 | 13 | 14 | 15 | 16 | 17 | 18 | 19 | 20 | 21 |
| 일주 | 병인 | 정묘 | 무진 | 기사 | 경오 | 신미 | 임신 | 계유 | 갑술 | 을해 | 병자 | 정축 | 무인 | 기묘 | 경진 | 신사 | 임오 | 계미 | 갑신 | 을유 | 병술 | 정해 | 무자 | 기축 | 경인 | 신묘 | 임진 | 계사 | 갑오 |

## ■ 8월

| 음력 | 8/1 | 2 | 3 | 4 | 5 | 6 | 7 | 8 | 9 | 10 | 11 | 12 | 13 | 14 | 15 | 16 | 17 | 18 | 19 | 20 | 21 | 22 | 23 | 24 | 25 | 26 | 27 | 28 | 29 | 30 |
|---|---|---|---|---|---|---|---|---|---|---|---|---|---|---|---|---|---|---|---|---|---|---|---|---|---|---|---|---|---|---|
| 양력 | 9/22 | 23 | 24 | 25 | 26 | 27 | 28 | 29 | 30 | 10/1 | 2 | 3 | 4 | 5 | 6 | 7 | 8 | 9 | 10 | 11 | 12 | 13 | 14 | 15 | 16 | 17 | 18 | 19 | 20 | 21 |
| 일주 | 을미 | 병신 | 정유 | 무술 | 기해 | 경자 | 신축 | 임인 | 계묘 | 갑진 | 을사 | 병오 | 정미 | 무신 | 기유 | 경술 | 신해 | 임자 | 계축 | 갑인 | 을묘 | 병진 | 정사 | 무오 | 기미 | 경신 | 신유 | 임술 | 계해 | 갑자 |

## ■ 9월

| 음력 | 9/1 | 2 | 3 | 4 | 5 | 6 | 7 | 8 | 9 | 10 | 11 | 12 | 13 | 14 | 15 | 16 | 17 | 18 | 19 | 20 | 21 | 22 | 23 | 24 | 25 | 26 | 27 | 28 | 29 |
|---|---|---|---|---|---|---|---|---|---|---|---|---|---|---|---|---|---|---|---|---|---|---|---|---|---|---|---|---|---|
| 양력 | 10/22 | 23 | 24 | 25 | 26 | 27 | 28 | 29 | 30 | 31 | 11/1 | 2 | 3 | 4 | 5 | 6 | 7 | 8 | 9 | 10 | 11 | 12 | 13 | 14 | 15 | 16 | 17 | 18 | 19 |
| 일주 | 을축 | 병인 | 정묘 | 무진 | 기사 | 경오 | 신미 | 임신 | 계유 | 갑술 | 을해 | 병자 | 정축 | 무인 | 기묘 | 경진 | 신사 | 임오 | 계미 | 갑신 | 을유 | 병술 | 정해 | 무자 | 기축 | 경인 | 신묘 | 임진 | 계사 |

## ■ 10월

| 음력 | 10/1 | 2 | 3 | 4 | 5 | 6 | 7 | 8 | 9 | 10 | 11 | 12 | 13 | 14 | 15 | 16 | 17 | 18 | 19 | 20 | 21 | 22 | 23 | 24 | 25 | 26 | 27 | 28 | 29 | 30 |
|---|---|---|---|---|---|---|---|---|---|---|---|---|---|---|---|---|---|---|---|---|---|---|---|---|---|---|---|---|---|---|
| 양력 | 11/20 | 21 | 22 | 23 | 24 | 25 | 26 | 27 | 28 | 29 | 30 | 12/1 | 2 | 3 | 4 | 5 | 6 | 7 | 8 | 9 | 10 | 11 | 12 | 13 | 14 | 15 | 16 | 17 | 18 | 19 |
| 일주 | 갑오 | 을미 | 병신 | 정유 | 무술 | 기해 | 경자 | 신축 | 임인 | 계묘 | 갑진 | 을사 | 병오 | 정미 | 무신 | 기유 | 경술 | 신해 | 임자 | 계축 | 갑인 | 을묘 | 병진 | 정사 | 무오 | 기미 | 경신 | 신유 | 임술 | 계해 |

## ■ 11월

| 음력 | 11/1 | 2 | 3 | 4 | 5 | 6 | 7 | 8 | 9 | 10 | 11 | 12 | 13 | 14 | 15 | 16 | 17 | 18 | 19 | 20 | 21 | 22 | 23 | 24 | 25 | 26 | 27 | 28 | 29 |
|---|---|---|---|---|---|---|---|---|---|---|---|---|---|---|---|---|---|---|---|---|---|---|---|---|---|---|---|---|---|
| 양력 | 12/20 | 21 | 22 | 23 | 24 | 25 | 26 | 27 | 28 | 29 | 30 | 31 | 1/1 | 2 | 3 | 4 | 5 | 6 | 7 | 8 | 9 | 10 | 11 | 12 | 13 | 14 | 15 | 16 | 17 |
| 일주 | 갑자 | 을축 | 병인 | 정묘 | 무진 | 기사 | 경오 | 신미 | 임신 | 계유 | 갑술 | 을해 | 병자 | 정축 | 무인 | 기묘 | 경진 | 신사 | 임오 | 계미 | 갑신 | 을유 | 병술 | 정해 | 무자 | 기축 | 경인 | 신묘 | 임진 |

## ■ 12월

| 음력 | 12/1 | 2 | 3 | 4 | 5 | 6 | 7 | 8 | 9 | 10 | 11 | 12 | 13 | 14 | 15 | 16 | 17 | 18 | 19 | 20 | 21 | 22 | 23 | 24 | 25 | 26 | 27 | 28 | 29 | 30 |
|---|---|---|---|---|---|---|---|---|---|---|---|---|---|---|---|---|---|---|---|---|---|---|---|---|---|---|---|---|---|---|
| 양력 | 1/18 | 19 | 20 | 21 | 22 | 23 | 24 | 25 | 26 | 27 | 28 | 29 | 30 | 31 | 2/1 | 2 | 3 | 4 | 5 | 6 | 7 | 8 | 9 | 10 | 11 | 12 | 13 | 14 | 15 | 16 |
| 일주 | 계사 | 갑오 | 을미 | 병신 | 정유 | 무술 | 기해 | 경자 | 신축 | 임인 | 계묘 | 갑진 | 을사 | 병오 | 정미 | 무신 | 기유 | 경술 | 신해 | 임자 | 계축 | 갑인 | 을묘 | 병진 | 정사 | 무오 | 기미 | 경신 | 신유 | 임술 |

## 1969년

### 1월

| 음력 | 1/1 | 2 | 3 | 4 | 5 | 6 | 7 | 8 | 9 | 10 | 11 | 12 | 13 | 14 | 15 | 16 | 17 | 18 | 19 | 20 | 21 | 22 | 23 | 24 | 25 | 26 | 27 | 28 | 29 |
|---|---|---|---|---|---|---|---|---|---|---|---|---|---|---|---|---|---|---|---|---|---|---|---|---|---|---|---|---|---|
| 양력 | 2/17 | 18 | 19 | 20 | 21 | 22 | 23 | 24 | 25 | 26 | 27 | 28 | 3/1 | 2 | 3 | 4 | 5 | 6 | 7 | 8 | 9 | 10 | 11 | 12 | 13 | 14 | 15 | 16 | 17 |
| 일주 | 계해 | 갑자 | 을축 | 병인 | 정묘 | 무진 | 기사 | 경오 | 신미 | 임신 | 계유 | 갑술 | 을해 | 병자 | 정축 | 무인 | 기묘 | 경진 | 신사 | 임오 | 계미 | 갑신 | 을유 | 병술 | 정해 | 무자 | 기축 | 경인 | 신묘 |

### 2월

| 음력 | 2/1 | 2 | 3 | 4 | 5 | 6 | 7 | 8 | 9 | 10 | 11 | 12 | 13 | 14 | 15 | 16 | 17 | 18 | 19 | 20 | 21 | 22 | 23 | 24 | 25 | 26 | 27 | 28 | 29 | 30 |
|---|---|---|---|---|---|---|---|---|---|---|---|---|---|---|---|---|---|---|---|---|---|---|---|---|---|---|---|---|---|---|
| 양력 | 3/18 | 19 | 20 | 21 | 22 | 23 | 24 | 25 | 26 | 27 | 28 | 29 | 30 | 31 | 4/1 | 2 | 3 | 4 | 5 | 6 | 7 | 8 | 9 | 10 | 11 | 12 | 13 | 14 | 15 | 16 |
| 일주 | 임진 | 계사 | 갑오 | 을미 | 병신 | 정유 | 무술 | 기해 | 경자 | 신축 | 임인 | 계묘 | 갑진 | 을사 | 병오 | 정미 | 무신 | 기유 | 경술 | 신해 | 임자 | 계축 | 갑인 | 을묘 | 병진 | 정사 | 무오 | 기미 | 경신 | 신유 |

### 3월

| 음력 | 3/1 | 2 | 3 | 4 | 5 | 6 | 7 | 8 | 9 | 10 | 11 | 12 | 13 | 14 | 15 | 16 | 17 | 18 | 19 | 20 | 21 | 22 | 23 | 24 | 25 | 26 | 27 | 28 | 29 |
|---|---|---|---|---|---|---|---|---|---|---|---|---|---|---|---|---|---|---|---|---|---|---|---|---|---|---|---|---|---|
| 양력 | 4/17 | 18 | 19 | 20 | 21 | 22 | 23 | 24 | 25 | 26 | 27 | 28 | 29 | 30 | 5/1 | 2 | 3 | 4 | 5 | 6 | 7 | 8 | 9 | 10 | 11 | 12 | 13 | 14 | 15 |
| 일주 | 임술 | 계해 | 갑자 | 을축 | 병인 | 정묘 | 무진 | 기사 | 경오 | 신미 | 임신 | 계유 | 갑술 | 을해 | 병자 | 정축 | 무인 | 기묘 | 경진 | 신사 | 임오 | 계미 | 갑신 | 을유 | 병술 | 정해 | 무자 | 기축 | 경인 |

### 4월

| 음력 | 4/1 | 2 | 3 | 4 | 5 | 6 | 7 | 8 | 9 | 10 | 11 | 12 | 13 | 14 | 15 | 16 | 17 | 18 | 19 | 20 | 21 | 22 | 23 | 24 | 25 | 26 | 27 | 28 | 29 | 30 |
|---|---|---|---|---|---|---|---|---|---|---|---|---|---|---|---|---|---|---|---|---|---|---|---|---|---|---|---|---|---|---|
| 양력 | 5/16 | 17 | 18 | 19 | 20 | 21 | 22 | 23 | 24 | 25 | 26 | 27 | 28 | 29 | 30 | 31 | 6/1 | 2 | 3 | 4 | 5 | 6 | 7 | 8 | 9 | 10 | 11 | 12 | 13 | 14 |
| 일주 | 신묘 | 임진 | 계사 | 갑오 | 을미 | 병신 | 정유 | 무술 | 기해 | 경자 | 신축 | 임인 | 계묘 | 갑진 | 을사 | 병오 | 정미 | 무신 | 기유 | 경술 | 신해 | 임자 | 계축 | 갑인 | 을묘 | 병진 | 정사 | 무오 | 기미 | 경신 |

### 5월

| 음력 | 5/1 | 2 | 3 | 4 | 5 | 6 | 7 | 8 | 9 | 10 | 11 | 12 | 13 | 14 | 15 | 16 | 17 | 18 | 19 | 20 | 21 | 22 | 23 | 24 | 25 | 26 | 27 | 28 | 29 |
|---|---|---|---|---|---|---|---|---|---|---|---|---|---|---|---|---|---|---|---|---|---|---|---|---|---|---|---|---|---|
| 양력 | 6/15 | 16 | 17 | 18 | 19 | 20 | 21 | 22 | 23 | 24 | 25 | 26 | 27 | 28 | 29 | 30 | 7/1 | 2 | 3 | 4 | 5 | 6 | 7 | 8 | 9 | 10 | 11 | 12 | 13 |
| 일주 | 신유 | 임술 | 계해 | 갑자 | 을축 | 병인 | 정묘 | 무진 | 기사 | 경오 | 신미 | 임신 | 계유 | 갑술 | 을해 | 병자 | 정축 | 무인 | 기묘 | 경진 | 신사 | 임오 | 계미 | 갑신 | 을유 | 병술 | 정해 | 무자 | 기축 |

### 6월

| 음력 | 6/1 | 2 | 3 | 4 | 5 | 6 | 7 | 8 | 9 | 10 | 11 | 12 | 13 | 14 | 15 | 16 | 17 | 18 | 19 | 20 | 21 | 22 | 23 | 24 | 25 | 26 | 27 | 28 | 29 | 30 |
|---|---|---|---|---|---|---|---|---|---|---|---|---|---|---|---|---|---|---|---|---|---|---|---|---|---|---|---|---|---|---|
| 양력 | 7/14 | 15 | 16 | 17 | 18 | 19 | 20 | 21 | 22 | 23 | 24 | 25 | 26 | 27 | 28 | 29 | 30 | 31 | 8/1 | 2 | 3 | 4 | 5 | 6 | 7 | 8 | 9 | 10 | 11 | 12 |
| 일주 | 경인 | 신묘 | 임진 | 계사 | 갑오 | 을미 | 병신 | 정유 | 무술 | 기해 | 경자 | 신축 | 임인 | 계묘 | 갑진 | 을사 | 병오 | 정미 | 무신 | 기유 | 경술 | 신해 | 임자 | 계축 | 갑인 | 을묘 | 병진 | 정사 | 무오 | 기미 |

## ■ 7월

| 음력 | 7/1 | 2 | 3 | 4 | 5 | 6 | 7 | 8 | 9 | 10 | 11 | 12 | 13 | 14 | 15 | 16 | 17 | 18 | 19 | 20 | 21 | 22 | 23 | 24 | 25 | 26 | 27 | 28 | 29 | 30 |
|---|---|---|---|---|---|---|---|---|---|---|---|---|---|---|---|---|---|---|---|---|---|---|---|---|---|---|---|---|---|---|
| 양력 | 8/13 | 14 | 15 | 16 | 17 | 18 | 19 | 20 | 21 | 22 | 23 | 24 | 25 | 26 | 27 | 28 | 29 | 30 | 31 | 9/1 | 2 | 3 | 4 | 5 | 6 | 7 | 8 | 9 | 10 | 11 |
| 일주 | 경신 | 신유 | 임술 | 계해 | 갑자 | 을축 | 병인 | 정묘 | 무진 | 기사 | 경오 | 신미 | 임신 | 계유 | 갑술 | 을해 | 병자 | 정축 | 무인 | 기묘 | 경진 | 신사 | 임오 | 계미 | 갑신 | 을유 | 병술 | 정해 | 무자 | 기축 |

## ■ 8월

| 음력 | 8/1 | 2 | 3 | 4 | 5 | 6 | 7 | 8 | 9 | 10 | 11 | 12 | 13 | 14 | 15 | 16 | 17 | 18 | 19 | 20 | 21 | 22 | 23 | 24 | 25 | 26 | 27 | 28 | 29 |
|---|---|---|---|---|---|---|---|---|---|---|---|---|---|---|---|---|---|---|---|---|---|---|---|---|---|---|---|---|---|
| 양력 | 9/12 | 13 | 14 | 15 | 16 | 17 | 18 | 19 | 20 | 21 | 22 | 23 | 24 | 25 | 26 | 27 | 28 | 29 | 30 | 10/1 | 2 | 3 | 4 | 5 | 6 | 7 | 8 | 9 | 10 |
| 일주 | 경인 | 신묘 | 임진 | 계사 | 갑오 | 을미 | 병신 | 정유 | 무술 | 기해 | 경자 | 신축 | 임인 | 계묘 | 갑진 | 을사 | 병오 | 정미 | 무신 | 기유 | 경술 | 신해 | 임자 | 계축 | 갑인 | 을묘 | 병진 | 정사 | 무오 |

## ■ 9월

| 음력 | 9/1 | 2 | 3 | 4 | 5 | 6 | 7 | 8 | 9 | 10 | 11 | 12 | 13 | 14 | 15 | 16 | 17 | 18 | 19 | 20 | 21 | 22 | 23 | 24 | 25 | 26 | 27 | 28 | 29 | 30 |
|---|---|---|---|---|---|---|---|---|---|---|---|---|---|---|---|---|---|---|---|---|---|---|---|---|---|---|---|---|---|---|
| 양력 | 10/11 | 12 | 13 | 14 | 15 | 16 | 17 | 18 | 19 | 20 | 21 | 22 | 23 | 24 | 25 | 26 | 27 | 28 | 29 | 30 | 31 | 11/1 | 2 | 3 | 4 | 5 | 6 | 7 | 8 | 9 |
| 일주 | 기미 | 경신 | 신유 | 임술 | 계해 | 갑자 | 을축 | 병인 | 정묘 | 무진 | 기사 | 경오 | 신미 | 임신 | 계유 | 갑술 | 을해 | 병자 | 정축 | 무인 | 기묘 | 경진 | 신사 | 임오 | 계미 | 갑신 | 을유 | 병술 | 정해 | 무자 |

## ■ 10월

| 음력 | 10/1 | 2 | 3 | 4 | 5 | 6 | 7 | 8 | 9 | 10 | 11 | 12 | 13 | 14 | 15 | 16 | 17 | 18 | 19 | 20 | 21 | 22 | 23 | 24 | 25 | 26 | 27 | 28 | 29 |
|---|---|---|---|---|---|---|---|---|---|---|---|---|---|---|---|---|---|---|---|---|---|---|---|---|---|---|---|---|---|
| 양력 | 11/10 | 11 | 12 | 13 | 14 | 15 | 16 | 17 | 18 | 19 | 20 | 21 | 22 | 23 | 24 | 25 | 26 | 27 | 28 | 29 | 30 | 12/1 | 2 | 3 | 4 | 5 | 6 | 7 | 8 |
| 일주 | 기축 | 경인 | 신묘 | 임진 | 계사 | 갑오 | 을미 | 병신 | 정유 | 무술 | 기해 | 경자 | 신축 | 임인 | 계묘 | 갑진 | 을사 | 병오 | 정미 | 무신 | 기유 | 경술 | 신해 | 임자 | 계축 | 갑인 | 을묘 | 병진 | 정사 |

## ■ 11월

| 음력 | 11/1 | 2 | 3 | 4 | 5 | 6 | 7 | 8 | 9 | 10 | 11 | 12 | 13 | 14 | 15 | 16 | 17 | 18 | 19 | 20 | 21 | 22 | 23 | 24 | 25 | 26 | 27 | 28 | 29 | 30 |
|---|---|---|---|---|---|---|---|---|---|---|---|---|---|---|---|---|---|---|---|---|---|---|---|---|---|---|---|---|---|---|
| 양력 | 12/9 | 10 | 11 | 12 | 13 | 14 | 15 | 16 | 17 | 18 | 19 | 20 | 21 | 22 | 23 | 24 | 25 | 26 | 27 | 28 | 29 | 30 | 31 | 1/1 | 2 | 3 | 4 | 5 | 6 | 7 |
| 일주 | 무오 | 기미 | 경신 | 신유 | 임술 | 계해 | 갑자 | 을축 | 병인 | 정묘 | 무진 | 기사 | 경오 | 신미 | 임신 | 계유 | 갑술 | 을해 | 병자 | 정축 | 무인 | 기묘 | 경진 | 신사 | 임오 | 계미 | 갑신 | 을유 | 병술 | 정해 |

## ■ 12월

| 음력 | 12/1 | 2 | 3 | 4 | 5 | 6 | 7 | 8 | 9 | 10 | 11 | 12 | 13 | 14 | 15 | 16 | 17 | 18 | 19 | 20 | 21 | 22 | 23 | 24 | 25 | 26 | 27 | 28 | 29 |
|---|---|---|---|---|---|---|---|---|---|---|---|---|---|---|---|---|---|---|---|---|---|---|---|---|---|---|---|---|---|
| 양력 | 1/8 | 9 | 10 | 11 | 12 | 13 | 14 | 15 | 16 | 17 | 18 | 19 | 20 | 21 | 22 | 23 | 24 | 25 | 26 | 27 | 28 | 29 | 30 | 31 | 2/1 | 2 | 3 | 4 | 5 |
| 일주 | 무자 | 기축 | 경인 | 신묘 | 임진 | 계사 | 갑오 | 을미 | 병신 | 정유 | 무술 | 기해 | 경자 | 신축 | 임인 | 계묘 | 갑진 | 을사 | 병오 | 정미 | 무신 | 기유 | 경술 | 신해 | 임자 | 계축 | 갑인 | 을묘 | 병진 |

## 1970년

### ■ 1월

| 음력 | 1/1 | 2 | 3 | 4 | 5 | 6 | 7 | 8 | 9 | 10 | 11 | 12 | 13 | 14 | 15 | 16 | 17 | 18 | 19 | 20 | 21 | 22 | 23 | 24 | 25 | 26 | 27 | 28 | 29 | 30 |
|---|---|---|---|---|---|---|---|---|---|---|---|---|---|---|---|---|---|---|---|---|---|---|---|---|---|---|---|---|---|---|
| 양력 | 2/6 | 7 | 8 | 9 | 10 | 11 | 12 | 13 | 14 | 15 | 16 | 17 | 18 | 19 | 20 | 21 | 22 | 23 | 24 | 25 | 26 | 27 | 28 | 3/1 | 2 | 3 | 4 | 5 | 6 | 7 |
| 일주 | 정사 | 무오 | 기미 | 경신 | 신유 | 임술 | 계해 | 갑자 | 을축 | 병인 | 정묘 | 무진 | 기사 | 경오 | 신미 | 임신 | 계유 | 갑술 | 을해 | 병자 | 정축 | 무인 | 기묘 | 경진 | 신사 | 임오 | 계미 | 갑신 | 을유 | 병술 |

### ■ 2월

| 음력 | 2/1 | 2 | 3 | 4 | 5 | 6 | 7 | 8 | 9 | 10 | 11 | 12 | 13 | 14 | 15 | 16 | 17 | 18 | 19 | 20 | 21 | 22 | 23 | 24 | 25 | 26 | 27 | 28 | 29 |
|---|---|---|---|---|---|---|---|---|---|---|---|---|---|---|---|---|---|---|---|---|---|---|---|---|---|---|---|---|---|
| 양력 | 3/8 | 9 | 10 | 11 | 12 | 13 | 14 | 15 | 16 | 17 | 18 | 19 | 20 | 21 | 22 | 23 | 24 | 25 | 26 | 27 | 28 | 29 | 30 | 31 | 4/1 | 2 | 3 | 4 | 5 |
| 일주 | 정해 | 무자 | 기축 | 경인 | 신묘 | 임진 | 계사 | 갑오 | 을미 | 병신 | 정유 | 무술 | 기해 | 경자 | 신축 | 임인 | 계묘 | 갑진 | 을사 | 병오 | 정미 | 무신 | 기유 | 경술 | 신해 | 임자 | 계축 | 갑인 | 을묘 |

### ■ 3월

| 음력 | 3/1 | 2 | 3 | 4 | 5 | 6 | 7 | 8 | 9 | 10 | 11 | 12 | 13 | 14 | 15 | 16 | 17 | 18 | 19 | 20 | 21 | 22 | 23 | 24 | 25 | 26 | 27 | 28 | 29 |
|---|---|---|---|---|---|---|---|---|---|---|---|---|---|---|---|---|---|---|---|---|---|---|---|---|---|---|---|---|---|
| 양력 | 4/6 | 7 | 8 | 9 | 10 | 11 | 12 | 13 | 14 | 15 | 16 | 17 | 18 | 19 | 20 | 21 | 22 | 23 | 24 | 25 | 26 | 27 | 28 | 29 | 30 | 5/1 | 2 | 3 | 4 |
| 일주 | 병진 | 정사 | 무오 | 기미 | 경신 | 신유 | 임술 | 계해 | 갑자 | 을축 | 병인 | 정묘 | 무진 | 기사 | 경오 | 신미 | 임신 | 계유 | 갑술 | 을해 | 병자 | 정축 | 무인 | 기묘 | 경진 | 신사 | 임오 | 계미 | 갑신 |

### ■ 4월

| 음력 | 4/1 | 2 | 3 | 4 | 5 | 6 | 7 | 8 | 9 | 10 | 11 | 12 | 13 | 14 | 15 | 16 | 17 | 18 | 19 | 20 | 21 | 22 | 23 | 24 | 25 | 26 | 27 | 28 | 29 | 30 |
|---|---|---|---|---|---|---|---|---|---|---|---|---|---|---|---|---|---|---|---|---|---|---|---|---|---|---|---|---|---|---|
| 양력 | 5/5 | 6 | 7 | 8 | 9 | 10 | 11 | 12 | 13 | 14 | 15 | 16 | 17 | 18 | 19 | 20 | 21 | 22 | 23 | 24 | 25 | 26 | 27 | 28 | 29 | 30 | 31 | 6/1 | 2 | 3 |
| 일주 | 을유 | 병술 | 정해 | 무자 | 기축 | 경인 | 신묘 | 임진 | 계사 | 갑오 | 을미 | 병신 | 정유 | 무술 | 기해 | 경자 | 신축 | 임인 | 계묘 | 갑진 | 을사 | 병오 | 정미 | 무신 | 기유 | 경술 | 신해 | 임자 | 계축 | 갑인 |

### ■ 5월

| 음력 | 5/1 | 2 | 3 | 4 | 5 | 6 | 7 | 8 | 9 | 10 | 11 | 12 | 13 | 14 | 15 | 16 | 17 | 18 | 19 | 20 | 21 | 22 | 23 | 24 | 25 | 26 | 27 | 28 | 29 | 30 |
|---|---|---|---|---|---|---|---|---|---|---|---|---|---|---|---|---|---|---|---|---|---|---|---|---|---|---|---|---|---|---|
| 양력 | 6/4 | 5 | 6 | 7 | 8 | 9 | 10 | 11 | 12 | 13 | 14 | 15 | 16 | 17 | 18 | 19 | 20 | 21 | 22 | 23 | 24 | 25 | 26 | 27 | 28 | 29 | 30 | 7/1 | 2 | 3 |
| 일주 | 을묘 | 병진 | 정사 | 무오 | 가미 | 경신 | 신유 | 임술 | 계해 | 갑자 | 을축 | 병인 | 정묘 | 무진 | 기사 | 경오 | 신미 | 임신 | 계유 | 갑술 | 을해 | 병자 | 정축 | 무인 | 기묘 | 경진 | 신사 | 임오 | 계미 | 갑신 |

### ■ 6월

| 음력 | 6/1 | 2 | 3 | 4 | 5 | 6 | 7 | 8 | 9 | 10 | 11 | 12 | 13 | 14 | 15 | 16 | 17 | 18 | 19 | 20 | 21 | 22 | 23 | 24 | 25 | 26 | 27 | 28 | 29 |
|---|---|---|---|---|---|---|---|---|---|---|---|---|---|---|---|---|---|---|---|---|---|---|---|---|---|---|---|---|---|
| 양력 | 7/4 | 5 | 6 | 7 | 8 | 9 | 10 | 11 | 12 | 13 | 14 | 15 | 16 | 17 | 18 | 19 | 20 | 21 | 22 | 23 | 24 | 25 | 26 | 27 | 28 | 29 | 30 | 31 | 8/1 |
| 일주 | 을유 | 병술 | 정해 | 무자 | 기축 | 경인 | 신묘 | 임진 | 계사 | 갑오 | 을미 | 병신 | 정유 | 무술 | 기해 | 경자 | 신축 | 임인 | 계묘 | 갑진 | 을사 | 병오 | 정미 | 무신 | 기유 | 경술 | 신해 | 임자 | 계축 |

## 7월

| 음력 | 7/1 | 2 | 3 | 4 | 5 | 6 | 7 | 8 | 9 | 10 | 11 | 12 | 13 | 14 | 15 | 16 | 17 | 18 | 19 | 20 | 21 | 22 | 23 | 24 | 25 | 26 | 27 | 28 | 29 | 30 |
|---|---|---|---|---|---|---|---|---|---|---|---|---|---|---|---|---|---|---|---|---|---|---|---|---|---|---|---|---|---|---|
| 양력 | 8/2 | 3 | 4 | 5 | 6 | 7 | 8 | 9 | 10 | 11 | 12 | 13 | 14 | 15 | 16 | 17 | 18 | 19 | 20 | 21 | 22 | 23 | 24 | 25 | 26 | 27 | 28 | 29 | 30 | 31 |
| 일주 | 갑인 | 을묘 | 병진 | 정사 | 무오 | 기미 | 경신 | 신유 | 임술 | 계해 | 갑자 | 을축 | 병인 | 정묘 | 무진 | 기사 | 경오 | 신미 | 임신 | 계유 | 갑술 | 을해 | 병자 | 정축 | 무인 | 기묘 | 경진 | 신사 | 임오 | 계미 |

## 8월

| 음력 | 8/1 | 2 | 3 | 4 | 5 | 6 | 7 | 8 | 9 | 10 | 11 | 12 | 13 | 14 | 15 | 16 | 17 | 18 | 19 | 20 | 21 | 22 | 23 | 24 | 25 | 26 | 27 | 28 | 29 |
|---|---|---|---|---|---|---|---|---|---|---|---|---|---|---|---|---|---|---|---|---|---|---|---|---|---|---|---|---|---|
| 양력 | 9/1 | 2 | 3 | 4 | 5 | 6 | 7 | 8 | 9 | 10 | 11 | 12 | 13 | 14 | 15 | 16 | 17 | 18 | 19 | 20 | 21 | 22 | 23 | 24 | 25 | 26 | 27 | 28 | 29 |
| 일주 | 갑신 | 을유 | 병술 | 정해 | 무자 | 기축 | 경인 | 신묘 | 임진 | 계사 | 갑오 | 을미 | 병신 | 정유 | 무술 | 기해 | 경자 | 신축 | 임인 | 계묘 | 갑진 | 을사 | 병오 | 정미 | 무신 | 기유 | 경술 | 신해 | 임자 |

## 9월

| 음력 | 9/1 | 2 | 3 | 4 | 5 | 6 | 7 | 8 | 9 | 10 | 11 | 12 | 13 | 14 | 15 | 16 | 17 | 18 | 19 | 20 | 21 | 22 | 23 | 24 | 25 | 26 | 27 | 28 | 29 | 30 |
|---|---|---|---|---|---|---|---|---|---|---|---|---|---|---|---|---|---|---|---|---|---|---|---|---|---|---|---|---|---|---|
| 양력 | 9/30 | 10/1 | 2 | 3 | 4 | 5 | 6 | 7 | 8 | 9 | 10 | 11 | 12 | 13 | 14 | 15 | 16 | 17 | 18 | 19 | 20 | 21 | 22 | 23 | 24 | 25 | 26 | 27 | 28 | 29 |
| 일주 | 계축 | 갑인 | 을묘 | 병진 | 정사 | 무오 | 기미 | 경신 | 신유 | 임술 | 계해 | 갑자 | 을축 | 병인 | 정묘 | 무진 | 기사 | 경오 | 신미 | 임신 | 계유 | 갑술 | 을해 | 병자 | 정축 | 무인 | 기묘 | 경진 | 신사 | 임오 |

## 10월

| 음력 | 10/1 | 2 | 3 | 4 | 5 | 6 | 7 | 8 | 9 | 10 | 11 | 12 | 13 | 14 | 15 | 16 | 17 | 18 | 19 | 20 | 21 | 22 | 23 | 24 | 25 | 26 | 27 | 28 | 29 | 30 |
|---|---|---|---|---|---|---|---|---|---|---|---|---|---|---|---|---|---|---|---|---|---|---|---|---|---|---|---|---|---|---|
| 양력 | 10/30 | 31 | 11/1 | 2 | 3 | 4 | 5 | 6 | 7 | 8 | 9 | 10 | 11 | 12 | 13 | 14 | 15 | 16 | 17 | 18 | 19 | 20 | 21 | 22 | 23 | 24 | 25 | 26 | 27 | 28 |
| 일주 | 계미 | 갑신 | 을유 | 병술 | 정해 | 무자 | 기축 | 경인 | 신묘 | 임진 | 계사 | 갑오 | 을미 | 병신 | 정유 | 무술 | 기해 | 경자 | 신축 | 임인 | 계묘 | 갑진 | 을사 | 병오 | 정미 | 무신 | 기유 | 경술 | 신해 | 임자 |

## 11월

| 음력 | 11/1 | 2 | 3 | 4 | 5 | 6 | 7 | 8 | 9 | 10 | 11 | 12 | 13 | 14 | 15 | 16 | 17 | 18 | 19 | 20 | 21 | 22 | 23 | 24 | 25 | 26 | 27 | 28 | 29 |
|---|---|---|---|---|---|---|---|---|---|---|---|---|---|---|---|---|---|---|---|---|---|---|---|---|---|---|---|---|---|
| 양력 | 11/29 | 30 | 12/1 | 2 | 3 | 4 | 5 | 6 | 7 | 8 | 9 | 10 | 11 | 12 | 13 | 14 | 15 | 16 | 17 | 18 | 19 | 20 | 21 | 22 | 23 | 24 | 25 | 26 | 27 |
| 일주 | 계축 | 갑인 | 을묘 | 병진 | 정사 | 무오 | 기미 | 경신 | 신유 | 임술 | 계해 | 갑자 | 을축 | 병인 | 정묘 | 무진 | 기사 | 경오 | 신미 | 임신 | 계유 | 갑술 | 을해 | 병자 | 정축 | 무인 | 기묘 | 경진 | 신사 |

## 12월

| 음력 | 12/1 | 2 | 3 | 4 | 5 | 6 | 7 | 8 | 9 | 10 | 11 | 12 | 13 | 14 | 15 | 16 | 17 | 18 | 19 | 20 | 21 | 22 | 23 | 24 | 25 | 26 | 27 | 28 | 29 | 30 |
|---|---|---|---|---|---|---|---|---|---|---|---|---|---|---|---|---|---|---|---|---|---|---|---|---|---|---|---|---|---|---|
| 양력 | 12/28 | 29 | 30 | 31 | 1/1 | 2 | 3 | 4 | 5 | 6 | 7 | 8 | 9 | 10 | 11 | 12 | 13 | 14 | 15 | 16 | 17 | 18 | 19 | 20 | 21 | 22 | 23 | 24 | 25 | 26 |
| 일주 | 임오 | 계미 | 갑신 | 을유 | 병술 | 정해 | 무자 | 기축 | 경인 | 신묘 | 임진 | 계사 | 갑오 | 을미 | 병신 | 정유 | 무술 | 기해 | 경자 | 신축 | 임인 | 계묘 | 갑진 | 을사 | 병오 | 정미 | 무신 | 기유 | 경술 | 신해 |

# 1971년

## 1월

| 음력 | 1/1 | 2 | 3 | 4 | 5 | 6 | 7 | 8 | 9 | 10 | 11 | 12 | 13 | 14 | 15 | 16 | 17 | 18 | 19 | 20 | 21 | 22 | 23 | 24 | 25 | 26 | 27 | 28 | 29 | |
|---|---|---|---|---|---|---|---|---|---|---|---|---|---|---|---|---|---|---|---|---|---|---|---|---|---|---|---|---|---|---|
| 양력 | 1/27 | 28 | 29 | 30 | 31 | 2/1 | 2 | 3 | 4 | 5 | 6 | 7 | 8 | 9 | 10 | 11 | 12 | 13 | 14 | 15 | 16 | 17 | 18 | 19 | 20 | 21 | 22 | 23 | 24 | |
| 일주 | 임자 | 계축 | 갑인 | 을묘 | 병진 | 정사 | 무오 | 기미 | 경신 | 신유 | 임술 | 계해 | 갑자 | 을축 | 병인 | 정묘 | 무진 | 기사 | 경오 | 신미 | 임신 | 계유 | 갑술 | 을해 | 병자 | 정축 | 무인 | 기묘 | 경진 | |

## 2월

| 음력 | 2/1 | 2 | 3 | 4 | 5 | 6 | 7 | 8 | 9 | 10 | 11 | 12 | 13 | 14 | 15 | 16 | 17 | 18 | 19 | 20 | 21 | 22 | 23 | 24 | 25 | 26 | 27 | 28 | 29 | 30 |
|---|---|---|---|---|---|---|---|---|---|---|---|---|---|---|---|---|---|---|---|---|---|---|---|---|---|---|---|---|---|---|
| 양력 | 2/25 | 26 | 27 | 28 | 3/1 | 2 | 3 | 4 | 5 | 6 | 7 | 8 | 9 | 10 | 11 | 12 | 13 | 14 | 15 | 16 | 17 | 18 | 19 | 20 | 21 | 22 | 23 | 24 | 25 | 26 |
| 일주 | 신사 | 임오 | 계미 | 갑신 | 을유 | 병술 | 정해 | 무자 | 기축 | 경인 | 신묘 | 임진 | 계사 | 갑오 | 을미 | 병신 | 정유 | 무술 | 기해 | 경자 | 신축 | 임인 | 계묘 | 갑진 | 을사 | 병오 | 정미 | 무신 | 기유 | 경술 |

## 3월

| 음력 | 3/1 | 2 | 3 | 4 | 5 | 6 | 7 | 8 | 9 | 10 | 11 | 12 | 13 | 14 | 15 | 16 | 17 | 18 | 19 | 20 | 21 | 22 | 23 | 24 | 25 | 26 | 27 | 28 | 29 | |
|---|---|---|---|---|---|---|---|---|---|---|---|---|---|---|---|---|---|---|---|---|---|---|---|---|---|---|---|---|---|---|
| 양력 | 3/27 | 28 | 29 | 30 | 31 | 4/1 | 2 | 3 | 4 | 5 | 6 | 7 | 8 | 9 | 10 | 11 | 12 | 13 | 14 | 15 | 16 | 17 | 18 | 19 | 20 | 21 | 22 | 23 | 24 | |
| 일주 | 신해 | 임자 | 계축 | 갑인 | 을묘 | 병진 | 정사 | 무오 | 기미 | 경신 | 신유 | 임술 | 계해 | 갑자 | 을축 | 병인 | 정묘 | 무진 | 기사 | 경오 | 신미 | 임신 | 계유 | 갑술 | 을해 | 병자 | 정축 | 무인 | 기묘 | |

## 4월

| 음력 | 4/1 | 2 | 3 | 4 | 5 | 6 | 7 | 8 | 9 | 10 | 11 | 12 | 13 | 14 | 15 | 16 | 17 | 18 | 19 | 20 | 21 | 22 | 23 | 24 | 25 | 26 | 27 | 28 | 29 | |
|---|---|---|---|---|---|---|---|---|---|---|---|---|---|---|---|---|---|---|---|---|---|---|---|---|---|---|---|---|---|---|
| 양력 | 4/25 | 26 | 27 | 28 | 29 | 30 | 5/1 | 2 | 3 | 4 | 5 | 6 | 7 | 8 | 9 | 10 | 11 | 12 | 13 | 14 | 15 | 16 | 17 | 18 | 19 | 20 | 21 | 22 | 23 | |
| 일주 | 경진 | 신사 | 임오 | 계미 | 갑신 | 을유 | 병술 | 정해 | 무자 | 기축 | 경인 | 신묘 | 임진 | 계사 | 갑오 | 을미 | 병신 | 정유 | 무술 | 기해 | 경자 | 신축 | 임인 | 계묘 | 갑진 | 을사 | 병오 | 정미 | 무신 | |

## 5월

| 음력 | 5/1 | 2 | 3 | 4 | 5 | 6 | 7 | 8 | 9 | 10 | 11 | 12 | 13 | 14 | 15 | 16 | 17 | 18 | 19 | 20 | 21 | 22 | 23 | 24 | 25 | 26 | 27 | 28 | 29 | 30 |
|---|---|---|---|---|---|---|---|---|---|---|---|---|---|---|---|---|---|---|---|---|---|---|---|---|---|---|---|---|---|---|
| 양력 | 5/24 | 25 | 26 | 27 | 28 | 29 | 30 | 31 | 6/1 | 2 | 3 | 4 | 5 | 6 | 7 | 8 | 9 | 10 | 11 | 12 | 13 | 14 | 15 | 16 | 17 | 18 | 19 | 20 | 21 | 22 |
| 일주 | 기유 | 경술 | 신해 | 임자 | 계축 | 갑인 | 을묘 | 병진 | 정사 | 무오 | 기미 | 경신 | 신유 | 임술 | 계해 | 갑자 | 을축 | 병인 | 정묘 | 무진 | 기사 | 경오 | 신미 | 임신 | 계유 | 갑술 | 을해 | 병자 | 정축 | 무인 |

## 5월 윤달

| 음력 | 5/1 | 2 | 3 | 4 | 5 | 6 | 7 | 8 | 9 | 10 | 11 | 12 | 13 | 14 | 15 | 16 | 17 | 18 | 19 | 20 | 21 | 22 | 23 | 24 | 25 | 26 | 27 | 28 | 29 | |
|---|---|---|---|---|---|---|---|---|---|---|---|---|---|---|---|---|---|---|---|---|---|---|---|---|---|---|---|---|---|---|
| 양력 | 6/23 | 24 | 25 | 26 | 27 | 28 | 29 | 30 | 7/1 | 2 | 3 | 4 | 5 | 6 | 7 | 8 | 9 | 10 | 11 | 12 | 13 | 14 | 15 | 16 | 17 | 18 | 19 | 20 | 21 | |
| 일주 | 기묘 | 경진 | 신사 | 임오 | 계미 | 갑신 | 을유 | 병술 | 정해 | 무자 | 기축 | 경인 | 신묘 | 임진 | 계사 | 갑오 | 을미 | 병신 | 정유 | 무술 | 기해 | 경자 | 신축 | 임인 | 계묘 | 갑진 | 을사 | 병오 | 정미 | |

## 6월

| 음력 | 6/1 | 2 | 3 | 4 | 5 | 6 | 7 | 8 | 9 | 10 | 11 | 12 | 13 | 14 | 15 | 16 | 17 | 18 | 19 | 20 | 21 | 22 | 23 | 24 | 25 | 26 | 27 | 28 | 29 | 30 |
|---|---|---|---|---|---|---|---|---|---|---|---|---|---|---|---|---|---|---|---|---|---|---|---|---|---|---|---|---|---|---|
| 양력 | 7/22 | 23 | 24 | 25 | 26 | 27 | 28 | 29 | 30 | 31 | 8/1 | 2 | 3 | 4 | 5 | 6 | 7 | 8 | 9 | 10 | 11 | 12 | 13 | 14 | 15 | 16 | 17 | 18 | 19 | 20 |
| 일주 | 무신 | 기유 | 경술 | 신해 | 임자 | 계축 | 갑인 | 을묘 | 병진 | 정사 | 무오 | 기미 | 경신 | 신유 | 임술 | 계해 | 갑자 | 을축 | 병인 | 정묘 | 무진 | 기사 | 경오 | 신미 | 임신 | 계유 | 갑술 | 을해 | 병자 | 정축 |

## ■ 7월

| 음력 | 7/1 | 2 | 3 | 4 | 5 | 6 | 7 | 8 | 9 | 10 | 11 | 12 | 13 | 14 | 15 | 16 | 17 | 18 | 19 | 20 | 21 | 22 | 23 | 24 | 25 | 26 | 27 | 28 | 29 |
|---|---|---|---|---|---|---|---|---|---|---|---|---|---|---|---|---|---|---|---|---|---|---|---|---|---|---|---|---|---|
| 양력 | 8/21 | 22 | 23 | 24 | 25 | 26 | 27 | 28 | 29 | 30 | 31 | 9/1 | 2 | 3 | 4 | 5 | 6 | 7 | 8 | 9 | 10 | 11 | 12 | 13 | 14 | 15 | 16 | 17 | 18 |
| 일주 | 무인 | 기묘 | 경진 | 신사 | 임오 | 계미 | 갑신 | 을유 | 병술 | 정해 | 무자 | 기축 | 경인 | 신묘 | 임진 | 계사 | 갑오 | 을미 | 병신 | 정유 | 무술 | 기해 | 경자 | 신축 | 임인 | 계묘 | 갑진 | 을사 | 병오 |

## ■ 8월

| 음력 | 8/1 | 2 | 3 | 4 | 5 | 6 | 7 | 8 | 9 | 10 | 11 | 12 | 13 | 14 | 15 | 16 | 17 | 18 | 19 | 20 | 21 | 22 | 23 | 24 | 25 | 26 | 27 | 28 | 29 | 30 |
|---|---|---|---|---|---|---|---|---|---|---|---|---|---|---|---|---|---|---|---|---|---|---|---|---|---|---|---|---|---|---|
| 양력 | 9/19 | 20 | 21 | 22 | 23 | 24 | 25 | 26 | 27 | 28 | 29 | 30 | 10/1 | 2 | 3 | 4 | 5 | 6 | 7 | 8 | 9 | 10 | 11 | 12 | 13 | 14 | 15 | 16 | 17 | 18 |
| 일주 | 정미 | 무신 | 기유 | 경술 | 신해 | 임자 | 계축 | 갑인 | 을묘 | 병진 | 정사 | 무오 | 기미 | 경신 | 신유 | 임술 | 계해 | 갑자 | 을축 | 병인 | 정묘 | 무진 | 기사 | 경오 | 신미 | 임신 | 계유 | 갑술 | 을해 | 병자 |

## ■ 9월

| 음력 | 9/1 | 2 | 3 | 4 | 5 | 6 | 7 | 8 | 9 | 10 | 11 | 12 | 13 | 14 | 15 | 16 | 17 | 18 | 19 | 20 | 21 | 22 | 23 | 24 | 25 | 26 | 27 | 28 | 29 | 30 |
|---|---|---|---|---|---|---|---|---|---|---|---|---|---|---|---|---|---|---|---|---|---|---|---|---|---|---|---|---|---|---|
| 양력 | 10/19 | 20 | 21 | 22 | 23 | 24 | 25 | 26 | 27 | 28 | 29 | 30 | 31 | 11/1 | 2 | 3 | 4 | 5 | 6 | 7 | 8 | 9 | 10 | 11 | 12 | 13 | 14 | 15 | 16 | 17 |
| 일주 | 정축 | 무인 | 기묘 | 경진 | 신사 | 임오 | 계미 | 갑신 | 을유 | 병술 | 정해 | 무자 | 기축 | 경인 | 신묘 | 임진 | 계사 | 갑오 | 을미 | 병신 | 정유 | 무술 | 기해 | 경자 | 신축 | 임인 | 계묘 | 갑진 | 을사 | 병오 |

## ■ 10월

| 음력 | 10/1 | 2 | 3 | 4 | 5 | 6 | 7 | 8 | 9 | 10 | 11 | 12 | 13 | 14 | 15 | 16 | 17 | 18 | 19 | 20 | 21 | 22 | 23 | 24 | 25 | 26 | 27 | 28 | 29 | 30 |
|---|---|---|---|---|---|---|---|---|---|---|---|---|---|---|---|---|---|---|---|---|---|---|---|---|---|---|---|---|---|---|
| 양력 | 11/18 | 19 | 20 | 21 | 22 | 23 | 24 | 25 | 26 | 27 | 28 | 29 | 30 | 12/1 | 2 | 3 | 4 | 5 | 6 | 7 | 8 | 9 | 10 | 11 | 12 | 13 | 14 | 15 | 16 | 17 |
| 일주 | 정미 | 무신 | 기유 | 경술 | 신해 | 임자 | 계축 | 갑인 | 을묘 | 병진 | 정사 | 무오 | 기미 | 경신 | 신유 | 임술 | 계해 | 갑자 | 을축 | 병인 | 정묘 | 무진 | 기사 | 경오 | 신미 | 임신 | 계유 | 갑술 | 을해 | 병자 |

## ■ 11월

| 음력 | 11/1 | 2 | 3 | 4 | 5 | 6 | 7 | 8 | 9 | 10 | 11 | 12 | 13 | 14 | 15 | 16 | 17 | 18 | 19 | 20 | 21 | 22 | 23 | 24 | 25 | 26 | 27 | 28 | 29 |
|---|---|---|---|---|---|---|---|---|---|---|---|---|---|---|---|---|---|---|---|---|---|---|---|---|---|---|---|---|---|
| 양력 | 12/18 | 19 | 20 | 21 | 22 | 23 | 24 | 25 | 26 | 27 | 28 | 29 | 30 | 31 | 1/1 | 2 | 3 | 4 | 5 | 6 | 7 | 8 | 9 | 10 | 11 | 12 | 13 | 14 | 15 |
| 일주 | 정축 | 무인 | 기묘 | 경진 | 신사 | 임오 | 계미 | 갑신 | 을유 | 병술 | 정해 | 무자 | 기축 | 경인 | 신묘 | 임진 | 계사 | 갑오 | 을미 | 병신 | 정유 | 무술 | 기해 | 경자 | 신축 | 임인 | 계묘 | 갑진 | 을사 |

## ■ 12월

| 음력 | 12/1 | 2 | 3 | 4 | 5 | 6 | 7 | 8 | 9 | 10 | 11 | 12 | 13 | 14 | 15 | 16 | 17 | 18 | 19 | 20 | 21 | 22 | 23 | 24 | 25 | 26 | 27 | 28 | 29 | 30 |
|---|---|---|---|---|---|---|---|---|---|---|---|---|---|---|---|---|---|---|---|---|---|---|---|---|---|---|---|---|---|---|
| 양력 | 1/16 | 17 | 18 | 19 | 20 | 21 | 22 | 23 | 24 | 25 | 26 | 27 | 28 | 29 | 30 | 31 | 2/1 | 2 | 3 | 4 | 5 | 6 | 7 | 8 | 9 | 10 | 11 | 12 | 13 | 14 |
| 일주 | 병오 | 정미 | 무신 | 기유 | 경술 | 신해 | 임자 | 계축 | 갑인 | 을묘 | 병진 | 정사 | 무오 | 기미 | 경신 | 신유 | 임술 | 계해 | 갑자 | 을축 | 병인 | 정묘 | 무진 | 기사 | 경오 | 신미 | 임신 | 계유 | 갑술 | 을해 |

# 1972년

## 1월

| 음력 | 1/1 | 2 | 3 | 4 | 5 | 6 | 7 | 8 | 9 | 10 | 11 | 12 | 13 | 14 | 15 | 16 | 17 | 18 | 19 | 20 | 21 | 22 | 23 | 24 | 25 | 26 | 27 | 28 | 29 |
|---|---|---|---|---|---|---|---|---|---|---|---|---|---|---|---|---|---|---|---|---|---|---|---|---|---|---|---|---|---|
| 양력 | 2/15 | 16 | 17 | 18 | 19 | 20 | 21 | 22 | 23 | 24 | 25 | 26 | 27 | 28 | 29 | 3/1 | 2 | 3 | 4 | 5 | 6 | 7 | 8 | 9 | 10 | 11 | 12 | 13 | 14 |
| 일주 | 병자 | 정축 | 무인 | 기묘 | 경진 | 신사 | 임오 | 계미 | 갑신 | 을유 | 병술 | 정해 | 무자 | 기축 | 경인 | 신묘 | 임진 | 계사 | 갑오 | 을미 | 병신 | 정유 | 무술 | 기해 | 경자 | 신축 | 임인 | 계묘 | 갑진 |

## 2월

| 음력 | 2/1 | 2 | 3 | 4 | 5 | 6 | 7 | 8 | 9 | 10 | 11 | 12 | 13 | 14 | 15 | 16 | 17 | 18 | 19 | 20 | 21 | 22 | 23 | 24 | 25 | 26 | 27 | 28 | 29 | 30 |
|---|---|---|---|---|---|---|---|---|---|---|---|---|---|---|---|---|---|---|---|---|---|---|---|---|---|---|---|---|---|---|
| 양력 | 3/15 | 16 | 17 | 18 | 19 | 20 | 21 | 22 | 23 | 24 | 25 | 26 | 27 | 28 | 29 | 30 | 31 | 4/1 | 2 | 3 | 4 | 5 | 6 | 7 | 8 | 9 | 10 | 11 | 12 | 13 |
| 일주 | 을사 | 병오 | 정미 | 무신 | 기유 | 경술 | 신해 | 임자 | 계축 | 갑인 | 을묘 | 병진 | 정사 | 무오 | 기미 | 경신 | 신유 | 임술 | 계해 | 갑자 | 을축 | 병인 | 정묘 | 무진 | 기사 | 경오 | 신미 | 임신 | 계유 | 갑술 |

## 3월

| 음력 | 3/1 | 2 | 3 | 4 | 5 | 6 | 7 | 8 | 9 | 10 | 11 | 12 | 13 | 14 | 15 | 16 | 17 | 18 | 19 | 20 | 21 | 22 | 23 | 24 | 25 | 26 | 27 | 28 | 29 |
|---|---|---|---|---|---|---|---|---|---|---|---|---|---|---|---|---|---|---|---|---|---|---|---|---|---|---|---|---|---|
| 양력 | 4/14 | 15 | 16 | 17 | 18 | 19 | 20 | 21 | 22 | 23 | 24 | 25 | 26 | 27 | 28 | 29 | 30 | 5/1 | 2 | 3 | 4 | 5 | 6 | 7 | 8 | 9 | 10 | 11 | 12 |
| 일주 | 을해 | 병자 | 정축 | 무인 | 기묘 | 경진 | 신사 | 임오 | 계미 | 갑신 | 을유 | 병술 | 정해 | 무자 | 기축 | 경인 | 신묘 | 임진 | 계사 | 갑오 | 을미 | 병신 | 정유 | 무술 | 기해 | 경자 | 신축 | 임인 | 계묘 |

## 4월

| 음력 | 4/1 | 2 | 3 | 4 | 5 | 6 | 7 | 8 | 9 | 10 | 11 | 12 | 13 | 14 | 15 | 16 | 17 | 18 | 19 | 20 | 21 | 22 | 23 | 24 | 25 | 26 | 27 | 28 | 29 |
|---|---|---|---|---|---|---|---|---|---|---|---|---|---|---|---|---|---|---|---|---|---|---|---|---|---|---|---|---|---|
| 양력 | 5/13 | 14 | 15 | 16 | 17 | 18 | 19 | 20 | 21 | 22 | 23 | 24 | 25 | 26 | 27 | 28 | 29 | 30 | 31 | 6/1 | 2 | 3 | 4 | 5 | 6 | 7 | 8 | 9 | 10 |
| 일주 | 갑진 | 을사 | 병오 | 정미 | 무신 | 기유 | 경술 | 신해 | 임자 | 계축 | 갑인 | 을묘 | 병진 | 정사 | 무오 | 기미 | 경신 | 신유 | 임술 | 계해 | 갑자 | 을축 | 병인 | 정묘 | 무진 | 기사 | 경오 | 신미 | 임신 |

## 5월

| 음력 | 5/1 | 2 | 3 | 4 | 5 | 6 | 7 | 8 | 9 | 10 | 11 | 12 | 13 | 14 | 15 | 16 | 17 | 18 | 19 | 20 | 21 | 22 | 23 | 24 | 25 | 26 | 27 | 28 | 29 | 30 |
|---|---|---|---|---|---|---|---|---|---|---|---|---|---|---|---|---|---|---|---|---|---|---|---|---|---|---|---|---|---|---|
| 양력 | 6/11 | 12 | 13 | 14 | 15 | 16 | 17 | 18 | 19 | 20 | 21 | 22 | 23 | 24 | 25 | 26 | 27 | 28 | 29 | 30 | 7/1 | 2 | 3 | 4 | 5 | 6 | 7 | 8 | 9 | 10 |
| 일주 | 계유 | 갑술 | 을해 | 병자 | 정축 | 무인 | 기묘 | 경진 | 신사 | 임오 | 계미 | 갑신 | 을유 | 병술 | 정해 | 무자 | 기축 | 경인 | 신묘 | 임진 | 계사 | 갑오 | 을미 | 병신 | 정유 | 무술 | 기해 | 경자 | 신축 | 임인 |

## 6월

| 음력 | 6/1 | 2 | 3 | 4 | 5 | 6 | 7 | 8 | 9 | 10 | 11 | 12 | 13 | 14 | 15 | 16 | 17 | 18 | 19 | 20 | 21 | 22 | 23 | 24 | 25 | 26 | 27 | 28 | 29 |
|---|---|---|---|---|---|---|---|---|---|---|---|---|---|---|---|---|---|---|---|---|---|---|---|---|---|---|---|---|---|
| 양력 | 7/11 | 12 | 13 | 14 | 15 | 16 | 17 | 18 | 19 | 20 | 21 | 22 | 23 | 24 | 25 | 26 | 27 | 28 | 29 | 30 | 31 | 8/1 | 2 | 3 | 4 | 5 | 6 | 7 | 8 |
| 일주 | 계묘 | 갑진 | 을사 | 병오 | 정미 | 무신 | 기유 | 경술 | 신해 | 임자 | 계축 | 갑인 | 을묘 | 병진 | 정사 | 무오 | 기미 | 경신 | 신유 | 임술 | 계해 | 갑자 | 을축 | 병인 | 정묘 | 무진 | 기사 | 경오 | 신미 |

### ■ 7월

| 음력 | 7/1 | 2 | 3 | 4 | 5 | 6 | 7 | 8 | 9 | 10 | 11 | 12 | 13 | 14 | 15 | 16 | 17 | 18 | 19 | 20 | 21 | 22 | 23 | 24 | 25 | 26 | 27 | 28 | 29 | 30 |
|---|---|---|---|---|---|---|---|---|---|---|---|---|---|---|---|---|---|---|---|---|---|---|---|---|---|---|---|---|---|---|
| 양력 | 8/9 | 10 | 11 | 12 | 13 | 14 | 15 | 16 | 17 | 18 | 19 | 20 | 21 | 22 | 23 | 24 | 25 | 26 | 27 | 28 | 29 | 30 | 31 | 9/1 | 2 | 3 | 4 | 5 | 6 | 7 |
| 일주 | 임신 | 계유 | 갑술 | 을해 | 병자 | 정축 | 무인 | 기묘 | 경진 | 신사 | 임오 | 계미 | 갑신 | 을유 | 병술 | 정해 | 무자 | 기축 | 경인 | 신묘 | 임진 | 계사 | 갑오 | 을미 | 병신 | 정유 | 무술 | 기해 | 경자 | 신축 |

### ■ 8월

| 음력 | 8/1 | 2 | 3 | 4 | 5 | 6 | 7 | 8 | 9 | 10 | 11 | 12 | 13 | 14 | 15 | 16 | 17 | 18 | 19 | 20 | 21 | 22 | 23 | 24 | 25 | 26 | 27 | 28 | 29 |
|---|---|---|---|---|---|---|---|---|---|---|---|---|---|---|---|---|---|---|---|---|---|---|---|---|---|---|---|---|---|
| 양력 | 9/8 | 9 | 10 | 11 | 12 | 13 | 14 | 15 | 16 | 17 | 18 | 19 | 20 | 21 | 22 | 23 | 24 | 25 | 26 | 27 | 28 | 29 | 30 | 10/1 | 2 | 3 | 4 | 5 | 6 |
| 일주 | 임인 | 계묘 | 갑진 | 을사 | 병오 | 정미 | 무신 | 기유 | 경술 | 신해 | 임자 | 계축 | 갑인 | 을묘 | 병진 | 정사 | 무오 | 기미 | 경신 | 신유 | 임술 | 계해 | 갑자 | 을축 | 병인 | 정묘 | 무진 | 기사 | 경오 |

### ■ 9월

| 음력 | 9/1 | 2 | 3 | 4 | 5 | 6 | 7 | 8 | 9 | 10 | 11 | 12 | 13 | 14 | 15 | 16 | 17 | 18 | 19 | 20 | 21 | 22 | 23 | 24 | 25 | 26 | 27 | 28 | 29 | 30 |
|---|---|---|---|---|---|---|---|---|---|---|---|---|---|---|---|---|---|---|---|---|---|---|---|---|---|---|---|---|---|---|
| 양력 | 10/7 | 8 | 9 | 10 | 11 | 12 | 13 | 14 | 15 | 16 | 17 | 18 | 19 | 20 | 21 | 22 | 23 | 24 | 25 | 26 | 27 | 28 | 29 | 30 | 31 | 11/1 | 2 | 3 | 4 | 5 |
| 일주 | 신미 | 임신 | 계유 | 갑술 | 을해 | 병자 | 정축 | 무인 | 기묘 | 경진 | 신사 | 임오 | 계미 | 갑신 | 을유 | 병술 | 정해 | 무자 | 기축 | 경인 | 신묘 | 임진 | 계사 | 갑오 | 을미 | 병신 | 정유 | 무술 | 기해 | 경자 |

### ■ 10월

| 음력 | 10/1 | 2 | 3 | 4 | 5 | 6 | 7 | 8 | 9 | 10 | 11 | 12 | 13 | 14 | 15 | 16 | 17 | 18 | 19 | 20 | 21 | 22 | 23 | 24 | 25 | 26 | 27 | 28 | 29 | 30 |
|---|---|---|---|---|---|---|---|---|---|---|---|---|---|---|---|---|---|---|---|---|---|---|---|---|---|---|---|---|---|---|
| 양력 | 11/6 | 7 | 8 | 9 | 10 | 11 | 12 | 13 | 14 | 15 | 16 | 17 | 18 | 19 | 20 | 21 | 22 | 23 | 24 | 25 | 26 | 27 | 28 | 29 | 30 | 12/1 | 2 | 3 | 4 | 5 |
| 일주 | 신축 | 임인 | 계묘 | 갑진 | 을사 | 병오 | 정미 | 무신 | 기유 | 경술 | 신해 | 임자 | 계축 | 갑인 | 을묘 | 병진 | 정사 | 무오 | 기미 | 경신 | 신유 | 임술 | 계해 | 갑자 | 을축 | 병인 | 정묘 | 무진 | 기사 | 경오 |

### ■ 11월

| 음력 | 11/1 | 2 | 3 | 4 | 5 | 6 | 7 | 8 | 9 | 10 | 11 | 12 | 13 | 14 | 15 | 16 | 17 | 18 | 19 | 20 | 21 | 22 | 23 | 24 | 25 | 26 | 27 | 28 | 29 | 30 |
|---|---|---|---|---|---|---|---|---|---|---|---|---|---|---|---|---|---|---|---|---|---|---|---|---|---|---|---|---|---|---|
| 양력 | 12/6 | 7 | 8 | 9 | 10 | 11 | 12 | 13 | 14 | 15 | 16 | 17 | 18 | 19 | 20 | 21 | 22 | 23 | 24 | 25 | 26 | 27 | 28 | 29 | 30 | 31 | 1/1 | 2 | 3 | 4 |
| 일주 | 신미 | 임신 | 계유 | 갑술 | 을해 | 병자 | 정축 | 무인 | 기묘 | 경진 | 신사 | 임오 | 계미 | 갑신 | 을유 | 병술 | 정해 | 무자 | 기축 | 경인 | 신묘 | 임진 | 계사 | 갑오 | 을미 | 병신 | 정유 | 무술 | 기해 | 경자 |

### ■ 12월

| 음력 | 12/1 | 2 | 3 | 4 | 5 | 6 | 7 | 8 | 9 | 10 | 11 | 12 | 13 | 14 | 15 | 16 | 17 | 18 | 19 | 20 | 21 | 22 | 23 | 24 | 25 | 26 | 27 | 28 | 29 |
|---|---|---|---|---|---|---|---|---|---|---|---|---|---|---|---|---|---|---|---|---|---|---|---|---|---|---|---|---|---|
| 양력 | 1/5 | 6 | 7 | 8 | 9 | 10 | 11 | 12 | 13 | 14 | 15 | 16 | 17 | 18 | 19 | 20 | 21 | 22 | 23 | 24 | 25 | 26 | 27 | 28 | 29 | 30 | 31 | 2/1 | 2 |
| 일주 | 신축 | 임인 | 계묘 | 갑진 | 을사 | 병오 | 정미 | 무신 | 기유 | 경술 | 신해 | 임자 | 계축 | 갑인 | 을묘 | 병진 | 정사 | 무오 | 기미 | 경신 | 신유 | 임술 | 계해 | 갑자 | 을축 | 병인 | 정묘 | 무진 | 기사 |

## 1월

| 음력 | 1/1 | 2 | 3 | 4 | 5 | 6 | 7 | 8 | 9 | 10 | 11 | 12 | 13 | 14 | 15 | 16 | 17 | 18 | 19 | 20 | 21 | 22 | 23 | 24 | 25 | 26 | 27 | 28 | 29 | 30 |
|---|---|---|---|---|---|---|---|---|---|---|---|---|---|---|---|---|---|---|---|---|---|---|---|---|---|---|---|---|---|---|
| 양력 | 2/3 | 4 | 5 | 6 | 7 | 8 | 9 | 10 | 11 | 12 | 13 | 14 | 15 | 16 | 17 | 18 | 19 | 20 | 21 | 22 | 23 | 24 | 25 | 26 | 27 | 28 | 3/1 | 2 | 3 | 4 |
| 일주 | 경오 | 신미 | 임신 | 계유 | 갑술 | 을해 | 병자 | 정축 | 무인 | 기묘 | 경진 | 신사 | 임오 | 계미 | 갑신 | 을유 | 병술 | 정해 | 무자 | 기축 | 경인 | 신묘 | 임진 | 계사 | 갑오 | 을미 | 병신 | 정유 | 무술 | 기해 |

## 2월

| 음력 | 2/1 | 2 | 3 | 4 | 5 | 6 | 7 | 8 | 9 | 10 | 11 | 12 | 13 | 14 | 15 | 16 | 17 | 18 | 19 | 20 | 21 | 22 | 23 | 24 | 25 | 26 | 27 | 28 | 29 |
|---|---|---|---|---|---|---|---|---|---|---|---|---|---|---|---|---|---|---|---|---|---|---|---|---|---|---|---|---|---|
| 양력 | 3/5 | 6 | 7 | 8 | 9 | 10 | 11 | 12 | 13 | 14 | 15 | 16 | 17 | 18 | 19 | 20 | 21 | 22 | 23 | 24 | 25 | 26 | 27 | 28 | 29 | 30 | 31 | 4/1 | 2 |
| 일주 | 경자 | 신축 | 임인 | 계묘 | 갑진 | 을사 | 병오 | 정미 | 무신 | 기유 | 경술 | 신해 | 임자 | 계축 | 갑인 | 을묘 | 병진 | 정사 | 무오 | 기미 | 경신 | 신유 | 임술 | 계해 | 갑자 | 을축 | 병인 | 정묘 | 무진 |

## 3월

| 음력 | 3/1 | 2 | 3 | 4 | 5 | 6 | 7 | 8 | 9 | 10 | 11 | 12 | 13 | 14 | 15 | 16 | 17 | 18 | 19 | 20 | 21 | 22 | 23 | 24 | 25 | 26 | 27 | 28 | 29 | 30 |
|---|---|---|---|---|---|---|---|---|---|---|---|---|---|---|---|---|---|---|---|---|---|---|---|---|---|---|---|---|---|---|
| 양력 | 4/3 | 4 | 5 | 6 | 7 | 8 | 9 | 10 | 11 | 12 | 13 | 14 | 15 | 16 | 17 | 18 | 19 | 20 | 21 | 22 | 23 | 24 | 25 | 26 | 27 | 28 | 29 | 30 | 5/1 | 2 |
| 일주 | 기사 | 경오 | 신미 | 임신 | 계유 | 갑술 | 을해 | 병자 | 정축 | 무인 | 기묘 | 경진 | 신사 | 임오 | 계미 | 갑신 | 을유 | 병술 | 정해 | 무자 | 기축 | 경인 | 신묘 | 임진 | 계사 | 갑오 | 을미 | 병신 | 정유 | 무술 |

## 4월

| 음력 | 4/1 | 2 | 3 | 4 | 5 | 6 | 7 | 8 | 9 | 10 | 11 | 12 | 13 | 14 | 15 | 16 | 17 | 18 | 19 | 20 | 21 | 22 | 23 | 24 | 25 | 26 | 27 | 28 | 29 |
|---|---|---|---|---|---|---|---|---|---|---|---|---|---|---|---|---|---|---|---|---|---|---|---|---|---|---|---|---|---|
| 양력 | 5/3 | 4 | 5 | 6 | 7 | 8 | 9 | 10 | 11 | 12 | 13 | 14 | 15 | 16 | 17 | 18 | 19 | 20 | 21 | 22 | 23 | 24 | 25 | 26 | 27 | 28 | 29 | 30 | 31 |
| 일주 | 기해 | 경자 | 신축 | 임인 | 계묘 | 갑진 | 을사 | 병오 | 정미 | 무신 | 기유 | 경술 | 신해 | 임자 | 계축 | 갑인 | 을묘 | 병진 | 정사 | 무오 | 기미 | 경신 | 신유 | 임술 | 계해 | 갑자 | 을축 | 병인 | 정묘 |

## 5월

| 음력 | 5/1 | 2 | 3 | 4 | 5 | 6 | 7 | 8 | 9 | 10 | 11 | 12 | 13 | 14 | 15 | 16 | 17 | 18 | 19 | 20 | 21 | 22 | 23 | 24 | 25 | 26 | 27 | 28 | 29 |
|---|---|---|---|---|---|---|---|---|---|---|---|---|---|---|---|---|---|---|---|---|---|---|---|---|---|---|---|---|---|
| 양력 | 6/1 | 2 | 3 | 4 | 5 | 6 | 7 | 8 | 9 | 10 | 11 | 12 | 13 | 14 | 15 | 16 | 17 | 18 | 19 | 20 | 21 | 22 | 23 | 24 | 25 | 26 | 27 | 28 | 29 |
| 일주 | 무진 | 기사 | 경오 | 신미 | 임신 | 계유 | 갑술 | 을해 | 병자 | 정축 | 무인 | 기묘 | 경진 | 신사 | 임오 | 계미 | 갑신 | 을유 | 병술 | 정해 | 무자 | 기축 | 경인 | 신묘 | 임진 | 계사 | 갑오 | 을미 | 병신 |

## 6월

| 음력 | 6/1 | 2 | 3 | 4 | 5 | 6 | 7 | 8 | 9 | 10 | 11 | 12 | 13 | 14 | 15 | 16 | 17 | 18 | 19 | 20 | 21 | 22 | 23 | 24 | 25 | 26 | 27 | 28 | 29 | 30 |
|---|---|---|---|---|---|---|---|---|---|---|---|---|---|---|---|---|---|---|---|---|---|---|---|---|---|---|---|---|---|---|
| 양력 | 6/30 | 7/1 | 2 | 3 | 4 | 5 | 6 | 7 | 8 | 9 | 10 | 11 | 12 | 13 | 14 | 15 | 16 | 17 | 18 | 19 | 20 | 21 | 22 | 23 | 24 | 25 | 26 | 27 | 28 | 29 |
| 일주 | 정유 | 무술 | 기해 | 경자 | 신축 | 임인 | 계묘 | 갑진 | 을사 | 병오 | 정미 | 무신 | 기유 | 경술 | 신해 | 임자 | 계축 | 갑인 | 을묘 | 병진 | 정사 | 무오 | 기미 | 경신 | 신유 | 임술 | 계해 | 갑자 | 을축 | 병인 |

## 7월

| 음력 | 7/1 | 2 | 3 | 4 | 5 | 6 | 7 | 8 | 9 | 10 | 11 | 12 | 13 | 14 | 15 | 16 | 17 | 18 | 19 | 20 | 21 | 22 | 23 | 24 | 25 | 26 | 27 | 28 | 29 |
|---|---|---|---|---|---|---|---|---|---|---|---|---|---|---|---|---|---|---|---|---|---|---|---|---|---|---|---|---|---|
| 양력 | 7/30 | 31 | 8/1 | 2 | 3 | 4 | 5 | 6 | 7 | 8 | 9 | 10 | 11 | 12 | 13 | 14 | 15 | 16 | 17 | 18 | 19 | 20 | 21 | 22 | 23 | 24 | 25 | 26 | 27 |
| 일주 | 정묘 | 무진 | 기사 | 경오 | 신미 | 임신 | 계유 | 갑술 | 을해 | 병자 | 정축 | 무인 | 기묘 | 경진 | 신사 | 임오 | 계미 | 갑신 | 을유 | 병술 | 정해 | 무자 | 기축 | 경인 | 신묘 | 임진 | 계사 | 갑오 | 을미 |

## 8월

| 음력 | 8/1 | 2 | 3 | 4 | 5 | 6 | 7 | 8 | 9 | 10 | 11 | 12 | 13 | 14 | 15 | 16 | 17 | 18 | 19 | 20 | 21 | 22 | 23 | 24 | 25 | 26 | 27 | 28 | 29 |
|---|---|---|---|---|---|---|---|---|---|---|---|---|---|---|---|---|---|---|---|---|---|---|---|---|---|---|---|---|---|
| 양력 | 8/28 | 29 | 30 | 31 | 9/1 | 2 | 3 | 4 | 5 | 6 | 7 | 8 | 9 | 10 | 11 | 12 | 13 | 14 | 15 | 16 | 17 | 18 | 19 | 20 | 21 | 22 | 23 | 24 | 25 |
| 일주 | 병신 | 정유 | 무술 | 기해 | 경자 | 신축 | 임인 | 계묘 | 갑진 | 을사 | 병오 | 정미 | 무신 | 기유 | 경술 | 신해 | 임자 | 계축 | 갑인 | 을묘 | 병진 | 정사 | 무오 | 기미 | 경신 | 신유 | 임술 | 계해 | 갑자 |

## 9월

| 음력 | 9/1 | 2 | 3 | 4 | 5 | 6 | 7 | 8 | 9 | 10 | 11 | 12 | 13 | 14 | 15 | 16 | 17 | 18 | 19 | 20 | 21 | 22 | 23 | 24 | 25 | 26 | 27 | 28 | 29 | 30 |
|---|---|---|---|---|---|---|---|---|---|---|---|---|---|---|---|---|---|---|---|---|---|---|---|---|---|---|---|---|---|---|
| 양력 | 9/26 | 27 | 28 | 29 | 30 | 10/1 | 2 | 3 | 4 | 5 | 6 | 7 | 8 | 9 | 10 | 11 | 12 | 13 | 14 | 15 | 16 | 17 | 18 | 19 | 20 | 21 | 22 | 23 | 24 | 25 |
| 일주 | 을축 | 병인 | 정묘 | 무진 | 기사 | 경오 | 신미 | 임신 | 계유 | 갑술 | 을해 | 병자 | 정축 | 무인 | 기묘 | 경진 | 신사 | 임오 | 계미 | 갑신 | 을유 | 병술 | 정해 | 무자 | 기축 | 경인 | 신묘 | 임진 | 계사 | 갑오 |

## 10월

| 음력 | 10/1 | 2 | 3 | 4 | 5 | 6 | 7 | 8 | 9 | 10 | 11 | 12 | 13 | 14 | 15 | 16 | 17 | 18 | 19 | 20 | 21 | 22 | 23 | 24 | 25 | 26 | 27 | 28 | 29 | 30 |
|---|---|---|---|---|---|---|---|---|---|---|---|---|---|---|---|---|---|---|---|---|---|---|---|---|---|---|---|---|---|---|
| 양력 | 10/26 | 27 | 28 | 29 | 30 | 31 | 11/1 | 2 | 3 | 4 | 5 | 6 | 7 | 8 | 9 | 10 | 11 | 12 | 13 | 14 | 15 | 16 | 17 | 18 | 19 | 20 | 21 | 22 | 23 | 24 |
| 일주 | 을미 | 병신 | 정유 | 무술 | 기해 | 경자 | 신축 | 임인 | 계묘 | 갑진 | 을사 | 병오 | 정미 | 무신 | 기유 | 경술 | 신해 | 임자 | 계축 | 갑인 | 을묘 | 병진 | 정사 | 무오 | 기미 | 경신 | 신유 | 임술 | 계해 | 갑자 |

## 11월

| 음력 | 11/1 | 2 | 3 | 4 | 5 | 6 | 7 | 8 | 9 | 10 | 11 | 12 | 13 | 14 | 15 | 16 | 17 | 18 | 19 | 20 | 21 | 22 | 23 | 24 | 25 | 26 | 27 | 28 | 29 | 30 |
|---|---|---|---|---|---|---|---|---|---|---|---|---|---|---|---|---|---|---|---|---|---|---|---|---|---|---|---|---|---|---|
| 양력 | 11/25 | 26 | 27 | 28 | 29 | 30 | 12/1 | 2 | 3 | 4 | 5 | 6 | 7 | 8 | 9 | 10 | 11 | 12 | 13 | 14 | 15 | 16 | 17 | 18 | 19 | 20 | 21 | 22 | 23 | 24 |
| 일주 | 을축 | 병인 | 정묘 | 무진 | 기사 | 경오 | 신미 | 임신 | 계유 | 갑술 | 을해 | 병자 | 정축 | 무인 | 기묘 | 경진 | 신사 | 임오 | 계미 | 갑신 | 을유 | 병술 | 정해 | 무자 | 기축 | 경인 | 신묘 | 임진 | 계사 | 갑오 |

## 12월

| 음력 | 12/1 | 2 | 3 | 4 | 5 | 6 | 7 | 8 | 9 | 10 | 11 | 12 | 13 | 14 | 15 | 16 | 17 | 18 | 19 | 20 | 21 | 22 | 23 | 24 | 25 | 26 | 27 | 28 | 29 |
|---|---|---|---|---|---|---|---|---|---|---|---|---|---|---|---|---|---|---|---|---|---|---|---|---|---|---|---|---|---|
| 양력 | 12/25 | 26 | 27 | 28 | 29 | 30 | 31 | 1/1 | 2 | 3 | 4 | 5 | 6 | 7 | 8 | 9 | 10 | 11 | 12 | 13 | 14 | 15 | 16 | 17 | 18 | 19 | 20 | 21 | 22 |
| 일주 | 을미 | 병신 | 정유 | 무술 | 기해 | 경자 | 신축 | 임인 | 계묘 | 갑진 | 을사 | 병오 | 정미 | 무신 | 기유 | 경술 | 신해 | 임자 | 계축 | 갑인 | 을묘 | 병진 | 정사 | 무오 | 기미 | 경신 | 신유 | 임술 | 계해 |

## 1974년

### 1월

| 음력 | 1/1 | 2 | 3 | 4 | 5 | 6 | 7 | 8 | 9 | 10 | 11 | 12 | 13 | 14 | 15 | 16 | 17 | 18 | 19 | 20 | 21 | 22 | 23 | 24 | 25 | 26 | 27 | 28 | 29 | 30 |
|---|---|---|---|---|---|---|---|---|---|---|---|---|---|---|---|---|---|---|---|---|---|---|---|---|---|---|---|---|---|---|
| 양력 | 1/23 | 24 | 25 | 26 | 27 | 28 | 29 | 30 | 31 | 2/1 | 2 | 3 | 4 | 5 | 6 | 7 | 8 | 9 | 10 | 11 | 12 | 13 | 14 | 15 | 16 | 17 | 18 | 19 | 20 | 21 |
| 일주 | 갑자 | 을축 | 병인 | 정묘 | 무진 | 기사 | 경오 | 신미 | 임신 | 계유 | 갑술 | 을해 | 병자 | 정축 | 무인 | 기묘 | 경진 | 신사 | 임오 | 계미 | 갑신 | 을유 | 병술 | 정해 | 무자 | 기축 | 경인 | 신묘 | 임진 | 계사 |

### 2월

| 음력 | 2/1 | 2 | 3 | 4 | 5 | 6 | 7 | 8 | 9 | 10 | 11 | 12 | 13 | 14 | 15 | 16 | 17 | 18 | 19 | 20 | 21 | 22 | 23 | 24 | 25 | 26 | 27 | 28 | 29 | 30 |
|---|---|---|---|---|---|---|---|---|---|---|---|---|---|---|---|---|---|---|---|---|---|---|---|---|---|---|---|---|---|---|
| 양력 | 2/22 | 23 | 24 | 25 | 26 | 27 | 28 | 3/1 | 2 | 3 | 4 | 5 | 6 | 7 | 8 | 9 | 10 | 11 | 12 | 13 | 14 | 15 | 16 | 17 | 18 | 19 | 20 | 21 | 22 | 23 |
| 일주 | 갑오 | 을미 | 병신 | 정유 | 무술 | 기해 | 경자 | 신축 | 임인 | 계묘 | 갑진 | 을사 | 병오 | 정미 | 무신 | 기유 | 경술 | 신해 | 임자 | 계축 | 갑인 | 을묘 | 병진 | 정사 | 무오 | 기미 | 경신 | 신유 | 임술 | 계해 |

### 3월

| 음력 | 3/1 | 2 | 3 | 4 | 5 | 6 | 7 | 8 | 9 | 10 | 11 | 12 | 13 | 14 | 15 | 16 | 17 | 18 | 19 | 20 | 21 | 22 | 23 | 24 | 25 | 26 | 27 | 28 | 29 |
|---|---|---|---|---|---|---|---|---|---|---|---|---|---|---|---|---|---|---|---|---|---|---|---|---|---|---|---|---|---|
| 양력 | 3/24 | 25 | 26 | 27 | 28 | 29 | 30 | 31 | 4/1 | 2 | 3 | 4 | 5 | 6 | 7 | 8 | 9 | 10 | 11 | 12 | 13 | 14 | 15 | 16 | 17 | 18 | 19 | 20 | 21 |
| 일주 | 갑자 | 을축 | 병인 | 정묘 | 무진 | 기사 | 경오 | 신미 | 임신 | 계유 | 갑술 | 을해 | 병자 | 정축 | 무인 | 기묘 | 경진 | 신사 | 임오 | 계미 | 갑신 | 을유 | 병술 | 정해 | 무자 | 기축 | 경인 | 신묘 | 임진 |

### 4월

| 음력 | 4/1 | 2 | 3 | 4 | 5 | 6 | 7 | 8 | 9 | 10 | 11 | 12 | 13 | 14 | 15 | 16 | 17 | 18 | 19 | 20 | 21 | 22 | 23 | 24 | 25 | 26 | 27 | 28 | 29 | 30 |
|---|---|---|---|---|---|---|---|---|---|---|---|---|---|---|---|---|---|---|---|---|---|---|---|---|---|---|---|---|---|---|
| 양력 | 4/22 | 23 | 24 | 25 | 26 | 27 | 28 | 29 | 30 | 5/1 | 2 | 3 | 4 | 5 | 6 | 7 | 8 | 9 | 10 | 11 | 12 | 13 | 14 | 15 | 16 | 17 | 18 | 19 | 20 | 21 |
| 일주 | 계사 | 갑오 | 을미 | 병신 | 정유 | 무술 | 기해 | 경자 | 신축 | 임인 | 계묘 | 갑진 | 을사 | 병오 | 정미 | 무신 | 기유 | 경술 | 신해 | 임자 | 계축 | 갑인 | 을묘 | 병진 | 정사 | 무오 | 기미 | 경신 | 신유 | 임술 |

### 4월 윤달

| 음력 | 4/1 | 2 | 3 | 4 | 5 | 6 | 7 | 8 | 9 | 10 | 11 | 12 | 13 | 14 | 15 | 16 | 17 | 18 | 19 | 20 | 21 | 22 | 23 | 24 | 25 | 26 | 27 | 28 | 29 |
|---|---|---|---|---|---|---|---|---|---|---|---|---|---|---|---|---|---|---|---|---|---|---|---|---|---|---|---|---|---|
| 양력 | 5/22 | 23 | 24 | 25 | 26 | 27 | 28 | 29 | 30 | 31 | 6/1 | 2 | 3 | 4 | 5 | 6 | 7 | 8 | 9 | 10 | 11 | 12 | 13 | 14 | 15 | 16 | 17 | 18 | 19 |
| 일주 | 계해 | 갑자 | 을축 | 병인 | 정묘 | 무진 | 기사 | 경오 | 신미 | 임신 | 계유 | 갑술 | 을해 | 병자 | 정축 | 무인 | 기묘 | 경진 | 신사 | 임오 | 계미 | 갑신 | 을유 | 병술 | 정해 | 무자 | 기축 | 경인 | 신묘 |

### 5월

| 음력 | 5/1 | 2 | 3 | 4 | 5 | 6 | 7 | 8 | 9 | 10 | 11 | 12 | 13 | 14 | 15 | 16 | 17 | 18 | 19 | 20 | 21 | 22 | 23 | 24 | 25 | 26 | 27 | 28 | 29 |
|---|---|---|---|---|---|---|---|---|---|---|---|---|---|---|---|---|---|---|---|---|---|---|---|---|---|---|---|---|---|
| 양력 | 6/20 | 21 | 22 | 23 | 24 | 25 | 26 | 27 | 28 | 29 | 30 | 7/1 | 2 | 3 | 4 | 5 | 6 | 7 | 8 | 9 | 10 | 11 | 12 | 13 | 14 | 15 | 16 | 17 | 18 |
| 일주 | 임진 | 계사 | 갑오 | 을미 | 병신 | 정유 | 무술 | 기해 | 경자 | 신축 | 임인 | 계묘 | 갑진 | 을사 | 병오 | 정미 | 무신 | 기유 | 경술 | 신해 | 임자 | 계축 | 갑인 | 을묘 | 병진 | 정사 | 무오 | 기미 | 경신 |

### 6월

| 음력 | 6/1 | 2 | 3 | 4 | 5 | 6 | 7 | 8 | 9 | 10 | 11 | 12 | 13 | 14 | 15 | 16 | 17 | 18 | 19 | 20 | 21 | 22 | 23 | 24 | 25 | 26 | 27 | 28 | 29 | 30 |
|---|---|---|---|---|---|---|---|---|---|---|---|---|---|---|---|---|---|---|---|---|---|---|---|---|---|---|---|---|---|---|
| 양력 | 7/19 | 20 | 21 | 22 | 23 | 24 | 25 | 26 | 27 | 28 | 29 | 30 | 31 | 8/1 | 2 | 3 | 4 | 5 | 6 | 7 | 8 | 9 | 10 | 11 | 12 | 13 | 14 | 15 | 16 | 17 |
| 일주 | 신유 | 임술 | 계해 | 갑자 | 을축 | 병인 | 정묘 | 무진 | 기사 | 경오 | 신미 | 임신 | 계유 | 갑술 | 을해 | 병자 | 정축 | 무인 | 기묘 | 경진 | 신사 | 임오 | 계미 | 갑신 | 을유 | 병술 | 정해 | 무자 | 기축 | 경인 |

## 7월

| 음력 | 7/1 | 2 | 3 | 4 | 5 | 6 | 7 | 8 | 9 | 10 | 11 | 12 | 13 | 14 | 15 | 16 | 17 | 18 | 19 | 20 | 21 | 22 | 23 | 24 | 25 | 26 | 27 | 28 | 29 |
|---|---|---|---|---|---|---|---|---|---|---|---|---|---|---|---|---|---|---|---|---|---|---|---|---|---|---|---|---|---|
| 양력 | 8/18 | 19 | 20 | 21 | 22 | 23 | 24 | 25 | 26 | 27 | 28 | 29 | 30 | 31 | 9/1 | 2 | 3 | 4 | 5 | 6 | 7 | 8 | 9 | 10 | 11 | 12 | 13 | 14 | 15 |
| 일주 | 신묘 | 임진 | 계사 | 갑오 | 을미 | 병신 | 정유 | 무술 | 기해 | 경자 | 신축 | 임인 | 계묘 | 갑진 | 을사 | 병오 | 정미 | 무신 | 기유 | 경술 | 신해 | 임자 | 계축 | 갑인 | 을묘 | 병진 | 정사 | 무오 | 기미 |

## 8월

| 음력 | 8/1 | 2 | 3 | 4 | 5 | 6 | 7 | 8 | 9 | 10 | 11 | 12 | 13 | 14 | 15 | 16 | 17 | 18 | 19 | 20 | 21 | 22 | 23 | 24 | 25 | 26 | 27 | 28 | 29 |
|---|---|---|---|---|---|---|---|---|---|---|---|---|---|---|---|---|---|---|---|---|---|---|---|---|---|---|---|---|---|
| 양력 | 9/16 | 17 | 18 | 19 | 20 | 21 | 22 | 23 | 24 | 25 | 26 | 27 | 28 | 29 | 30 | 10/1 | 2 | 3 | 4 | 5 | 6 | 7 | 8 | 9 | 10 | 11 | 12 | 13 | 14 |
| 일주 | 경신 | 신유 | 임술 | 계해 | 갑자 | 을축 | 병인 | 정묘 | 무진 | 기사 | 경오 | 신미 | 임신 | 계유 | 갑술 | 을해 | 병자 | 정축 | 무인 | 기묘 | 경진 | 신사 | 임오 | 계미 | 갑신 | 을유 | 병술 | 정해 | 무자 |

## 9월

| 음력 | 9/1 | 2 | 3 | 4 | 5 | 6 | 7 | 8 | 9 | 10 | 11 | 12 | 13 | 14 | 15 | 16 | 17 | 18 | 19 | 20 | 21 | 22 | 23 | 24 | 25 | 26 | 27 | 28 | 29 | 30 |
|---|---|---|---|---|---|---|---|---|---|---|---|---|---|---|---|---|---|---|---|---|---|---|---|---|---|---|---|---|---|---|
| 양력 | 10/15 | 16 | 17 | 18 | 19 | 20 | 21 | 22 | 23 | 24 | 25 | 26 | 27 | 28 | 29 | 30 | 31 | 11/1 | 2 | 3 | 4 | 5 | 6 | 7 | 8 | 9 | 10 | 11 | 12 | 13 |
| 일주 | 기축 | 경인 | 신묘 | 임진 | 계사 | 갑오 | 을미 | 병신 | 정유 | 무술 | 기해 | 경자 | 신축 | 임인 | 계묘 | 갑진 | 을사 | 병오 | 정미 | 무신 | 기유 | 경술 | 신해 | 임자 | 계축 | 갑인 | 을묘 | 병진 | 정사 | 무오 |

## 10월

| 음력 | 10/1 | 2 | 3 | 4 | 5 | 6 | 7 | 8 | 9 | 10 | 11 | 12 | 13 | 14 | 15 | 16 | 17 | 18 | 19 | 20 | 21 | 22 | 23 | 24 | 25 | 26 | 27 | 28 | 29 | 30 |
|---|---|---|---|---|---|---|---|---|---|---|---|---|---|---|---|---|---|---|---|---|---|---|---|---|---|---|---|---|---|---|
| 양력 | 11/14 | 15 | 16 | 17 | 18 | 19 | 20 | 21 | 22 | 23 | 24 | 25 | 26 | 27 | 28 | 29 | 30 | 12/1 | 2 | 3 | 4 | 5 | 6 | 7 | 8 | 9 | 10 | 11 | 12 | 13 |
| 일주 | 기미 | 경신 | 신유 | 임술 | 계해 | 갑자 | 을축 | 병인 | 정묘 | 무진 | 기사 | 경오 | 신미 | 임신 | 계유 | 갑술 | 을해 | 병자 | 정축 | 무인 | 기묘 | 경진 | 신사 | 임오 | 계미 | 갑신 | 을유 | 병술 | 정해 | 무자 |

## 11월

| 음력 | 11/1 | 2 | 3 | 4 | 5 | 6 | 7 | 8 | 9 | 10 | 11 | 12 | 13 | 14 | 15 | 16 | 17 | 18 | 19 | 20 | 21 | 22 | 23 | 24 | 25 | 26 | 27 | 28 | 29 |
|---|---|---|---|---|---|---|---|---|---|---|---|---|---|---|---|---|---|---|---|---|---|---|---|---|---|---|---|---|---|
| 양력 | 12/14 | 15 | 16 | 17 | 18 | 19 | 20 | 21 | 22 | 23 | 24 | 25 | 26 | 27 | 28 | 29 | 30 | 31 | 1/1 | 2 | 3 | 4 | 5 | 6 | 7 | 8 | 9 | 10 | 11 |
| 일주 | 기축 | 경인 | 신묘 | 임진 | 계사 | 갑오 | 을미 | 병신 | 정유 | 무술 | 기해 | 경자 | 신축 | 임인 | 계묘 | 갑진 | 을사 | 병오 | 정미 | 무신 | 기유 | 경술 | 신해 | 임자 | 계축 | 갑인 | 을묘 | 병진 | 정사 |

## 12월

| 음력 | 12/1 | 2 | 3 | 4 | 5 | 6 | 7 | 8 | 9 | 10 | 11 | 12 | 13 | 14 | 15 | 16 | 17 | 18 | 19 | 20 | 21 | 22 | 23 | 24 | 25 | 26 | 27 | 28 | 29 | 30 |
|---|---|---|---|---|---|---|---|---|---|---|---|---|---|---|---|---|---|---|---|---|---|---|---|---|---|---|---|---|---|---|
| 양력 | 1/12 | 13 | 14 | 15 | 16 | 17 | 18 | 19 | 20 | 21 | 22 | 23 | 24 | 25 | 26 | 27 | 28 | 29 | 30 | 31 | 2/1 | 2 | 3 | 4 | 5 | 6 | 7 | 8 | 9 | 10 |
| 일주 | 무오 | 기미 | 경신 | 신유 | 임술 | 계해 | 갑자 | 을축 | 병인 | 정묘 | 무진 | 기사 | 경오 | 신미 | 임신 | 계유 | 갑술 | 을해 | 병자 | 정축 | 무인 | 기묘 | 경진 | 신사 | 임오 | 계미 | 갑신 | 을유 | 병술 | 정해 |

## 1975년

### ■ 1월

| 음력 | 1/1 | 2 | 3 | 4 | 5 | 6 | 7 | 8 | 9 | 10 | 11 | 12 | 13 | 14 | 15 | 16 | 17 | 18 | 19 | 20 | 21 | 22 | 23 | 24 | 25 | 26 | 27 | 28 | 29 | 30 |
|---|---|---|---|---|---|---|---|---|---|---|---|---|---|---|---|---|---|---|---|---|---|---|---|---|---|---|---|---|---|---|
| 양력 | 2/11 | 12 | 13 | 14 | 15 | 16 | 17 | 18 | 19 | 20 | 21 | 22 | 23 | 24 | 25 | 26 | 27 | 28 | 3/1 | 2 | 3 | 4 | 5 | 6 | 7 | 8 | 9 | 10 | 11 | 12 |
| 일주 | 무자 | 기축 | 경인 | 신묘 | 임진 | 계사 | 갑오 | 을미 | 병신 | 정유 | 무술 | 기해 | 경자 | 신축 | 임인 | 계묘 | 갑진 | 을사 | 병오 | 정미 | 무신 | 기유 | 경술 | 신해 | 임자 | 계축 | 갑인 | 을묘 | 병진 | 정사 |

### ■ 2월

| 음력 | 2/1 | 2 | 3 | 4 | 5 | 6 | 7 | 8 | 9 | 10 | 11 | 12 | 13 | 14 | 15 | 16 | 17 | 18 | 19 | 20 | 21 | 22 | 23 | 24 | 25 | 26 | 27 | 28 | 29 | 30 |
|---|---|---|---|---|---|---|---|---|---|---|---|---|---|---|---|---|---|---|---|---|---|---|---|---|---|---|---|---|---|---|
| 양력 | 3/13 | 14 | 15 | 16 | 17 | 18 | 19 | 20 | 21 | 22 | 23 | 24 | 25 | 26 | 27 | 28 | 29 | 30 | 31 | 4/1 | 2 | 3 | 4 | 5 | 6 | 7 | 8 | 9 | 10 | 11 |
| 일주 | 무오 | 기미 | 경신 | 신유 | 임술 | 계해 | 갑자 | 을축 | 병인 | 정묘 | 무진 | 기사 | 경오 | 신미 | 임신 | 계유 | 갑술 | 을해 | 병자 | 정축 | 무인 | 기묘 | 경진 | 신사 | 임오 | 계미 | 갑신 | 을유 | 병술 | 정해 |

### ■ 3월

| 음력 | 3/1 | 2 | 3 | 4 | 5 | 6 | 7 | 8 | 9 | 10 | 11 | 12 | 13 | 14 | 15 | 16 | 17 | 18 | 19 | 20 | 21 | 22 | 23 | 24 | 25 | 26 | 27 | 28 | 29 |
|---|---|---|---|---|---|---|---|---|---|---|---|---|---|---|---|---|---|---|---|---|---|---|---|---|---|---|---|---|---|
| 양력 | 4/12 | 13 | 14 | 15 | 16 | 17 | 18 | 19 | 20 | 21 | 22 | 23 | 24 | 25 | 26 | 27 | 28 | 29 | 30 | 5/1 | 2 | 3 | 4 | 5 | 6 | 7 | 8 | 9 | 10 |
| 일주 | 무자 | 기축 | 경인 | 신묘 | 임진 | 계사 | 갑오 | 을미 | 병신 | 정유 | 무술 | 기해 | 경자 | 신축 | 임인 | 계묘 | 갑진 | 을사 | 병오 | 정미 | 무신 | 기유 | 경술 | 신해 | 임자 | 계축 | 갑인 | 을묘 | 병진 |

### ■ 4월

| 음력 | 4/1 | 2 | 3 | 4 | 5 | 6 | 7 | 8 | 9 | 10 | 11 | 12 | 13 | 14 | 15 | 16 | 17 | 18 | 19 | 20 | 21 | 22 | 23 | 24 | 25 | 26 | 27 | 28 | 29 | 30 |
|---|---|---|---|---|---|---|---|---|---|---|---|---|---|---|---|---|---|---|---|---|---|---|---|---|---|---|---|---|---|---|
| 양력 | 5/11 | 12 | 13 | 14 | 15 | 16 | 17 | 18 | 19 | 20 | 21 | 22 | 23 | 24 | 25 | 26 | 27 | 28 | 29 | 30 | 31 | 6/1 | 2 | 3 | 4 | 5 | 6 | 7 | 8 | 9 |
| 일주 | 정사 | 무오 | 기미 | 경신 | 신유 | 임술 | 계해 | 갑자 | 을축 | 병인 | 정묘 | 무진 | 기사 | 경오 | 신미 | 임신 | 계유 | 갑술 | 을해 | 병자 | 정축 | 무인 | 기묘 | 경진 | 신사 | 임오 | 계미 | 갑신 | 을유 | 병술 |

### ■ 5월

| 음력 | 5/1 | 2 | 3 | 4 | 5 | 6 | 7 | 8 | 9 | 10 | 11 | 12 | 13 | 14 | 15 | 16 | 17 | 18 | 19 | 20 | 21 | 22 | 23 | 24 | 25 | 26 | 27 | 28 | 29 |
|---|---|---|---|---|---|---|---|---|---|---|---|---|---|---|---|---|---|---|---|---|---|---|---|---|---|---|---|---|---|
| 양력 | 6/10 | 11 | 12 | 13 | 14 | 15 | 16 | 17 | 18 | 19 | 20 | 21 | 22 | 23 | 24 | 25 | 26 | 27 | 28 | 29 | 30 | 7/1 | 2 | 3 | 4 | 5 | 6 | 7 | 8 |
| 일주 | 정해 | 무자 | 기축 | 경인 | 신묘 | 임진 | 계사 | 갑오 | 을미 | 병신 | 정유 | 무술 | 기해 | 경자 | 신축 | 임인 | 계묘 | 갑진 | 을사 | 병오 | 정미 | 무신 | 기유 | 경술 | 신해 | 임자 | 계축 | 갑인 | 을묘 |

### ■ 6월

| 음력 | 6/1 | 2 | 3 | 4 | 5 | 6 | 7 | 8 | 9 | 10 | 11 | 12 | 13 | 14 | 15 | 16 | 17 | 18 | 19 | 20 | 21 | 22 | 23 | 24 | 25 | 26 | 27 | 28 | 29 |
|---|---|---|---|---|---|---|---|---|---|---|---|---|---|---|---|---|---|---|---|---|---|---|---|---|---|---|---|---|---|
| 양력 | 7/9 | 10 | 11 | 12 | 13 | 14 | 15 | 16 | 17 | 18 | 19 | 20 | 21 | 22 | 23 | 24 | 25 | 26 | 27 | 28 | 29 | 30 | 31 | 8/1 | 2 | 3 | 4 | 5 | 6 |
| 일주 | 병진 | 정사 | 무오 | 기미 | 경신 | 신유 | 임술 | 계해 | 갑자 | 을축 | 병인 | 정묘 | 무진 | 기사 | 경오 | 신미 | 임신 | 계유 | 갑술 | 을해 | 병자 | 정축 | 무인 | 기묘 | 경진 | 신사 | 임오 | 계미 | 갑신 |

## ■ 7월

| 음력 | 7/1 | 2 | 3 | 4 | 5 | 6 | 7 | 8 | 9 | 10 | 11 | 12 | 13 | 14 | 15 | 16 | 17 | 18 | 19 | 20 | 21 | 22 | 23 | 24 | 25 | 26 | 27 | 28 | 29 | 30 |
|---|---|---|---|---|---|---|---|---|---|---|---|---|---|---|---|---|---|---|---|---|---|---|---|---|---|---|---|---|---|---|
| 양력 | 8/7 | 8 | 9 | 10 | 11 | 12 | 13 | 14 | 15 | 16 | 17 | 18 | 19 | 20 | 21 | 22 | 23 | 24 | 25 | 26 | 27 | 28 | 29 | 30 | 31 | 9/1 | 2 | 3 | 4 | 5 |
| 일주 | 을유 | 병술 | 정해 | 무자 | 기축 | 경인 | 신묘 | 임진 | 계사 | 갑오 | 을미 | 병신 | 정유 | 무술 | 기해 | 경자 | 신축 | 임인 | 계묘 | 갑진 | 을사 | 병오 | 정미 | 무신 | 기유 | 경술 | 신해 | 임자 | 계축 | 갑인 |

## ■ 8월

| 음력 | 8/1 | 2 | 3 | 4 | 5 | 6 | 7 | 8 | 9 | 10 | 11 | 12 | 13 | 14 | 15 | 16 | 17 | 18 | 19 | 20 | 21 | 22 | 23 | 24 | 25 | 26 | 27 | 28 | 29 |
|---|---|---|---|---|---|---|---|---|---|---|---|---|---|---|---|---|---|---|---|---|---|---|---|---|---|---|---|---|---|
| 양력 | 9/6 | 7 | 8 | 9 | 10 | 11 | 12 | 13 | 14 | 15 | 16 | 17 | 18 | 19 | 20 | 21 | 22 | 23 | 24 | 25 | 26 | 27 | 28 | 29 | 30 | 10/1 | 2 | 3 | 4 |
| 일주 | 을묘 | 병진 | 정사 | 무오 | 기미 | 경신 | 신유 | 임술 | 계해 | 갑자 | 을축 | 병인 | 정묘 | 무진 | 기사 | 경오 | 신미 | 임신 | 계유 | 갑술 | 을해 | 병자 | 정축 | 무인 | 기묘 | 경진 | 신사 | 임오 | 계미 |

## ■ 9월

| 음력 | 9/1 | 2 | 3 | 4 | 5 | 6 | 7 | 8 | 9 | 10 | 11 | 12 | 13 | 14 | 15 | 16 | 17 | 18 | 19 | 20 | 21 | 22 | 23 | 24 | 25 | 26 | 27 | 28 | 29 |
|---|---|---|---|---|---|---|---|---|---|---|---|---|---|---|---|---|---|---|---|---|---|---|---|---|---|---|---|---|---|
| 양력 | 10/5 | 6 | 7 | 8 | 9 | 10 | 11 | 12 | 13 | 14 | 15 | 16 | 17 | 18 | 19 | 20 | 21 | 22 | 23 | 24 | 25 | 26 | 27 | 28 | 29 | 30 | 31 | 11/1 | 2 |
| 일주 | 갑신 | 을유 | 병술 | 정해 | 무자 | 기축 | 경인 | 신묘 | 임진 | 계사 | 갑오 | 을미 | 병신 | 정유 | 무술 | 기해 | 경자 | 신축 | 임인 | 계묘 | 갑진 | 을사 | 병오 | 정미 | 무신 | 기유 | 경술 | 신해 | 임자 |

## ■ 10월

| 음력 | 10/1 | 2 | 3 | 4 | 5 | 6 | 7 | 8 | 9 | 10 | 11 | 12 | 13 | 14 | 15 | 16 | 17 | 18 | 19 | 20 | 21 | 22 | 23 | 24 | 25 | 26 | 27 | 28 | 29 | 30 |
|---|---|---|---|---|---|---|---|---|---|---|---|---|---|---|---|---|---|---|---|---|---|---|---|---|---|---|---|---|---|---|
| 양력 | 11/3 | 4 | 5 | 6 | 7 | 8 | 9 | 10 | 11 | 12 | 13 | 14 | 15 | 16 | 17 | 18 | 19 | 20 | 21 | 22 | 23 | 24 | 25 | 26 | 27 | 28 | 29 | 30 | 12/1 | 2 |
| 일주 | 계축 | 갑인 | 을묘 | 병진 | 정사 | 무오 | 기미 | 경신 | 신유 | 임술 | 계해 | 갑자 | 을축 | 병인 | 정묘 | 무진 | 기사 | 경오 | 신미 | 임신 | 계유 | 갑술 | 을해 | 병자 | 정축 | 무인 | 기묘 | 경진 | 신사 | 임오 |

## ■ 11월

| 음력 | 11/1 | 2 | 3 | 4 | 5 | 6 | 7 | 8 | 9 | 10 | 11 | 12 | 13 | 14 | 15 | 16 | 17 | 18 | 19 | 20 | 21 | 22 | 23 | 24 | 25 | 26 | 27 | 28 | 29 |
|---|---|---|---|---|---|---|---|---|---|---|---|---|---|---|---|---|---|---|---|---|---|---|---|---|---|---|---|---|---|
| 양력 | 12/3 | 4 | 5 | 6 | 7 | 8 | 9 | 10 | 11 | 12 | 13 | 14 | 15 | 16 | 17 | 18 | 19 | 20 | 21 | 22 | 23 | 24 | 25 | 26 | 27 | 28 | 29 | 30 | 31 |
| 일주 | 계미 | 갑신 | 을유 | 병술 | 정해 | 무자 | 기축 | 경인 | 신묘 | 임진 | 계사 | 갑오 | 을미 | 병신 | 정유 | 무술 | 기해 | 경자 | 신축 | 임인 | 계묘 | 갑진 | 을사 | 병오 | 정미 | 무신 | 기유 | 경술 | 신해 |

## ■ 12월

| 음력 | 12/1 | 2 | 3 | 4 | 5 | 6 | 7 | 8 | 9 | 10 | 11 | 12 | 13 | 14 | 15 | 16 | 17 | 18 | 19 | 20 | 21 | 22 | 23 | 24 | 25 | 26 | 27 | 28 | 29 | 30 |
|---|---|---|---|---|---|---|---|---|---|---|---|---|---|---|---|---|---|---|---|---|---|---|---|---|---|---|---|---|---|---|
| 양력 | 1/1 | 2 | 3 | 4 | 5 | 6 | 7 | 8 | 9 | 10 | 11 | 12 | 13 | 14 | 15 | 16 | 17 | 18 | 19 | 20 | 21 | 22 | 23 | 24 | 25 | 26 | 27 | 28 | 29 | 30 |
| 일주 | 임자 | 계축 | 갑인 | 을묘 | 병진 | 정사 | 무오 | 기미 | 경신 | 신유 | 임술 | 계해 | 갑자 | 을축 | 병인 | 정묘 | 무진 | 기사 | 경오 | 신미 | 임신 | 계유 | 갑술 | 을해 | 병자 | 정축 | 무인 | 기묘 | 경진 | 신사 |

# 1976년

## ■ 1월

| 음력 | 1/1 | 2 | 3 | 4 | 5 | 6 | 7 | 8 | 9 | 10 | 11 | 12 | 13 | 14 | 15 | 16 | 17 | 18 | 19 | 20 | 21 | 22 | 23 | 24 | 25 | 26 | 27 | 28 | 29 | 30 |
|---|---|---|---|---|---|---|---|---|---|---|---|---|---|---|---|---|---|---|---|---|---|---|---|---|---|---|---|---|---|---|
| 양력 | 1/30 | 2/1 | 2 | 3 | 4 | 5 | 6 | 7 | 8 | 9 | 10 | 11 | 12 | 13 | 14 | 15 | 16 | 17 | 18 | 19 | 20 | 21 | 22 | 23 | 24 | 25 | 26 | 27 | 28 | 29 |
| 일주 | 임오 | 계미 | 갑신 | 을유 | 병술 | 정해 | 무자 | 기축 | 경인 | 신묘 | 임진 | 계사 | 갑오 | 을미 | 병신 | 정유 | 무술 | 기해 | 경자 | 신축 | 임인 | 계묘 | 갑진 | 을사 | 병오 | 정미 | 무신 | 기유 | 경술 | 신해 |

## ■ 2월

| 음력 | 2/1 | 2 | 3 | 4 | 5 | 6 | 7 | 8 | 9 | 10 | 11 | 12 | 13 | 14 | 15 | 16 | 17 | 18 | 19 | 20 | 21 | 22 | 23 | 24 | 25 | 26 | 27 | 28 | 29 | 30 |
|---|---|---|---|---|---|---|---|---|---|---|---|---|---|---|---|---|---|---|---|---|---|---|---|---|---|---|---|---|---|---|
| 양력 | 3/1 | 2 | 3 | 4 | 5 | 6 | 7 | 8 | 9 | 10 | 11 | 12 | 13 | 14 | 15 | 16 | 17 | 18 | 19 | 20 | 21 | 22 | 23 | 24 | 25 | 26 | 27 | 28 | 29 | 30 |
| 일주 | 임자 | 계축 | 갑인 | 을묘 | 병진 | 정사 | 무오 | 기미 | 경신 | 신유 | 임술 | 계해 | 갑자 | 을축 | 병인 | 정묘 | 무진 | 기사 | 경오 | 신미 | 임신 | 계유 | 갑술 | 을해 | 병자 | 정축 | 무인 | 기묘 | 경진 | 신사 |

## ■ 3월

| 음력 | 3/1 | 2 | 3 | 4 | 5 | 6 | 7 | 8 | 9 | 10 | 11 | 12 | 13 | 14 | 15 | 16 | 17 | 18 | 19 | 20 | 21 | 22 | 23 | 24 | 25 | 26 | 27 | 28 | 29 |
|---|---|---|---|---|---|---|---|---|---|---|---|---|---|---|---|---|---|---|---|---|---|---|---|---|---|---|---|---|---|
| 양력 | 3/31 | 4/1 | 2 | 3 | 4 | 5 | 6 | 7 | 8 | 9 | 10 | 11 | 12 | 13 | 14 | 15 | 16 | 17 | 18 | 19 | 20 | 21 | 22 | 23 | 24 | 25 | 26 | 27 | 28 |
| 일주 | 임오 | 계미 | 갑신 | 을유 | 병술 | 정해 | 무자 | 기축 | 경인 | 신묘 | 임진 | 계사 | 갑오 | 을미 | 병신 | 정유 | 무술 | 기해 | 경자 | 신축 | 임인 | 계묘 | 갑진 | 을사 | 병오 | 정미 | 무신 | 기유 | 경술 |

## ■ 4월

| 음력 | 4/1 | 2 | 3 | 4 | 5 | 6 | 7 | 8 | 9 | 10 | 11 | 12 | 13 | 14 | 15 | 16 | 17 | 18 | 19 | 20 | 21 | 22 | 23 | 24 | 25 | 26 | 27 | 28 | 29 | 30 |
|---|---|---|---|---|---|---|---|---|---|---|---|---|---|---|---|---|---|---|---|---|---|---|---|---|---|---|---|---|---|---|
| 양력 | 4/29 | 30 | 5/1 | 2 | 3 | 4 | 5 | 6 | 7 | 8 | 9 | 10 | 11 | 12 | 13 | 14 | 15 | 16 | 17 | 18 | 19 | 20 | 21 | 22 | 23 | 24 | 25 | 26 | 27 | 28 |
| 일주 | 신해 | 임자 | 계축 | 갑인 | 을묘 | 병진 | 정사 | 무오 | 기미 | 경신 | 신유 | 임술 | 계해 | 갑자 | 을축 | 병인 | 정묘 | 무진 | 기사 | 경오 | 신미 | 임신 | 계유 | 갑술 | 을해 | 병자 | 정축 | 무인 | 기묘 | 경진 |

## ■ 5월

| 음력 | 5/1 | 2 | 3 | 4 | 5 | 6 | 7 | 8 | 9 | 10 | 11 | 12 | 13 | 14 | 15 | 16 | 17 | 18 | 19 | 20 | 21 | 22 | 23 | 24 | 25 | 26 | 27 | 28 | 29 |
|---|---|---|---|---|---|---|---|---|---|---|---|---|---|---|---|---|---|---|---|---|---|---|---|---|---|---|---|---|---|
| 양력 | 5/29 | 30 | 31 | 6/1 | 2 | 3 | 4 | 5 | 6 | 7 | 8 | 9 | 10 | 11 | 12 | 13 | 14 | 15 | 16 | 17 | 18 | 19 | 20 | 21 | 22 | 23 | 24 | 25 | 26 |
| 일주 | 신사 | 임오 | 계미 | 갑신 | 을유 | 병술 | 정해 | 무자 | 기축 | 경인 | 신묘 | 임진 | 계사 | 갑오 | 을미 | 병신 | 정유 | 무술 | 기해 | 경자 | 신축 | 임인 | 계묘 | 갑진 | 을사 | 병오 | 정미 | 무신 | 기유 |

## ■ 6월

| 음력 | 6/1 | 2 | 3 | 4 | 5 | 6 | 7 | 8 | 9 | 10 | 11 | 12 | 13 | 14 | 15 | 16 | 17 | 18 | 19 | 20 | 21 | 22 | 23 | 24 | 25 | 26 | 27 | 28 | 29 | 30 |
|---|---|---|---|---|---|---|---|---|---|---|---|---|---|---|---|---|---|---|---|---|---|---|---|---|---|---|---|---|---|---|
| 양력 | 6/27 | 28 | 29 | 30 | 7/1 | 2 | 3 | 4 | 5 | 6 | 7 | 8 | 9 | 10 | 11 | 12 | 13 | 14 | 15 | 16 | 17 | 18 | 19 | 20 | 21 | 22 | 23 | 24 | 25 | 26 |
| 일주 | 경술 | 신해 | 임자 | 계축 | 갑인 | 을묘 | 병진 | 정사 | 무오 | 기미 | 경신 | 신유 | 임술 | 계해 | 갑자 | 을축 | 병인 | 정묘 | 무진 | 기사 | 경오 | 신미 | 임신 | 계유 | 갑술 | 을해 | 병자 | 정축 | 무인 | 기묘 |

## 7월

| 음력 | 7/1 | 2 | 3 | 4 | 5 | 6 | 7 | 8 | 9 | 10 | 11 | 12 | 13 | 14 | 15 | 16 | 17 | 18 | 19 | 20 | 21 | 22 | 23 | 24 | 25 | 26 | 27 | 28 | 29 |
|---|---|---|---|---|---|---|---|---|---|---|---|---|---|---|---|---|---|---|---|---|---|---|---|---|---|---|---|---|---|
| 양력 | 7/27 | 28 | 29 | 30 | 31 | 8/1 | 2 | 3 | 4 | 5 | 6 | 7 | 8 | 9 | 10 | 11 | 12 | 13 | 14 | 15 | 16 | 17 | 18 | 19 | 20 | 21 | 22 | 23 | 24 |
| 일주 | 경진 | 신사 | 임오 | 계미 | 갑신 | 을유 | 병술 | 정해 | 무자 | 기축 | 경인 | 신묘 | 임진 | 계사 | 갑오 | 을미 | 병신 | 정유 | 무술 | 기해 | 경자 | 신축 | 임인 | 계묘 | 갑진 | 을사 | 병오 | 정미 | 무신 |

## 8월

| 음력 | 8/1 | 2 | 3 | 4 | 5 | 6 | 7 | 8 | 9 | 10 | 11 | 12 | 13 | 14 | 15 | 16 | 17 | 18 | 19 | 20 | 21 | 22 | 23 | 24 | 25 | 26 | 27 | 28 | 29 | 30 |
|---|---|---|---|---|---|---|---|---|---|---|---|---|---|---|---|---|---|---|---|---|---|---|---|---|---|---|---|---|---|---|
| 양력 | 8/25 | 26 | 27 | 28 | 29 | 30 | 31 | 9/1 | 2 | 3 | 4 | 5 | 6 | 7 | 8 | 9 | 10 | 11 | 12 | 13 | 14 | 15 | 16 | 17 | 18 | 19 | 20 | 21 | 22 | 23 |
| 일주 | 기유 | 경술 | 신해 | 임자 | 계축 | 갑인 | 을묘 | 병진 | 정사 | 무오 | 기미 | 경신 | 신유 | 임술 | 계해 | 갑자 | 을축 | 병인 | 정묘 | 무진 | 기사 | 경오 | 신미 | 임신 | 계유 | 갑술 | 을해 | 병자 | 정축 | 무인 |

## 8월 윤달

| 음력 | 8/1 | 2 | 3 | 4 | 5 | 6 | 7 | 8 | 9 | 10 | 11 | 12 | 13 | 14 | 15 | 16 | 17 | 18 | 19 | 20 | 21 | 22 | 23 | 24 | 25 | 26 | 27 | 28 | 29 |
|---|---|---|---|---|---|---|---|---|---|---|---|---|---|---|---|---|---|---|---|---|---|---|---|---|---|---|---|---|---|
| 양력 | 9/24 | 25 | 26 | 27 | 28 | 29 | 30 | 10/1 | 2 | 3 | 4 | 5 | 6 | 7 | 8 | 9 | 10 | 11 | 12 | 13 | 14 | 15 | 16 | 17 | 18 | 19 | 20 | 21 | 22 |
| 일주 | 기묘 | 경진 | 신사 | 임오 | 계미 | 갑신 | 을유 | 병술 | 정해 | 무자 | 기축 | 경인 | 신묘 | 임진 | 계사 | 갑오 | 을미 | 병신 | 정유 | 무술 | 기해 | 경자 | 신축 | 임인 | 계묘 | 갑진 | 을사 | 병오 | 정미 |

## 9월

| 음력 | 9/1 | 2 | 3 | 4 | 5 | 6 | 7 | 8 | 9 | 10 | 11 | 12 | 13 | 14 | 15 | 16 | 17 | 18 | 19 | 20 | 21 | 22 | 23 | 24 | 25 | 26 | 27 | 28 | 29 | 30 |
|---|---|---|---|---|---|---|---|---|---|---|---|---|---|---|---|---|---|---|---|---|---|---|---|---|---|---|---|---|---|---|
| 양력 | 10/23 | 24 | 25 | 26 | 27 | 28 | 29 | 30 | 31 | 11/1 | 2 | 3 | 4 | 5 | 6 | 7 | 8 | 9 | 10 | 11 | 12 | 13 | 14 | 15 | 16 | 17 | 18 | 19 | 20 | 21 |
| 일주 | 무신 | 기유 | 경술 | 신해 | 임자 | 계축 | 갑인 | 을묘 | 병진 | 정사 | 무오 | 기미 | 경신 | 신유 | 임술 | 계해 | 갑자 | 을축 | 병인 | 정묘 | 무진 | 기사 | 경오 | 신미 | 임신 | 계유 | 갑술 | 을해 | 병자 | 정축 |

## 10월

| 음력 | 10/1 | 2 | 3 | 4 | 5 | 6 | 7 | 8 | 9 | 10 | 11 | 12 | 13 | 14 | 15 | 16 | 17 | 18 | 19 | 20 | 21 | 22 | 23 | 24 | 25 | 26 | 27 | 28 | 29 |
|---|---|---|---|---|---|---|---|---|---|---|---|---|---|---|---|---|---|---|---|---|---|---|---|---|---|---|---|---|---|
| 양력 | 11/22 | 23 | 24 | 25 | 26 | 27 | 28 | 29 | 30 | 12/1 | 2 | 3 | 4 | 5 | 6 | 7 | 8 | 9 | 10 | 11 | 12 | 13 | 14 | 15 | 16 | 17 | 18 | 19 | 20 |
| 일주 | 무인 | 기묘 | 경진 | 신사 | 임오 | 계미 | 갑신 | 을유 | 병술 | 정해 | 무자 | 기축 | 경인 | 신묘 | 임진 | 계사 | 갑오 | 을미 | 병신 | 정유 | 무술 | 기해 | 경자 | 신축 | 임인 | 계묘 | 갑진 | 을사 | 병오 |

## 11월

| 음력 | 11/1 | 2 | 3 | 4 | 5 | 6 | 7 | 8 | 9 | 10 | 11 | 12 | 13 | 14 | 15 | 16 | 17 | 18 | 19 | 20 | 21 | 22 | 23 | 24 | 25 | 26 | 27 | 28 | 29 |
|---|---|---|---|---|---|---|---|---|---|---|---|---|---|---|---|---|---|---|---|---|---|---|---|---|---|---|---|---|---|
| 양력 | 12/21 | 22 | 23 | 24 | 25 | 26 | 27 | 28 | 29 | 30 | 31 | 1/1 | 2 | 3 | 4 | 5 | 6 | 7 | 8 | 9 | 10 | 11 | 12 | 13 | 14 | 15 | 16 | 17 | 18 |
| 일주 | 정미 | 무신 | 기유 | 경술 | 신해 | 임자 | 계축 | 갑인 | 을묘 | 병진 | 정사 | 무오 | 기미 | 경신 | 신유 | 임술 | 계해 | 갑자 | 을축 | 병인 | 정묘 | 무진 | 기사 | 경오 | 신미 | 임신 | 계유 | 갑술 | 을해 |

## 12월

| 음력 | 12/1 | 2 | 3 | 4 | 5 | 6 | 7 | 8 | 9 | 10 | 11 | 12 | 13 | 14 | 15 | 16 | 17 | 18 | 19 | 20 | 21 | 22 | 23 | 24 | 25 | 26 | 27 | 28 | 29 | 30 |
|---|---|---|---|---|---|---|---|---|---|---|---|---|---|---|---|---|---|---|---|---|---|---|---|---|---|---|---|---|---|---|
| 양력 | 1/19 | 20 | 21 | 22 | 23 | 24 | 25 | 26 | 27 | 28 | 29 | 30 | 31 | 2/1 | 2 | 3 | 4 | 5 | 6 | 7 | 8 | 9 | 10 | 11 | 12 | 13 | 14 | 15 | 16 | 17 |
| 일주 | 병자 | 정축 | 무인 | 기묘 | 경진 | 신사 | 임오 | 계미 | 갑신 | 을유 | 병술 | 정해 | 무자 | 기축 | 경인 | 신묘 | 임진 | 계사 | 갑오 | 을미 | 병신 | 정유 | 무술 | 기해 | 경자 | 신축 | 임인 | 계묘 | 갑진 | 을사 |

## 1977년

### 1월

| 음력 | 1/1 | 2 | 3 | 4 | 5 | 6 | 7 | 8 | 9 | 10 | 11 | 12 | 13 | 14 | 15 | 16 | 17 | 18 | 19 | 20 | 21 | 22 | 23 | 24 | 25 | 26 | 27 | 28 | 29 | 30 |
|---|---|---|---|---|---|---|---|---|---|---|---|---|---|---|---|---|---|---|---|---|---|---|---|---|---|---|---|---|---|---|
| 양력 | 2/18 | 19 | 20 | 21 | 22 | 23 | 24 | 25 | 26 | 27 | 28 | 3/1 | 2 | 3 | 4 | 5 | 6 | 7 | 8 | 9 | 10 | 11 | 12 | 13 | 14 | 15 | 16 | 17 | 18 | 19 |
| 일주 | 병오 | 정미 | 무신 | 기유 | 경술 | 신해 | 임자 | 계축 | 갑인 | 을묘 | 병진 | 정사 | 무오 | 기미 | 경신 | 신유 | 임술 | 계해 | 갑자 | 을축 | 병인 | 정묘 | 무진 | 기사 | 경오 | 신미 | 임신 | 계유 | 갑술 | 을해 |

### 2월

| 음력 | 2/1 | 2 | 3 | 4 | 5 | 6 | 7 | 8 | 9 | 10 | 11 | 12 | 13 | 14 | 15 | 16 | 17 | 18 | 19 | 20 | 21 | 22 | 23 | 24 | 25 | 26 | 27 | 28 | 29 | |
|---|---|---|---|---|---|---|---|---|---|---|---|---|---|---|---|---|---|---|---|---|---|---|---|---|---|---|---|---|---|---|
| 양력 | 3/20 | 21 | 22 | 23 | 24 | 25 | 26 | 27 | 28 | 29 | 30 | 31 | 4/1 | 2 | 3 | 4 | 5 | 6 | 7 | 8 | 9 | 10 | 11 | 12 | 13 | 14 | 15 | 16 | 17 | |
| 일주 | 병자 | 정축 | 무인 | 기묘 | 경진 | 신사 | 임오 | 계미 | 갑신 | 을유 | 병술 | 정해 | 무자 | 기축 | 경인 | 신묘 | 임진 | 계사 | 갑오 | 을미 | 병신 | 정유 | 무술 | 기해 | 경자 | 신축 | 임인 | 계묘 | 갑진 | |

### 3월

| 음력 | 3/1 | 2 | 3 | 4 | 5 | 6 | 7 | 8 | 9 | 10 | 11 | 12 | 13 | 14 | 15 | 16 | 17 | 18 | 19 | 20 | 21 | 22 | 23 | 24 | 25 | 26 | 27 | 28 | 29 | 30 |
|---|---|---|---|---|---|---|---|---|---|---|---|---|---|---|---|---|---|---|---|---|---|---|---|---|---|---|---|---|---|---|
| 양력 | 4/18 | 19 | 20 | 21 | 22 | 23 | 24 | 25 | 26 | 27 | 28 | 29 | 30 | 5/1 | 2 | 3 | 4 | 5 | 6 | 7 | 8 | 9 | 10 | 11 | 12 | 13 | 14 | 15 | 16 | 17 |
| 일주 | 을사 | 병오 | 정미 | 무신 | 기유 | 경술 | 신해 | 임자 | 계축 | 갑인 | 을묘 | 병진 | 정사 | 무오 | 기미 | 경신 | 신유 | 임술 | 계해 | 갑자 | 을축 | 병인 | 정묘 | 무진 | 기사 | 경오 | 신미 | 임신 | 계유 | 갑술 |

### 4월

| 음력 | 4/1 | 2 | 3 | 4 | 5 | 6 | 7 | 8 | 9 | 10 | 11 | 12 | 13 | 14 | 15 | 16 | 17 | 18 | 19 | 20 | 21 | 22 | 23 | 24 | 25 | 26 | 27 | 28 | 29 | 30 |
|---|---|---|---|---|---|---|---|---|---|---|---|---|---|---|---|---|---|---|---|---|---|---|---|---|---|---|---|---|---|---|
| 양력 | 5/18 | 19 | 20 | 21 | 22 | 23 | 24 | 25 | 26 | 27 | 28 | 29 | 30 | 31 | 6/1 | 2 | 3 | 4 | 5 | 6 | 7 | 8 | 9 | 10 | 11 | 12 | 13 | 14 | 15 | 16 |
| 일주 | 을해 | 병자 | 정축 | 무인 | 기묘 | 경진 | 신사 | 임오 | 계미 | 갑신 | 을유 | 병술 | 정해 | 무자 | 기축 | 경인 | 신묘 | 임진 | 계사 | 갑오 | 을미 | 병신 | 정유 | 무술 | 기해 | 경자 | 신축 | 임인 | 계묘 | 갑진 |

### 5월

| 음력 | 5/1 | 2 | 3 | 4 | 5 | 6 | 7 | 8 | 9 | 10 | 11 | 12 | 13 | 14 | 15 | 16 | 17 | 18 | 19 | 20 | 21 | 22 | 23 | 24 | 25 | 26 | 27 | 28 | 29 | |
|---|---|---|---|---|---|---|---|---|---|---|---|---|---|---|---|---|---|---|---|---|---|---|---|---|---|---|---|---|---|---|
| 양력 | 6/17 | 18 | 19 | 20 | 21 | 22 | 23 | 24 | 25 | 26 | 27 | 28 | 29 | 30 | 7/1 | 2 | 3 | 4 | 5 | 6 | 7 | 8 | 9 | 10 | 11 | 12 | 13 | 14 | 15 | |
| 일주 | 을사 | 병오 | 정미 | 무신 | 기유 | 경술 | 신해 | 임자 | 계축 | 갑인 | 을묘 | 병진 | 정사 | 무오 | 기미 | 경신 | 신유 | 임술 | 계해 | 갑자 | 을축 | 병인 | 정묘 | 무진 | 기사 | 경오 | 신미 | 임신 | 계유 | |

### 6월

| 음력 | 6/1 | 2 | 3 | 4 | 5 | 6 | 7 | 8 | 9 | 10 | 11 | 12 | 13 | 14 | 15 | 16 | 17 | 18 | 19 | 20 | 21 | 22 | 23 | 24 | 25 | 26 | 27 | 28 | 29 | 30 |
|---|---|---|---|---|---|---|---|---|---|---|---|---|---|---|---|---|---|---|---|---|---|---|---|---|---|---|---|---|---|---|
| 양력 | 7/16 | 17 | 18 | 19 | 20 | 21 | 22 | 23 | 24 | 25 | 26 | 27 | 28 | 29 | 30 | 31 | 8/1 | 2 | 3 | 4 | 5 | 6 | 7 | 8 | 9 | 10 | 11 | 12 | 13 | 14 |
| 일주 | 갑술 | 을해 | 병자 | 정축 | 무인 | 기묘 | 경진 | 신사 | 임오 | 계미 | 갑신 | 을유 | 병술 | 정해 | 무자 | 기축 | 경인 | 신묘 | 임진 | 계사 | 갑오 | 을미 | 병신 | 정유 | 무술 | 기해 | 경자 | 신축 | 임인 | 계묘 |

## ■ 7월

| 음력 | 7/1 | 2 | 3 | 4 | 5 | 6 | 7 | 8 | 9 | 10 | 11 | 12 | 13 | 14 | 15 | 16 | 17 | 18 | 19 | 20 | 21 | 22 | 23 | 24 | 25 | 26 | 27 | 28 | 29 |
|---|---|---|---|---|---|---|---|---|---|---|---|---|---|---|---|---|---|---|---|---|---|---|---|---|---|---|---|---|---|
| 양력 | 8/15 | 16 | 17 | 18 | 19 | 20 | 21 | 22 | 23 | 24 | 25 | 26 | 27 | 28 | 29 | 30 | 31 | 9/1 | 2 | 3 | 4 | 5 | 6 | 7 | 8 | 9 | 10 | 11 | 12 |
| 일주 | 갑진 | 을사 | 병오 | 정미 | 무신 | 기유 | 경술 | 신해 | 임자 | 계축 | 갑인 | 을묘 | 병진 | 정사 | 무오 | 기미 | 경신 | 신유 | 임술 | 계해 | 갑자 | 을축 | 병인 | 정묘 | 무진 | 기사 | 경오 | 신미 | 임신 |

## ■ 8월

| 음력 | 8/1 | 2 | 3 | 4 | 5 | 6 | 7 | 8 | 9 | 10 | 11 | 12 | 13 | 14 | 15 | 16 | 17 | 18 | 19 | 20 | 21 | 22 | 23 | 24 | 25 | 26 | 27 | 28 | 29 | 30 |
|---|---|---|---|---|---|---|---|---|---|---|---|---|---|---|---|---|---|---|---|---|---|---|---|---|---|---|---|---|---|---|
| 양력 | 9/13 | 14 | 15 | 16 | 17 | 18 | 19 | 20 | 21 | 22 | 23 | 24 | 25 | 26 | 27 | 28 | 29 | 30 | 10/1 | 2 | 3 | 4 | 5 | 6 | 7 | 8 | 9 | 10 | 11 | 12 |
| 일주 | 계유 | 갑술 | 을해 | 병자 | 정축 | 무인 | 기묘 | 경진 | 신사 | 임오 | 계미 | 갑신 | 을유 | 병술 | 정해 | 무자 | 기축 | 경인 | 신묘 | 임진 | 계사 | 갑오 | 을미 | 병신 | 정유 | 무술 | 기해 | 경자 | 신축 | 임인 |

## ■ 9월

| 음력 | 9/1 | 2 | 3 | 4 | 5 | 6 | 7 | 8 | 9 | 10 | 11 | 12 | 13 | 14 | 15 | 16 | 17 | 18 | 19 | 20 | 21 | 22 | 23 | 24 | 25 | 26 | 27 | 28 | 29 |
|---|---|---|---|---|---|---|---|---|---|---|---|---|---|---|---|---|---|---|---|---|---|---|---|---|---|---|---|---|---|
| 양력 | 10/13 | 14 | 15 | 16 | 17 | 18 | 19 | 20 | 21 | 22 | 23 | 24 | 25 | 26 | 27 | 28 | 29 | 30 | 31 | 11/1 | 2 | 3 | 4 | 5 | 6 | 7 | 8 | 9 | 10 |
| 일주 | 계묘 | 갑진 | 을사 | 병오 | 정미 | 무신 | 기유 | 경술 | 신해 | 임자 | 계축 | 갑인 | 을묘 | 병진 | 정사 | 무오 | 기미 | 경신 | 신유 | 임술 | 계해 | 갑자 | 을축 | 병인 | 정묘 | 무진 | 기사 | 경오 | 신미 |

## ■ 10월

| 음력 | 10/1 | 2 | 3 | 4 | 5 | 6 | 7 | 8 | 9 | 10 | 11 | 12 | 13 | 14 | 15 | 16 | 17 | 18 | 19 | 20 | 21 | 22 | 23 | 24 | 25 | 26 | 27 | 28 | 29 | 30 |
|---|---|---|---|---|---|---|---|---|---|---|---|---|---|---|---|---|---|---|---|---|---|---|---|---|---|---|---|---|---|---|
| 양력 | 11/11 | 12 | 13 | 14 | 15 | 16 | 17 | 18 | 19 | 20 | 21 | 22 | 23 | 24 | 25 | 26 | 27 | 28 | 29 | 30 | 12/1 | 2 | 3 | 4 | 5 | 6 | 7 | 8 | 9 | 10 |
| 일주 | 임신 | 계유 | 갑술 | 을해 | 병자 | 정축 | 무인 | 기묘 | 경진 | 신사 | 임오 | 계미 | 갑신 | 을유 | 병술 | 정해 | 무자 | 기축 | 경인 | 신묘 | 임진 | 계사 | 갑오 | 을미 | 병신 | 정유 | 무술 | 기해 | 경자 | 신축 |

## ■ 11월

| 음력 | 11/1 | 2 | 3 | 4 | 5 | 6 | 7 | 8 | 9 | 10 | 11 | 12 | 13 | 14 | 15 | 16 | 17 | 18 | 19 | 20 | 21 | 22 | 23 | 24 | 25 | 26 | 27 | 28 | 29 |
|---|---|---|---|---|---|---|---|---|---|---|---|---|---|---|---|---|---|---|---|---|---|---|---|---|---|---|---|---|---|
| 양력 | 12/11 | 12 | 13 | 14 | 15 | 16 | 17 | 18 | 19 | 20 | 21 | 22 | 23 | 24 | 25 | 26 | 27 | 28 | 29 | 30 | 31 | 1/1 | 2 | 3 | 4 | 5 | 6 | 7 | 8 |
| 일주 | 임인 | 계묘 | 갑진 | 을사 | 병오 | 정미 | 무신 | 기유 | 경술 | 신해 | 임자 | 계축 | 갑인 | 을묘 | 병진 | 정사 | 무오 | 기미 | 경신 | 신유 | 임술 | 계해 | 갑자 | 을축 | 병인 | 정묘 | 무진 | 기사 | 경오 |

## ■ 12월

| 음력 | 12/1 | 2 | 3 | 4 | 5 | 6 | 7 | 8 | 9 | 10 | 11 | 12 | 13 | 14 | 15 | 16 | 17 | 18 | 19 | 20 | 21 | 22 | 23 | 24 | 25 | 26 | 27 | 28 | 29 |
|---|---|---|---|---|---|---|---|---|---|---|---|---|---|---|---|---|---|---|---|---|---|---|---|---|---|---|---|---|---|
| 양력 | 1/9 | 10 | 11 | 12 | 13 | 14 | 15 | 16 | 17 | 18 | 19 | 20 | 21 | 22 | 23 | 24 | 25 | 26 | 27 | 28 | 29 | 30 | 31 | 2/1 | 2 | 3 | 4 | 5 | 6 |
| 일주 | 신미 | 임신 | 계유 | 갑술 | 을해 | 병자 | 정축 | 무인 | 기묘 | 경진 | 신사 | 임오 | 계미 | 갑신 | 을유 | 병술 | 정해 | 무자 | 기축 | 경인 | 신묘 | 임진 | 계사 | 갑오 | 을미 | 병신 | 정유 | 무술 | 기해 |

# 1978년

### ■ 1월

| 음력 | 1/1 | 2 | 3 | 4 | 5 | 6 | 7 | 8 | 9 | 10 | 11 | 12 | 13 | 14 | 15 | 16 | 17 | 18 | 19 | 20 | 21 | 22 | 23 | 24 | 25 | 26 | 27 | 28 | 29 | 30 |
|---|---|---|---|---|---|---|---|---|---|---|---|---|---|---|---|---|---|---|---|---|---|---|---|---|---|---|---|---|---|---|
| 양력 | 2/7 | 8 | 9 | 10 | 11 | 12 | 13 | 14 | 15 | 16 | 17 | 18 | 19 | 20 | 21 | 22 | 23 | 24 | 25 | 26 | 27 | 28 | 3/1 | 2 | 3 | 4 | 5 | 6 | 7 | 8 |
| 일주 | 경자 | 신축 | 임인 | 계묘 | 갑진 | 을사 | 병오 | 정미 | 무신 | 기유 | 경술 | 신해 | 임자 | 계축 | 갑인 | 을묘 | 병진 | 정사 | 무오 | 기미 | 경신 | 신유 | 임술 | 계해 | 갑자 | 을축 | 병인 | 정묘 | 무진 | 기사 |

### ■ 2월

| 음력 | 2/1 | 2 | 3 | 4 | 5 | 6 | 7 | 8 | 9 | 10 | 11 | 12 | 13 | 14 | 15 | 16 | 17 | 18 | 19 | 20 | 21 | 22 | 23 | 24 | 25 | 26 | 27 | 28 | 29 | 30 |
|---|---|---|---|---|---|---|---|---|---|---|---|---|---|---|---|---|---|---|---|---|---|---|---|---|---|---|---|---|---|---|
| 양력 | 3/9 | 10 | 11 | 12 | 13 | 14 | 15 | 16 | 17 | 18 | 19 | 20 | 21 | 22 | 23 | 24 | 25 | 26 | 27 | 28 | 29 | 30 | 31 | 4/1 | 2 | 3 | 4 | 5 | 6 | 7 |
| 일주 | 경오 | 신미 | 임신 | 계유 | 갑술 | 을해 | 병자 | 정축 | 무인 | 기묘 | 경진 | 신사 | 임오 | 계미 | 갑신 | 을유 | 병술 | 정해 | 무자 | 기축 | 경인 | 신묘 | 임진 | 계사 | 갑오 | 을미 | 병신 | 정유 | 무술 | 기해 |

### ■ 3월

| 음력 | 3/1 | 2 | 3 | 4 | 5 | 6 | 7 | 8 | 9 | 10 | 11 | 12 | 13 | 14 | 15 | 16 | 17 | 18 | 19 | 20 | 21 | 22 | 23 | 24 | 25 | 26 | 27 | 28 | 29 |
|---|---|---|---|---|---|---|---|---|---|---|---|---|---|---|---|---|---|---|---|---|---|---|---|---|---|---|---|---|---|
| 양력 | 4/8 | 9 | 10 | 11 | 12 | 13 | 14 | 15 | 16 | 17 | 18 | 19 | 20 | 21 | 22 | 23 | 24 | 25 | 26 | 27 | 28 | 29 | 30 | 5/1 | 2 | 3 | 4 | 5 | 6 |
| 일주 | 경자 | 신축 | 임인 | 계묘 | 갑진 | 을사 | 병오 | 정미 | 무신 | 기유 | 경술 | 신해 | 임자 | 계축 | 갑인 | 을묘 | 병진 | 정사 | 무오 | 기미 | 경신 | 신유 | 임술 | 계해 | 갑자 | 을축 | 병인 | 정묘 | 무진 |

### ■ 4월

| 음력 | 4/1 | 2 | 3 | 4 | 5 | 6 | 7 | 8 | 9 | 10 | 11 | 12 | 13 | 14 | 15 | 16 | 17 | 18 | 19 | 20 | 21 | 22 | 23 | 24 | 25 | 26 | 27 | 28 | 29 | 30 |
|---|---|---|---|---|---|---|---|---|---|---|---|---|---|---|---|---|---|---|---|---|---|---|---|---|---|---|---|---|---|---|
| 양력 | 5/7 | 8 | 9 | 10 | 11 | 12 | 13 | 14 | 15 | 16 | 17 | 18 | 19 | 20 | 21 | 22 | 23 | 24 | 25 | 26 | 27 | 28 | 29 | 30 | 31 | 6/1 | 2 | 3 | 4 | 5 |
| 일주 | 기사 | 경오 | 신미 | 임신 | 계유 | 갑술 | 을해 | 병자 | 정축 | 무인 | 기묘 | 경진 | 신사 | 임오 | 계미 | 갑신 | 을유 | 병술 | 정해 | 무자 | 기축 | 경인 | 신묘 | 임진 | 계사 | 갑오 | 을미 | 병신 | 정유 | 무술 |

### ■ 5월

| 음력 | 5/1 | 2 | 3 | 4 | 5 | 6 | 7 | 8 | 9 | 10 | 11 | 12 | 13 | 14 | 15 | 16 | 17 | 18 | 19 | 20 | 21 | 22 | 23 | 24 | 25 | 26 | 27 | 28 | 29 |
|---|---|---|---|---|---|---|---|---|---|---|---|---|---|---|---|---|---|---|---|---|---|---|---|---|---|---|---|---|---|
| 양력 | 6/6 | 7 | 8 | 9 | 10 | 11 | 12 | 13 | 14 | 15 | 16 | 17 | 18 | 19 | 20 | 21 | 22 | 23 | 24 | 25 | 26 | 27 | 28 | 29 | 30 | 7/1 | 2 | 3 | 4 |
| 일주 | 기해 | 경자 | 신축 | 임인 | 계묘 | 갑진 | 을사 | 병오 | 정미 | 무신 | 기유 | 경술 | 신해 | 임자 | 계축 | 갑인 | 을묘 | 병진 | 정사 | 무오 | 기미 | 경신 | 신유 | 임술 | 계해 | 갑자 | 을축 | 병인 | 정묘 |

### ■ 6월

| 음력 | 6/1 | 2 | 3 | 4 | 5 | 6 | 7 | 8 | 9 | 10 | 11 | 12 | 13 | 14 | 15 | 16 | 17 | 18 | 19 | 20 | 21 | 22 | 23 | 24 | 25 | 26 | 27 | 28 | 29 | 30 |
|---|---|---|---|---|---|---|---|---|---|---|---|---|---|---|---|---|---|---|---|---|---|---|---|---|---|---|---|---|---|---|
| 양력 | 7/5 | 6 | 7 | 8 | 9 | 10 | 11 | 12 | 13 | 14 | 15 | 16 | 17 | 18 | 19 | 20 | 21 | 22 | 23 | 24 | 25 | 26 | 27 | 28 | 29 | 30 | 31 | 8/1 | 2 | 3 |
| 일주 | 무진 | 기사 | 경오 | 신미 | 임신 | 계유 | 갑술 | 을해 | 병자 | 정축 | 무인 | 기묘 | 경진 | 신사 | 임오 | 계미 | 갑신 | 을유 | 병술 | 정해 | 무자 | 기축 | 경인 | 신묘 | 임진 | 계사 | 갑오 | 을미 | 병신 | 정유 |

## 7월

| 음력 | 7/1 | 2 | 3 | 4 | 5 | 6 | 7 | 8 | 9 | 10 | 11 | 12 | 13 | 14 | 15 | 16 | 17 | 18 | 19 | 20 | 21 | 22 | 23 | 24 | 25 | 26 | 27 | 28 | 29 | 30 |
|---|---|---|---|---|---|---|---|---|---|---|---|---|---|---|---|---|---|---|---|---|---|---|---|---|---|---|---|---|---|---|
| 양력 | 8/4 | 5 | 6 | 7 | 8 | 9 | 10 | 11 | 12 | 13 | 14 | 15 | 16 | 17 | 18 | 19 | 20 | 21 | 22 | 23 | 24 | 25 | 26 | 27 | 28 | 29 | 30 | 31 | 9/1 | 2 |
| 일주 | 무술 | 기해 | 경자 | 신축 | 임인 | 계묘 | 갑진 | 을사 | 병오 | 정미 | 무신 | 기유 | 경술 | 신해 | 임자 | 계축 | 갑인 | 을묘 | 병진 | 정사 | 무오 | 기미 | 경신 | 신유 | 임술 | 계해 | 갑자 | 을축 | 병인 | 정묘 |

## 8월

| 음력 | 8/1 | 2 | 3 | 4 | 5 | 6 | 7 | 8 | 9 | 10 | 11 | 12 | 13 | 14 | 15 | 16 | 17 | 18 | 19 | 20 | 21 | 22 | 23 | 24 | 25 | 26 | 27 | 28 | 29 |
|---|---|---|---|---|---|---|---|---|---|---|---|---|---|---|---|---|---|---|---|---|---|---|---|---|---|---|---|---|---|
| 양력 | 9/3 | 4 | 5 | 6 | 7 | 8 | 9 | 10 | 11 | 12 | 13 | 14 | 15 | 16 | 17 | 18 | 19 | 20 | 21 | 22 | 23 | 24 | 25 | 26 | 27 | 28 | 29 | 30 | 10/1 |
| 일주 | 무진 | 기사 | 경오 | 신미 | 임신 | 계유 | 갑술 | 을해 | 병자 | 정축 | 무인 | 기묘 | 경진 | 신사 | 임오 | 계미 | 갑신 | 을유 | 병술 | 정해 | 무자 | 기축 | 경인 | 신묘 | 임진 | 계사 | 갑오 | 을미 | 병신 |

## 9월

| 음력 | 9/1 | 2 | 3 | 4 | 5 | 6 | 7 | 8 | 9 | 10 | 11 | 12 | 13 | 14 | 15 | 16 | 17 | 18 | 19 | 20 | 21 | 22 | 23 | 24 | 25 | 26 | 27 | 28 | 29 | 30 |
|---|---|---|---|---|---|---|---|---|---|---|---|---|---|---|---|---|---|---|---|---|---|---|---|---|---|---|---|---|---|---|
| 양력 | 10/2 | 3 | 4 | 5 | 6 | 7 | 8 | 9 | 10 | 11 | 12 | 13 | 14 | 15 | 16 | 17 | 18 | 19 | 20 | 21 | 22 | 23 | 24 | 25 | 26 | 27 | 28 | 29 | 30 | 31 |
| 일주 | 정유 | 무술 | 기해 | 경자 | 신축 | 임인 | 계묘 | 갑진 | 을사 | 병오 | 정미 | 무신 | 기유 | 경술 | 신해 | 임자 | 계축 | 갑인 | 을묘 | 병진 | 정사 | 무오 | 기미 | 경신 | 신유 | 임술 | 계해 | 갑자 | 을축 | 병인 |

## 10월

| 음력 | 10/1 | 2 | 3 | 4 | 5 | 6 | 7 | 8 | 9 | 10 | 11 | 12 | 13 | 14 | 15 | 16 | 17 | 18 | 19 | 20 | 21 | 22 | 23 | 24 | 25 | 26 | 27 | 28 | 29 |
|---|---|---|---|---|---|---|---|---|---|---|---|---|---|---|---|---|---|---|---|---|---|---|---|---|---|---|---|---|---|
| 양력 | 11/1 | 2 | 3 | 4 | 5 | 6 | 7 | 8 | 9 | 10 | 11 | 12 | 13 | 14 | 15 | 16 | 17 | 18 | 19 | 20 | 21 | 22 | 23 | 24 | 25 | 26 | 27 | 28 | 29 |
| 일주 | 정묘 | 무진 | 기사 | 경오 | 신미 | 임신 | 계유 | 갑술 | 을해 | 병자 | 정축 | 무인 | 기묘 | 경진 | 신사 | 임오 | 계미 | 갑신 | 을유 | 병술 | 정해 | 무자 | 기축 | 경인 | 신묘 | 임진 | 계사 | 갑오 | 을미 |

## 11월

| 음력 | 11/1 | 2 | 3 | 4 | 5 | 6 | 7 | 8 | 9 | 10 | 11 | 12 | 13 | 14 | 15 | 16 | 17 | 18 | 19 | 20 | 21 | 22 | 23 | 24 | 25 | 26 | 27 | 28 | 29 | 30 |
|---|---|---|---|---|---|---|---|---|---|---|---|---|---|---|---|---|---|---|---|---|---|---|---|---|---|---|---|---|---|---|
| 양력 | 11/30 | 12/1 | 2 | 3 | 4 | 5 | 6 | 7 | 8 | 9 | 10 | 11 | 12 | 13 | 14 | 15 | 16 | 17 | 18 | 19 | 20 | 21 | 22 | 23 | 24 | 25 | 26 | 27 | 28 | 29 |
| 일주 | 병신 | 정유 | 무술 | 기해 | 경자 | 신축 | 임인 | 계묘 | 갑진 | 을사 | 병오 | 정미 | 무신 | 기유 | 경술 | 신해 | 임자 | 계축 | 갑인 | 을묘 | 병진 | 정사 | 무오 | 기미 | 경신 | 신유 | 임술 | 계해 | 갑자 | 을축 |

## 12월

| 음력 | 12/1 | 2 | 3 | 4 | 5 | 6 | 7 | 8 | 9 | 10 | 11 | 12 | 13 | 14 | 15 | 16 | 17 | 18 | 19 | 20 | 21 | 22 | 23 | 24 | 25 | 26 | 27 | 28 | 29 |
|---|---|---|---|---|---|---|---|---|---|---|---|---|---|---|---|---|---|---|---|---|---|---|---|---|---|---|---|---|---|
| 양력 | 12/30 | 31 | 1/1 | 2 | 3 | 4 | 5 | 6 | 7 | 8 | 9 | 10 | 11 | 12 | 13 | 14 | 15 | 16 | 17 | 18 | 19 | 20 | 21 | 22 | 23 | 24 | 25 | 26 | 27 |
| 일주 | 병인 | 정묘 | 무진 | 기사 | 경오 | 신미 | 임신 | 계유 | 갑술 | 을해 | 병자 | 정축 | 무인 | 기묘 | 경진 | 신사 | 임오 | 계미 | 갑신 | 을유 | 병술 | 정해 | 무자 | 기축 | 경인 | 신묘 | 임진 | 계사 | 갑오 |

# 1979년

## 1월

| 음력 | 1/1 | 2 | 3 | 4 | 5 | 6 | 7 | 8 | 9 | 10 | 11 | 12 | 13 | 14 | 15 | 16 | 17 | 18 | 19 | 20 | 21 | 22 | 23 | 24 | 25 | 26 | 27 | 28 | 29 | 30 |
|---|---|---|---|---|---|---|---|---|---|---|---|---|---|---|---|---|---|---|---|---|---|---|---|---|---|---|---|---|---|---|
| 양력 | 1/28 | 29 | 30 | 31 | 2/1 | 2 | 3 | 4 | 5 | 6 | 7 | 8 | 9 | 10 | 11 | 12 | 13 | 14 | 15 | 16 | 17 | 18 | 19 | 20 | 21 | 22 | 23 | 24 | 25 | 26 |
| 일주 | 을미 | 병신 | 정유 | 무술 | 기해 | 경자 | 신축 | 임인 | 계묘 | 갑진 | 을사 | 병오 | 정미 | 무신 | 기유 | 경술 | 신해 | 임자 | 계축 | 갑인 | 을묘 | 병진 | 정사 | 무오 | 기미 | 경신 | 신유 | 임술 | 계해 | 갑자 |

## 2월

| 음력 | 2/1 | 2 | 3 | 4 | 5 | 6 | 7 | 8 | 9 | 10 | 11 | 12 | 13 | 14 | 15 | 16 | 17 | 18 | 19 | 20 | 21 | 22 | 23 | 24 | 25 | 26 | 27 | 28 | 29 |
|---|---|---|---|---|---|---|---|---|---|---|---|---|---|---|---|---|---|---|---|---|---|---|---|---|---|---|---|---|---|
| 양력 | 2/27 | 28 | 3/1 | 2 | 3 | 4 | 5 | 6 | 7 | 8 | 9 | 10 | 11 | 12 | 13 | 14 | 15 | 16 | 17 | 18 | 19 | 20 | 21 | 22 | 23 | 24 | 25 | 26 | 27 |
| 일주 | 을축 | 병인 | 정묘 | 무진 | 기사 | 경오 | 신미 | 임신 | 계유 | 갑술 | 을해 | 병자 | 정축 | 무인 | 기묘 | 경진 | 신사 | 임오 | 계미 | 갑신 | 을유 | 병술 | 정해 | 무자 | 기축 | 경인 | 신묘 | 임진 | 계사 |

## 3월

| 음력 | 3/1 | 2 | 3 | 4 | 5 | 6 | 7 | 8 | 9 | 10 | 11 | 12 | 13 | 14 | 15 | 16 | 17 | 18 | 19 | 20 | 21 | 22 | 23 | 24 | 25 | 26 | 27 | 28 | 29 |
|---|---|---|---|---|---|---|---|---|---|---|---|---|---|---|---|---|---|---|---|---|---|---|---|---|---|---|---|---|---|
| 양력 | 3/28 | 29 | 30 | 31 | 4/1 | 2 | 3 | 4 | 5 | 6 | 7 | 8 | 9 | 10 | 11 | 12 | 13 | 14 | 15 | 16 | 17 | 18 | 19 | 20 | 21 | 22 | 23 | 24 | 25 |
| 일주 | 갑오 | 을미 | 병신 | 정유 | 무술 | 기해 | 경자 | 신축 | 임인 | 계묘 | 갑진 | 을사 | 병오 | 정미 | 무신 | 기유 | 경술 | 신해 | 임자 | 계축 | 갑인 | 을묘 | 병진 | 정사 | 무오 | 기미 | 경신 | 신유 | 임술 |

## 4월

| 음력 | 4/1 | 2 | 3 | 4 | 5 | 6 | 7 | 8 | 9 | 10 | 11 | 12 | 13 | 14 | 15 | 16 | 17 | 18 | 19 | 20 | 21 | 22 | 23 | 24 | 25 | 26 | 27 | 28 | 29 | 30 |
|---|---|---|---|---|---|---|---|---|---|---|---|---|---|---|---|---|---|---|---|---|---|---|---|---|---|---|---|---|---|---|
| 양력 | 4/26 | 27 | 28 | 29 | 30 | 5/1 | 2 | 3 | 4 | 5 | 6 | 7 | 8 | 9 | 10 | 11 | 12 | 13 | 14 | 15 | 16 | 17 | 18 | 19 | 20 | 21 | 22 | 23 | 24 | 25 |
| 일주 | 계해 | 갑자 | 을축 | 병인 | 정묘 | 무진 | 기사 | 경오 | 신미 | 임신 | 계유 | 갑술 | 을해 | 병자 | 정축 | 무인 | 기묘 | 경진 | 신사 | 임오 | 계미 | 갑신 | 을유 | 병술 | 정해 | 무자 | 기축 | 경인 | 신묘 | 임진 |

## 5월

| 음력 | 5/1 | 2 | 3 | 4 | 5 | 6 | 7 | 8 | 9 | 10 | 11 | 12 | 13 | 14 | 15 | 16 | 17 | 18 | 19 | 20 | 21 | 22 | 23 | 24 | 25 | 26 | 27 | 28 | 29 |
|---|---|---|---|---|---|---|---|---|---|---|---|---|---|---|---|---|---|---|---|---|---|---|---|---|---|---|---|---|---|
| 양력 | 5/26 | 27 | 28 | 29 | 30 | 31 | 6/1 | 2 | 3 | 4 | 5 | 6 | 7 | 8 | 9 | 10 | 11 | 12 | 13 | 14 | 15 | 16 | 17 | 18 | 19 | 20 | 21 | 22 | 23 |
| 일주 | 계사 | 갑오 | 을미 | 병신 | 정유 | 무술 | 기해 | 경자 | 신축 | 임인 | 계묘 | 갑진 | 을사 | 병오 | 정미 | 무신 | 기유 | 경술 | 신해 | 임자 | 계축 | 갑인 | 을묘 | 병진 | 정사 | 무오 | 기미 | 경신 | 신유 |

## 6월

| 음력 | 6/1 | 2 | 3 | 4 | 5 | 6 | 7 | 8 | 9 | 10 | 11 | 12 | 13 | 14 | 15 | 16 | 17 | 18 | 19 | 20 | 21 | 22 | 23 | 24 | 25 | 26 | 27 | 28 | 29 | 30 |
|---|---|---|---|---|---|---|---|---|---|---|---|---|---|---|---|---|---|---|---|---|---|---|---|---|---|---|---|---|---|---|
| 양력 | 6/24 | 25 | 26 | 27 | 28 | 29 | 30 | 7/1 | 2 | 3 | 4 | 5 | 6 | 7 | 8 | 9 | 10 | 11 | 12 | 13 | 14 | 15 | 16 | 17 | 18 | 19 | 20 | 21 | 22 | 23 |
| 일주 | 임술 | 계해 | 갑자 | 을축 | 병인 | 정묘 | 무진 | 기사 | 경오 | 신미 | 임신 | 계유 | 갑술 | 을해 | 병자 | 정축 | 무인 | 기묘 | 경진 | 신사 | 임오 | 계미 | 갑신 | 을유 | 병술 | 정해 | 무자 | 기축 | 경인 | 신묘 |

## 6월 윤달

| 음력 | 6/1 | 2 | 3 | 4 | 5 | 6 | 7 | 8 | 9 | 10 | 11 | 12 | 13 | 14 | 15 | 16 | 17 | 18 | 19 | 20 | 21 | 22 | 23 | 24 | 25 | 26 | 27 | 28 | 29 | 30 |
|---|---|---|---|---|---|---|---|---|---|---|---|---|---|---|---|---|---|---|---|---|---|---|---|---|---|---|---|---|---|---|
| 양력 | 7/24 | 25 | 26 | 27 | 28 | 29 | 30 | 31 | 8/1 | 2 | 3 | 4 | 5 | 6 | 7 | 8 | 9 | 10 | 11 | 12 | 13 | 14 | 15 | 16 | 17 | 18 | 19 | 20 | 21 | 22 |
| 일주 | 임진 | 계사 | 갑오 | 을미 | 병신 | 정유 | 무술 | 기해 | 경자 | 신축 | 임인 | 계묘 | 갑진 | 을사 | 병오 | 정미 | 무신 | 기유 | 경술 | 신해 | 임자 | 계축 | 갑인 | 을묘 | 병진 | 정사 | 무오 | 기미 | 경신 | 신유 |

### ■ 7월

| 음력 | 7/1 | 2 | 3 | 4 | 5 | 6 | 7 | 8 | 9 | 10 | 11 | 12 | 13 | 14 | 15 | 16 | 17 | 18 | 19 | 20 | 21 | 22 | 23 | 24 | 25 | 26 | 27 | 28 | 29 |
|---|---|---|---|---|---|---|---|---|---|---|---|---|---|---|---|---|---|---|---|---|---|---|---|---|---|---|---|---|---|
| 양력 | 8/23 | 24 | 25 | 26 | 27 | 28 | 29 | 30 | 31 | 9/1 | 2 | 3 | 4 | 5 | 6 | 7 | 8 | 9 | 10 | 11 | 12 | 13 | 14 | 15 | 16 | 17 | 18 | 19 | 20 |
| 일주 | 임술 | 계해 | 갑자 | 을축 | 병인 | 정묘 | 무진 | 기사 | 경오 | 신미 | 임신 | 계유 | 갑술 | 을해 | 병자 | 정축 | 무인 | 기묘 | 경진 | 신사 | 임오 | 계미 | 갑신 | 을유 | 병술 | 정해 | 무자 | 기축 | 경인 |

### ■ 8월

| 음력 | 8/1 | 2 | 3 | 4 | 5 | 6 | 7 | 8 | 9 | 10 | 11 | 12 | 13 | 14 | 15 | 16 | 17 | 18 | 19 | 20 | 21 | 22 | 23 | 24 | 25 | 26 | 27 | 28 | 29 | 30 |
|---|---|---|---|---|---|---|---|---|---|---|---|---|---|---|---|---|---|---|---|---|---|---|---|---|---|---|---|---|---|---|
| 양력 | 9/21 | 22 | 23 | 24 | 25 | 26 | 27 | 28 | 29 | 30 | 10/1 | 2 | 3 | 4 | 5 | 6 | 7 | 8 | 9 | 10 | 11 | 12 | 13 | 14 | 15 | 16 | 17 | 18 | 19 | 20 |
| 일주 | 신묘 | 임진 | 계사 | 갑오 | 을미 | 병신 | 정유 | 무술 | 기해 | 경자 | 신축 | 임인 | 계묘 | 갑진 | 을사 | 병오 | 정미 | 무신 | 기유 | 경술 | 신해 | 임자 | 계축 | 갑인 | 을묘 | 병진 | 정사 | 무오 | 기미 | 경신 |

### ■ 9월

| 음력 | 9/1 | 2 | 3 | 4 | 5 | 6 | 7 | 8 | 9 | 10 | 11 | 12 | 13 | 14 | 15 | 16 | 17 | 18 | 19 | 20 | 21 | 22 | 23 | 24 | 25 | 26 | 27 | 28 | 29 | 30 |
|---|---|---|---|---|---|---|---|---|---|---|---|---|---|---|---|---|---|---|---|---|---|---|---|---|---|---|---|---|---|---|
| 양력 | 10/21 | 22 | 23 | 24 | 25 | 26 | 27 | 28 | 29 | 30 | 31 | 11/1 | 2 | 3 | 4 | 5 | 6 | 7 | 8 | 9 | 10 | 11 | 12 | 13 | 14 | 15 | 16 | 17 | 18 | 19 |
| 일주 | 신유 | 임술 | 계해 | 갑자 | 을축 | 병인 | 정묘 | 무진 | 기사 | 경오 | 신미 | 임신 | 계유 | 갑술 | 을해 | 병자 | 정축 | 무인 | 기묘 | 경진 | 신사 | 임오 | 계미 | 갑신 | 을유 | 병술 | 정해 | 무자 | 기축 | 경인 |

### ■ 10월

| 음력 | 10/1 | 2 | 3 | 4 | 5 | 6 | 7 | 8 | 9 | 10 | 11 | 12 | 13 | 14 | 15 | 16 | 17 | 18 | 19 | 20 | 21 | 22 | 23 | 24 | 25 | 26 | 27 | 28 | 29 |
|---|---|---|---|---|---|---|---|---|---|---|---|---|---|---|---|---|---|---|---|---|---|---|---|---|---|---|---|---|---|
| 양력 | 11/20 | 21 | 22 | 23 | 24 | 25 | 26 | 27 | 28 | 29 | 30 | 12/1 | 2 | 3 | 4 | 5 | 6 | 7 | 8 | 9 | 10 | 11 | 12 | 13 | 14 | 15 | 16 | 17 | 18 |
| 일주 | 신묘 | 임진 | 계사 | 갑오 | 을미 | 병신 | 정유 | 무술 | 기해 | 경자 | 신축 | 임인 | 계묘 | 갑진 | 을사 | 병오 | 정미 | 무신 | 기유 | 경술 | 신해 | 임자 | 계축 | 갑인 | 을묘 | 병진 | 정사 | 무오 | 기미 |

### ■ 11월

| 음력 | 11/1 | 2 | 3 | 4 | 5 | 6 | 7 | 8 | 9 | 10 | 11 | 12 | 13 | 14 | 15 | 16 | 17 | 18 | 19 | 20 | 21 | 22 | 23 | 24 | 25 | 26 | 27 | 28 | 29 | 30 |
|---|---|---|---|---|---|---|---|---|---|---|---|---|---|---|---|---|---|---|---|---|---|---|---|---|---|---|---|---|---|---|
| 양력 | 12/19 | 20 | 21 | 22 | 23 | 24 | 25 | 26 | 27 | 28 | 29 | 30 | 31 | 1/1 | 2 | 3 | 4 | 5 | 6 | 7 | 8 | 9 | 10 | 11 | 12 | 13 | 14 | 15 | 16 | 17 |
| 일주 | 경신 | 신유 | 임술 | 계해 | 갑자 | 을축 | 병인 | 정묘 | 무진 | 기사 | 경오 | 신미 | 임신 | 계유 | 갑술 | 을해 | 병자 | 정축 | 무인 | 기묘 | 경진 | 신사 | 임오 | 계미 | 갑신 | 을유 | 병술 | 정해 | 무자 | 기축 |

### ■ 12월

| 음력 | 12/1 | 2 | 3 | 4 | 5 | 6 | 7 | 8 | 9 | 10 | 11 | 12 | 13 | 14 | 15 | 16 | 17 | 18 | 19 | 20 | 21 | 22 | 23 | 24 | 25 | 26 | 27 | 28 | 29 |
|---|---|---|---|---|---|---|---|---|---|---|---|---|---|---|---|---|---|---|---|---|---|---|---|---|---|---|---|---|---|
| 양력 | 1/18 | 19 | 20 | 21 | 22 | 23 | 24 | 25 | 26 | 27 | 28 | 29 | 30 | 31 | 2/1 | 2 | 3 | 4 | 5 | 6 | 7 | 8 | 9 | 10 | 11 | 12 | 13 | 14 | 15 |
| 일주 | 경인 | 신묘 | 임진 | 계사 | 갑오 | 을미 | 병신 | 정유 | 무술 | 기해 | 경자 | 신축 | 임인 | 계묘 | 갑진 | 을사 | 병오 | 정미 | 무신 | 기유 | 경술 | 신해 | 임자 | 계축 | 갑인 | 을묘 | 병진 | 정사 | 무오 |

# 1980년

## 1월

| 음력 | 1/1 | 2 | 3 | 4 | 5 | 6 | 7 | 8 | 9 | 10 | 11 | 12 | 13 | 14 | 15 | 16 | 17 | 18 | 19 | 20 | 21 | 22 | 23 | 24 | 25 | 26 | 27 | 28 | 29 | 30 |
|---|---|---|---|---|---|---|---|---|---|---|---|---|---|---|---|---|---|---|---|---|---|---|---|---|---|---|---|---|---|---|
| 양력 | 2/16 | 17 | 18 | 19 | 20 | 21 | 22 | 23 | 24 | 25 | 26 | 27 | 28 | 29 | 3/1 | 2 | 3 | 4 | 5 | 6 | 7 | 8 | 9 | 10 | 11 | 12 | 13 | 14 | 15 | 16 |
| 일주 | 기미 | 경신 | 신유 | 임술 | 계해 | 갑자 | 을축 | 병인 | 정묘 | 무진 | 기사 | 경오 | 신미 | 임신 | 계유 | 갑술 | 을해 | 병자 | 정축 | 무인 | 기묘 | 경진 | 신사 | 임오 | 계미 | 갑신 | 을유 | 병술 | 정해 | 무자 |

## 2월

| 음력 | 2/1 | 2 | 3 | 4 | 5 | 6 | 7 | 8 | 9 | 10 | 11 | 12 | 13 | 14 | 15 | 16 | 17 | 18 | 19 | 20 | 21 | 22 | 23 | 24 | 25 | 26 | 27 | 28 | 29 |
|---|---|---|---|---|---|---|---|---|---|---|---|---|---|---|---|---|---|---|---|---|---|---|---|---|---|---|---|---|---|
| 양력 | 3/17 | 18 | 19 | 20 | 21 | 22 | 23 | 24 | 25 | 26 | 27 | 28 | 29 | 30 | 31 | 4/1 | 2 | 3 | 4 | 5 | 6 | 7 | 8 | 9 | 10 | 11 | 12 | 13 | 14 |
| 일주 | 기축 | 경인 | 신묘 | 임진 | 계사 | 갑오 | 을미 | 병신 | 정유 | 무술 | 기해 | 경자 | 신축 | 임인 | 계묘 | 갑진 | 을사 | 병오 | 정미 | 무신 | 기유 | 경술 | 신해 | 임자 | 계축 | 갑인 | 을묘 | 병진 | 정사 |

## 3월

| 음력 | 3/1 | 2 | 3 | 4 | 5 | 6 | 7 | 8 | 9 | 10 | 11 | 12 | 13 | 14 | 15 | 16 | 17 | 18 | 19 | 20 | 21 | 22 | 23 | 24 | 25 | 26 | 27 | 28 | 29 |
|---|---|---|---|---|---|---|---|---|---|---|---|---|---|---|---|---|---|---|---|---|---|---|---|---|---|---|---|---|---|
| 양력 | 4/15 | 16 | 17 | 18 | 19 | 20 | 21 | 22 | 23 | 24 | 25 | 26 | 27 | 28 | 29 | 30 | 5/1 | 2 | 3 | 4 | 5 | 6 | 7 | 8 | 9 | 10 | 11 | 12 | 13 |
| 일주 | 무오 | 기미 | 경신 | 신유 | 임술 | 계해 | 갑자 | 을축 | 병인 | 정묘 | 무진 | 기사 | 경오 | 신미 | 임신 | 계유 | 갑술 | 을해 | 병자 | 정축 | 무인 | 기묘 | 경진 | 신사 | 임오 | 계미 | 갑신 | 을유 | 병술 |

## 4월

| 음력 | 4/1 | 2 | 3 | 4 | 5 | 6 | 7 | 8 | 9 | 10 | 11 | 12 | 13 | 14 | 15 | 16 | 17 | 18 | 19 | 20 | 21 | 22 | 23 | 24 | 25 | 26 | 27 | 28 | 29 | 30 |
|---|---|---|---|---|---|---|---|---|---|---|---|---|---|---|---|---|---|---|---|---|---|---|---|---|---|---|---|---|---|---|
| 양력 | 5/14 | 15 | 16 | 17 | 18 | 19 | 20 | 21 | 22 | 23 | 24 | 25 | 26 | 27 | 28 | 29 | 30 | 31 | 6/1 | 2 | 3 | 4 | 5 | 6 | 7 | 8 | 9 | 10 | 11 | 12 |
| 일주 | 정해 | 무자 | 기축 | 경인 | 신묘 | 임진 | 계사 | 갑오 | 을미 | 병신 | 정유 | 무술 | 기해 | 경자 | 신축 | 임인 | 계묘 | 갑진 | 을사 | 병오 | 정미 | 무신 | 기유 | 경술 | 신해 | 임자 | 계축 | 갑인 | 을묘 | 병진 |

## 5월

| 음력 | 5/1 | 2 | 3 | 4 | 5 | 6 | 7 | 8 | 9 | 10 | 11 | 12 | 13 | 14 | 15 | 16 | 17 | 18 | 19 | 20 | 21 | 22 | 23 | 24 | 25 | 26 | 27 | 28 | 29 |
|---|---|---|---|---|---|---|---|---|---|---|---|---|---|---|---|---|---|---|---|---|---|---|---|---|---|---|---|---|---|
| 양력 | 6/13 | 14 | 15 | 16 | 17 | 18 | 19 | 20 | 21 | 22 | 23 | 24 | 25 | 26 | 27 | 28 | 29 | 30 | 7/1 | 2 | 3 | 4 | 5 | 6 | 7 | 8 | 9 | 10 | 11 |
| 일주 | 정사 | 무오 | 기미 | 경신 | 신유 | 임술 | 계해 | 갑자 | 을축 | 병인 | 정묘 | 무진 | 기사 | 경오 | 신미 | 임신 | 계유 | 갑술 | 을해 | 병자 | 정축 | 무인 | 기묘 | 경진 | 신사 | 임오 | 계미 | 갑신 | 을유 |

## 6월

| 음력 | 6/1 | 2 | 3 | 4 | 5 | 6 | 7 | 8 | 9 | 10 | 11 | 12 | 13 | 14 | 15 | 16 | 17 | 18 | 19 | 20 | 21 | 22 | 23 | 24 | 25 | 26 | 27 | 28 | 29 | 30 |
|---|---|---|---|---|---|---|---|---|---|---|---|---|---|---|---|---|---|---|---|---|---|---|---|---|---|---|---|---|---|---|
| 양력 | 7/12 | 13 | 14 | 15 | 16 | 17 | 18 | 19 | 20 | 21 | 22 | 23 | 24 | 25 | 26 | 27 | 28 | 29 | 30 | 31 | 8/1 | 2 | 3 | 4 | 5 | 6 | 7 | 8 | 9 | 10 |
| 일주 | 병술 | 정해 | 무자 | 기축 | 경인 | 신묘 | 임진 | 계사 | 갑오 | 을미 | 병신 | 정유 | 무술 | 기해 | 경자 | 신축 | 임인 | 계묘 | 갑진 | 을사 | 병오 | 정미 | 무신 | 기유 | 경술 | 신해 | 임자 | 계축 | 갑인 | 을묘 |

### ■ 7월

| 음력 | 7/1 | 2 | 3 | 4 | 5 | 6 | 7 | 8 | 9 | 10 | 11 | 12 | 13 | 14 | 15 | 16 | 17 | 18 | 19 | 20 | 21 | 22 | 23 | 24 | 25 | 26 | 27 | 28 | 29 | |
|---|---|---|---|---|---|---|---|---|---|---|---|---|---|---|---|---|---|---|---|---|---|---|---|---|---|---|---|---|---|---|
| 양력 | 8/11 | 12 | 13 | 14 | 15 | 16 | 17 | 18 | 19 | 20 | 21 | 22 | 23 | 24 | 25 | 26 | 27 | 28 | 29 | 30 | 31 | 9/1 | 2 | 3 | 4 | 5 | 6 | 7 | 8 | |
| 일주 | 병진 | 정사 | 무오 | 기미 | 경신 | 신유 | 임술 | 계해 | 갑자 | 을축 | 병인 | 정묘 | 무진 | 기사 | 경오 | 신미 | 임신 | 계유 | 갑술 | 을해 | 병자 | 정축 | 무인 | 기묘 | 경진 | 신사 | 임오 | 계미 | 갑신 | |

### ■ 8월

| 음력 | 8/1 | 2 | 3 | 4 | 5 | 6 | 7 | 8 | 9 | 10 | 11 | 12 | 13 | 14 | 15 | 16 | 17 | 18 | 19 | 20 | 21 | 22 | 23 | 24 | 25 | 26 | 27 | 28 | 29 | 30 |
|---|---|---|---|---|---|---|---|---|---|---|---|---|---|---|---|---|---|---|---|---|---|---|---|---|---|---|---|---|---|---|
| 양력 | 9/9 | 10 | 11 | 12 | 13 | 14 | 15 | 16 | 17 | 18 | 19 | 20 | 21 | 22 | 23 | 24 | 25 | 26 | 27 | 28 | 29 | 30 | 10/1 | 2 | 3 | 4 | 5 | 6 | 7 | 8 |
| 일주 | 을유 | 병술 | 정해 | 무자 | 기축 | 경인 | 신묘 | 임진 | 계사 | 갑오 | 을미 | 병신 | 정유 | 무술 | 기해 | 경자 | 신축 | 임인 | 계묘 | 갑진 | 을사 | 병오 | 정미 | 무신 | 기유 | 경술 | 신해 | 임자 | 계축 | 갑인 |

### ■ 9월

| 음력 | 9/1 | 2 | 3 | 4 | 5 | 6 | 7 | 8 | 9 | 10 | 11 | 12 | 13 | 14 | 15 | 16 | 17 | 18 | 19 | 20 | 21 | 22 | 23 | 24 | 25 | 26 | 27 | 28 | 29 | 30 |
|---|---|---|---|---|---|---|---|---|---|---|---|---|---|---|---|---|---|---|---|---|---|---|---|---|---|---|---|---|---|---|
| 양력 | 10/9 | 10 | 11 | 12 | 13 | 14 | 15 | 16 | 17 | 18 | 19 | 20 | 21 | 22 | 23 | 24 | 25 | 26 | 27 | 28 | 29 | 30 | 31 | 11/1 | 2 | 3 | 4 | 5 | 6 | 7 |
| 일주 | 을묘 | 병진 | 정사 | 무오 | 기미 | 경신 | 신유 | 임술 | 계해 | 갑자 | 을축 | 병인 | 정묘 | 무진 | 기사 | 경오 | 신미 | 임신 | 계유 | 갑술 | 을해 | 병자 | 정축 | 무인 | 기묘 | 경진 | 신사 | 임오 | 계미 | 갑신 |

### ■ 10월

| 음력 | 10/1 | 2 | 3 | 4 | 5 | 6 | 7 | 8 | 9 | 10 | 11 | 12 | 13 | 14 | 15 | 16 | 17 | 18 | 19 | 20 | 21 | 22 | 23 | 24 | 25 | 26 | 27 | 28 | 29 | |
|---|---|---|---|---|---|---|---|---|---|---|---|---|---|---|---|---|---|---|---|---|---|---|---|---|---|---|---|---|---|---|
| 양력 | 11/8 | 9 | 10 | 11 | 12 | 13 | 14 | 15 | 16 | 17 | 18 | 19 | 20 | 21 | 22 | 23 | 24 | 25 | 26 | 27 | 28 | 29 | 30 | 12/1 | 2 | 3 | 4 | 5 | 6 | |
| 일주 | 을유 | 병술 | 정해 | 무자 | 기축 | 경인 | 신묘 | 임진 | 계사 | 갑오 | 을미 | 병신 | 정유 | 무술 | 기해 | 경자 | 신축 | 임인 | 계묘 | 갑진 | 을사 | 병오 | 정미 | 무신 | 기유 | 경술 | 신해 | 임자 | 계축 | |

### ■ 11월

| 음력 | 11/1 | 2 | 3 | 4 | 5 | 6 | 7 | 8 | 9 | 10 | 11 | 12 | 13 | 14 | 15 | 16 | 17 | 18 | 19 | 20 | 21 | 22 | 23 | 24 | 25 | 26 | 27 | 28 | 29 | 30 |
|---|---|---|---|---|---|---|---|---|---|---|---|---|---|---|---|---|---|---|---|---|---|---|---|---|---|---|---|---|---|---|
| 양력 | 12/7 | 8 | 9 | 10 | 11 | 12 | 13 | 14 | 15 | 16 | 17 | 18 | 19 | 20 | 21 | 22 | 23 | 24 | 25 | 26 | 27 | 28 | 29 | 30 | 31 | 1/1 | 2 | 3 | 4 | 5 |
| 일주 | 갑인 | 을묘 | 병진 | 정사 | 무오 | 기미 | 경신 | 신유 | 임술 | 계해 | 갑자 | 을축 | 병인 | 정묘 | 무진 | 기사 | 경오 | 신미 | 임신 | 계유 | 갑술 | 을해 | 병자 | 정축 | 무인 | 기묘 | 경진 | 신사 | 임오 | 계미 |

### ■ 12월

| 음력 | 12/1 | 2 | 3 | 4 | 5 | 6 | 7 | 8 | 9 | 10 | 11 | 12 | 13 | 14 | 15 | 16 | 17 | 18 | 19 | 20 | 21 | 22 | 23 | 24 | 25 | 26 | 27 | 28 | 29 | 30 |
|---|---|---|---|---|---|---|---|---|---|---|---|---|---|---|---|---|---|---|---|---|---|---|---|---|---|---|---|---|---|---|
| 양력 | 1/6 | 7 | 8 | 9 | 10 | 11 | 12 | 13 | 14 | 15 | 16 | 17 | 18 | 19 | 20 | 21 | 22 | 23 | 24 | 25 | 26 | 27 | 28 | 29 | 30 | 31 | 2/1 | 2 | 3 | 4 |
| 일주 | 갑신 | 을유 | 병술 | 정해 | 무자 | 기축 | 경인 | 신묘 | 임진 | 계사 | 갑오 | 을미 | 병신 | 정유 | 무술 | 기해 | 경자 | 신축 | 임인 | 계묘 | 갑진 | 을사 | 병오 | 정미 | 무신 | 기유 | 경술 | 신해 | 임자 | 계축 |

## 1월

| 음력 | 1/1 | 2 | 3 | 4 | 5 | 6 | 7 | 8 | 9 | 10 | 11 | 12 | 13 | 14 | 15 | 16 | 17 | 18 | 19 | 20 | 21 | 22 | 23 | 24 | 25 | 26 | 27 | 28 | 29 |
|---|---|---|---|---|---|---|---|---|---|---|---|---|---|---|---|---|---|---|---|---|---|---|---|---|---|---|---|---|---|
| 양력 | 2/5 | 6 | 7 | 8 | 9 | 10 | 11 | 12 | 13 | 14 | 15 | 16 | 17 | 18 | 19 | 20 | 21 | 22 | 23 | 24 | 25 | 26 | 27 | 28 | 3/1 | 2 | 3 | 4 | 5 |
| 일주 | 갑인 | 을묘 | 병진 | 정사 | 무오 | 기미 | 경신 | 신유 | 임술 | 계해 | 갑자 | 을축 | 병인 | 정묘 | 무진 | 기사 | 경오 | 신미 | 임신 | 계유 | 갑술 | 을해 | 병자 | 정축 | 무인 | 기묘 | 경진 | 신사 | 임오 |

## 2월

| 음력 | 2/1 | 2 | 3 | 4 | 5 | 6 | 7 | 8 | 9 | 10 | 11 | 12 | 13 | 14 | 15 | 16 | 17 | 18 | 19 | 20 | 21 | 22 | 23 | 24 | 25 | 26 | 27 | 28 | 29 | 30 |
|---|---|---|---|---|---|---|---|---|---|---|---|---|---|---|---|---|---|---|---|---|---|---|---|---|---|---|---|---|---|---|
| 양력 | 3/6 | 7 | 8 | 9 | 10 | 11 | 12 | 13 | 14 | 15 | 16 | 17 | 18 | 19 | 20 | 21 | 22 | 23 | 24 | 25 | 26 | 27 | 28 | 29 | 30 | 31 | 4/1 | 2 | 3 | 4 |
| 일주 | 계미 | 갑신 | 을유 | 병술 | 정해 | 무자 | 기축 | 경인 | 신묘 | 임진 | 계사 | 갑오 | 을미 | 병신 | 정유 | 무술 | 기해 | 경자 | 신축 | 임인 | 계묘 | 갑진 | 을사 | 병오 | 정미 | 무신 | 기유 | 경술 | 신해 | 임자 |

## 3월

| 음력 | 3/1 | 2 | 3 | 4 | 5 | 6 | 7 | 8 | 9 | 10 | 11 | 12 | 13 | 14 | 15 | 16 | 17 | 18 | 19 | 20 | 21 | 22 | 23 | 24 | 25 | 26 | 27 | 28 | 29 |
|---|---|---|---|---|---|---|---|---|---|---|---|---|---|---|---|---|---|---|---|---|---|---|---|---|---|---|---|---|---|
| 양력 | 4/5 | 6 | 7 | 8 | 9 | 10 | 11 | 12 | 13 | 14 | 15 | 16 | 17 | 18 | 19 | 20 | 21 | 22 | 23 | 24 | 25 | 26 | 27 | 28 | 29 | 30 | 5/1 | 2 | 3 |
| 일주 | 계축 | 갑인 | 을묘 | 병진 | 정사 | 무오 | 기미 | 경신 | 신유 | 임술 | 계해 | 갑자 | 을축 | 병인 | 정묘 | 무진 | 기사 | 경오 | 신미 | 임신 | 계유 | 갑술 | 을해 | 병자 | 정축 | 무인 | 기묘 | 경진 | 신사 |

## 4월

| 음력 | 4/1 | 2 | 3 | 4 | 5 | 6 | 7 | 8 | 9 | 10 | 11 | 12 | 13 | 14 | 15 | 16 | 17 | 18 | 19 | 20 | 21 | 22 | 23 | 24 | 25 | 26 | 27 | 28 | 29 |
|---|---|---|---|---|---|---|---|---|---|---|---|---|---|---|---|---|---|---|---|---|---|---|---|---|---|---|---|---|---|
| 양력 | 5/4 | 5 | 6 | 7 | 8 | 9 | 10 | 11 | 12 | 13 | 14 | 15 | 16 | 17 | 18 | 19 | 20 | 21 | 22 | 23 | 24 | 25 | 26 | 27 | 28 | 29 | 30 | 31 | 6/1 |
| 일주 | 임오 | 계미 | 갑신 | 을유 | 병술 | 정해 | 무자 | 기축 | 경인 | 신묘 | 임진 | 계사 | 갑오 | 을미 | 병신 | 정유 | 무술 | 기해 | 경자 | 신축 | 임인 | 계묘 | 갑진 | 을사 | 병오 | 정미 | 무신 | 기유 | 경술 |

## 5월

| 음력 | 5/1 | 2 | 3 | 4 | 5 | 6 | 7 | 8 | 9 | 10 | 11 | 12 | 13 | 14 | 15 | 16 | 17 | 18 | 19 | 20 | 21 | 22 | 23 | 24 | 25 | 26 | 27 | 28 | 29 | 30 |
|---|---|---|---|---|---|---|---|---|---|---|---|---|---|---|---|---|---|---|---|---|---|---|---|---|---|---|---|---|---|---|
| 양력 | 6/2 | 3 | 4 | 5 | 6 | 7 | 8 | 9 | 10 | 11 | 12 | 13 | 14 | 15 | 16 | 17 | 18 | 19 | 20 | 21 | 22 | 23 | 24 | 25 | 26 | 27 | 28 | 29 | 30 | 7/1 |
| 일주 | 신해 | 임자 | 계축 | 갑인 | 을묘 | 병진 | 정사 | 무오 | 기미 | 경신 | 신유 | 임술 | 계해 | 갑자 | 을축 | 병인 | 정묘 | 무진 | 기사 | 경오 | 신미 | 임신 | 계유 | 갑술 | 을해 | 병자 | 정축 | 무인 | 기묘 | 경진 |

## 6월

| 음력 | 6/1 | 2 | 3 | 4 | 5 | 6 | 7 | 8 | 9 | 10 | 11 | 12 | 13 | 14 | 15 | 16 | 17 | 18 | 19 | 20 | 21 | 22 | 23 | 24 | 25 | 26 | 27 | 28 | 29 |
|---|---|---|---|---|---|---|---|---|---|---|---|---|---|---|---|---|---|---|---|---|---|---|---|---|---|---|---|---|---|
| 양력 | 7/2 | 3 | 4 | 5 | 6 | 7 | 8 | 9 | 10 | 11 | 12 | 13 | 14 | 15 | 16 | 17 | 18 | 19 | 20 | 21 | 22 | 23 | 24 | 25 | 26 | 27 | 28 | 29 | 30 |
| 일주 | 신사 | 임오 | 계미 | 갑신 | 을유 | 병술 | 정해 | 무자 | 기축 | 경인 | 신묘 | 임진 | 계사 | 갑오 | 을미 | 병신 | 정유 | 무술 | 기해 | 경자 | 신축 | 임인 | 계묘 | 갑진 | 을사 | 병오 | 정미 | 무신 | 기유 |

## 7월

| 음력 | 7/1 | 2 | 3 | 4 | 5 | 6 | 7 | 8 | 9 | 10 | 11 | 12 | 13 | 14 | 15 | 16 | 17 | 18 | 19 | 20 | 21 | 22 | 23 | 24 | 25 | 26 | 27 | 28 | 29 |
|---|---|---|---|---|---|---|---|---|---|---|---|---|---|---|---|---|---|---|---|---|---|---|---|---|---|---|---|---|---|
| 양력 | 7/31 | 8/1 | 2 | 3 | 4 | 5 | 6 | 7 | 8 | 9 | 10 | 11 | 12 | 13 | 14 | 15 | 16 | 17 | 18 | 19 | 20 | 21 | 22 | 23 | 24 | 25 | 26 | 27 | 28 |
| 일주 | 경술 | 신해 | 임자 | 계축 | 갑인 | 을묘 | 병진 | 정사 | 무오 | 기미 | 경신 | 신유 | 임술 | 계해 | 갑자 | 을축 | 병인 | 정묘 | 무진 | 기사 | 경오 | 신미 | 임신 | 계유 | 갑술 | 을해 | 병자 | 정축 | 무인 |

## 8월

| 음력 | 8/1 | 2 | 3 | 4 | 5 | 6 | 7 | 8 | 9 | 10 | 11 | 12 | 13 | 14 | 15 | 16 | 17 | 18 | 19 | 20 | 21 | 22 | 23 | 24 | 25 | 26 | 27 | 28 | 29 | 30 |
|---|---|---|---|---|---|---|---|---|---|---|---|---|---|---|---|---|---|---|---|---|---|---|---|---|---|---|---|---|---|---|
| 양력 | 8/29 | 30 | 31 | 9/1 | 2 | 3 | 4 | 5 | 6 | 7 | 8 | 9 | 10 | 11 | 12 | 13 | 14 | 15 | 16 | 17 | 18 | 19 | 20 | 21 | 22 | 23 | 24 | 25 | 26 | 27 |
| 일주 | 기묘 | 경진 | 신사 | 임오 | 계미 | 갑신 | 을유 | 병술 | 정해 | 무자 | 기축 | 경인 | 신묘 | 임진 | 계사 | 갑오 | 을미 | 병신 | 정유 | 무술 | 기해 | 경자 | 신축 | 임인 | 계묘 | 갑진 | 을사 | 병오 | 정미 | 무신 |

## 9월

| 음력 | 9/1 | 2 | 3 | 4 | 5 | 6 | 7 | 8 | 9 | 10 | 11 | 12 | 13 | 14 | 15 | 16 | 17 | 18 | 19 | 20 | 21 | 22 | 23 | 24 | 25 | 26 | 27 | 28 | 29 | 30 |
|---|---|---|---|---|---|---|---|---|---|---|---|---|---|---|---|---|---|---|---|---|---|---|---|---|---|---|---|---|---|---|
| 양력 | 9/28 | 29 | 30 | 10/1 | 2 | 3 | 4 | 5 | 6 | 7 | 8 | 9 | 10 | 11 | 12 | 13 | 14 | 15 | 16 | 17 | 18 | 19 | 20 | 21 | 22 | 23 | 24 | 25 | 26 | 27 |
| 일주 | 기유 | 경술 | 신해 | 임자 | 계축 | 갑인 | 을묘 | 병진 | 정사 | 무오 | 기미 | 경신 | 신유 | 임술 | 계해 | 갑자 | 을축 | 병인 | 정묘 | 무진 | 기사 | 경오 | 신미 | 임신 | 계유 | 갑술 | 을해 | 병자 | 정축 | 무인 |

## 10월

| 음력 | 10/1 | 2 | 3 | 4 | 5 | 6 | 7 | 8 | 9 | 10 | 11 | 12 | 13 | 14 | 15 | 16 | 17 | 18 | 19 | 20 | 21 | 22 | 23 | 24 | 25 | 26 | 27 | 28 | 29 |
|---|---|---|---|---|---|---|---|---|---|---|---|---|---|---|---|---|---|---|---|---|---|---|---|---|---|---|---|---|---|
| 양력 | 10/28 | 29 | 30 | 31 | 11/1 | 2 | 3 | 4 | 5 | 6 | 7 | 8 | 9 | 10 | 11 | 12 | 13 | 14 | 15 | 16 | 17 | 18 | 19 | 20 | 21 | 22 | 23 | 24 | 25 |
| 일주 | 기묘 | 경진 | 신사 | 임오 | 계미 | 갑신 | 을유 | 병술 | 정해 | 무자 | 기축 | 경인 | 신묘 | 임진 | 계사 | 갑오 | 을미 | 병신 | 정유 | 무술 | 기해 | 경자 | 신축 | 임인 | 계묘 | 갑진 | 을사 | 병오 | 정미 |

## 11월

| 음력 | 11/1 | 2 | 3 | 4 | 5 | 6 | 7 | 8 | 9 | 10 | 11 | 12 | 13 | 14 | 15 | 16 | 17 | 18 | 19 | 20 | 21 | 22 | 23 | 24 | 25 | 26 | 27 | 28 | 29 | 30 |
|---|---|---|---|---|---|---|---|---|---|---|---|---|---|---|---|---|---|---|---|---|---|---|---|---|---|---|---|---|---|---|
| 양력 | 11/26 | 27 | 28 | 29 | 30 | 12/1 | 2 | 3 | 4 | 5 | 6 | 7 | 8 | 9 | 10 | 11 | 12 | 13 | 14 | 15 | 16 | 17 | 18 | 19 | 20 | 21 | 22 | 23 | 24 | 25 |
| 일주 | 무신 | 기유 | 경술 | 신해 | 임자 | 계축 | 갑인 | 을묘 | 병진 | 정사 | 무오 | 기미 | 경신 | 신유 | 임술 | 계해 | 갑자 | 을축 | 병인 | 정묘 | 무진 | 기사 | 경오 | 신미 | 임신 | 계유 | 갑술 | 을해 | 병자 | 정축 |

## 12월

| 음력 | 12/1 | 2 | 3 | 4 | 5 | 6 | 7 | 8 | 9 | 10 | 11 | 12 | 13 | 14 | 15 | 16 | 17 | 18 | 19 | 20 | 21 | 22 | 23 | 24 | 25 | 26 | 27 | 28 | 29 | 30 |
|---|---|---|---|---|---|---|---|---|---|---|---|---|---|---|---|---|---|---|---|---|---|---|---|---|---|---|---|---|---|---|
| 양력 | 12/26 | 27 | 28 | 29 | 30 | 31 | 1/1 | 2 | 3 | 4 | 5 | 6 | 7 | 8 | 9 | 10 | 11 | 12 | 13 | 14 | 15 | 16 | 17 | 18 | 19 | 20 | 21 | 22 | 23 | 24 |
| 일주 | 무인 | 기묘 | 경진 | 신사 | 임오 | 계미 | 갑신 | 을유 | 병술 | 정해 | 무자 | 기축 | 경인 | 신묘 | 임진 | 계사 | 갑오 | 을미 | 병신 | 정유 | 무술 | 기해 | 경자 | 신축 | 임인 | 계묘 | 갑진 | 을사 | 병오 | 정미 |

# 1982년

### 1월

| 음력 | 1/1 | 2 | 3 | 4 | 5 | 6 | 7 | 8 | 9 | 10 | 11 | 12 | 13 | 14 | 15 | 16 | 17 | 18 | 19 | 20 | 21 | 22 | 23 | 24 | 25 | 26 | 27 | 28 | 29 | 30 |
|---|---|---|---|---|---|---|---|---|---|---|---|---|---|---|---|---|---|---|---|---|---|---|---|---|---|---|---|---|---|---|
| 양력 | 1/25 | 26 | 27 | 28 | 29 | 30 | 31 | 2/1 | 2 | 3 | 4 | 5 | 6 | 7 | 8 | 9 | 10 | 11 | 12 | 13 | 14 | 15 | 16 | 17 | 18 | 19 | 20 | 21 | 22 | 23 |
| 일주 | 무신 | 기유 | 경술 | 신해 | 임자 | 계축 | 갑인 | 을묘 | 병진 | 정사 | 무오 | 기미 | 경신 | 신유 | 임술 | 계해 | 갑자 | 을축 | 병인 | 정묘 | 무진 | 기사 | 경오 | 신미 | 임신 | 계유 | 갑술 | 을해 | 병자 | 정축 |

### 2월

| 음력 | 2/1 | 2 | 3 | 4 | 5 | 6 | 7 | 8 | 9 | 10 | 11 | 12 | 13 | 14 | 15 | 16 | 17 | 18 | 19 | 20 | 21 | 22 | 23 | 24 | 25 | 26 | 27 | 28 | 29 |
|---|---|---|---|---|---|---|---|---|---|---|---|---|---|---|---|---|---|---|---|---|---|---|---|---|---|---|---|---|---|
| 양력 | 2/24 | 25 | 26 | 27 | 28 | 3/1 | 2 | 3 | 4 | 5 | 6 | 7 | 8 | 9 | 10 | 11 | 12 | 13 | 14 | 15 | 16 | 17 | 18 | 19 | 20 | 21 | 22 | 23 | 24 |
| 일주 | 무인 | 기묘 | 경진 | 신사 | 임오 | 계미 | 갑신 | 을유 | 병술 | 정해 | 무자 | 기축 | 경인 | 신묘 | 임진 | 계사 | 갑오 | 을미 | 병신 | 정유 | 무술 | 기해 | 경자 | 신축 | 임인 | 계묘 | 갑진 | 을사 | 병오 |

### 3월

| 음력 | 3/1 | 2 | 3 | 4 | 5 | 6 | 7 | 8 | 9 | 10 | 11 | 12 | 13 | 14 | 15 | 16 | 17 | 18 | 19 | 20 | 21 | 22 | 23 | 24 | 25 | 26 | 27 | 28 | 29 | 30 |
|---|---|---|---|---|---|---|---|---|---|---|---|---|---|---|---|---|---|---|---|---|---|---|---|---|---|---|---|---|---|---|
| 양력 | 3/25 | 26 | 27 | 28 | 29 | 30 | 31 | 4/1 | 2 | 3 | 4 | 5 | 6 | 7 | 8 | 9 | 10 | 11 | 12 | 13 | 14 | 15 | 16 | 17 | 18 | 19 | 20 | 21 | 22 | 23 |
| 일주 | 정미 | 무신 | 기유 | 경술 | 신해 | 임자 | 계축 | 갑인 | 을묘 | 병진 | 정사 | 무오 | 기미 | 경신 | 신유 | 임술 | 계해 | 갑자 | 을축 | 병인 | 정묘 | 무진 | 기사 | 경오 | 신미 | 임신 | 계유 | 갑술 | 을해 | 병자 |

### 4월

| 음력 | 4/1 | 2 | 3 | 4 | 5 | 6 | 7 | 8 | 9 | 10 | 11 | 12 | 13 | 14 | 15 | 16 | 17 | 18 | 19 | 20 | 21 | 22 | 23 | 24 | 25 | 26 | 27 | 28 | 29 |
|---|---|---|---|---|---|---|---|---|---|---|---|---|---|---|---|---|---|---|---|---|---|---|---|---|---|---|---|---|---|
| 양력 | 4/24 | 25 | 26 | 27 | 28 | 29 | 30 | 5/1 | 2 | 3 | 4 | 5 | 6 | 7 | 8 | 9 | 10 | 11 | 12 | 13 | 14 | 15 | 16 | 17 | 18 | 19 | 20 | 21 | 22 |
| 일주 | 정축 | 무인 | 기묘 | 경진 | 신사 | 임오 | 계미 | 갑신 | 을유 | 병술 | 정해 | 무자 | 기축 | 경인 | 신묘 | 임진 | 계사 | 갑오 | 을미 | 병신 | 정유 | 무술 | 기해 | 경자 | 신축 | 임인 | 계묘 | 갑진 | 을사 |

### 4월 윤달

| 음력 | 4/1 | 2 | 3 | 4 | 5 | 6 | 7 | 8 | 9 | 10 | 11 | 12 | 13 | 14 | 15 | 16 | 17 | 18 | 19 | 20 | 21 | 22 | 23 | 24 | 25 | 26 | 27 | 28 | 29 |
|---|---|---|---|---|---|---|---|---|---|---|---|---|---|---|---|---|---|---|---|---|---|---|---|---|---|---|---|---|---|
| 양력 | 5/23 | 24 | 25 | 26 | 27 | 28 | 29 | 30 | 31 | 6/1 | 2 | 3 | 4 | 5 | 6 | 7 | 8 | 9 | 10 | 11 | 12 | 13 | 14 | 15 | 16 | 17 | 18 | 19 | 20 |
| 일주 | 병오 | 정미 | 무신 | 기유 | 경술 | 신해 | 임자 | 계축 | 갑인 | 을묘 | 병진 | 정사 | 무오 | 기미 | 경신 | 신유 | 임술 | 계해 | 갑자 | 을축 | 병인 | 정묘 | 무진 | 기사 | 경오 | 신미 | 임신 | 계유 | 갑술 |

### 5월

| 음력 | 5/1 | 2 | 3 | 4 | 5 | 6 | 7 | 8 | 9 | 10 | 11 | 12 | 13 | 14 | 15 | 16 | 17 | 18 | 19 | 20 | 21 | 22 | 23 | 24 | 25 | 26 | 27 | 28 | 29 | 30 |
|---|---|---|---|---|---|---|---|---|---|---|---|---|---|---|---|---|---|---|---|---|---|---|---|---|---|---|---|---|---|---|
| 양력 | 6/21 | 22 | 23 | 24 | 25 | 26 | 27 | 28 | 29 | 30 | 7/1 | 2 | 3 | 4 | 5 | 6 | 7 | 8 | 9 | 10 | 11 | 12 | 13 | 14 | 15 | 16 | 17 | 18 | 19 | 20 |
| 일주 | 을해 | 병자 | 정축 | 무인 | 기묘 | 경진 | 신사 | 임오 | 계미 | 갑신 | 을유 | 병술 | 정해 | 무자 | 기축 | 경인 | 신묘 | 임진 | 계사 | 갑오 | 을미 | 병신 | 정유 | 무술 | 기해 | 경자 | 신축 | 임인 | 계묘 | 갑진 |

### 6월

| 음력 | 6/1 | 2 | 3 | 4 | 5 | 6 | 7 | 8 | 9 | 10 | 11 | 12 | 13 | 14 | 15 | 16 | 17 | 18 | 19 | 20 | 21 | 22 | 23 | 24 | 25 | 26 | 27 | 28 | 29 |
|---|---|---|---|---|---|---|---|---|---|---|---|---|---|---|---|---|---|---|---|---|---|---|---|---|---|---|---|---|---|
| 양력 | 7/21 | 22 | 23 | 24 | 25 | 26 | 27 | 28 | 29 | 30 | 31 | 8/1 | 2 | 3 | 4 | 5 | 6 | 7 | 8 | 9 | 10 | 11 | 12 | 13 | 14 | 15 | 16 | 17 | 18 |
| 일주 | 을사 | 병오 | 정미 | 무신 | 기유 | 경술 | 신해 | 임자 | 계축 | 갑인 | 을묘 | 병진 | 정사 | 무오 | 기미 | 경신 | 신유 | 임술 | 계해 | 갑자 | 을축 | 병인 | 정묘 | 무진 | 기사 | 경오 | 신미 | 임신 | 계유 |

### ■ 7월

| 음력 | 7/1 | 2 | 3 | 4 | 5 | 6 | 7 | 8 | 9 | 10 | 11 | 12 | 13 | 14 | 15 | 16 | 17 | 18 | 19 | 20 | 21 | 22 | 23 | 24 | 25 | 26 | 27 | 28 | 29 |
|---|---|---|---|---|---|---|---|---|---|---|---|---|---|---|---|---|---|---|---|---|---|---|---|---|---|---|---|---|---|
| 양력 | 8/19 | 20 | 21 | 22 | 23 | 24 | 25 | 26 | 27 | 28 | 29 | 30 | 31 | 9/1 | 2 | 3 | 4 | 5 | 6 | 7 | 8 | 9 | 10 | 11 | 12 | 13 | 14 | 15 | 16 |
| 일주 | 갑술 | 을해 | 병자 | 정축 | 무인 | 기묘 | 경진 | 신사 | 임오 | 계미 | 갑신 | 을유 | 병술 | 정해 | 무자 | 기축 | 경인 | 신묘 | 임진 | 계사 | 갑오 | 을미 | 병신 | 정유 | 무술 | 기해 | 경자 | 신축 | 임인 |

### ■ 8월

| 음력 | 8/1 | 2 | 3 | 4 | 5 | 6 | 7 | 8 | 9 | 10 | 11 | 12 | 13 | 14 | 15 | 16 | 17 | 18 | 19 | 20 | 21 | 22 | 23 | 24 | 25 | 26 | 27 | 28 | 29 | 30 |
|---|---|---|---|---|---|---|---|---|---|---|---|---|---|---|---|---|---|---|---|---|---|---|---|---|---|---|---|---|---|---|
| 양력 | 9/17 | 18 | 19 | 20 | 21 | 22 | 23 | 24 | 25 | 26 | 27 | 28 | 29 | 30 | 10/1 | 2 | 3 | 4 | 5 | 6 | 7 | 8 | 9 | 10 | 11 | 12 | 13 | 14 | 15 | 16 |
| 일주 | 계묘 | 갑진 | 을사 | 병오 | 정미 | 무신 | 기유 | 경술 | 신해 | 임자 | 계축 | 갑인 | 을묘 | 병진 | 정사 | 무오 | 기미 | 경신 | 신유 | 임술 | 계해 | 갑자 | 을축 | 병인 | 정묘 | 무진 | 기사 | 경오 | 신미 | 임신 |

### ■ 9월

| 음력 | 9/1 | 2 | 3 | 4 | 5 | 6 | 7 | 8 | 9 | 10 | 11 | 12 | 13 | 14 | 15 | 16 | 17 | 18 | 19 | 20 | 21 | 22 | 23 | 24 | 25 | 26 | 27 | 28 | 29 | 30 |
|---|---|---|---|---|---|---|---|---|---|---|---|---|---|---|---|---|---|---|---|---|---|---|---|---|---|---|---|---|---|---|
| 양력 | 10/17 | 18 | 19 | 20 | 21 | 22 | 23 | 24 | 25 | 26 | 27 | 28 | 29 | 30 | 31 | 11/1 | 2 | 3 | 4 | 5 | 6 | 7 | 8 | 9 | 10 | 11 | 12 | 13 | 14 | 15 |
| 일주 | 계유 | 갑술 | 을해 | 병자 | 정축 | 무인 | 기묘 | 경진 | 신사 | 임오 | 계미 | 갑신 | 을유 | 병술 | 정해 | 무자 | 기축 | 경인 | 신묘 | 임진 | 계사 | 갑오 | 을미 | 병신 | 정유 | 무술 | 기해 | 경자 | 신축 | 임인 |

### ■ 10월

| 음력 | 10/1 | 2 | 3 | 4 | 5 | 6 | 7 | 8 | 9 | 10 | 11 | 12 | 13 | 14 | 15 | 16 | 17 | 18 | 19 | 20 | 21 | 22 | 23 | 24 | 25 | 26 | 27 | 28 | 29 |
|---|---|---|---|---|---|---|---|---|---|---|---|---|---|---|---|---|---|---|---|---|---|---|---|---|---|---|---|---|---|
| 양력 | 11/16 | 17 | 18 | 19 | 20 | 21 | 22 | 23 | 24 | 25 | 26 | 27 | 28 | 29 | 30 | 12/1 | 2 | 3 | 4 | 5 | 6 | 7 | 8 | 9 | 10 | 11 | 12 | 13 | 14 |
| 일주 | 계묘 | 갑진 | 을사 | 병오 | 정미 | 무신 | 기유 | 경술 | 신해 | 임자 | 계축 | 갑인 | 을묘 | 병진 | 정사 | 무오 | 기미 | 경신 | 신유 | 임술 | 계해 | 갑자 | 을축 | 병인 | 정묘 | 무진 | 기사 | 경오 | 신미 |

### ■ 11월

| 음력 | 11/1 | 2 | 3 | 4 | 5 | 6 | 7 | 8 | 9 | 10 | 11 | 12 | 13 | 14 | 15 | 16 | 17 | 18 | 19 | 20 | 21 | 22 | 23 | 24 | 25 | 26 | 27 | 28 | 29 | 30 |
|---|---|---|---|---|---|---|---|---|---|---|---|---|---|---|---|---|---|---|---|---|---|---|---|---|---|---|---|---|---|---|
| 양력 | 12/15 | 16 | 17 | 18 | 19 | 20 | 21 | 22 | 23 | 24 | 25 | 26 | 27 | 28 | 29 | 30 | 31 | 1/1 | 2 | 3 | 4 | 5 | 6 | 7 | 8 | 9 | 10 | 11 | 12 | 13 |
| 일주 | 임신 | 계유 | 갑술 | 을해 | 병자 | 정축 | 무인 | 기묘 | 경진 | 신사 | 임오 | 계미 | 갑신 | 을유 | 병술 | 정해 | 무자 | 기축 | 경인 | 신묘 | 임진 | 계사 | 갑오 | 을미 | 병신 | 정유 | 무술 | 기해 | 경자 | 신축 |

### ■ 12월

| 음력 | 12/1 | 2 | 3 | 4 | 5 | 6 | 7 | 8 | 9 | 10 | 11 | 12 | 13 | 14 | 15 | 16 | 17 | 18 | 19 | 20 | 21 | 22 | 23 | 24 | 25 | 26 | 27 | 28 | 29 | 30 |
|---|---|---|---|---|---|---|---|---|---|---|---|---|---|---|---|---|---|---|---|---|---|---|---|---|---|---|---|---|---|---|
| 양력 | 1/14 | 15 | 16 | 17 | 18 | 19 | 20 | 21 | 22 | 23 | 24 | 25 | 26 | 27 | 28 | 29 | 30 | 31 | 2/1 | 2 | 3 | 4 | 5 | 6 | 7 | 8 | 9 | 10 | 11 | 12 |
| 일주 | 임인 | 계묘 | 갑진 | 을사 | 병오 | 정미 | 무신 | 기유 | 경술 | 신해 | 임자 | 계축 | 갑인 | 을묘 | 병진 | 정사 | 무오 | 기미 | 경신 | 신유 | 임술 | 계해 | 갑자 | 을축 | 병인 | 정묘 | 무진 | 기사 | 경오 | 신미 |

## 1월

| 음력 | 1/1 | 2 | 3 | 4 | 5 | 6 | 7 | 8 | 9 | 10 | 11 | 12 | 13 | 14 | 15 | 16 | 17 | 18 | 19 | 20 | 21 | 22 | 23 | 24 | 25 | 26 | 27 | 28 | 29 | 30 |
|---|---|---|---|---|---|---|---|---|---|---|---|---|---|---|---|---|---|---|---|---|---|---|---|---|---|---|---|---|---|---|
| 양력 | 2/13 | 14 | 15 | 16 | 17 | 18 | 19 | 20 | 21 | 22 | 23 | 24 | 25 | 26 | 27 | 28 | 3/1 | 2 | 3 | 4 | 5 | 6 | 7 | 8 | 9 | 10 | 11 | 12 | 13 | 14 |
| 일주 | 임신 | 계유 | 갑술 | 을해 | 병자 | 정축 | 무인 | 기묘 | 경진 | 신사 | 임오 | 계미 | 갑신 | 을유 | 병술 | 정해 | 무자 | 기축 | 경인 | 신묘 | 임진 | 계사 | 갑오 | 을미 | 병신 | 정유 | 무술 | 기해 | 경자 | 신축 |

## 2월

| 음력 | 2/1 | 2 | 3 | 4 | 5 | 6 | 7 | 8 | 9 | 10 | 11 | 12 | 13 | 14 | 15 | 16 | 17 | 18 | 19 | 20 | 21 | 22 | 23 | 24 | 25 | 26 | 27 | 28 | 29 |
|---|---|---|---|---|---|---|---|---|---|---|---|---|---|---|---|---|---|---|---|---|---|---|---|---|---|---|---|---|---|
| 양력 | 3/15 | 16 | 17 | 18 | 19 | 20 | 21 | 22 | 23 | 24 | 25 | 26 | 27 | 28 | 29 | 30 | 31 | 4/1 | 2 | 3 | 4 | 5 | 6 | 7 | 8 | 9 | 10 | 11 | 12 |
| 일주 | 임인 | 계묘 | 갑진 | 을사 | 병오 | 정미 | 무신 | 기유 | 경술 | 신해 | 임자 | 계축 | 갑인 | 을묘 | 병진 | 정사 | 무오 | 기미 | 경신 | 신유 | 임술 | 계해 | 갑자 | 을축 | 병인 | 정묘 | 무진 | 기사 | 경오 |

## 3월

| 음력 | 3/1 | 2 | 3 | 4 | 5 | 6 | 7 | 8 | 9 | 10 | 11 | 12 | 13 | 14 | 15 | 16 | 17 | 18 | 19 | 20 | 21 | 22 | 23 | 24 | 25 | 26 | 27 | 28 | 29 | 30 |
|---|---|---|---|---|---|---|---|---|---|---|---|---|---|---|---|---|---|---|---|---|---|---|---|---|---|---|---|---|---|---|
| 양력 | 4/13 | 14 | 15 | 16 | 17 | 18 | 19 | 20 | 21 | 22 | 23 | 24 | 25 | 26 | 27 | 28 | 29 | 30 | 5/1 | 2 | 3 | 4 | 5 | 6 | 7 | 8 | 9 | 10 | 11 | 12 |
| 일주 | 신미 | 임신 | 계유 | 갑술 | 을해 | 병자 | 정축 | 무인 | 기묘 | 경진 | 신사 | 임오 | 계미 | 갑신 | 을유 | 병술 | 정해 | 무자 | 기축 | 경인 | 신묘 | 임진 | 계사 | 갑오 | 을미 | 병신 | 정유 | 무술 | 기해 | 경자 |

## 4월

| 음력 | 4/1 | 2 | 3 | 4 | 5 | 6 | 7 | 8 | 9 | 10 | 11 | 12 | 13 | 14 | 15 | 16 | 17 | 18 | 19 | 20 | 21 | 22 | 23 | 24 | 25 | 26 | 27 | 28 | 29 |
|---|---|---|---|---|---|---|---|---|---|---|---|---|---|---|---|---|---|---|---|---|---|---|---|---|---|---|---|---|---|
| 양력 | 5/13 | 14 | 15 | 16 | 17 | 18 | 19 | 20 | 21 | 22 | 23 | 24 | 25 | 26 | 27 | 28 | 29 | 30 | 31 | 6/1 | 2 | 3 | 4 | 5 | 6 | 7 | 8 | 9 | 10 |
| 일주 | 신축 | 임인 | 계묘 | 갑진 | 을사 | 병오 | 정미 | 무신 | 기유 | 경술 | 신해 | 임자 | 계축 | 갑인 | 을묘 | 병진 | 정사 | 무오 | 기미 | 경신 | 신유 | 임술 | 계해 | 갑자 | 을축 | 병인 | 정묘 | 무진 | 기사 |

## 5월

| 음력 | 5/1 | 2 | 3 | 4 | 5 | 6 | 7 | 8 | 9 | 10 | 11 | 12 | 13 | 14 | 15 | 16 | 17 | 18 | 19 | 20 | 21 | 22 | 23 | 24 | 25 | 26 | 27 | 28 | 29 |
|---|---|---|---|---|---|---|---|---|---|---|---|---|---|---|---|---|---|---|---|---|---|---|---|---|---|---|---|---|---|
| 양력 | 6/11 | 12 | 13 | 14 | 15 | 16 | 17 | 18 | 19 | 20 | 21 | 22 | 23 | 24 | 25 | 26 | 27 | 28 | 29 | 30 | 7/1 | 2 | 3 | 4 | 5 | 6 | 7 | 8 | 9 |
| 일주 | 경오 | 신미 | 임신 | 계유 | 갑술 | 을해 | 병자 | 정축 | 무인 | 기묘 | 경진 | 신사 | 임오 | 계미 | 갑신 | 을유 | 병술 | 정해 | 무자 | 기축 | 경인 | 신묘 | 임진 | 계사 | 갑오 | 을미 | 병신 | 정유 | 무술 |

## 6월

| 음력 | 6/1 | 2 | 3 | 4 | 5 | 6 | 7 | 8 | 9 | 10 | 11 | 12 | 13 | 14 | 15 | 16 | 17 | 18 | 19 | 20 | 21 | 22 | 23 | 24 | 25 | 26 | 27 | 28 | 29 | 30 |
|---|---|---|---|---|---|---|---|---|---|---|---|---|---|---|---|---|---|---|---|---|---|---|---|---|---|---|---|---|---|---|
| 양력 | 7/10 | 11 | 12 | 13 | 14 | 15 | 16 | 17 | 18 | 19 | 20 | 21 | 22 | 23 | 24 | 25 | 26 | 27 | 28 | 29 | 30 | 31 | 8/1 | 2 | 3 | 4 | 5 | 6 | 7 | 8 |
| 일주 | 기해 | 경자 | 신축 | 임인 | 계묘 | 갑진 | 을사 | 병오 | 정미 | 무신 | 기유 | 경술 | 신해 | 임자 | 계축 | 갑인 | 을묘 | 병진 | 정사 | 무오 | 기미 | 경신 | 신유 | 임술 | 계해 | 갑자 | 을축 | 병인 | 정묘 | 무진 |

### ■ 7월

| 음력 | 7/1 | 2 | 3 | 4 | 5 | 6 | 7 | 8 | 9 | 10 | 11 | 12 | 13 | 14 | 15 | 16 | 17 | 18 | 19 | 20 | 21 | 22 | 23 | 24 | 25 | 26 | 27 | 28 | 29 |
|---|---|---|---|---|---|---|---|---|---|---|---|---|---|---|---|---|---|---|---|---|---|---|---|---|---|---|---|---|---|
| 양력 | 8/9 | 10 | 11 | 12 | 13 | 14 | 15 | 16 | 17 | 18 | 19 | 20 | 21 | 22 | 23 | 24 | 25 | 26 | 27 | 28 | 29 | 30 | 31 | 9/1 | 2 | 3 | 4 | 5 | 6 |
| 일주 | 기사 | 경오 | 신미 | 임신 | 계유 | 갑술 | 을해 | 병자 | 정축 | 무인 | 기묘 | 경진 | 신사 | 임오 | 계미 | 갑신 | 을유 | 병술 | 정해 | 무자 | 기축 | 경인 | 신묘 | 임진 | 계사 | 갑오 | 을미 | 병신 | 정유 |

### ■ 8월

| 음력 | 8/1 | 2 | 3 | 4 | 5 | 6 | 7 | 8 | 9 | 10 | 11 | 12 | 13 | 14 | 15 | 16 | 17 | 18 | 19 | 20 | 21 | 22 | 23 | 24 | 25 | 26 | 27 | 28 | 29 |
|---|---|---|---|---|---|---|---|---|---|---|---|---|---|---|---|---|---|---|---|---|---|---|---|---|---|---|---|---|---|
| 양력 | 9/7 | 8 | 9 | 10 | 11 | 12 | 13 | 14 | 15 | 16 | 17 | 18 | 19 | 20 | 21 | 22 | 23 | 24 | 25 | 26 | 27 | 28 | 29 | 30 | 10/1 | 2 | 3 | 4 | 5 |
| 일주 | 무술 | 기해 | 경자 | 신축 | 임인 | 계묘 | 갑진 | 을사 | 병오 | 정미 | 무신 | 기유 | 경술 | 신해 | 임자 | 계축 | 갑인 | 을묘 | 병진 | 정사 | 무오 | 기미 | 경신 | 신유 | 임술 | 계해 | 갑자 | 을축 | 병인 |

### ■ 9월

| 음력 | 9/1 | 2 | 3 | 4 | 5 | 6 | 7 | 8 | 9 | 10 | 11 | 12 | 13 | 14 | 15 | 16 | 17 | 18 | 19 | 20 | 21 | 22 | 23 | 24 | 25 | 26 | 27 | 28 | 29 | 30 |
|---|---|---|---|---|---|---|---|---|---|---|---|---|---|---|---|---|---|---|---|---|---|---|---|---|---|---|---|---|---|---|
| 양력 | 10/6 | 7 | 8 | 9 | 10 | 11 | 12 | 13 | 14 | 15 | 16 | 17 | 18 | 19 | 20 | 21 | 22 | 23 | 24 | 25 | 26 | 27 | 28 | 29 | 30 | 31 | 11/1 | 2 | 3 | 4 |
| 일주 | 정묘 | 무진 | 기사 | 경오 | 신미 | 임신 | 계유 | 갑술 | 을해 | 병자 | 정축 | 무인 | 기묘 | 경진 | 신사 | 임오 | 계미 | 갑신 | 을유 | 병술 | 정해 | 무자 | 기축 | 경인 | 신묘 | 임진 | 계사 | 갑오 | 을미 | 병신 |

### ■ 10월

| 음력 | 10/1 | 2 | 3 | 4 | 5 | 6 | 7 | 8 | 9 | 10 | 11 | 12 | 13 | 14 | 15 | 16 | 17 | 18 | 19 | 20 | 21 | 22 | 23 | 24 | 25 | 26 | 27 | 28 | 29 |
|---|---|---|---|---|---|---|---|---|---|---|---|---|---|---|---|---|---|---|---|---|---|---|---|---|---|---|---|---|---|
| 양력 | 11/5 | 6 | 7 | 8 | 9 | 10 | 11 | 12 | 13 | 14 | 15 | 16 | 17 | 18 | 19 | 20 | 21 | 22 | 23 | 24 | 25 | 26 | 27 | 28 | 29 | 30 | 12/1 | 2 | 3 |
| 일주 | 정유 | 무술 | 기해 | 경자 | 신축 | 임인 | 계묘 | 갑진 | 을사 | 병오 | 정미 | 무신 | 기유 | 경술 | 신해 | 임자 | 계축 | 갑인 | 을묘 | 병진 | 정사 | 무오 | 기미 | 경신 | 신유 | 임술 | 계해 | 갑자 | 을축 |

### ■ 11월

| 음력 | 11/1 | 2 | 3 | 4 | 5 | 6 | 7 | 8 | 9 | 10 | 11 | 12 | 13 | 14 | 15 | 16 | 17 | 18 | 19 | 20 | 21 | 22 | 23 | 24 | 25 | 26 | 27 | 28 | 29 | 30 |
|---|---|---|---|---|---|---|---|---|---|---|---|---|---|---|---|---|---|---|---|---|---|---|---|---|---|---|---|---|---|---|
| 양력 | 12/4 | 5 | 6 | 7 | 8 | 9 | 10 | 11 | 12 | 13 | 14 | 15 | 16 | 17 | 18 | 19 | 20 | 21 | 22 | 23 | 24 | 25 | 26 | 27 | 28 | 29 | 30 | 31 | 1/1 | 2 |
| 일주 | 병인 | 정묘 | 무진 | 기사 | 경오 | 신미 | 임신 | 계유 | 갑술 | 을해 | 병자 | 정축 | 무인 | 기묘 | 경진 | 신사 | 임오 | 계미 | 갑신 | 을유 | 병술 | 정해 | 무자 | 기축 | 경인 | 신묘 | 임진 | 계사 | 갑오 | 을미 |

### ■ 12월

| 음력 | 12/1 | 2 | 3 | 4 | 5 | 6 | 7 | 8 | 9 | 10 | 11 | 12 | 13 | 14 | 15 | 16 | 17 | 18 | 19 | 20 | 21 | 22 | 23 | 24 | 25 | 26 | 27 | 28 | 29 | 30 |
|---|---|---|---|---|---|---|---|---|---|---|---|---|---|---|---|---|---|---|---|---|---|---|---|---|---|---|---|---|---|---|
| 양력 | 1/3 | 4 | 5 | 6 | 7 | 8 | 9 | 10 | 11 | 12 | 13 | 14 | 15 | 16 | 17 | 18 | 19 | 20 | 21 | 22 | 23 | 24 | 25 | 26 | 27 | 28 | 29 | 30 | 31 | 2/1 |
| 일주 | 병신 | 정유 | 무술 | 기해 | 경자 | 신축 | 임인 | 계묘 | 갑진 | 을사 | 병오 | 정미 | 무신 | 기유 | 경술 | 신해 | 임자 | 계축 | 갑인 | 을묘 | 병진 | 정사 | 무오 | 기미 | 경신 | 신유 | 임술 | 계해 | 갑자 | 을축 |

# 1984년

## ■ 1월

| 음력 | 1/1 | 2 | 3 | 4 | 5 | 6 | 7 | 8 | 9 | 10 | 11 | 12 | 13 | 14 | 15 | 16 | 17 | 18 | 19 | 20 | 21 | 22 | 23 | 24 | 25 | 26 | 27 | 28 | 29 | 30 |
|---|---|---|---|---|---|---|---|---|---|---|---|---|---|---|---|---|---|---|---|---|---|---|---|---|---|---|---|---|---|---|
| 양력 | 2/2 | 3 | 4 | 5 | 6 | 7 | 8 | 9 | 10 | 11 | 12 | 13 | 14 | 15 | 16 | 17 | 18 | 19 | 20 | 21 | 22 | 23 | 24 | 25 | 26 | 27 | 28 | 29 | 3/1 | 2 |
| 일주 | 병인 | 정묘 | 무진 | 기사 | 경오 | 신미 | 임신 | 계유 | 갑술 | 을해 | 병자 | 정축 | 무인 | 기묘 | 경진 | 신사 | 임오 | 계미 | 갑신 | 을유 | 병술 | 정해 | 무자 | 기축 | 경인 | 신묘 | 임진 | 계사 | 갑오 | 을미 |

## ■ 2월

| 음력 | 2/1 | 2 | 3 | 4 | 5 | 6 | 7 | 8 | 9 | 10 | 11 | 12 | 13 | 14 | 15 | 16 | 17 | 18 | 19 | 20 | 21 | 22 | 23 | 24 | 25 | 26 | 27 | 28 | 29 | |
|---|---|---|---|---|---|---|---|---|---|---|---|---|---|---|---|---|---|---|---|---|---|---|---|---|---|---|---|---|---|---|
| 양력 | 3/3 | 4 | 5 | 6 | 7 | 8 | 9 | 10 | 11 | 12 | 13 | 14 | 15 | 16 | 17 | 18 | 19 | 20 | 21 | 22 | 23 | 24 | 25 | 26 | 27 | 28 | 29 | 30 | 31 | |
| 일주 | 병신 | 정유 | 무술 | 기해 | 경자 | 신축 | 임인 | 계묘 | 갑진 | 을사 | 병오 | 정미 | 무신 | 기유 | 경술 | 신해 | 임자 | 계축 | 갑인 | 을묘 | 병진 | 정사 | 무오 | 기미 | 경신 | 신유 | 임술 | 계해 | 갑자 | |

## ■ 3월

| 음력 | 3/1 | 2 | 3 | 4 | 5 | 6 | 7 | 8 | 9 | 10 | 11 | 12 | 13 | 14 | 15 | 16 | 17 | 18 | 19 | 20 | 21 | 22 | 23 | 24 | 25 | 26 | 27 | 28 | 29 | 30 |
|---|---|---|---|---|---|---|---|---|---|---|---|---|---|---|---|---|---|---|---|---|---|---|---|---|---|---|---|---|---|---|
| 양력 | 4/1 | 2 | 3 | 4 | 5 | 6 | 7 | 8 | 9 | 10 | 11 | 12 | 13 | 14 | 15 | 16 | 17 | 18 | 19 | 20 | 21 | 22 | 23 | 24 | 25 | 26 | 27 | 28 | 29 | 30 |
| 일주 | 을축 | 병인 | 정묘 | 무진 | 기사 | 경오 | 신미 | 임신 | 계유 | 갑술 | 을해 | 병자 | 정축 | 무인 | 기묘 | 경진 | 신사 | 임오 | 계미 | 갑신 | 을유 | 병술 | 정해 | 무자 | 기축 | 경인 | 신묘 | 임진 | 계사 | 갑오 |

## ■ 4월

| 음력 | 4/1 | 2 | 3 | 4 | 5 | 6 | 7 | 8 | 9 | 10 | 11 | 12 | 13 | 14 | 15 | 16 | 17 | 18 | 19 | 20 | 21 | 22 | 23 | 24 | 25 | 26 | 27 | 28 | 29 | 30 |
|---|---|---|---|---|---|---|---|---|---|---|---|---|---|---|---|---|---|---|---|---|---|---|---|---|---|---|---|---|---|---|
| 양력 | 5/1 | 2 | 3 | 4 | 5 | 6 | 7 | 8 | 9 | 10 | 11 | 12 | 13 | 14 | 15 | 16 | 17 | 18 | 19 | 20 | 21 | 22 | 23 | 24 | 25 | 26 | 27 | 28 | 29 | 30 |
| 일주 | 을미 | 병신 | 정유 | 무술 | 기해 | 경자 | 신축 | 임인 | 계묘 | 갑진 | 을사 | 병오 | 정미 | 무신 | 기유 | 경술 | 신해 | 임자 | 계축 | 갑인 | 을묘 | 병진 | 정사 | 무오 | 기미 | 경신 | 신유 | 임술 | 계해 | 갑자 |

## ■ 5월

| 음력 | 5/1 | 2 | 3 | 4 | 5 | 6 | 7 | 8 | 9 | 10 | 11 | 12 | 13 | 14 | 15 | 16 | 17 | 18 | 19 | 20 | 21 | 22 | 23 | 24 | 25 | 26 | 27 | 28 | 29 | |
|---|---|---|---|---|---|---|---|---|---|---|---|---|---|---|---|---|---|---|---|---|---|---|---|---|---|---|---|---|---|---|
| 양력 | 5/31 | 6/1 | 2 | 3 | 4 | 5 | 6 | 7 | 8 | 9 | 10 | 11 | 12 | 13 | 14 | 15 | 16 | 17 | 18 | 19 | 20 | 21 | 22 | 23 | 24 | 25 | 26 | 27 | 28 | |
| 일주 | 을축 | 병인 | 정묘 | 무진 | 기사 | 경오 | 신미 | 임신 | 계유 | 갑술 | 을해 | 병자 | 정축 | 무인 | 기묘 | 경진 | 신사 | 임오 | 계미 | 갑신 | 을유 | 병술 | 정해 | 무자 | 기축 | 경인 | 신묘 | 임진 | 계사 | |

## ■ 6월

| 음력 | 6/1 | 2 | 3 | 4 | 5 | 6 | 7 | 8 | 9 | 10 | 11 | 12 | 13 | 14 | 15 | 16 | 17 | 18 | 19 | 20 | 21 | 22 | 23 | 24 | 25 | 26 | 27 | 28 | 29 | |
|---|---|---|---|---|---|---|---|---|---|---|---|---|---|---|---|---|---|---|---|---|---|---|---|---|---|---|---|---|---|---|
| 양력 | 6/29 | 30 | 7/1 | 2 | 3 | 4 | 5 | 6 | 7 | 8 | 9 | 10 | 11 | 12 | 13 | 14 | 15 | 16 | 17 | 18 | 19 | 20 | 21 | 22 | 23 | 24 | 25 | 26 | 27 | |
| 일주 | 갑오 | 을미 | 병신 | 정유 | 무술 | 기해 | 경자 | 신축 | 임인 | 계묘 | 갑진 | 을사 | 병오 | 정미 | 무신 | 기유 | 경술 | 신해 | 임자 | 계축 | 갑인 | 을묘 | 병진 | 정사 | 무오 | 기미 | 경신 | 신유 | 임술 | |

## 7월

| 음력 | 7/1 | 2 | 3 | 4 | 5 | 6 | 7 | 8 | 9 | 10 | 11 | 12 | 13 | 14 | 15 | 16 | 17 | 18 | 19 | 20 | 21 | 22 | 23 | 24 | 25 | 26 | 27 | 28 | 29 | 30 |
|---|---|---|---|---|---|---|---|---|---|---|---|---|---|---|---|---|---|---|---|---|---|---|---|---|---|---|---|---|---|---|
| 양력 | 7/28 | 29 | 30 | 31 | 8/1 | 2 | 3 | 4 | 5 | 6 | 7 | 8 | 9 | 10 | 11 | 12 | 13 | 14 | 15 | 16 | 17 | 18 | 19 | 20 | 21 | 22 | 23 | 24 | 25 | 26 |
| 일주 | 계해 | 갑자 | 을축 | 병인 | 정묘 | 무진 | 기사 | 경오 | 신미 | 임신 | 계유 | 갑술 | 을해 | 병자 | 정축 | 무인 | 기묘 | 경진 | 신사 | 임오 | 계미 | 갑신 | 을유 | 병술 | 정해 | 무자 | 기축 | 경인 | 신묘 | 임진 |

## 8월

| 음력 | 8/1 | 2 | 3 | 4 | 5 | 6 | 7 | 8 | 9 | 10 | 11 | 12 | 13 | 14 | 15 | 16 | 17 | 18 | 19 | 20 | 21 | 22 | 23 | 24 | 25 | 26 | 27 | 28 | 29 |
|---|---|---|---|---|---|---|---|---|---|---|---|---|---|---|---|---|---|---|---|---|---|---|---|---|---|---|---|---|---|
| 양력 | 8/27 | 28 | 29 | 30 | 31 | 9/1 | 2 | 3 | 4 | 5 | 6 | 7 | 8 | 9 | 10 | 11 | 12 | 13 | 14 | 15 | 16 | 17 | 18 | 19 | 20 | 21 | 22 | 23 | 24 |
| 일주 | 계사 | 갑오 | 을미 | 병신 | 정유 | 무술 | 기해 | 경자 | 신축 | 임인 | 계묘 | 갑진 | 을사 | 병오 | 정미 | 무신 | 기유 | 경술 | 신해 | 임자 | 계축 | 갑인 | 을묘 | 병진 | 정사 | 무오 | 기미 | 경신 | 신유 |

## 9월

| 음력 | 9/1 | 2 | 3 | 4 | 5 | 6 | 7 | 8 | 9 | 10 | 11 | 12 | 13 | 14 | 15 | 16 | 17 | 18 | 19 | 20 | 21 | 22 | 23 | 24 | 25 | 26 | 27 | 28 | 29 |
|---|---|---|---|---|---|---|---|---|---|---|---|---|---|---|---|---|---|---|---|---|---|---|---|---|---|---|---|---|---|
| 양력 | 9/25 | 26 | 27 | 28 | 29 | 30 | 10/1 | 2 | 3 | 4 | 5 | 6 | 7 | 8 | 9 | 10 | 11 | 12 | 13 | 14 | 15 | 16 | 17 | 18 | 19 | 20 | 21 | 22 | 23 |
| 일주 | 임술 | 계해 | 갑자 | 을축 | 병인 | 정묘 | 무진 | 기사 | 경오 | 신미 | 임신 | 계유 | 갑술 | 을해 | 병자 | 정축 | 무인 | 기묘 | 경진 | 신사 | 임오 | 계미 | 갑신 | 을유 | 병술 | 정해 | 무자 | 기축 | 경인 |

## 10월

| 음력 | 10/1 | 2 | 3 | 4 | 5 | 6 | 7 | 8 | 9 | 10 | 11 | 12 | 13 | 14 | 15 | 16 | 17 | 18 | 19 | 20 | 21 | 22 | 23 | 24 | 25 | 26 | 27 | 28 | 29 | 30 |
|---|---|---|---|---|---|---|---|---|---|---|---|---|---|---|---|---|---|---|---|---|---|---|---|---|---|---|---|---|---|---|
| 양력 | 10/24 | 25 | 26 | 27 | 28 | 29 | 30 | 31 | 11/1 | 2 | 3 | 4 | 5 | 6 | 7 | 8 | 9 | 10 | 11 | 12 | 13 | 14 | 15 | 16 | 17 | 18 | 19 | 20 | 21 | 22 |
| 일주 | 신묘 | 임진 | 계사 | 갑오 | 을미 | 병신 | 정유 | 무술 | 기해 | 경자 | 신축 | 임인 | 계묘 | 갑진 | 을사 | 병오 | 정미 | 무신 | 기유 | 경술 | 신해 | 임자 | 계축 | 갑인 | 을묘 | 병진 | 정사 | 무오 | 기미 | 경신 |

## 10월 윤달

| 음력 | 10/1 | 2 | 3 | 4 | 5 | 6 | 7 | 8 | 9 | 10 | 11 | 12 | 13 | 14 | 15 | 16 | 17 | 18 | 19 | 20 | 21 | 22 | 23 | 24 | 25 | 26 | 27 | 28 | 29 |
|---|---|---|---|---|---|---|---|---|---|---|---|---|---|---|---|---|---|---|---|---|---|---|---|---|---|---|---|---|---|
| 양력 | 11/23 | 24 | 25 | 26 | 27 | 28 | 29 | 30 | 12/1 | 2 | 3 | 4 | 5 | 6 | 7 | 8 | 9 | 10 | 11 | 12 | 13 | 14 | 15 | 16 | 17 | 18 | 19 | 20 | 21 |
| 일주 | 신유 | 임술 | 계해 | 갑자 | 을축 | 병인 | 정묘 | 무진 | 기사 | 경오 | 신미 | 임신 | 계유 | 갑술 | 을해 | 병자 | 정축 | 무인 | 기묘 | 경진 | 신사 | 임오 | 계미 | 갑신 | 을유 | 병술 | 정해 | 무자 | 기축 |

## 11월

| 음력 | 11/1 | 2 | 3 | 4 | 5 | 6 | 7 | 8 | 9 | 10 | 11 | 12 | 13 | 14 | 15 | 16 | 17 | 18 | 19 | 20 | 21 | 22 | 23 | 24 | 25 | 26 | 27 | 28 | 29 | 30 |
|---|---|---|---|---|---|---|---|---|---|---|---|---|---|---|---|---|---|---|---|---|---|---|---|---|---|---|---|---|---|---|
| 양력 | 12/22 | 23 | 24 | 25 | 26 | 27 | 28 | 29 | 30 | 31 | 1/1 | 2 | 3 | 4 | 5 | 6 | 7 | 8 | 9 | 10 | 11 | 12 | 13 | 14 | 15 | 16 | 17 | 18 | 19 | 20 |
| 일주 | 경인 | 신묘 | 임진 | 계사 | 갑오 | 을미 | 병신 | 정유 | 무술 | 기해 | 경자 | 신축 | 임인 | 계묘 | 갑진 | 을사 | 병오 | 정미 | 무신 | 기유 | 경술 | 신해 | 임자 | 계축 | 갑인 | 을묘 | 병진 | 정사 | 무오 | 기미 |

## 12월

| 음력 | 12/1 | 2 | 3 | 4 | 5 | 6 | 7 | 8 | 9 | 10 | 11 | 12 | 13 | 14 | 15 | 16 | 17 | 18 | 19 | 20 | 21 | 22 | 23 | 24 | 25 | 26 | 27 | 28 | 29 | 30 |
|---|---|---|---|---|---|---|---|---|---|---|---|---|---|---|---|---|---|---|---|---|---|---|---|---|---|---|---|---|---|---|
| 양력 | 1/21 | 22 | 23 | 24 | 25 | 26 | 27 | 28 | 29 | 30 | 31 | 2/1 | 2 | 3 | 4 | 5 | 6 | 7 | 8 | 9 | 10 | 11 | 12 | 13 | 14 | 15 | 16 | 17 | 18 | 19 |
| 일주 | 경신 | 신유 | 임술 | 계해 | 갑자 | 을축 | 병인 | 정묘 | 무진 | 기사 | 경오 | 신미 | 임신 | 계유 | 갑술 | 을해 | 병자 | 정축 | 무인 | 기묘 | 경진 | 신사 | 임오 | 계미 | 갑신 | 을유 | 병술 | 정해 | 무자 | 기축 |

# 1985년

## 1월

| 음력 | 1/1 | 2 | 3 | 4 | 5 | 6 | 7 | 8 | 9 | 10 | 11 | 12 | 13 | 14 | 15 | 16 | 17 | 18 | 19 | 20 | 21 | 22 | 23 | 24 | 25 | 26 | 27 | 28 | 29 |
|---|---|---|---|---|---|---|---|---|---|---|---|---|---|---|---|---|---|---|---|---|---|---|---|---|---|---|---|---|---|
| 양력 | 2/20 | 21 | 22 | 23 | 24 | 25 | 26 | 27 | 28 | 3/1 | 2 | 3 | 4 | 5 | 6 | 7 | 8 | 9 | 10 | 11 | 12 | 13 | 14 | 15 | 16 | 17 | 18 | 19 | 20 |
| 일주 | 경인 | 신묘 | 임진 | 계사 | 갑오 | 을미 | 병신 | 정유 | 무술 | 기해 | 경자 | 신축 | 임인 | 계묘 | 갑진 | 을사 | 병오 | 정미 | 무신 | 기유 | 경술 | 신해 | 임자 | 계축 | 갑인 | 을묘 | 병진 | 정사 | 무오 |

## 2월

| 음력 | 2/1 | 2 | 3 | 4 | 5 | 6 | 7 | 8 | 9 | 10 | 11 | 12 | 13 | 14 | 15 | 16 | 17 | 18 | 19 | 20 | 21 | 22 | 23 | 24 | 25 | 26 | 27 | 28 | 29 | 30 |
|---|---|---|---|---|---|---|---|---|---|---|---|---|---|---|---|---|---|---|---|---|---|---|---|---|---|---|---|---|---|---|
| 양력 | 3/21 | 22 | 23 | 24 | 25 | 26 | 27 | 28 | 29 | 30 | 31 | 4/1 | 2 | 3 | 4 | 5 | 6 | 7 | 8 | 9 | 10 | 11 | 12 | 13 | 14 | 15 | 16 | 17 | 18 | 19 |
| 일주 | 기미 | 경신 | 신유 | 임술 | 계해 | 갑자 | 을축 | 병인 | 정묘 | 무진 | 기사 | 경오 | 신미 | 임신 | 계유 | 갑술 | 을해 | 병자 | 정축 | 무인 | 기묘 | 경진 | 신사 | 임오 | 계미 | 갑신 | 을유 | 병술 | 정해 | 무자 |

## 3월

| 음력 | 3/1 | 2 | 3 | 4 | 5 | 6 | 7 | 8 | 9 | 10 | 11 | 12 | 13 | 14 | 15 | 16 | 17 | 18 | 19 | 20 | 21 | 22 | 23 | 24 | 25 | 26 | 27 | 28 | 29 | 30 |
|---|---|---|---|---|---|---|---|---|---|---|---|---|---|---|---|---|---|---|---|---|---|---|---|---|---|---|---|---|---|---|
| 양력 | 4/20 | 21 | 22 | 23 | 24 | 25 | 26 | 27 | 28 | 29 | 30 | 5/1 | 2 | 3 | 4 | 5 | 6 | 7 | 8 | 9 | 10 | 11 | 12 | 13 | 14 | 15 | 16 | 17 | 18 | 19 |
| 일주 | 기축 | 경인 | 신묘 | 임진 | 계사 | 갑오 | 을미 | 병신 | 정유 | 무술 | 기해 | 경자 | 신축 | 임인 | 계묘 | 갑진 | 을사 | 병오 | 정미 | 무신 | 기유 | 경술 | 신해 | 임자 | 계축 | 갑인 | 을묘 | 병진 | 정사 | 무오 |

## 4월

| 음력 | 4/1 | 2 | 3 | 4 | 5 | 6 | 7 | 8 | 9 | 10 | 11 | 12 | 13 | 14 | 15 | 16 | 17 | 18 | 19 | 20 | 21 | 22 | 23 | 24 | 25 | 26 | 27 | 28 | 29 |
|---|---|---|---|---|---|---|---|---|---|---|---|---|---|---|---|---|---|---|---|---|---|---|---|---|---|---|---|---|---|
| 양력 | 5/20 | 21 | 22 | 23 | 24 | 25 | 26 | 27 | 28 | 29 | 30 | 31 | 6/1 | 2 | 3 | 4 | 5 | 6 | 7 | 8 | 9 | 10 | 11 | 12 | 13 | 14 | 15 | 16 | 17 |
| 일주 | 기미 | 경신 | 신유 | 임술 | 계해 | 갑자 | 을축 | 병인 | 정묘 | 무진 | 기사 | 경오 | 신미 | 임신 | 계유 | 갑술 | 을해 | 병자 | 정축 | 무인 | 기묘 | 경진 | 신사 | 임오 | 계미 | 갑신 | 을유 | 병술 | 정해 |

## 5월

| 음력 | 5/1 | 2 | 3 | 4 | 5 | 6 | 7 | 8 | 9 | 10 | 11 | 12 | 13 | 14 | 15 | 16 | 17 | 18 | 19 | 20 | 21 | 22 | 23 | 24 | 25 | 26 | 27 | 28 | 29 | 30 |
|---|---|---|---|---|---|---|---|---|---|---|---|---|---|---|---|---|---|---|---|---|---|---|---|---|---|---|---|---|---|---|
| 양력 | 6/18 | 19 | 20 | 21 | 22 | 23 | 24 | 25 | 26 | 27 | 28 | 29 | 30 | 7/1 | 2 | 3 | 4 | 5 | 6 | 7 | 8 | 9 | 10 | 11 | 12 | 13 | 14 | 15 | 16 | 17 |
| 일주 | 무자 | 기축 | 경인 | 신묘 | 임진 | 계사 | 갑오 | 을미 | 병신 | 정유 | 무술 | 기해 | 경자 | 신축 | 임인 | 계묘 | 갑진 | 을사 | 병오 | 정미 | 무신 | 기유 | 경술 | 신해 | 임자 | 계축 | 갑인 | 을묘 | 병진 | 정사 |

## 6월

| 음력 | 6/1 | 2 | 3 | 4 | 5 | 6 | 7 | 8 | 9 | 10 | 11 | 12 | 13 | 14 | 15 | 16 | 17 | 18 | 19 | 20 | 21 | 22 | 23 | 24 | 25 | 26 | 27 | 28 | 29 |
|---|---|---|---|---|---|---|---|---|---|---|---|---|---|---|---|---|---|---|---|---|---|---|---|---|---|---|---|---|---|
| 양력 | 7/18 | 19 | 20 | 21 | 22 | 23 | 24 | 25 | 26 | 27 | 28 | 29 | 30 | 31 | 8/1 | 2 | 3 | 4 | 5 | 6 | 7 | 8 | 9 | 10 | 11 | 12 | 13 | 14 | 15 |
| 일주 | 무오 | 기미 | 경신 | 신유 | 임술 | 계해 | 갑자 | 을축 | 병인 | 정묘 | 무진 | 기사 | 경오 | 신미 | 임신 | 계유 | 갑술 | 을해 | 병자 | 정축 | 무인 | 기묘 | 경진 | 신사 | 임오 | 계미 | 갑신 | 을유 | 병술 |

### ■ 7월

| 음력 | 7/1 | 2 | 3 | 4 | 5 | 6 | 7 | 8 | 9 | 10 | 11 | 12 | 13 | 14 | 15 | 16 | 17 | 18 | 19 | 20 | 21 | 22 | 23 | 24 | 25 | 26 | 27 | 28 | 29 | 30 |
|---|---|---|---|---|---|---|---|---|---|---|---|---|---|---|---|---|---|---|---|---|---|---|---|---|---|---|---|---|---|---|
| 양력 | 8/16 | 17 | 18 | 19 | 20 | 21 | 22 | 23 | 24 | 25 | 26 | 27 | 28 | 29 | 30 | 31 | 9/1 | 2 | 3 | 4 | 5 | 6 | 7 | 8 | 9 | 10 | 11 | 12 | 13 | 14 |
| 일주 | 정해 | 무자 | 기축 | 경인 | 신묘 | 임진 | 계사 | 갑오 | 을미 | 병신 | 정유 | 무술 | 기해 | 경자 | 신축 | 임인 | 계묘 | 갑진 | 을사 | 병오 | 정미 | 무신 | 기유 | 경술 | 신해 | 임자 | 계축 | 갑인 | 을묘 | 병진 |

### ■ 8월

| 음력 | 8/1 | 2 | 3 | 4 | 5 | 6 | 7 | 8 | 9 | 10 | 11 | 12 | 13 | 14 | 15 | 16 | 17 | 18 | 19 | 20 | 21 | 22 | 23 | 24 | 25 | 26 | 27 | 28 | 29 |
|---|---|---|---|---|---|---|---|---|---|---|---|---|---|---|---|---|---|---|---|---|---|---|---|---|---|---|---|---|---|
| 양력 | 9/15 | 16 | 17 | 18 | 19 | 20 | 21 | 22 | 23 | 24 | 25 | 26 | 27 | 28 | 29 | 30 | 10/1 | 2 | 3 | 4 | 5 | 6 | 7 | 8 | 9 | 10 | 11 | 12 | 13 |
| 일주 | 정사 | 무오 | 기미 | 경신 | 신유 | 임술 | 계해 | 갑자 | 을축 | 병인 | 정묘 | 무진 | 기사 | 경오 | 신미 | 임신 | 계유 | 갑술 | 을해 | 병자 | 정축 | 무인 | 기묘 | 경진 | 신사 | 임오 | 계미 | 갑신 | 을유 |

### ■ 9월

| 음력 | 9/1 | 2 | 3 | 4 | 5 | 6 | 7 | 8 | 9 | 10 | 11 | 12 | 13 | 14 | 15 | 16 | 17 | 18 | 19 | 20 | 21 | 22 | 23 | 24 | 25 | 26 | 27 | 28 | 29 |
|---|---|---|---|---|---|---|---|---|---|---|---|---|---|---|---|---|---|---|---|---|---|---|---|---|---|---|---|---|---|
| 양력 | 10/14 | 15 | 16 | 17 | 18 | 19 | 20 | 21 | 22 | 23 | 24 | 25 | 26 | 27 | 28 | 29 | 30 | 31 | 11/1 | 2 | 3 | 4 | 5 | 6 | 7 | 8 | 9 | 10 | 11 |
| 일주 | 병술 | 정해 | 무자 | 기축 | 경인 | 신묘 | 임진 | 계사 | 갑오 | 을미 | 병신 | 정유 | 무술 | 기해 | 경자 | 신축 | 임인 | 계묘 | 갑진 | 을사 | 병오 | 정미 | 무신 | 기유 | 경술 | 신해 | 임자 | 계축 | 갑인 |

### ■ 10월

| 음력 | 10/1 | 2 | 3 | 4 | 5 | 6 | 7 | 8 | 9 | 10 | 11 | 12 | 13 | 14 | 15 | 16 | 17 | 18 | 19 | 20 | 21 | 22 | 23 | 24 | 25 | 26 | 27 | 28 | 29 | 30 |
|---|---|---|---|---|---|---|---|---|---|---|---|---|---|---|---|---|---|---|---|---|---|---|---|---|---|---|---|---|---|---|
| 양력 | 11/12 | 13 | 14 | 15 | 16 | 17 | 18 | 19 | 20 | 21 | 22 | 23 | 24 | 25 | 26 | 27 | 28 | 29 | 30 | 12/1 | 2 | 3 | 4 | 5 | 6 | 7 | 8 | 9 | 10 | 11 |
| 일주 | 을묘 | 병진 | 정사 | 무오 | 기미 | 경신 | 신유 | 임술 | 계해 | 갑자 | 을축 | 병인 | 정묘 | 무진 | 기사 | 경오 | 신미 | 임신 | 계유 | 갑술 | 을해 | 병자 | 정축 | 무인 | 기묘 | 경진 | 신사 | 임오 | 계미 | 갑신 |

### ■ 11월

| 음력 | 11/1 | 2 | 3 | 4 | 5 | 6 | 7 | 8 | 9 | 10 | 11 | 12 | 13 | 14 | 15 | 16 | 17 | 18 | 19 | 20 | 21 | 22 | 23 | 24 | 25 | 26 | 27 | 28 | 29 |
|---|---|---|---|---|---|---|---|---|---|---|---|---|---|---|---|---|---|---|---|---|---|---|---|---|---|---|---|---|---|
| 양력 | 12/12 | 13 | 14 | 15 | 16 | 17 | 18 | 19 | 20 | 21 | 22 | 23 | 24 | 25 | 26 | 27 | 28 | 29 | 30 | 31 | 1/1 | 2 | 3 | 4 | 5 | 6 | 7 | 8 | 9 |
| 일주 | 을유 | 병술 | 정해 | 무자 | 기축 | 경인 | 신묘 | 임진 | 계사 | 갑오 | 을미 | 병신 | 정유 | 무술 | 기해 | 경자 | 신축 | 임인 | 계묘 | 갑진 | 을사 | 병오 | 정미 | 무신 | 기유 | 경술 | 신해 | 임자 | 계축 |

### ■ 12월

| 음력 | 12/1 | 2 | 3 | 4 | 5 | 6 | 7 | 8 | 9 | 10 | 11 | 12 | 13 | 14 | 15 | 16 | 17 | 18 | 19 | 20 | 21 | 22 | 23 | 24 | 25 | 26 | 27 | 28 | 29 | 30 |
|---|---|---|---|---|---|---|---|---|---|---|---|---|---|---|---|---|---|---|---|---|---|---|---|---|---|---|---|---|---|---|
| 양력 | 1/10 | 11 | 12 | 13 | 14 | 15 | 16 | 17 | 18 | 19 | 20 | 21 | 22 | 23 | 24 | 25 | 26 | 27 | 28 | 29 | 30 | 31 | 2/1 | 2 | 3 | 4 | 5 | 6 | 7 | 8 |
| 일주 | 갑인 | 을묘 | 병진 | 정사 | 무오 | 기미 | 경신 | 신유 | 임술 | 계해 | 갑자 | 을축 | 병인 | 정묘 | 무진 | 기사 | 경오 | 신미 | 임신 | 계유 | 갑술 | 을해 | 병자 | 정축 | 무인 | 기묘 | 경진 | 신사 | 임오 | 계미 |

## 1986년

### 1월

| 음력 | 1/1 | 2 | 3 | 4 | 5 | 6 | 7 | 8 | 9 | 10 | 11 | 12 | 13 | 14 | 15 | 16 | 17 | 18 | 19 | 20 | 21 | 22 | 23 | 24 | 25 | 26 | 27 | 28 | 29 |
|---|---|---|---|---|---|---|---|---|---|---|---|---|---|---|---|---|---|---|---|---|---|---|---|---|---|---|---|---|---|
| 양력 | 2/9 | 10 | 11 | 12 | 13 | 14 | 15 | 16 | 17 | 18 | 19 | 20 | 21 | 22 | 23 | 24 | 25 | 26 | 27 | 28 | 3/1 | 2 | 3 | 4 | 5 | 6 | 7 | 8 | 9 |
| 일주 | 갑신 | 을유 | 병술 | 정해 | 무자 | 기축 | 경인 | 신묘 | 임진 | 계사 | 갑오 | 을미 | 병신 | 정유 | 무술 | 기해 | 경자 | 신축 | 임인 | 계묘 | 갑진 | 을사 | 병오 | 정미 | 무신 | 기유 | 경술 | 신해 | 임자 |

### 2월

| 음력 | 2/1 | 2 | 3 | 4 | 5 | 6 | 7 | 8 | 9 | 10 | 11 | 12 | 13 | 14 | 15 | 16 | 17 | 18 | 19 | 20 | 21 | 22 | 23 | 24 | 25 | 26 | 27 | 28 | 29 | 30 |
|---|---|---|---|---|---|---|---|---|---|---|---|---|---|---|---|---|---|---|---|---|---|---|---|---|---|---|---|---|---|---|
| 양력 | 3/10 | 11 | 12 | 13 | 14 | 15 | 16 | 17 | 18 | 19 | 20 | 21 | 22 | 23 | 24 | 25 | 26 | 27 | 28 | 29 | 30 | 31 | 4/1 | 2 | 3 | 4 | 5 | 6 | 7 | 8 |
| 일주 | 계축 | 갑인 | 을묘 | 병진 | 정사 | 무오 | 기미 | 경신 | 신유 | 임술 | 계해 | 갑자 | 을축 | 병인 | 정묘 | 무진 | 기사 | 경오 | 신미 | 임신 | 계유 | 갑술 | 을해 | 병자 | 정축 | 무인 | 기묘 | 경진 | 신사 | 임오 |

### 3월

| 음력 | 3/1 | 2 | 3 | 4 | 5 | 6 | 7 | 8 | 9 | 10 | 11 | 12 | 13 | 14 | 15 | 16 | 17 | 18 | 19 | 20 | 21 | 22 | 23 | 24 | 25 | 26 | 27 | 28 | 29 | 30 |
|---|---|---|---|---|---|---|---|---|---|---|---|---|---|---|---|---|---|---|---|---|---|---|---|---|---|---|---|---|---|---|
| 양력 | 4/9 | 10 | 11 | 12 | 13 | 14 | 15 | 16 | 17 | 18 | 19 | 20 | 21 | 22 | 23 | 24 | 25 | 26 | 27 | 28 | 29 | 30 | 5/1 | 2 | 3 | 4 | 5 | 6 | 7 | 8 |
| 일주 | 계미 | 갑신 | 을유 | 병술 | 정해 | 무자 | 기축 | 경인 | 신묘 | 임진 | 계사 | 갑오 | 을미 | 병신 | 정유 | 무술 | 기해 | 경자 | 신축 | 임인 | 계묘 | 갑진 | 을사 | 병오 | 정미 | 무신 | 기유 | 경술 | 신해 | 임자 |

### 4월

| 음력 | 4/1 | 2 | 3 | 4 | 5 | 6 | 7 | 8 | 9 | 10 | 11 | 12 | 13 | 14 | 15 | 16 | 17 | 18 | 19 | 20 | 21 | 22 | 23 | 24 | 25 | 26 | 27 | 28 | 29 |
|---|---|---|---|---|---|---|---|---|---|---|---|---|---|---|---|---|---|---|---|---|---|---|---|---|---|---|---|---|---|
| 양력 | 5/9 | 10 | 11 | 12 | 13 | 14 | 15 | 16 | 17 | 18 | 19 | 20 | 21 | 22 | 23 | 24 | 25 | 26 | 27 | 28 | 29 | 30 | 31 | 6/1 | 2 | 3 | 4 | 5 | 6 |
| 일주 | 계축 | 갑인 | 을묘 | 병진 | 정사 | 무오 | 기미 | 경신 | 신유 | 임술 | 계해 | 갑자 | 을축 | 병인 | 정묘 | 무진 | 기사 | 경오 | 신미 | 임신 | 계유 | 갑술 | 을해 | 병자 | 정축 | 무인 | 기묘 | 경진 | 신사 |

### 5월

| 음력 | 5/1 | 2 | 3 | 4 | 5 | 6 | 7 | 8 | 9 | 10 | 11 | 12 | 13 | 14 | 15 | 16 | 17 | 18 | 19 | 20 | 21 | 22 | 23 | 24 | 25 | 26 | 27 | 28 | 29 | 30 |
|---|---|---|---|---|---|---|---|---|---|---|---|---|---|---|---|---|---|---|---|---|---|---|---|---|---|---|---|---|---|---|
| 양력 | 6/7 | 8 | 9 | 10 | 11 | 12 | 13 | 14 | 15 | 16 | 17 | 18 | 19 | 20 | 21 | 22 | 23 | 24 | 25 | 26 | 27 | 28 | 29 | 30 | 7/1 | 2 | 3 | 4 | 5 | 6 |
| 일주 | 임오 | 계미 | 갑신 | 을유 | 병술 | 정해 | 무자 | 기축 | 경인 | 신묘 | 임진 | 계사 | 갑오 | 을미 | 병신 | 정유 | 무술 | 기해 | 경자 | 신축 | 임인 | 계묘 | 갑진 | 을사 | 병오 | 정미 | 무신 | 기유 | 경술 | 신해 |

### 6월

| 음력 | 6/1 | 2 | 3 | 4 | 5 | 6 | 7 | 8 | 9 | 10 | 11 | 12 | 13 | 14 | 15 | 16 | 17 | 18 | 19 | 20 | 21 | 22 | 23 | 24 | 25 | 26 | 27 | 28 | 29 | 30 |
|---|---|---|---|---|---|---|---|---|---|---|---|---|---|---|---|---|---|---|---|---|---|---|---|---|---|---|---|---|---|---|
| 양력 | 7/7 | 8 | 9 | 10 | 11 | 12 | 13 | 14 | 15 | 16 | 17 | 18 | 19 | 20 | 21 | 22 | 23 | 24 | 25 | 26 | 27 | 28 | 29 | 30 | 31 | 8/1 | 2 | 3 | 4 | 5 |
| 일주 | 임자 | 계축 | 갑인 | 을묘 | 병진 | 정사 | 무오 | 기미 | 경신 | 신유 | 임술 | 계해 | 갑자 | 을축 | 병인 | 정묘 | 무진 | 기사 | 경오 | 신미 | 임신 | 계유 | 갑술 | 을해 | 병자 | 정축 | 무인 | 기묘 | 경진 | 신사 |

### ■ 7월

| 음력 | 7/1 | 2 | 3 | 4 | 5 | 6 | 7 | 8 | 9 | 10 | 11 | 12 | 13 | 14 | 15 | 16 | 17 | 18 | 19 | 20 | 21 | 22 | 23 | 24 | 25 | 26 | 27 | 28 | 29 |
|---|---|---|---|---|---|---|---|---|---|---|---|---|---|---|---|---|---|---|---|---|---|---|---|---|---|---|---|---|---|
| 양력 | 8/6 | 7 | 8 | 9 | 10 | 11 | 12 | 13 | 14 | 15 | 16 | 17 | 18 | 19 | 20 | 21 | 22 | 23 | 24 | 25 | 26 | 27 | 28 | 29 | 30 | 31 | 9/1 | 2 | 3 |
| 일주 | 임오 | 계미 | 갑신 | 을유 | 병술 | 정해 | 무자 | 기축 | 경인 | 신묘 | 임진 | 계사 | 갑오 | 을미 | 병신 | 정유 | 무술 | 기해 | 경자 | 신축 | 임인 | 계묘 | 갑진 | 을사 | 병오 | 정미 | 무신 | 기유 | 경술 |

### ■ 8월

| 음력 | 8/1 | 2 | 3 | 4 | 5 | 6 | 7 | 8 | 9 | 10 | 11 | 12 | 13 | 14 | 15 | 16 | 17 | 18 | 19 | 20 | 21 | 22 | 23 | 24 | 25 | 26 | 27 | 28 | 29 | 30 |
|---|---|---|---|---|---|---|---|---|---|---|---|---|---|---|---|---|---|---|---|---|---|---|---|---|---|---|---|---|---|---|
| 양력 | 9/4 | 5 | 6 | 7 | 8 | 9 | 10 | 11 | 12 | 13 | 14 | 15 | 16 | 17 | 18 | 19 | 20 | 21 | 22 | 23 | 24 | 25 | 26 | 27 | 28 | 29 | 30 | 10/1 | 2 | 3 |
| 일주 | 신해 | 임자 | 계축 | 갑인 | 을묘 | 병진 | 정사 | 무오 | 기미 | 경신 | 신유 | 임술 | 계해 | 갑자 | 을축 | 병인 | 정묘 | 무진 | 기사 | 경오 | 신미 | 임신 | 계유 | 갑술 | 을해 | 병자 | 정축 | 무인 | 기묘 | 경진 |

### ■ 9월

| 음력 | 2/1 | 2 | 3 | 4 | 5 | 6 | 7 | 8 | 9 | 10 | 11 | 12 | 13 | 14 | 15 | 16 | 17 | 18 | 19 | 20 | 21 | 22 | 23 | 24 | 25 | 26 | 27 | 28 | 29 |
|---|---|---|---|---|---|---|---|---|---|---|---|---|---|---|---|---|---|---|---|---|---|---|---|---|---|---|---|---|---|
| 양력 | 10/4 | 5 | 6 | 7 | 8 | 9 | 10 | 11 | 12 | 13 | 14 | 15 | 16 | 17 | 18 | 19 | 20 | 21 | 22 | 23 | 24 | 25 | 26 | 27 | 28 | 29 | 30 | 31 | 11/1 |
| 일주 | 신사 | 임오 | 계미 | 갑신 | 을유 | 병술 | 정해 | 무자 | 기축 | 경인 | 신묘 | 임진 | 계사 | 갑오 | 을미 | 병신 | 정유 | 무술 | 기해 | 경자 | 신축 | 임인 | 계묘 | 갑진 | 을사 | 병오 | 정미 | 무신 | 기유 |

### ■ 10월

| 음력 | 10/1 | 2 | 3 | 4 | 5 | 6 | 7 | 8 | 9 | 10 | 11 | 12 | 13 | 14 | 15 | 16 | 17 | 18 | 19 | 20 | 21 | 22 | 23 | 24 | 25 | 26 | 27 | 28 | 29 | 30 |
|---|---|---|---|---|---|---|---|---|---|---|---|---|---|---|---|---|---|---|---|---|---|---|---|---|---|---|---|---|---|---|
| 양력 | 11/2 | 3 | 4 | 5 | 6 | 7 | 8 | 9 | 10 | 11 | 12 | 13 | 14 | 15 | 16 | 17 | 18 | 19 | 20 | 21 | 22 | 23 | 24 | 25 | 26 | 27 | 28 | 29 | 30 | 12/1 |
| 일주 | 경술 | 신해 | 임자 | 계축 | 갑인 | 을묘 | 병진 | 정사 | 무오 | 기미 | 경신 | 신유 | 임술 | 계해 | 갑자 | 을축 | 병인 | 정묘 | 무진 | 기사 | 경오 | 신미 | 임신 | 계유 | 갑술 | 을해 | 병자 | 정축 | 무인 | 기묘 |

### ■ 11월

| 음력 | 11/1 | 2 | 3 | 4 | 5 | 6 | 7 | 8 | 9 | 10 | 11 | 12 | 13 | 14 | 15 | 16 | 17 | 18 | 19 | 20 | 21 | 22 | 23 | 24 | 25 | 26 | 27 | 28 | 29 |
|---|---|---|---|---|---|---|---|---|---|---|---|---|---|---|---|---|---|---|---|---|---|---|---|---|---|---|---|---|---|
| 양력 | 12/2 | 3 | 4 | 5 | 6 | 7 | 8 | 9 | 10 | 11 | 12 | 13 | 14 | 15 | 16 | 17 | 18 | 19 | 20 | 21 | 22 | 23 | 24 | 25 | 26 | 27 | 28 | 29 | 30 |
| 일주 | 경진 | 신사 | 임오 | 계미 | 갑신 | 을유 | 병술 | 정해 | 무자 | 기축 | 경인 | 신묘 | 임진 | 계사 | 갑오 | 을미 | 병신 | 정유 | 무술 | 기해 | 경자 | 신축 | 임인 | 계묘 | 갑진 | 을사 | 병오 | 정미 | 무신 |

### ■ 12월

| 음력 | 12/1 | 2 | 3 | 4 | 5 | 6 | 7 | 8 | 9 | 10 | 11 | 12 | 13 | 14 | 15 | 16 | 17 | 18 | 19 | 20 | 21 | 22 | 23 | 24 | 25 | 26 | 27 | 28 | 29 |
|---|---|---|---|---|---|---|---|---|---|---|---|---|---|---|---|---|---|---|---|---|---|---|---|---|---|---|---|---|---|
| 양력 | 12/31 | 1/1 | 2 | 3 | 4 | 5 | 6 | 7 | 8 | 9 | 10 | 11 | 12 | 13 | 14 | 15 | 16 | 17 | 18 | 19 | 20 | 21 | 22 | 23 | 24 | 25 | 26 | 27 | 28 |
| 일주 | 기유 | 경술 | 신해 | 임자 | 계축 | 갑인 | 을묘 | 병진 | 정사 | 무오 | 기미 | 경신 | 신유 | 임술 | 계해 | 갑자 | 을축 | 병인 | 정묘 | 무진 | 기사 | 경오 | 신미 | 임신 | 계유 | 갑술 | 을해 | 병자 | 정축 |

# 1987년

## 1월

| 음력 | 1/1 | 2 | 3 | 4 | 5 | 6 | 7 | 8 | 9 | 10 | 11 | 12 | 13 | 14 | 15 | 16 | 17 | 18 | 19 | 20 | 21 | 22 | 23 | 24 | 25 | 26 | 27 | 28 | 29 | 30 |
|---|---|---|---|---|---|---|---|---|---|---|---|---|---|---|---|---|---|---|---|---|---|---|---|---|---|---|---|---|---|---|
| 양력 | 1/29 | 30 | 31 | 2/1 | 2 | 3 | 4 | 5 | 6 | 7 | 8 | 9 | 10 | 11 | 12 | 13 | 14 | 15 | 16 | 17 | 18 | 19 | 20 | 21 | 22 | 23 | 24 | 25 | 26 | 27 |
| 일주 | 무인 | 기묘 | 경진 | 신사 | 임오 | 계미 | 갑신 | 을유 | 병술 | 정해 | 무자 | 기축 | 경인 | 신묘 | 임진 | 계사 | 갑오 | 을미 | 병신 | 정유 | 무술 | 기해 | 경자 | 신축 | 임인 | 계묘 | 갑진 | 을사 | 병오 | 정미 |

## 2월

| 음력 | 2/1 | 2 | 3 | 4 | 5 | 6 | 7 | 8 | 9 | 10 | 11 | 12 | 13 | 14 | 15 | 16 | 17 | 18 | 19 | 20 | 21 | 22 | 23 | 24 | 25 | 26 | 27 | 28 | 29 |
|---|---|---|---|---|---|---|---|---|---|---|---|---|---|---|---|---|---|---|---|---|---|---|---|---|---|---|---|---|---|
| 양력 | 2/28 | 3/1 | 2 | 3 | 4 | 5 | 6 | 7 | 8 | 9 | 10 | 11 | 12 | 13 | 14 | 15 | 16 | 17 | 18 | 19 | 20 | 21 | 22 | 23 | 24 | 25 | 26 | 27 | 28 |
| 일주 | 무신 | 기유 | 경술 | 신해 | 임자 | 계축 | 갑인 | 을묘 | 병진 | 정사 | 무오 | 기미 | 경신 | 신유 | 임술 | 계해 | 갑자 | 을축 | 병인 | 정묘 | 무진 | 기사 | 경오 | 신미 | 임신 | 계유 | 갑술 | 을해 | 병자 |

## 3월

| 음력 | 3/1 | 2 | 3 | 4 | 5 | 6 | 7 | 8 | 9 | 10 | 11 | 12 | 13 | 14 | 15 | 16 | 17 | 18 | 19 | 20 | 21 | 22 | 23 | 24 | 25 | 26 | 27 | 28 | 29 | 30 |
|---|---|---|---|---|---|---|---|---|---|---|---|---|---|---|---|---|---|---|---|---|---|---|---|---|---|---|---|---|---|---|
| 양력 | 3/29 | 30 | 31 | 4/1 | 2 | 3 | 4 | 5 | 6 | 7 | 8 | 9 | 10 | 11 | 12 | 13 | 14 | 15 | 16 | 17 | 18 | 19 | 20 | 21 | 22 | 23 | 24 | 25 | 26 | 27 |
| 일주 | 정축 | 무인 | 기묘 | 경진 | 신사 | 임오 | 계미 | 갑신 | 을유 | 병술 | 정해 | 무자 | 기축 | 경인 | 신묘 | 임진 | 계사 | 갑오 | 을미 | 병신 | 정유 | 무술 | 기해 | 경자 | 신축 | 임인 | 계묘 | 갑진 | 을사 | 병오 |

## 4월

| 음력 | 4/1 | 2 | 3 | 4 | 5 | 6 | 7 | 8 | 9 | 10 | 11 | 12 | 13 | 14 | 15 | 16 | 17 | 18 | 19 | 20 | 21 | 22 | 23 | 24 | 25 | 26 | 27 | 28 | 29 | 30 |
|---|---|---|---|---|---|---|---|---|---|---|---|---|---|---|---|---|---|---|---|---|---|---|---|---|---|---|---|---|---|---|
| 양력 | 4/28 | 29 | 30 | 5/1 | 2 | 3 | 4 | 5 | 6 | 7 | 8 | 9 | 10 | 11 | 12 | 13 | 14 | 15 | 16 | 17 | 18 | 19 | 20 | 21 | 22 | 23 | 24 | 25 | 26 | 27 |
| 일주 | 정미 | 무신 | 기유 | 경술 | 신해 | 임자 | 계축 | 갑인 | 을묘 | 병진 | 정사 | 무오 | 기미 | 경신 | 신유 | 임술 | 계해 | 갑자 | 을축 | 병인 | 정묘 | 무진 | 기사 | 경오 | 신미 | 임신 | 계유 | 갑술 | 을해 | 병자 |

## 5월

| 음력 | 5/1 | 2 | 3 | 4 | 5 | 6 | 7 | 8 | 9 | 10 | 11 | 12 | 13 | 14 | 15 | 16 | 17 | 18 | 19 | 20 | 21 | 22 | 23 | 24 | 25 | 26 | 27 | 28 | 29 |
|---|---|---|---|---|---|---|---|---|---|---|---|---|---|---|---|---|---|---|---|---|---|---|---|---|---|---|---|---|---|
| 양력 | 5/28 | 29 | 30 | 31 | 6/1 | 2 | 3 | 4 | 5 | 6 | 7 | 8 | 9 | 10 | 11 | 12 | 13 | 14 | 15 | 16 | 17 | 18 | 19 | 20 | 21 | 22 | 23 | 24 | 25 |
| 일주 | 정축 | 무인 | 기묘 | 경진 | 신사 | 임오 | 계미 | 갑신 | 을유 | 병술 | 정해 | 무자 | 기축 | 경인 | 신묘 | 임진 | 계사 | 갑오 | 을미 | 병신 | 정유 | 무술 | 기해 | 경자 | 신축 | 임인 | 계묘 | 갑진 | 을사 |

## 6월

| 음력 | 6/1 | 2 | 3 | 4 | 5 | 6 | 7 | 8 | 9 | 10 | 11 | 12 | 13 | 14 | 15 | 16 | 17 | 18 | 19 | 20 | 21 | 22 | 23 | 24 | 25 | 26 | 27 | 28 | 29 | 30 |
|---|---|---|---|---|---|---|---|---|---|---|---|---|---|---|---|---|---|---|---|---|---|---|---|---|---|---|---|---|---|---|
| 양력 | 6/26 | 27 | 28 | 29 | 30 | 7/1 | 2 | 3 | 4 | 5 | 6 | 7 | 8 | 9 | 10 | 11 | 12 | 13 | 14 | 15 | 16 | 17 | 18 | 19 | 20 | 21 | 22 | 23 | 24 | 25 |
| 일주 | 병오 | 정미 | 무신 | 기유 | 경술 | 신해 | 임자 | 계축 | 갑인 | 을묘 | 병진 | 정사 | 무오 | 기미 | 경신 | 신유 | 임술 | 계해 | 갑자 | 을축 | 병인 | 정묘 | 무진 | 기사 | 경오 | 신미 | 임신 | 계유 | 갑술 | 을해 |

## 6월 윤달

| 음력 | 6/1 | 2 | 3 | 4 | 5 | 6 | 7 | 8 | 9 | 10 | 11 | 12 | 13 | 14 | 15 | 16 | 17 | 18 | 19 | 20 | 21 | 22 | 23 | 24 | 25 | 26 | 27 | 28 | 29 |
|---|---|---|---|---|---|---|---|---|---|---|---|---|---|---|---|---|---|---|---|---|---|---|---|---|---|---|---|---|---|
| 양력 | 7/26 | 27 | 28 | 29 | 30 | 31 | 8/1 | 2 | 3 | 4 | 5 | 6 | 7 | 8 | 9 | 10 | 11 | 12 | 13 | 14 | 15 | 16 | 17 | 18 | 19 | 20 | 21 | 22 | 23 |
| 일주 | 병자 | 정축 | 무인 | 기묘 | 경진 | 신사 | 임오 | 계미 | 갑신 | 을유 | 병술 | 정해 | 무자 | 기축 | 경인 | 신묘 | 임진 | 계사 | 갑오 | 을미 | 병신 | 정유 | 무술 | 기해 | 경자 | 신축 | 임인 | 계묘 | 갑진 |

## ■ 7월

| 음력 | 7/1 | 2 | 3 | 4 | 5 | 6 | 7 | 8 | 9 | 10 | 11 | 12 | 13 | 14 | 15 | 16 | 17 | 18 | 19 | 20 | 21 | 22 | 23 | 24 | 25 | 26 | 27 | 28 | 29 | 30 |
|---|---|---|---|---|---|---|---|---|---|---|---|---|---|---|---|---|---|---|---|---|---|---|---|---|---|---|---|---|---|---|
| 양력 | 8/24 | 25 | 26 | 27 | 28 | 29 | 30 | 31 | 9/1 | 2 | 3 | 4 | 5 | 6 | 7 | 8 | 9 | 10 | 11 | 12 | 13 | 14 | 15 | 16 | 17 | 18 | 19 | 20 | 21 | 22 |
| 일주 | 을사 | 병오 | 정미 | 무신 | 기유 | 경술 | 신해 | 임자 | 계축 | 갑인 | 을묘 | 병진 | 정사 | 무오 | 기미 | 경신 | 신유 | 임술 | 계해 | 갑자 | 을축 | 병인 | 정묘 | 무진 | 기사 | 경오 | 신미 | 임신 | 계유 | 갑술 |

## ■ 8월

| 음력 | 8/1 | 2 | 3 | 4 | 5 | 6 | 7 | 8 | 9 | 10 | 11 | 12 | 13 | 14 | 15 | 16 | 17 | 18 | 19 | 20 | 21 | 22 | 23 | 24 | 25 | 26 | 27 | 28 | 29 | 30 |
|---|---|---|---|---|---|---|---|---|---|---|---|---|---|---|---|---|---|---|---|---|---|---|---|---|---|---|---|---|---|---|
| 양력 | 9/23 | 24 | 25 | 26 | 27 | 28 | 29 | 30 | 10/1 | 2 | 3 | 4 | 5 | 6 | 7 | 8 | 9 | 10 | 11 | 12 | 13 | 14 | 15 | 16 | 17 | 18 | 19 | 20 | 21 | 22 |
| 일주 | 을해 | 병자 | 정축 | 무인 | 기묘 | 경진 | 신사 | 임오 | 계미 | 갑신 | 을유 | 병술 | 정해 | 무자 | 기축 | 경인 | 신묘 | 임진 | 계사 | 갑오 | 을미 | 병신 | 정유 | 무술 | 기해 | 경자 | 신축 | 임인 | 계묘 | 갑진 |

## ■ 9월

| 음력 | 9/1 | 2 | 3 | 4 | 5 | 6 | 7 | 8 | 9 | 10 | 11 | 12 | 13 | 14 | 15 | 16 | 17 | 18 | 19 | 20 | 21 | 22 | 23 | 24 | 25 | 26 | 27 | 28 | 29 |
|---|---|---|---|---|---|---|---|---|---|---|---|---|---|---|---|---|---|---|---|---|---|---|---|---|---|---|---|---|---|
| 양력 | 10/23 | 24 | 25 | 26 | 27 | 28 | 29 | 30 | 31 | 11/1 | 2 | 3 | 4 | 5 | 6 | 7 | 8 | 9 | 10 | 11 | 12 | 13 | 14 | 15 | 16 | 17 | 18 | 19 | 20 |
| 일주 | 을사 | 병오 | 정미 | 무신 | 기유 | 경술 | 신해 | 임자 | 계축 | 갑인 | 을묘 | 병진 | 정사 | 무오 | 기미 | 경신 | 신유 | 임술 | 계해 | 갑자 | 을축 | 병인 | 정묘 | 무진 | 기사 | 경오 | 신미 | 임신 | 계유 |

## ■ 10월

| 음력 | 10/1 | 2 | 3 | 4 | 5 | 6 | 7 | 8 | 9 | 10 | 11 | 12 | 13 | 14 | 15 | 16 | 17 | 18 | 19 | 20 | 21 | 22 | 23 | 24 | 25 | 26 | 27 | 28 | 29 | 30 |
|---|---|---|---|---|---|---|---|---|---|---|---|---|---|---|---|---|---|---|---|---|---|---|---|---|---|---|---|---|---|---|
| 양력 | 11/21 | 22 | 23 | 24 | 25 | 26 | 27 | 28 | 29 | 30 | 12/1 | 2 | 3 | 4 | 5 | 6 | 7 | 8 | 9 | 10 | 11 | 12 | 13 | 14 | 15 | 16 | 17 | 18 | 19 | 20 |
| 일주 | 갑술 | 을해 | 병자 | 정축 | 무인 | 기묘 | 경진 | 신사 | 임오 | 계미 | 갑신 | 을유 | 병술 | 정해 | 무자 | 기축 | 경인 | 신묘 | 임진 | 계사 | 갑오 | 을미 | 병신 | 정유 | 무술 | 기해 | 경자 | 신축 | 임인 | 계묘 |

## ■ 11월

| 음력 | 11/1 | 2 | 3 | 4 | 5 | 6 | 7 | 8 | 9 | 10 | 11 | 12 | 13 | 14 | 15 | 16 | 17 | 18 | 19 | 20 | 21 | 22 | 23 | 24 | 25 | 26 | 27 | 28 | 29 |
|---|---|---|---|---|---|---|---|---|---|---|---|---|---|---|---|---|---|---|---|---|---|---|---|---|---|---|---|---|---|
| 양력 | 12/21 | 22 | 23 | 24 | 25 | 26 | 27 | 28 | 29 | 30 | 31 | 1/1 | 2 | 3 | 4 | 5 | 6 | 7 | 8 | 9 | 10 | 11 | 12 | 13 | 14 | 15 | 16 | 17 | 18 |
| 일주 | 갑진 | 을사 | 병오 | 정미 | 무신 | 기유 | 경술 | 신해 | 임자 | 계축 | 갑인 | 을묘 | 병진 | 정사 | 무오 | 기미 | 경신 | 신유 | 임술 | 계해 | 갑자 | 을축 | 병인 | 정묘 | 무진 | 기사 | 경오 | 신미 | 임신 |

## ■ 12월

| 음력 | 12/1 | 2 | 3 | 4 | 5 | 6 | 7 | 8 | 9 | 10 | 11 | 12 | 13 | 14 | 15 | 16 | 17 | 18 | 19 | 20 | 21 | 22 | 23 | 24 | 25 | 26 | 27 | 28 | 29 | 30 |
|---|---|---|---|---|---|---|---|---|---|---|---|---|---|---|---|---|---|---|---|---|---|---|---|---|---|---|---|---|---|---|
| 양력 | 1/19 | 20 | 21 | 22 | 23 | 24 | 25 | 26 | 27 | 28 | 29 | 30 | 31 | 2/1 | 2 | 3 | 4 | 5 | 6 | 7 | 8 | 9 | 10 | 11 | 12 | 13 | 14 | 15 | 16 | 17 |
| 일주 | 계유 | 갑술 | 을해 | 병자 | 정축 | 무인 | 기묘 | 경진 | 신사 | 임오 | 계미 | 갑신 | 을유 | 병술 | 정해 | 무자 | 기축 | 경인 | 신묘 | 임진 | 계사 | 갑오 | 을미 | 병신 | 정유 | 무술 | 기해 | 경자 | 신축 | 임인 |

# 1988년

## 1월

| 음력 | 1/1 | 2 | 3 | 4 | 5 | 6 | 7 | 8 | 9 | 10 | 11 | 12 | 13 | 14 | 15 | 16 | 17 | 18 | 19 | 20 | 21 | 22 | 23 | 24 | 25 | 26 | 27 | 28 | 29 | |
|---|---|---|---|---|---|---|---|---|---|---|---|---|---|---|---|---|---|---|---|---|---|---|---|---|---|---|---|---|---|---|
| 양력 | 2/18 | 19 | 20 | 21 | 22 | 23 | 24 | 25 | 26 | 27 | 28 | 29 | 3/1 | 2 | 3 | 4 | 5 | 6 | 7 | 8 | 9 | 10 | 11 | 12 | 13 | 14 | 15 | 16 | 17 | |
| 일주 | 계묘 | 갑진 | 을사 | 병오 | 정미 | 무신 | 기유 | 경술 | 신해 | 임자 | 계축 | 갑인 | 을묘 | 병진 | 정사 | 무오 | 기미 | 경신 | 신유 | 임술 | 계해 | 갑자 | 을축 | 병인 | 정묘 | 무진 | 기사 | 경오 | 신미 | |

## 2월

| 음력 | 2/1 | 2 | 3 | 4 | 5 | 6 | 7 | 8 | 9 | 10 | 11 | 12 | 13 | 14 | 15 | 16 | 17 | 18 | 19 | 20 | 21 | 22 | 23 | 24 | 25 | 26 | 27 | 28 | 29 | |
|---|---|---|---|---|---|---|---|---|---|---|---|---|---|---|---|---|---|---|---|---|---|---|---|---|---|---|---|---|---|---|
| 양력 | 3/18 | 19 | 20 | 21 | 22 | 23 | 24 | 25 | 26 | 27 | 28 | 29 | 30 | 31 | 4/1 | 2 | 3 | 4 | 5 | 6 | 7 | 8 | 9 | 10 | 11 | 12 | 13 | 14 | 15 | |
| 일주 | 임신 | 계유 | 갑술 | 을해 | 병자 | 정축 | 무인 | 기묘 | 경진 | 신사 | 임오 | 계미 | 갑신 | 을유 | 병술 | 정해 | 무자 | 기축 | 경인 | 신묘 | 임진 | 계사 | 갑오 | 을미 | 병신 | 정유 | 무술 | 기해 | 경자 | |

## 3월

| 음력 | 3/1 | 2 | 3 | 4 | 5 | 6 | 7 | 8 | 9 | 10 | 11 | 12 | 13 | 14 | 15 | 16 | 17 | 18 | 19 | 20 | 21 | 22 | 23 | 24 | 25 | 26 | 27 | 28 | 29 | 30 |
|---|---|---|---|---|---|---|---|---|---|---|---|---|---|---|---|---|---|---|---|---|---|---|---|---|---|---|---|---|---|---|
| 양력 | 4/16 | 17 | 18 | 19 | 20 | 21 | 22 | 23 | 24 | 25 | 26 | 27 | 28 | 29 | 30 | 5/1 | 2 | 3 | 4 | 5 | 6 | 7 | 8 | 9 | 10 | 11 | 12 | 13 | 14 | 15 |
| 일주 | 신축 | 임인 | 계묘 | 갑진 | 을사 | 병오 | 정미 | 무신 | 기유 | 경술 | 신해 | 임자 | 계축 | 갑인 | 을묘 | 병진 | 정사 | 무오 | 기미 | 경신 | 신유 | 임술 | 계해 | 갑자 | 을축 | 병인 | 정묘 | 무진 | 기사 | 경오 |

## 4월

| 음력 | 4/1 | 2 | 3 | 4 | 5 | 6 | 7 | 8 | 9 | 10 | 11 | 12 | 13 | 14 | 15 | 16 | 17 | 18 | 19 | 20 | 21 | 22 | 23 | 24 | 25 | 26 | 27 | 28 | 29 | |
|---|---|---|---|---|---|---|---|---|---|---|---|---|---|---|---|---|---|---|---|---|---|---|---|---|---|---|---|---|---|---|
| 양력 | 5/16 | 17 | 18 | 19 | 20 | 21 | 22 | 23 | 24 | 25 | 26 | 27 | 28 | 29 | 30 | 31 | 6/1 | 2 | 3 | 4 | 5 | 6 | 7 | 8 | 9 | 10 | 11 | 12 | 13 | |
| 일주 | 신미 | 임신 | 계유 | 갑술 | 을해 | 병자 | 정축 | 무인 | 기묘 | 경진 | 신사 | 임오 | 계미 | 갑신 | 을유 | 병술 | 정해 | 무자 | 기축 | 경인 | 신묘 | 임진 | 계사 | 갑오 | 을미 | 병신 | 정유 | 무술 | 기해 | |

## 5월

| 음력 | 5/1 | 2 | 3 | 4 | 5 | 6 | 7 | 8 | 9 | 10 | 11 | 12 | 13 | 14 | 15 | 16 | 17 | 18 | 19 | 20 | 21 | 22 | 23 | 24 | 25 | 26 | 27 | 28 | 29 | 30 |
|---|---|---|---|---|---|---|---|---|---|---|---|---|---|---|---|---|---|---|---|---|---|---|---|---|---|---|---|---|---|---|
| 양력 | 6/14 | 15 | 16 | 17 | 18 | 19 | 20 | 21 | 22 | 23 | 24 | 25 | 26 | 27 | 28 | 29 | 30 | 7/1 | 2 | 3 | 4 | 5 | 6 | 7 | 8 | 9 | 10 | 11 | 12 | 13 |
| 일주 | 경자 | 신축 | 임인 | 계묘 | 갑진 | 을사 | 병오 | 정미 | 무신 | 기유 | 경술 | 신해 | 임자 | 계축 | 갑인 | 을묘 | 병진 | 정사 | 무오 | 기미 | 경신 | 신유 | 임술 | 계해 | 갑자 | 을축 | 병인 | 정묘 | 무진 | 기사 |

## 6월

| 음력 | 6/1 | 2 | 3 | 4 | 5 | 6 | 7 | 8 | 9 | 10 | 11 | 12 | 13 | 14 | 15 | 16 | 17 | 18 | 19 | 20 | 21 | 22 | 23 | 24 | 25 | 26 | 27 | 28 | 29 | |
|---|---|---|---|---|---|---|---|---|---|---|---|---|---|---|---|---|---|---|---|---|---|---|---|---|---|---|---|---|---|---|
| 양력 | 7/14 | 15 | 16 | 17 | 18 | 19 | 20 | 21 | 22 | 23 | 24 | 25 | 26 | 27 | 28 | 29 | 30 | 31 | 8/1 | 2 | 3 | 4 | 5 | 6 | 7 | 8 | 9 | 10 | 11 | |
| 일주 | 경오 | 신미 | 임신 | 계유 | 갑술 | 을해 | 병자 | 정축 | 무인 | 기묘 | 경진 | 신사 | 임오 | 계미 | 갑신 | 을유 | 병술 | 정해 | 무자 | 기축 | 경인 | 신묘 | 임진 | 계사 | 갑오 | 을미 | 병신 | 정유 | 무술 | |

## 7월

| 음력 | 7/1 | 2 | 3 | 4 | 5 | 6 | 7 | 8 | 9 | 10 | 11 | 12 | 13 | 14 | 15 | 16 | 17 | 18 | 19 | 20 | 21 | 22 | 23 | 24 | 25 | 26 | 27 | 28 | 29 | 30 |
|---|---|---|---|---|---|---|---|---|---|---|---|---|---|---|---|---|---|---|---|---|---|---|---|---|---|---|---|---|---|---|
| 양력 | 8/12 | 13 | 14 | 15 | 16 | 17 | 18 | 19 | 20 | 21 | 22 | 23 | 24 | 25 | 26 | 27 | 28 | 29 | 30 | 31 | 9/1 | 2 | 3 | 4 | 5 | 6 | 7 | 8 | 9 | 10 |
| 일주 | 기해 | 경자 | 신축 | 임인 | 계묘 | 갑진 | 을사 | 병오 | 정미 | 무신 | 기유 | 경술 | 신해 | 임자 | 계축 | 갑인 | 을묘 | 병진 | 정사 | 무오 | 기미 | 경신 | 신유 | 임술 | 계해 | 갑자 | 을축 | 병인 | 정묘 | 무진 |

## 8월

| 음력 | 8/1 | 2 | 3 | 4 | 5 | 6 | 7 | 8 | 9 | 10 | 11 | 12 | 13 | 14 | 15 | 16 | 17 | 18 | 19 | 20 | 21 | 22 | 23 | 24 | 25 | 26 | 27 | 28 | 29 | 30 |
|---|---|---|---|---|---|---|---|---|---|---|---|---|---|---|---|---|---|---|---|---|---|---|---|---|---|---|---|---|---|---|
| 양력 | 9/11 | 12 | 13 | 14 | 15 | 16 | 17 | 18 | 19 | 20 | 21 | 22 | 23 | 24 | 25 | 26 | 27 | 28 | 29 | 30 | 10/1 | 2 | 3 | 4 | 5 | 6 | 7 | 8 | 9 | 10 |
| 일주 | 기사 | 경오 | 신미 | 임신 | 계유 | 갑술 | 을해 | 병자 | 정축 | 무인 | 기묘 | 경진 | 신사 | 임오 | 계미 | 갑신 | 을유 | 병술 | 정해 | 무자 | 기축 | 경인 | 신묘 | 임진 | 계사 | 갑오 | 을미 | 병신 | 정유 | 무술 |

## 9월

| 음력 | 9/1 | 2 | 3 | 4 | 5 | 6 | 7 | 8 | 9 | 10 | 11 | 12 | 13 | 14 | 15 | 16 | 17 | 18 | 19 | 20 | 21 | 22 | 23 | 24 | 25 | 26 | 27 | 28 | 29 |
|---|---|---|---|---|---|---|---|---|---|---|---|---|---|---|---|---|---|---|---|---|---|---|---|---|---|---|---|---|---|
| 양력 | 10/11 | 12 | 13 | 14 | 15 | 16 | 17 | 18 | 19 | 20 | 21 | 22 | 23 | 24 | 25 | 26 | 27 | 28 | 29 | 30 | 31 | 11/1 | 2 | 3 | 4 | 5 | 6 | 7 | 8 |
| 일주 | 기해 | 경자 | 신축 | 임인 | 계묘 | 갑진 | 을사 | 병오 | 정미 | 무신 | 기유 | 경술 | 신해 | 임자 | 계축 | 갑인 | 을묘 | 병진 | 정사 | 무오 | 기미 | 경신 | 신유 | 임술 | 계해 | 갑자 | 을축 | 병인 | 정묘 |

## 10월

| 음력 | 10/1 | 2 | 3 | 4 | 5 | 6 | 7 | 8 | 9 | 10 | 11 | 12 | 13 | 14 | 15 | 16 | 17 | 18 | 19 | 20 | 21 | 22 | 23 | 24 | 25 | 26 | 27 | 28 | 29 | 30 |
|---|---|---|---|---|---|---|---|---|---|---|---|---|---|---|---|---|---|---|---|---|---|---|---|---|---|---|---|---|---|---|
| 양력 | 11/9 | 10 | 11 | 12 | 13 | 14 | 15 | 16 | 17 | 18 | 19 | 20 | 21 | 22 | 23 | 24 | 25 | 26 | 27 | 28 | 29 | 30 | 12/1 | 2 | 3 | 4 | 5 | 6 | 7 | 8 |
| 일주 | 무진 | 기사 | 경오 | 신미 | 임신 | 계유 | 갑술 | 을해 | 병자 | 정축 | 무인 | 기묘 | 경진 | 신사 | 임오 | 계미 | 갑신 | 을유 | 병술 | 정해 | 무자 | 기축 | 경인 | 신묘 | 임진 | 계사 | 갑오 | 을미 | 병신 | 정유 |

## 11월

| 음력 | 11/1 | 2 | 3 | 4 | 5 | 6 | 7 | 8 | 9 | 10 | 11 | 12 | 13 | 14 | 15 | 16 | 17 | 18 | 19 | 20 | 21 | 22 | 23 | 24 | 25 | 26 | 27 | 28 | 29 | 30 |
|---|---|---|---|---|---|---|---|---|---|---|---|---|---|---|---|---|---|---|---|---|---|---|---|---|---|---|---|---|---|---|
| 양력 | 12/9 | 10 | 11 | 12 | 13 | 14 | 15 | 16 | 17 | 18 | 19 | 20 | 21 | 22 | 23 | 24 | 25 | 26 | 27 | 28 | 29 | 30 | 31 | 1/1 | 2 | 3 | 4 | 5 | 6 | 7 |
| 일주 | 무술 | 기해 | 경자 | 신축 | 임인 | 계묘 | 갑진 | 을사 | 병오 | 정미 | 무신 | 기유 | 경술 | 신해 | 임자 | 계축 | 갑인 | 을묘 | 병진 | 정사 | 무오 | 기미 | 경신 | 신유 | 임술 | 계해 | 갑자 | 을축 | 병인 | 정묘 |

## 12월

| 음력 | 12/1 | 2 | 3 | 4 | 5 | 6 | 7 | 8 | 9 | 10 | 11 | 12 | 13 | 14 | 15 | 16 | 17 | 18 | 19 | 20 | 21 | 22 | 23 | 24 | 25 | 26 | 27 | 28 | 29 |
|---|---|---|---|---|---|---|---|---|---|---|---|---|---|---|---|---|---|---|---|---|---|---|---|---|---|---|---|---|---|
| 양력 | 1/8 | 9 | 10 | 11 | 12 | 13 | 14 | 15 | 16 | 17 | 18 | 19 | 20 | 21 | 22 | 23 | 24 | 25 | 26 | 27 | 28 | 29 | 30 | 31 | 2/1 | 2 | 3 | 4 | 5 |
| 일주 | 무진 | 기사 | 경오 | 신미 | 임신 | 계유 | 갑술 | 을해 | 병자 | 정축 | 무인 | 기묘 | 경진 | 신사 | 임오 | 계미 | 갑신 | 을유 | 병술 | 정해 | 무자 | 기축 | 경인 | 신묘 | 임진 | 계사 | 갑오 | 을미 | 병신 |

# 1989년

## 1월

| 음력 | 1/1 | 2 | 3 | 4 | 5 | 6 | 7 | 8 | 9 | 10 | 11 | 12 | 13 | 14 | 15 | 16 | 17 | 18 | 19 | 20 | 21 | 22 | 23 | 24 | 25 | 26 | 27 | 28 | 29 | 30 |
|---|---|---|---|---|---|---|---|---|---|---|---|---|---|---|---|---|---|---|---|---|---|---|---|---|---|---|---|---|---|---|
| 양력 | 2/6 | 7 | 8 | 9 | 10 | 11 | 12 | 13 | 14 | 15 | 16 | 17 | 18 | 19 | 20 | 21 | 22 | 23 | 24 | 25 | 26 | 27 | 28 | 3/1 | 2 | 3 | 4 | 5 | 6 | 7 |
| 일주 | 정유 | 무술 | 기해 | 경자 | 신축 | 임인 | 계묘 | 갑진 | 을사 | 병오 | 정미 | 무신 | 기유 | 경술 | 신해 | 임자 | 계축 | 갑인 | 을묘 | 병진 | 정사 | 무오 | 기미 | 경신 | 신유 | 임술 | 계해 | 갑자 | 을축 | 병인 |

## 2월

| 음력 | 2/1 | 2 | 3 | 4 | 5 | 6 | 7 | 8 | 9 | 10 | 11 | 12 | 13 | 14 | 15 | 16 | 17 | 18 | 19 | 20 | 21 | 22 | 23 | 24 | 25 | 26 | 27 | 28 | 29 |
|---|---|---|---|---|---|---|---|---|---|---|---|---|---|---|---|---|---|---|---|---|---|---|---|---|---|---|---|---|---|
| 양력 | 3/8 | 9 | 10 | 11 | 12 | 13 | 14 | 15 | 16 | 17 | 18 | 19 | 20 | 21 | 22 | 23 | 24 | 25 | 26 | 27 | 28 | 29 | 30 | 31 | 4/1 | 2 | 3 | 4 | 5 |
| 일주 | 정묘 | 무진 | 기사 | 경오 | 신미 | 임신 | 계유 | 갑술 | 을해 | 병자 | 정축 | 무인 | 기묘 | 경진 | 신사 | 임오 | 계미 | 갑신 | 을유 | 병술 | 정해 | 무자 | 기축 | 경인 | 신묘 | 임진 | 계사 | 갑오 | 을미 |

## 3월

| 음력 | 3/1 | 2 | 3 | 4 | 5 | 6 | 7 | 8 | 9 | 10 | 11 | 12 | 13 | 14 | 15 | 16 | 17 | 18 | 19 | 20 | 21 | 22 | 23 | 24 | 25 | 26 | 27 | 28 | 29 |
|---|---|---|---|---|---|---|---|---|---|---|---|---|---|---|---|---|---|---|---|---|---|---|---|---|---|---|---|---|---|
| 양력 | 4/6 | 7 | 8 | 9 | 10 | 11 | 12 | 13 | 14 | 15 | 16 | 17 | 18 | 19 | 20 | 21 | 22 | 23 | 24 | 25 | 26 | 27 | 28 | 29 | 30 | 5/1 | 2 | 3 | 4 |
| 일주 | 병신 | 정유 | 무술 | 기해 | 경자 | 신축 | 임인 | 계묘 | 갑진 | 을사 | 병오 | 정미 | 무신 | 기유 | 경술 | 신해 | 임자 | 계축 | 갑인 | 을묘 | 병진 | 정사 | 무오 | 기미 | 경신 | 신유 | 임술 | 계해 | 갑자 |

## 4월

| 음력 | 4/1 | 2 | 3 | 4 | 5 | 6 | 7 | 8 | 9 | 10 | 11 | 12 | 13 | 14 | 15 | 16 | 17 | 18 | 19 | 20 | 21 | 22 | 23 | 24 | 25 | 26 | 27 | 28 | 29 | 30 |
|---|---|---|---|---|---|---|---|---|---|---|---|---|---|---|---|---|---|---|---|---|---|---|---|---|---|---|---|---|---|---|
| 양력 | 5/5 | 6 | 7 | 8 | 9 | 10 | 11 | 12 | 13 | 14 | 15 | 16 | 17 | 18 | 19 | 20 | 21 | 22 | 23 | 24 | 25 | 26 | 27 | 28 | 29 | 30 | 31 | 6/1 | 2 | 3 |
| 일주 | 을축 | 병인 | 정묘 | 무진 | 기사 | 경오 | 신미 | 임신 | 계유 | 갑술 | 을해 | 병자 | 정축 | 무인 | 기묘 | 경진 | 신사 | 임오 | 계미 | 갑신 | 을유 | 병술 | 정해 | 무자 | 기축 | 경인 | 신묘 | 임진 | 계사 | 갑오 |

## 5월

| 음력 | 5/1 | 2 | 3 | 4 | 5 | 6 | 7 | 8 | 9 | 10 | 11 | 12 | 13 | 14 | 15 | 16 | 17 | 18 | 19 | 20 | 21 | 22 | 23 | 24 | 25 | 26 | 27 | 28 | 29 |
|---|---|---|---|---|---|---|---|---|---|---|---|---|---|---|---|---|---|---|---|---|---|---|---|---|---|---|---|---|---|
| 양력 | 6/4 | 5 | 6 | 7 | 8 | 9 | 10 | 11 | 12 | 13 | 14 | 15 | 16 | 17 | 18 | 19 | 20 | 21 | 22 | 23 | 24 | 25 | 26 | 27 | 28 | 29 | 30 | 7/1 | 2 |
| 일주 | 을미 | 병신 | 정유 | 무술 | 기해 | 경자 | 신축 | 임인 | 계묘 | 갑진 | 을사 | 병오 | 정미 | 무신 | 기유 | 경술 | 신해 | 임자 | 계축 | 갑인 | 을묘 | 병진 | 정사 | 무오 | 기미 | 경신 | 신유 | 임술 | 계해 |

## 6월

| 음력 | 6/1 | 2 | 3 | 4 | 5 | 6 | 7 | 8 | 9 | 10 | 11 | 12 | 13 | 14 | 15 | 16 | 17 | 18 | 19 | 20 | 21 | 22 | 23 | 24 | 25 | 26 | 27 | 28 | 29 | 30 |
|---|---|---|---|---|---|---|---|---|---|---|---|---|---|---|---|---|---|---|---|---|---|---|---|---|---|---|---|---|---|---|
| 양력 | 7/3 | 4 | 5 | 6 | 7 | 8 | 9 | 10 | 11 | 12 | 13 | 14 | 15 | 16 | 17 | 18 | 19 | 20 | 21 | 22 | 23 | 24 | 25 | 26 | 27 | 28 | 29 | 30 | 31 | 8/1 |
| 일주 | 갑자 | 을축 | 병인 | 정묘 | 무진 | 기사 | 경오 | 신미 | 임신 | 계유 | 갑술 | 을해 | 병자 | 정축 | 무인 | 기묘 | 경진 | 신사 | 임오 | 계미 | 갑신 | 을유 | 병술 | 정해 | 무자 | 기축 | 경인 | 신묘 | 임진 | 계사 |

## ■ 7월

| 음력 | 7/1 | 2 | 3 | 4 | 5 | 6 | 7 | 8 | 9 | 10 | 11 | 12 | 13 | 14 | 15 | 16 | 17 | 18 | 19 | 20 | 21 | 22 | 23 | 24 | 25 | 26 | 27 | 28 | 29 |
|---|---|---|---|---|---|---|---|---|---|---|---|---|---|---|---|---|---|---|---|---|---|---|---|---|---|---|---|---|---|
| 양력 | 8/2 | 3 | 4 | 5 | 6 | 7 | 8 | 9 | 10 | 11 | 12 | 13 | 14 | 15 | 16 | 17 | 18 | 19 | 20 | 21 | 22 | 23 | 24 | 25 | 26 | 27 | 28 | 29 | 30 |
| 일주 | 갑오 | 을미 | 병신 | 정유 | 무술 | 기해 | 경자 | 신축 | 임인 | 계묘 | 갑진 | 을사 | 병오 | 정미 | 무신 | 기유 | 경술 | 신해 | 임자 | 계축 | 갑인 | 을묘 | 병진 | 정사 | 무오 | 기미 | 경신 | 신유 | 임술 |

## ■ 8월

| 음력 | 8/1 | 2 | 3 | 4 | 5 | 6 | 7 | 8 | 9 | 10 | 11 | 12 | 13 | 14 | 15 | 16 | 17 | 18 | 19 | 20 | 21 | 22 | 23 | 24 | 25 | 26 | 27 | 28 | 29 | 30 |
|---|---|---|---|---|---|---|---|---|---|---|---|---|---|---|---|---|---|---|---|---|---|---|---|---|---|---|---|---|---|---|
| 양력 | 8/31 | 9/1 | 2 | 3 | 4 | 5 | 6 | 7 | 8 | 9 | 10 | 11 | 12 | 13 | 14 | 15 | 16 | 17 | 18 | 19 | 20 | 21 | 22 | 23 | 24 | 25 | 26 | 27 | 28 | 29 |
| 일주 | 계해 | 갑자 | 을축 | 병인 | 정묘 | 무진 | 기사 | 경오 | 신미 | 임신 | 계유 | 갑술 | 을해 | 병자 | 정축 | 무인 | 기묘 | 경진 | 신사 | 임오 | 계미 | 갑신 | 을유 | 병술 | 정해 | 무자 | 기축 | 경인 | 신묘 | 임진 |

## ■ 9월

| 음력 | 9/1 | 2 | 3 | 4 | 5 | 6 | 7 | 8 | 9 | 10 | 11 | 12 | 13 | 14 | 15 | 16 | 17 | 18 | 19 | 20 | 21 | 22 | 23 | 24 | 25 | 26 | 27 | 28 | 29 | 30 |
|---|---|---|---|---|---|---|---|---|---|---|---|---|---|---|---|---|---|---|---|---|---|---|---|---|---|---|---|---|---|---|
| 양력 | 9/30 | 10/1 | 2 | 3 | 4 | 5 | 6 | 7 | 8 | 9 | 10 | 11 | 12 | 13 | 14 | 15 | 16 | 17 | 18 | 19 | 20 | 21 | 22 | 23 | 24 | 25 | 26 | 27 | 28 | 29 |
| 일주 | 계사 | 갑오 | 을미 | 병신 | 정유 | 무술 | 기해 | 경자 | 신축 | 임인 | 계묘 | 갑진 | 을사 | 병오 | 정미 | 무신 | 기유 | 경술 | 신해 | 임자 | 계축 | 갑인 | 을묘 | 병진 | 정사 | 무오 | 기미 | 경신 | 신유 | 임술 |

## ■ 10월

| 음력 | 10/1 | 2 | 3 | 4 | 5 | 6 | 7 | 8 | 9 | 10 | 11 | 12 | 13 | 14 | 15 | 16 | 17 | 18 | 19 | 20 | 21 | 22 | 23 | 24 | 25 | 26 | 27 | 28 | 29 |
|---|---|---|---|---|---|---|---|---|---|---|---|---|---|---|---|---|---|---|---|---|---|---|---|---|---|---|---|---|---|
| 양력 | 10/30 | 31 | 11/1 | 2 | 3 | 4 | 5 | 6 | 7 | 8 | 9 | 10 | 11 | 12 | 13 | 14 | 15 | 16 | 17 | 18 | 19 | 20 | 21 | 22 | 23 | 24 | 25 | 26 | 27 |
| 일주 | 계해 | 갑자 | 을축 | 병인 | 정묘 | 무진 | 기사 | 경오 | 신미 | 임신 | 계유 | 갑술 | 을해 | 병자 | 정축 | 무인 | 기묘 | 경진 | 신사 | 임오 | 계미 | 갑신 | 을유 | 병술 | 정해 | 무자 | 기축 | 경인 | 신묘 |

## ■ 11월

| 음력 | 11/1 | 2 | 3 | 4 | 5 | 6 | 7 | 8 | 9 | 10 | 11 | 12 | 13 | 14 | 15 | 16 | 17 | 18 | 19 | 20 | 21 | 22 | 23 | 24 | 25 | 26 | 27 | 28 | 29 | 30 |
|---|---|---|---|---|---|---|---|---|---|---|---|---|---|---|---|---|---|---|---|---|---|---|---|---|---|---|---|---|---|---|
| 양력 | 11/28 | 29 | 30 | 12/1 | 2 | 3 | 4 | 5 | 6 | 7 | 8 | 9 | 10 | 11 | 12 | 13 | 14 | 15 | 16 | 17 | 18 | 19 | 20 | 21 | 22 | 23 | 24 | 25 | 26 | 27 |
| 일주 | 임진 | 계사 | 갑오 | 을미 | 병신 | 정유 | 무술 | 기해 | 경자 | 신축 | 임인 | 계묘 | 갑진 | 을사 | 병오 | 정미 | 무신 | 기유 | 경술 | 신해 | 임자 | 계축 | 갑인 | 을묘 | 병진 | 정사 | 무오 | 기미 | 경신 | 신유 |

## ■ 12월

| 음력 | 12/1 | 2 | 3 | 4 | 5 | 6 | 7 | 8 | 9 | 10 | 11 | 12 | 13 | 14 | 15 | 16 | 17 | 18 | 19 | 20 | 21 | 22 | 23 | 24 | 25 | 26 | 27 | 28 | 29 | 30 |
|---|---|---|---|---|---|---|---|---|---|---|---|---|---|---|---|---|---|---|---|---|---|---|---|---|---|---|---|---|---|---|
| 양력 | 12/28 | 29 | 30 | 31 | 1/1 | 2 | 3 | 4 | 5 | 6 | 7 | 8 | 9 | 10 | 11 | 12 | 13 | 14 | 15 | 16 | 17 | 18 | 19 | 20 | 21 | 22 | 23 | 24 | 25 | 26 |
| 일주 | 임술 | 계해 | 갑자 | 을축 | 병인 | 정묘 | 무진 | 기사 | 경오 | 신미 | 임신 | 계유 | 갑술 | 을해 | 병자 | 정축 | 무인 | 기묘 | 경진 | 신사 | 임오 | 계미 | 갑신 | 을유 | 병술 | 정해 | 무자 | 기축 | 경인 | 신묘 |

# 1990년

## ■ 1월

| 음력 | 1/1 | 2 | 3 | 4 | 5 | 6 | 7 | 8 | 9 | 10 | 11 | 12 | 13 | 14 | 15 | 16 | 17 | 18 | 19 | 20 | 21 | 22 | 23 | 24 | 25 | 26 | 27 | 28 | 29 | |
|---|---|---|---|---|---|---|---|---|---|---|---|---|---|---|---|---|---|---|---|---|---|---|---|---|---|---|---|---|---|---|
| 양력 | 1/27 | 28 | 29 | 30 | 31 | 2/1 | 2 | 3 | 4 | 5 | 6 | 7 | 8 | 9 | 10 | 11 | 12 | 13 | 14 | 15 | 16 | 17 | 18 | 19 | 20 | 21 | 22 | 23 | 24 | |
| 일주 | 임진 | 계사 | 갑오 | 을미 | 병신 | 정유 | 무술 | 기해 | 경자 | 신축 | 임인 | 계묘 | 갑진 | 을사 | 병오 | 정미 | 무신 | 기유 | 경술 | 신해 | 임자 | 계축 | 갑인 | 을묘 | 병진 | 정사 | 무오 | 기미 | 경신 | |

## ■ 2월

| 음력 | 2/1 | 2 | 3 | 4 | 5 | 6 | 7 | 8 | 9 | 10 | 11 | 12 | 13 | 14 | 15 | 16 | 17 | 18 | 19 | 20 | 21 | 22 | 23 | 24 | 25 | 26 | 27 | 28 | 29 | 30 |
|---|---|---|---|---|---|---|---|---|---|---|---|---|---|---|---|---|---|---|---|---|---|---|---|---|---|---|---|---|---|---|
| 양력 | 2/25 | 26 | 27 | 28 | 3/1 | 2 | 3 | 4 | 5 | 6 | 7 | 8 | 9 | 10 | 11 | 12 | 13 | 14 | 15 | 16 | 17 | 18 | 19 | 20 | 21 | 22 | 23 | 24 | 25 | 26 |
| 일주 | 신유 | 임술 | 계해 | 갑자 | 을축 | 병인 | 정묘 | 무진 | 기사 | 경오 | 신미 | 임신 | 계유 | 갑술 | 을해 | 병자 | 정축 | 무인 | 기묘 | 경진 | 신사 | 임오 | 계미 | 갑신 | 을유 | 병술 | 정해 | 무자 | 기축 | 경인 |

## ■ 3월

| 음력 | 3/1 | 2 | 3 | 4 | 5 | 6 | 7 | 8 | 9 | 10 | 11 | 12 | 13 | 14 | 15 | 16 | 17 | 18 | 19 | 20 | 21 | 22 | 23 | 24 | 25 | 26 | 27 | 28 | 29 |
|---|---|---|---|---|---|---|---|---|---|---|---|---|---|---|---|---|---|---|---|---|---|---|---|---|---|---|---|---|---|
| 양력 | 3/27 | 28 | 29 | 30 | 31 | 4/1 | 2 | 3 | 4 | 5 | 6 | 7 | 8 | 9 | 10 | 11 | 12 | 13 | 14 | 15 | 16 | 17 | 18 | 19 | 20 | 21 | 22 | 23 | 24 |
| 일주 | 신묘 | 임진 | 계사 | 갑오 | 을미 | 병신 | 정유 | 무술 | 기해 | 경자 | 신축 | 임인 | 계묘 | 갑진 | 을사 | 병오 | 정미 | 무신 | 기유 | 경술 | 신해 | 임자 | 계축 | 갑인 | 을묘 | 병진 | 정사 | 무오 | 기미 |

## ■ 4월

| 음력 | 4/1 | 2 | 3 | 4 | 5 | 6 | 7 | 8 | 9 | 10 | 11 | 12 | 13 | 14 | 15 | 16 | 17 | 18 | 19 | 20 | 21 | 22 | 23 | 24 | 25 | 26 | 27 | 28 | 29 |
|---|---|---|---|---|---|---|---|---|---|---|---|---|---|---|---|---|---|---|---|---|---|---|---|---|---|---|---|---|---|
| 양력 | 4/25 | 26 | 27 | 28 | 29 | 30 | 5/1 | 2 | 3 | 4 | 5 | 6 | 7 | 8 | 9 | 10 | 11 | 12 | 13 | 14 | 15 | 16 | 17 | 18 | 19 | 20 | 21 | 22 | 23 |
| 일주 | 경신 | 신유 | 임술 | 계해 | 갑자 | 을축 | 병인 | 정묘 | 무진 | 기사 | 경오 | 신미 | 임신 | 계유 | 갑술 | 을해 | 병자 | 정축 | 무인 | 기묘 | 경진 | 신사 | 임오 | 계미 | 갑신 | 을유 | 병술 | 정해 | 무자 |

## ■ 5월

| 음력 | 5/1 | 2 | 3 | 4 | 5 | 6 | 7 | 8 | 9 | 10 | 11 | 12 | 13 | 14 | 15 | 16 | 17 | 18 | 19 | 20 | 21 | 22 | 23 | 24 | 25 | 26 | 27 | 28 | 29 | 30 |
|---|---|---|---|---|---|---|---|---|---|---|---|---|---|---|---|---|---|---|---|---|---|---|---|---|---|---|---|---|---|---|
| 양력 | 5/24 | 25 | 26 | 27 | 28 | 29 | 30 | 31 | 6/1 | 2 | 3 | 4 | 5 | 6 | 7 | 8 | 9 | 10 | 11 | 12 | 13 | 14 | 15 | 16 | 17 | 18 | 19 | 20 | 21 | 22 |
| 일주 | 기축 | 경인 | 신묘 | 임진 | 계사 | 갑오 | 을미 | 병신 | 정유 | 무술 | 기해 | 경자 | 신축 | 임인 | 계묘 | 갑진 | 을사 | 병오 | 정미 | 무신 | 기유 | 경술 | 신해 | 임자 | 계축 | 갑인 | 을묘 | 병진 | 정사 | 무오 |

## ■ 5월 윤달

| 음력 | 5/1 | 2 | 3 | 4 | 5 | 6 | 7 | 8 | 9 | 10 | 11 | 12 | 13 | 14 | 15 | 16 | 17 | 18 | 19 | 20 | 21 | 22 | 23 | 24 | 25 | 26 | 27 | 28 | 29 |
|---|---|---|---|---|---|---|---|---|---|---|---|---|---|---|---|---|---|---|---|---|---|---|---|---|---|---|---|---|---|
| 양력 | 6/23 | 24 | 25 | 26 | 27 | 28 | 29 | 30 | 7/1 | 2 | 3 | 4 | 5 | 6 | 7 | 8 | 9 | 10 | 11 | 12 | 13 | 14 | 15 | 16 | 17 | 18 | 19 | 20 | 21 |
| 일주 | 기미 | 경신 | 신유 | 임술 | 계해 | 갑자 | 을축 | 병인 | 정묘 | 무진 | 기사 | 경오 | 신미 | 임신 | 계유 | 갑술 | 을해 | 병자 | 정축 | 무인 | 기묘 | 경진 | 신사 | 임오 | 계미 | 갑신 | 을유 | 병술 | 정해 |

## ■ 6월

| 음력 | 6/1 | 2 | 3 | 4 | 5 | 6 | 7 | 8 | 9 | 10 | 11 | 12 | 13 | 14 | 15 | 16 | 17 | 18 | 19 | 20 | 21 | 22 | 23 | 24 | 25 | 26 | 27 | 28 | 29 |
|---|---|---|---|---|---|---|---|---|---|---|---|---|---|---|---|---|---|---|---|---|---|---|---|---|---|---|---|---|---|
| 양력 | 7/22 | 23 | 24 | 25 | 26 | 27 | 28 | 29 | 30 | 31 | 8/1 | 2 | 3 | 4 | 5 | 6 | 7 | 8 | 9 | 10 | 11 | 12 | 13 | 14 | 15 | 16 | 17 | 18 | 19 |
| 일주 | 무자 | 기축 | 경인 | 신묘 | 임진 | 계사 | 갑오 | 을미 | 병신 | 정유 | 무술 | 기해 | 경자 | 신축 | 임인 | 계묘 | 갑진 | 을사 | 병오 | 정미 | 무신 | 기유 | 경술 | 신해 | 임자 | 계축 | 갑인 | 을묘 | 병진 |

## ■ 7월

| 음력 | 7/1 | 2 | 3 | 4 | 5 | 6 | 7 | 8 | 9 | 10 | 11 | 12 | 13 | 14 | 15 | 16 | 17 | 18 | 19 | 20 | 21 | 22 | 23 | 24 | 25 | 26 | 27 | 28 | 29 | 30 |
|---|---|---|---|---|---|---|---|---|---|---|---|---|---|---|---|---|---|---|---|---|---|---|---|---|---|---|---|---|---|---|
| 양력 | 8/20 | 21 | 22 | 23 | 24 | 25 | 26 | 27 | 28 | 29 | 30 | 31 | 9/1 | 2 | 3 | 4 | 5 | 6 | 7 | 8 | 9 | 10 | 11 | 12 | 13 | 14 | 15 | 16 | 17 | 18 |
| 일주 | 정사 | 무오 | 기미 | 경신 | 신유 | 임술 | 계해 | 갑자 | 을축 | 병인 | 정묘 | 무진 | 기사 | 경오 | 신미 | 임신 | 계유 | 갑술 | 을해 | 병자 | 정축 | 무인 | 기묘 | 경진 | 신사 | 임오 | 계미 | 갑신 | 을유 | 병술 |

## ■ 8월

| 음력 | 8/1 | 2 | 3 | 4 | 5 | 6 | 7 | 8 | 9 | 10 | 11 | 12 | 13 | 14 | 15 | 16 | 17 | 18 | 19 | 20 | 21 | 22 | 23 | 24 | 25 | 26 | 27 | 28 | 29 | 30 |
|---|---|---|---|---|---|---|---|---|---|---|---|---|---|---|---|---|---|---|---|---|---|---|---|---|---|---|---|---|---|---|
| 양력 | 9/19 | 20 | 21 | 22 | 23 | 24 | 25 | 26 | 27 | 28 | 29 | 30 | 10/1 | 2 | 3 | 4 | 5 | 6 | 7 | 8 | 9 | 10 | 11 | 12 | 13 | 14 | 15 | 16 | 17 | 18 |
| 일주 | 정해 | 무자 | 기축 | 경인 | 신묘 | 임진 | 계사 | 갑오 | 을미 | 병신 | 정유 | 무술 | 기해 | 경자 | 신축 | 임인 | 계묘 | 갑진 | 을사 | 병오 | 정미 | 무신 | 기유 | 경술 | 신해 | 임자 | 계축 | 갑인 | 을묘 | 병진 |

## ■ 9월

| 음력 | 9/1 | 2 | 3 | 4 | 5 | 6 | 7 | 8 | 9 | 10 | 11 | 12 | 13 | 14 | 15 | 16 | 17 | 18 | 19 | 20 | 21 | 22 | 23 | 24 | 25 | 26 | 27 | 28 | 29 |
|---|---|---|---|---|---|---|---|---|---|---|---|---|---|---|---|---|---|---|---|---|---|---|---|---|---|---|---|---|---|
| 양력 | 10/19 | 20 | 21 | 22 | 23 | 24 | 25 | 26 | 27 | 28 | 29 | 30 | 31 | 11/1 | 2 | 3 | 4 | 5 | 6 | 7 | 8 | 9 | 10 | 11 | 12 | 13 | 14 | 15 | 16 |
| 일주 | 정사 | 무오 | 기미 | 경신 | 신유 | 임술 | 계해 | 갑자 | 을축 | 병인 | 정묘 | 무진 | 기사 | 경오 | 신미 | 임신 | 계유 | 갑술 | 을해 | 병자 | 정축 | 무인 | 기묘 | 경진 | 신사 | 임오 | 계미 | 갑신 | 을유 |

## ■ 10월

| 음력 | 10/1 | 2 | 3 | 4 | 5 | 6 | 7 | 8 | 9 | 10 | 11 | 12 | 13 | 14 | 15 | 16 | 17 | 18 | 19 | 20 | 21 | 22 | 23 | 24 | 25 | 26 | 27 | 28 | 29 | 30 |
|---|---|---|---|---|---|---|---|---|---|---|---|---|---|---|---|---|---|---|---|---|---|---|---|---|---|---|---|---|---|---|
| 양력 | 11/17 | 18 | 19 | 20 | 21 | 22 | 23 | 24 | 25 | 26 | 27 | 28 | 29 | 30 | 12/1 | 2 | 3 | 4 | 5 | 6 | 7 | 8 | 9 | 10 | 11 | 12 | 13 | 14 | 15 | 16 |
| 일주 | 병술 | 정해 | 무자 | 기축 | 경인 | 신묘 | 임진 | 계사 | 갑오 | 을미 | 병신 | 정유 | 무술 | 기해 | 경자 | 신축 | 임인 | 계묘 | 갑진 | 을사 | 병오 | 정미 | 무신 | 기유 | 경술 | 신해 | 임자 | 계축 | 갑인 | 을묘 |

## ■ 11월

| 음력 | 11/1 | 2 | 3 | 4 | 5 | 6 | 7 | 8 | 9 | 10 | 11 | 12 | 13 | 14 | 15 | 16 | 17 | 18 | 19 | 20 | 21 | 22 | 23 | 24 | 25 | 26 | 27 | 28 | 29 | 30 |
|---|---|---|---|---|---|---|---|---|---|---|---|---|---|---|---|---|---|---|---|---|---|---|---|---|---|---|---|---|---|---|
| 양력 | 12/17 | 18 | 19 | 20 | 21 | 22 | 23 | 24 | 25 | 26 | 27 | 28 | 29 | 30 | 31 | 1/1 | 2 | 3 | 4 | 5 | 6 | 7 | 8 | 9 | 10 | 11 | 12 | 13 | 14 | 15 |
| 일주 | 병진 | 정사 | 무오 | 기미 | 경신 | 신유 | 임술 | 계해 | 갑자 | 을축 | 병인 | 정묘 | 무진 | 기사 | 경오 | 신미 | 임신 | 계유 | 갑술 | 을해 | 병자 | 정축 | 무인 | 기묘 | 경진 | 신사 | 임오 | 계미 | 갑신 | 을유 |

## ■ 12월

| 음력 | 12/1 | 2 | 3 | 4 | 5 | 6 | 7 | 8 | 9 | 10 | 11 | 12 | 13 | 14 | 15 | 16 | 17 | 18 | 19 | 20 | 21 | 22 | 23 | 24 | 25 | 26 | 27 | 28 | 29 | 30 |
|---|---|---|---|---|---|---|---|---|---|---|---|---|---|---|---|---|---|---|---|---|---|---|---|---|---|---|---|---|---|---|
| 양력 | 1/16 | 17 | 18 | 19 | 20 | 21 | 22 | 23 | 24 | 25 | 26 | 27 | 28 | 29 | 30 | 31 | 2/1 | 2 | 3 | 4 | 5 | 6 | 7 | 8 | 9 | 10 | 11 | 12 | 13 | 14 |
| 일주 | 병술 | 정해 | 무자 | 기축 | 경인 | 신묘 | 임진 | 계사 | 갑오 | 을미 | 병신 | 정유 | 무술 | 기해 | 경자 | 신축 | 임인 | 계묘 | 갑진 | 을사 | 병오 | 정미 | 무신 | 기유 | 경술 | 신해 | 임자 | 계축 | 갑인 | 을묘 |

# 1991년

## 1월

| 음력 | 1/1 | 2 | 3 | 4 | 5 | 6 | 7 | 8 | 9 | 10 | 11 | 12 | 13 | 14 | 15 | 16 | 17 | 18 | 19 | 20 | 21 | 22 | 23 | 24 | 25 | 26 | 27 | 28 | 29 |
|---|---|---|---|---|---|---|---|---|---|---|---|---|---|---|---|---|---|---|---|---|---|---|---|---|---|---|---|---|---|
| 양력 | 2/15 | 16 | 17 | 18 | 19 | 20 | 21 | 22 | 23 | 24 | 25 | 26 | 27 | 28 | 3/1 | 2 | 3 | 4 | 5 | 6 | 7 | 8 | 9 | 10 | 11 | 12 | 13 | 14 | 15 |
| 일주 | 병진 | 정사 | 무오 | 기미 | 경신 | 신유 | 임술 | 계해 | 갑자 | 을축 | 병인 | 정묘 | 무진 | 기사 | 경오 | 신미 | 임신 | 계유 | 갑술 | 을해 | 병자 | 정축 | 무인 | 기묘 | 경진 | 신사 | 임오 | 계미 | 갑신 |

## 2월

| 음력 | 2/1 | 2 | 3 | 4 | 5 | 6 | 7 | 8 | 9 | 10 | 11 | 12 | 13 | 14 | 15 | 16 | 17 | 18 | 19 | 20 | 21 | 22 | 23 | 24 | 25 | 26 | 27 | 28 | 29 | 30 |
|---|---|---|---|---|---|---|---|---|---|---|---|---|---|---|---|---|---|---|---|---|---|---|---|---|---|---|---|---|---|---|
| 양력 | 3/16 | 17 | 18 | 19 | 20 | 21 | 22 | 23 | 24 | 25 | 26 | 27 | 28 | 29 | 30 | 31 | 4/1 | 2 | 3 | 4 | 5 | 6 | 7 | 8 | 9 | 10 | 11 | 12 | 13 | 14 |
| 일주 | 을유 | 병술 | 정해 | 무자 | 기축 | 경인 | 신묘 | 임진 | 계사 | 갑오 | 을미 | 병신 | 정유 | 무술 | 기해 | 경자 | 신축 | 임인 | 계묘 | 갑진 | 을사 | 병오 | 정미 | 무신 | 기유 | 경술 | 신해 | 임자 | 계축 | 갑인 |

## 3월

| 음력 | 3/1 | 2 | 3 | 4 | 5 | 6 | 7 | 8 | 9 | 10 | 11 | 12 | 13 | 14 | 15 | 16 | 17 | 18 | 19 | 20 | 21 | 22 | 23 | 24 | 25 | 26 | 27 | 28 | 29 |
|---|---|---|---|---|---|---|---|---|---|---|---|---|---|---|---|---|---|---|---|---|---|---|---|---|---|---|---|---|---|
| 양력 | 4/15 | 16 | 17 | 18 | 19 | 20 | 21 | 22 | 23 | 24 | 25 | 26 | 27 | 28 | 29 | 30 | 5/1 | 2 | 3 | 4 | 5 | 6 | 7 | 8 | 9 | 10 | 11 | 12 | 13 |
| 일주 | 을묘 | 병진 | 정사 | 무오 | 기미 | 경신 | 신유 | 임술 | 계해 | 갑자 | 을축 | 병인 | 정묘 | 무진 | 기사 | 경오 | 신미 | 임신 | 계유 | 갑술 | 을해 | 병자 | 정축 | 무인 | 기묘 | 경진 | 신사 | 임오 | 계미 |

## 4월

| 음력 | 4/1 | 2 | 3 | 4 | 5 | 6 | 7 | 8 | 9 | 10 | 11 | 12 | 13 | 14 | 15 | 16 | 17 | 18 | 19 | 20 | 21 | 22 | 23 | 24 | 25 | 26 | 27 | 28 | 29 |
|---|---|---|---|---|---|---|---|---|---|---|---|---|---|---|---|---|---|---|---|---|---|---|---|---|---|---|---|---|---|
| 양력 | 5/14 | 15 | 16 | 17 | 18 | 19 | 20 | 21 | 22 | 23 | 24 | 25 | 26 | 27 | 28 | 29 | 30 | 31 | 6/1 | 2 | 3 | 4 | 5 | 6 | 7 | 8 | 9 | 10 | 11 |
| 일주 | 갑신 | 을유 | 병술 | 정해 | 무자 | 기축 | 경인 | 신묘 | 임진 | 계사 | 갑오 | 을미 | 병신 | 정유 | 무술 | 기해 | 경자 | 신축 | 임인 | 계묘 | 갑진 | 을사 | 병오 | 정미 | 무신 | 기유 | 경술 | 신해 | 임자 |

## 5월

| 음력 | 5/1 | 2 | 3 | 4 | 5 | 6 | 7 | 8 | 9 | 10 | 11 | 12 | 13 | 14 | 15 | 16 | 17 | 18 | 19 | 20 | 21 | 22 | 23 | 24 | 25 | 26 | 27 | 28 | 29 | 30 |
|---|---|---|---|---|---|---|---|---|---|---|---|---|---|---|---|---|---|---|---|---|---|---|---|---|---|---|---|---|---|---|
| 양력 | 6/12 | 13 | 14 | 15 | 16 | 17 | 18 | 19 | 20 | 21 | 22 | 23 | 24 | 25 | 26 | 27 | 28 | 29 | 30 | 7/1 | 2 | 3 | 4 | 5 | 6 | 7 | 8 | 9 | 10 | 11 |
| 일주 | 계축 | 갑인 | 을묘 | 병진 | 정사 | 무오 | 기미 | 경신 | 신유 | 임술 | 계해 | 갑자 | 을축 | 병인 | 정묘 | 무진 | 기사 | 경오 | 신미 | 임신 | 계유 | 갑술 | 을해 | 병자 | 정축 | 무인 | 기묘 | 경진 | 신사 | 임오 |

## 6월

| 음력 | 6/1 | 2 | 3 | 4 | 5 | 6 | 7 | 8 | 9 | 10 | 11 | 12 | 13 | 14 | 15 | 16 | 17 | 18 | 19 | 20 | 21 | 22 | 23 | 24 | 25 | 26 | 27 | 28 | 29 |
|---|---|---|---|---|---|---|---|---|---|---|---|---|---|---|---|---|---|---|---|---|---|---|---|---|---|---|---|---|---|
| 양력 | 7/12 | 13 | 14 | 15 | 16 | 17 | 18 | 19 | 20 | 21 | 22 | 23 | 24 | 25 | 26 | 27 | 28 | 29 | 30 | 31 | 8/1 | 2 | 3 | 4 | 5 | 6 | 7 | 8 | 9 |
| 일주 | 계미 | 갑신 | 을유 | 병술 | 정해 | 무자 | 기축 | 경인 | 신묘 | 임진 | 계사 | 갑오 | 을미 | 병신 | 정유 | 무술 | 기해 | 경자 | 신축 | 임인 | 계묘 | 갑진 | 을사 | 병오 | 정미 | 무신 | 기유 | 경술 | 신해 |

### 7월

| 음력 | 7/1 | 2 | 3 | 4 | 5 | 6 | 7 | 8 | 9 | 10 | 11 | 12 | 13 | 14 | 15 | 16 | 17 | 18 | 19 | 20 | 21 | 22 | 23 | 24 | 25 | 26 | 27 | 28 | 29 |
|---|---|---|---|---|---|---|---|---|---|---|---|---|---|---|---|---|---|---|---|---|---|---|---|---|---|---|---|---|---|
| 양력 | 8/10 | 11 | 12 | 13 | 14 | 15 | 16 | 17 | 18 | 19 | 20 | 21 | 22 | 23 | 24 | 25 | 26 | 27 | 28 | 29 | 30 | 31 | 9/1 | 2 | 3 | 4 | 5 | 6 | 7 |
| 일주 | 임자 | 계축 | 갑인 | 을묘 | 병진 | 정사 | 무오 | 기미 | 경신 | 신유 | 임술 | 계해 | 갑자 | 을축 | 병인 | 정묘 | 무진 | 기사 | 경오 | 신미 | 임신 | 계유 | 갑술 | 을해 | 병자 | 정축 | 무인 | 기묘 | 경진 |

### 8월

| 음력 | 8/1 | 2 | 3 | 4 | 5 | 6 | 7 | 8 | 9 | 10 | 11 | 12 | 13 | 14 | 15 | 16 | 17 | 18 | 19 | 20 | 21 | 22 | 23 | 24 | 25 | 26 | 27 | 28 | 29 | 30 |
|---|---|---|---|---|---|---|---|---|---|---|---|---|---|---|---|---|---|---|---|---|---|---|---|---|---|---|---|---|---|---|
| 양력 | 9/8 | 9 | 10 | 11 | 12 | 13 | 14 | 15 | 16 | 17 | 18 | 19 | 20 | 21 | 22 | 23 | 24 | 25 | 26 | 27 | 28 | 29 | 30 | 10/1 | 2 | 3 | 4 | 5 | 6 | 7 |
| 일주 | 신사 | 임오 | 계미 | 갑신 | 을유 | 병술 | 정해 | 무자 | 기축 | 경인 | 신묘 | 임진 | 계사 | 갑오 | 을미 | 병신 | 정유 | 무술 | 기해 | 경자 | 신축 | 임인 | 계묘 | 갑진 | 을사 | 병오 | 정미 | 무신 | 기유 | 경술 |

### 9월

| 음력 | 9/1 | 2 | 3 | 4 | 5 | 6 | 7 | 8 | 9 | 10 | 11 | 12 | 13 | 14 | 15 | 16 | 17 | 18 | 19 | 20 | 21 | 22 | 23 | 24 | 25 | 26 | 27 | 28 | 29 |
|---|---|---|---|---|---|---|---|---|---|---|---|---|---|---|---|---|---|---|---|---|---|---|---|---|---|---|---|---|---|
| 양력 | 10/8 | 9 | 10 | 11 | 12 | 13 | 14 | 15 | 16 | 17 | 18 | 19 | 20 | 21 | 22 | 23 | 24 | 25 | 26 | 27 | 28 | 29 | 30 | 31 | 11/1 | 2 | 3 | 4 | 5 |
| 일주 | 신해 | 임자 | 계축 | 갑인 | 을묘 | 병진 | 정사 | 무오 | 기미 | 경신 | 신유 | 임술 | 계해 | 갑자 | 을축 | 병인 | 정묘 | 무진 | 기사 | 경오 | 신미 | 임신 | 계유 | 갑술 | 을해 | 병자 | 정축 | 무인 | 기묘 |

### 10월

| 음력 | 10/1 | 2 | 3 | 4 | 5 | 6 | 7 | 8 | 9 | 10 | 11 | 12 | 13 | 14 | 15 | 16 | 17 | 18 | 19 | 20 | 21 | 22 | 23 | 24 | 25 | 26 | 27 | 28 | 29 | 30 |
|---|---|---|---|---|---|---|---|---|---|---|---|---|---|---|---|---|---|---|---|---|---|---|---|---|---|---|---|---|---|---|
| 양력 | 11/6 | 7 | 8 | 9 | 10 | 11 | 12 | 13 | 14 | 15 | 16 | 17 | 18 | 19 | 20 | 21 | 22 | 23 | 24 | 25 | 26 | 27 | 28 | 29 | 30 | 12/1 | 2 | 3 | 4 | 5 |
| 일주 | 경진 | 신사 | 임오 | 계미 | 갑신 | 을유 | 병술 | 정해 | 무자 | 기축 | 경인 | 신묘 | 임진 | 계사 | 갑오 | 을미 | 병신 | 정유 | 무술 | 기해 | 경자 | 신축 | 임인 | 계묘 | 갑진 | 을사 | 병오 | 정미 | 무신 | 기유 |

### 11월

| 음력 | 11/1 | 2 | 3 | 4 | 5 | 6 | 7 | 8 | 9 | 10 | 11 | 12 | 13 | 14 | 15 | 16 | 17 | 18 | 19 | 20 | 21 | 22 | 23 | 24 | 25 | 26 | 27 | 28 | 29 | 30 |
|---|---|---|---|---|---|---|---|---|---|---|---|---|---|---|---|---|---|---|---|---|---|---|---|---|---|---|---|---|---|---|
| 양력 | 12/6 | 7 | 8 | 9 | 10 | 11 | 12 | 13 | 14 | 15 | 16 | 17 | 18 | 19 | 20 | 21 | 22 | 23 | 24 | 25 | 26 | 27 | 28 | 29 | 30 | 31 | 1/1 | 2 | 3 | 4 |
| 일주 | 경술 | 신해 | 임자 | 계축 | 갑인 | 을묘 | 병진 | 정사 | 무오 | 기미 | 경신 | 신유 | 임술 | 계해 | 갑자 | 을축 | 병인 | 정묘 | 무진 | 기사 | 경오 | 신미 | 임신 | 계유 | 갑술 | 을해 | 병자 | 정축 | 무인 | 기묘 |

### 12월

| 음력 | 12/1 | 2 | 3 | 4 | 5 | 6 | 7 | 8 | 9 | 10 | 11 | 12 | 13 | 14 | 15 | 16 | 17 | 18 | 19 | 20 | 21 | 22 | 23 | 24 | 25 | 26 | 27 | 28 | 29 | 30 |
|---|---|---|---|---|---|---|---|---|---|---|---|---|---|---|---|---|---|---|---|---|---|---|---|---|---|---|---|---|---|---|
| 양력 | 1/5 | 6 | 7 | 8 | 9 | 10 | 11 | 12 | 13 | 14 | 15 | 16 | 17 | 18 | 19 | 20 | 21 | 22 | 23 | 24 | 25 | 26 | 27 | 28 | 29 | 30 | 31 | 2/1 | 2 | 3 |
| 일주 | 경진 | 신사 | 임오 | 계미 | 갑신 | 을유 | 병술 | 정해 | 무자 | 기축 | 경인 | 신묘 | 임진 | 계사 | 갑오 | 을미 | 병신 | 정유 | 무술 | 기해 | 경자 | 신축 | 임인 | 계묘 | 갑진 | 을사 | 병오 | 정미 | 무신 | 기유 |

# 1992년

## 1월

| 음력 | 1/1 | 2 | 3 | 4 | 5 | 6 | 7 | 8 | 9 | 10 | 11 | 12 | 13 | 14 | 15 | 16 | 17 | 18 | 19 | 20 | 21 | 22 | 23 | 24 | 25 | 26 | 27 | 28 | 29 | |
|---|---|---|---|---|---|---|---|---|---|---|---|---|---|---|---|---|---|---|---|---|---|---|---|---|---|---|---|---|---|---|
| 양력 | 2/4 | 5 | 6 | 7 | 8 | 9 | 10 | 11 | 12 | 13 | 14 | 15 | 16 | 17 | 18 | 19 | 20 | 21 | 22 | 23 | 24 | 25 | 26 | 27 | 28 | 29 | 3/1 | 2 | 3 | |
| 일주 | 경술 | 신해 | 임자 | 계축 | 갑인 | 을묘 | 병진 | 정사 | 무오 | 기미 | 경신 | 신유 | 임술 | 계해 | 갑자 | 을축 | 병인 | 정묘 | 무진 | 기사 | 경오 | 신미 | 임신 | 계유 | 갑술 | 을해 | 병자 | 정축 | 무인 | |

## 2월

| 음력 | 2/1 | 2 | 3 | 4 | 5 | 6 | 7 | 8 | 9 | 10 | 11 | 12 | 13 | 14 | 15 | 16 | 17 | 18 | 19 | 20 | 21 | 22 | 23 | 24 | 25 | 26 | 27 | 28 | 29 | 30 |
|---|---|---|---|---|---|---|---|---|---|---|---|---|---|---|---|---|---|---|---|---|---|---|---|---|---|---|---|---|---|---|
| 양력 | 3/4 | 5 | 6 | 7 | 8 | 9 | 10 | 11 | 12 | 13 | 14 | 15 | 16 | 17 | 18 | 19 | 20 | 21 | 22 | 23 | 24 | 25 | 26 | 27 | 28 | 29 | 30 | 31 | 4/1 | 2 |
| 일주 | 기묘 | 경진 | 신사 | 임오 | 계미 | 갑신 | 을유 | 병술 | 정해 | 무자 | 기축 | 경인 | 신묘 | 임진 | 계사 | 갑오 | 을미 | 병신 | 정유 | 무술 | 기해 | 경자 | 신축 | 임인 | 계묘 | 갑진 | 을사 | 병오 | 정미 | 무신 |

## 3월

| 음력 | 3/1 | 2 | 3 | 4 | 5 | 6 | 7 | 8 | 9 | 10 | 11 | 12 | 13 | 14 | 15 | 16 | 17 | 18 | 19 | 20 | 21 | 22 | 23 | 24 | 25 | 26 | 27 | 28 | 29 | 30 |
|---|---|---|---|---|---|---|---|---|---|---|---|---|---|---|---|---|---|---|---|---|---|---|---|---|---|---|---|---|---|---|
| 양력 | 4/3 | 4 | 5 | 6 | 7 | 8 | 9 | 10 | 11 | 12 | 13 | 14 | 15 | 16 | 17 | 18 | 19 | 20 | 21 | 22 | 23 | 24 | 25 | 26 | 27 | 28 | 29 | 30 | 5/1 | 2 |
| 일주 | 기유 | 경술 | 신해 | 임자 | 계축 | 갑인 | 을묘 | 병진 | 정사 | 무오 | 기미 | 경신 | 신유 | 임술 | 계해 | 갑자 | 을축 | 병인 | 정묘 | 무진 | 기사 | 경오 | 신미 | 임신 | 계유 | 갑술 | 을해 | 병자 | 정축 | 무인 |

## 4월

| 음력 | 4/1 | 2 | 3 | 4 | 5 | 6 | 7 | 8 | 9 | 10 | 11 | 12 | 13 | 14 | 15 | 16 | 17 | 18 | 19 | 20 | 21 | 22 | 23 | 24 | 25 | 26 | 27 | 28 | 29 |
|---|---|---|---|---|---|---|---|---|---|---|---|---|---|---|---|---|---|---|---|---|---|---|---|---|---|---|---|---|---|
| 양력 | 5/3 | 4 | 5 | 6 | 7 | 8 | 9 | 10 | 11 | 12 | 13 | 14 | 15 | 16 | 17 | 18 | 19 | 20 | 21 | 22 | 23 | 24 | 25 | 26 | 27 | 28 | 29 | 30 | 31 |
| 일주 | 기묘 | 경진 | 신사 | 임오 | 계미 | 갑신 | 을유 | 병술 | 정해 | 무자 | 기축 | 경인 | 신묘 | 임진 | 계사 | 갑오 | 을미 | 병신 | 정유 | 무술 | 기해 | 경자 | 신축 | 임인 | 계묘 | 갑진 | 을사 | 병오 | 정미 |

## 5월

| 음력 | 5/1 | 2 | 3 | 4 | 5 | 6 | 7 | 8 | 9 | 10 | 11 | 12 | 13 | 14 | 15 | 16 | 17 | 18 | 19 | 20 | 21 | 22 | 23 | 24 | 25 | 26 | 27 | 28 | 29 |
|---|---|---|---|---|---|---|---|---|---|---|---|---|---|---|---|---|---|---|---|---|---|---|---|---|---|---|---|---|---|
| 양력 | 6/1 | 2 | 3 | 4 | 5 | 6 | 7 | 8 | 9 | 10 | 11 | 12 | 13 | 14 | 15 | 16 | 17 | 18 | 19 | 20 | 21 | 22 | 23 | 24 | 25 | 26 | 27 | 28 | 29 |
| 일주 | 무신 | 기유 | 경술 | 신해 | 임자 | 계축 | 갑인 | 을묘 | 병진 | 정사 | 무오 | 기미 | 경신 | 신유 | 임술 | 계해 | 갑자 | 을축 | 병인 | 정묘 | 무진 | 기사 | 경오 | 신미 | 임신 | 계유 | 갑술 | 을해 | 병자 |

## 6월

| 음력 | 6/1 | 2 | 3 | 4 | 5 | 6 | 7 | 8 | 9 | 10 | 11 | 12 | 13 | 14 | 15 | 16 | 17 | 18 | 19 | 20 | 21 | 22 | 23 | 24 | 25 | 26 | 27 | 28 | 29 | 30 |
|---|---|---|---|---|---|---|---|---|---|---|---|---|---|---|---|---|---|---|---|---|---|---|---|---|---|---|---|---|---|---|
| 양력 | 6/30 | 7/1 | 2 | 3 | 4 | 5 | 6 | 7 | 8 | 9 | 10 | 11 | 12 | 13 | 14 | 15 | 16 | 17 | 18 | 19 | 20 | 21 | 22 | 23 | 24 | 25 | 26 | 27 | 28 | 29 |
| 일주 | 정축 | 무인 | 기묘 | 경진 | 신사 | 임오 | 계미 | 갑신 | 을유 | 병술 | 정해 | 무자 | 기축 | 경인 | 신묘 | 임진 | 계사 | 갑오 | 을미 | 병신 | 정유 | 무술 | 기해 | 경자 | 신축 | 임인 | 계묘 | 갑진 | 을사 | 병오 |

### ■ 7월

| 음력 | 7/1 | 2 | 3 | 4 | 5 | 6 | 7 | 8 | 9 | 10 | 11 | 12 | 13 | 14 | 15 | 16 | 17 | 18 | 19 | 20 | 21 | 22 | 23 | 24 | 25 | 26 | 27 | 28 | 29 |
|---|---|---|---|---|---|---|---|---|---|---|---|---|---|---|---|---|---|---|---|---|---|---|---|---|---|---|---|---|---|
| 양력 | 7/30 | 31 | 8/1 | 2 | 3 | 4 | 5 | 6 | 7 | 8 | 9 | 10 | 11 | 12 | 13 | 14 | 15 | 16 | 17 | 18 | 19 | 20 | 21 | 22 | 23 | 24 | 25 | 26 | 27 |
| 일주 | 정미 | 무신 | 기유 | 경술 | 신해 | 임자 | 계축 | 갑인 | 을묘 | 병진 | 정사 | 무오 | 기미 | 경신 | 신유 | 임술 | 계해 | 갑자 | 을축 | 병인 | 정묘 | 무진 | 기사 | 경오 | 신미 | 임신 | 계유 | 갑술 | 을해 |

### ■ 8월

| 음력 | 8/1 | 2 | 3 | 4 | 5 | 6 | 7 | 8 | 9 | 10 | 11 | 12 | 13 | 14 | 15 | 16 | 17 | 18 | 19 | 20 | 21 | 22 | 23 | 24 | 25 | 26 | 27 | 28 | 29 |
|---|---|---|---|---|---|---|---|---|---|---|---|---|---|---|---|---|---|---|---|---|---|---|---|---|---|---|---|---|---|
| 양력 | 8/28 | 29 | 30 | 31 | 9/1 | 2 | 3 | 4 | 5 | 6 | 7 | 8 | 9 | 10 | 11 | 12 | 13 | 14 | 15 | 16 | 17 | 18 | 19 | 20 | 21 | 22 | 23 | 24 | 25 |
| 일주 | 병자 | 정축 | 무인 | 기묘 | 경진 | 신사 | 임오 | 계미 | 갑신 | 을유 | 병술 | 정해 | 무자 | 기축 | 경인 | 신묘 | 임진 | 계사 | 갑오 | 을미 | 병신 | 정유 | 무술 | 기해 | 경자 | 신축 | 임인 | 계묘 | 갑진 |

### ■ 9월

| 음력 | 9/1 | 2 | 3 | 4 | 5 | 6 | 7 | 8 | 9 | 10 | 11 | 12 | 13 | 14 | 15 | 16 | 17 | 18 | 19 | 20 | 21 | 22 | 23 | 24 | 25 | 26 | 27 | 28 | 29 | 30 |
|---|---|---|---|---|---|---|---|---|---|---|---|---|---|---|---|---|---|---|---|---|---|---|---|---|---|---|---|---|---|---|
| 양력 | 9/26 | 27 | 28 | 29 | 30 | 10/1 | 2 | 3 | 4 | 5 | 6 | 7 | 8 | 9 | 10 | 11 | 12 | 13 | 14 | 15 | 16 | 17 | 18 | 19 | 20 | 21 | 22 | 23 | 24 | 25 |
| 일주 | 을사 | 병오 | 정미 | 무신 | 기유 | 경술 | 신해 | 임자 | 계축 | 갑인 | 을묘 | 병진 | 정사 | 무오 | 기미 | 경신 | 신유 | 임술 | 계해 | 갑자 | 을축 | 병인 | 정묘 | 무진 | 기사 | 경오 | 신미 | 임신 | 계유 | 갑술 |

### ■ 10월

| 음력 | 10/1 | 2 | 3 | 4 | 5 | 6 | 7 | 8 | 9 | 10 | 11 | 12 | 13 | 14 | 15 | 16 | 17 | 18 | 19 | 20 | 21 | 22 | 23 | 24 | 25 | 26 | 27 | 28 | 29 |
|---|---|---|---|---|---|---|---|---|---|---|---|---|---|---|---|---|---|---|---|---|---|---|---|---|---|---|---|---|---|
| 양력 | 10/26 | 27 | 28 | 29 | 30 | 31 | 11/1 | 2 | 3 | 4 | 5 | 6 | 7 | 8 | 9 | 10 | 11 | 12 | 13 | 14 | 15 | 16 | 17 | 18 | 19 | 20 | 21 | 22 | 23 |
| 일주 | 을해 | 병자 | 정축 | 무인 | 기묘 | 경진 | 신사 | 임오 | 계미 | 갑신 | 을유 | 병술 | 정해 | 무자 | 기축 | 경인 | 신묘 | 임진 | 계사 | 갑오 | 을미 | 병신 | 정유 | 무술 | 기해 | 경자 | 신축 | 임인 | 계묘 |

### ■ 11월

| 음력 | 11/1 | 2 | 3 | 4 | 5 | 6 | 7 | 8 | 9 | 10 | 11 | 12 | 13 | 14 | 15 | 16 | 17 | 18 | 19 | 20 | 21 | 22 | 23 | 24 | 25 | 26 | 27 | 28 | 29 | 30 |
|---|---|---|---|---|---|---|---|---|---|---|---|---|---|---|---|---|---|---|---|---|---|---|---|---|---|---|---|---|---|---|
| 양력 | 11/24 | 25 | 26 | 27 | 28 | 29 | 30 | 12/1 | 2 | 3 | 4 | 5 | 6 | 7 | 8 | 9 | 10 | 11 | 12 | 13 | 14 | 15 | 16 | 17 | 18 | 19 | 20 | 21 | 22 | 23 |
| 일주 | 갑진 | 을사 | 병오 | 정미 | 무신 | 기유 | 경술 | 신해 | 임자 | 계축 | 갑인 | 을묘 | 병진 | 정사 | 무오 | 기미 | 경신 | 신유 | 임술 | 계해 | 갑자 | 을축 | 병인 | 정묘 | 무진 | 기사 | 경오 | 신미 | 임신 | 계유 |

### ■ 12월

| 음력 | 12/1 | 2 | 3 | 4 | 5 | 6 | 7 | 8 | 9 | 10 | 11 | 12 | 13 | 14 | 15 | 16 | 17 | 18 | 19 | 20 | 21 | 22 | 23 | 24 | 25 | 26 | 27 | 28 | 29 | 30 |
|---|---|---|---|---|---|---|---|---|---|---|---|---|---|---|---|---|---|---|---|---|---|---|---|---|---|---|---|---|---|---|
| 양력 | 12/24 | 25 | 26 | 27 | 28 | 29 | 30 | 31 | 1/1 | 2 | 3 | 4 | 5 | 6 | 7 | 8 | 9 | 10 | 11 | 12 | 13 | 14 | 15 | 16 | 17 | 18 | 19 | 20 | 21 | 22 |
| 일주 | 갑술 | 을해 | 병자 | 정축 | 무인 | 기묘 | 경진 | 신사 | 임오 | 계미 | 갑신 | 을유 | 병술 | 정해 | 무자 | 기축 | 경인 | 신묘 | 임진 | 계사 | 갑오 | 을미 | 병신 | 정유 | 무술 | 기해 | 경자 | 신축 | 임인 | 계묘 |

## 1993년

### ■ 1월

| 음력 | 1/1 | 2 | 3 | 4 | 5 | 6 | 7 | 8 | 9 | 10 | 11 | 12 | 13 | 14 | 15 | 16 | 17 | 18 | 19 | 20 | 21 | 22 | 23 | 24 | 25 | 26 | 27 | 28 | 29 |
|---|---|---|---|---|---|---|---|---|---|---|---|---|---|---|---|---|---|---|---|---|---|---|---|---|---|---|---|---|---|
| 양력 | 1/23 | 24 | 25 | 26 | 27 | 28 | 29 | 30 | 31 | 2/1 | 2 | 3 | 4 | 5 | 6 | 7 | 8 | 9 | 10 | 11 | 12 | 13 | 14 | 15 | 16 | 17 | 18 | 19 | 20 |
| 일주 | 갑진 | 을사 | 병오 | 정미 | 무신 | 기유 | 경술 | 신해 | 임자 | 계축 | 갑인 | 을묘 | 병진 | 정사 | 무오 | 기미 | 경신 | 신유 | 임술 | 계해 | 갑자 | 을축 | 병인 | 정묘 | 무진 | 기사 | 경오 | 신미 | 임신 |

### ■ 2월

| 음력 | 2/1 | 2 | 3 | 4 | 5 | 6 | 7 | 8 | 9 | 10 | 11 | 12 | 13 | 14 | 15 | 16 | 17 | 18 | 19 | 20 | 21 | 22 | 23 | 24 | 25 | 26 | 27 | 28 | 29 | 30 |
|---|---|---|---|---|---|---|---|---|---|---|---|---|---|---|---|---|---|---|---|---|---|---|---|---|---|---|---|---|---|---|
| 양력 | 2/21 | 22 | 23 | 24 | 25 | 26 | 27 | 28 | 3/1 | 2 | 3 | 4 | 5 | 6 | 7 | 8 | 9 | 10 | 11 | 12 | 13 | 14 | 15 | 16 | 17 | 18 | 19 | 20 | 21 | 22 |
| 일주 | 계유 | 갑술 | 을해 | 병자 | 정축 | 무인 | 기묘 | 경진 | 신사 | 임오 | 계미 | 갑신 | 을유 | 병술 | 정해 | 무자 | 기축 | 경인 | 신묘 | 임진 | 계사 | 갑오 | 을미 | 병신 | 정유 | 무술 | 기해 | 경자 | 신축 | 임인 |

### ■ 3월

| 음력 | 3/1 | 2 | 3 | 4 | 5 | 6 | 7 | 8 | 9 | 10 | 11 | 12 | 13 | 14 | 15 | 16 | 17 | 18 | 19 | 20 | 21 | 22 | 23 | 24 | 25 | 26 | 27 | 28 | 29 | 30 |
|---|---|---|---|---|---|---|---|---|---|---|---|---|---|---|---|---|---|---|---|---|---|---|---|---|---|---|---|---|---|---|
| 양력 | 3/23 | 24 | 25 | 26 | 27 | 28 | 29 | 30 | 31 | 4/1 | 2 | 3 | 4 | 5 | 6 | 7 | 8 | 9 | 10 | 11 | 12 | 13 | 14 | 15 | 16 | 17 | 18 | 19 | 20 | 21 |
| 일주 | 계묘 | 갑진 | 을사 | 병오 | 정미 | 무신 | 기유 | 경술 | 신해 | 임자 | 계축 | 갑인 | 을묘 | 병진 | 정사 | 무오 | 기미 | 경신 | 신유 | 임술 | 계해 | 갑자 | 을축 | 병인 | 정묘 | 무진 | 기사 | 경오 | 신미 | 임신 |

### ■ 3월 윤달

| 음력 | 3/1 | 2 | 3 | 4 | 5 | 6 | 7 | 8 | 9 | 10 | 11 | 12 | 13 | 14 | 15 | 16 | 17 | 18 | 19 | 20 | 21 | 22 | 23 | 24 | 25 | 26 | 27 | 28 | 29 |
|---|---|---|---|---|---|---|---|---|---|---|---|---|---|---|---|---|---|---|---|---|---|---|---|---|---|---|---|---|---|
| 양력 | 4/22 | 23 | 24 | 25 | 26 | 27 | 28 | 29 | 30 | 5/1 | 2 | 3 | 4 | 5 | 6 | 7 | 8 | 9 | 10 | 11 | 12 | 13 | 14 | 15 | 16 | 17 | 18 | 19 | 20 |
| 일주 | 계유 | 갑술 | 을해 | 병자 | 정축 | 무인 | 기묘 | 경진 | 신사 | 임오 | 계미 | 갑신 | 을유 | 병술 | 정해 | 무자 | 기축 | 경인 | 신묘 | 임진 | 계사 | 갑오 | 을미 | 병신 | 정유 | 무술 | 기해 | 경자 | 신축 |

### ■ 4월

| 음력 | 4/1 | 2 | 3 | 4 | 5 | 6 | 7 | 8 | 9 | 10 | 11 | 12 | 13 | 14 | 15 | 16 | 17 | 18 | 19 | 20 | 21 | 22 | 23 | 24 | 25 | 26 | 27 | 28 | 29 | 30 |
|---|---|---|---|---|---|---|---|---|---|---|---|---|---|---|---|---|---|---|---|---|---|---|---|---|---|---|---|---|---|---|
| 양력 | 5/21 | 22 | 23 | 24 | 25 | 26 | 27 | 28 | 29 | 30 | 31 | 6/1 | 2 | 3 | 4 | 5 | 6 | 7 | 8 | 9 | 10 | 11 | 12 | 13 | 14 | 15 | 16 | 17 | 18 | 19 |
| 일주 | 임인 | 계묘 | 갑진 | 을사 | 병오 | 정미 | 무신 | 기유 | 경술 | 신해 | 임자 | 계축 | 갑인 | 을묘 | 병진 | 정사 | 무오 | 기미 | 경신 | 신유 | 임술 | 계해 | 갑자 | 을축 | 병인 | 정묘 | 무진 | 기사 | 경오 | 신미 |

### ■ 5월

| 음력 | 5/1 | 2 | 3 | 4 | 5 | 6 | 7 | 8 | 9 | 10 | 11 | 12 | 13 | 14 | 15 | 16 | 17 | 18 | 19 | 20 | 21 | 22 | 23 | 24 | 25 | 26 | 27 | 28 | 29 |
|---|---|---|---|---|---|---|---|---|---|---|---|---|---|---|---|---|---|---|---|---|---|---|---|---|---|---|---|---|---|
| 양력 | 6/20 | 21 | 22 | 23 | 24 | 25 | 26 | 27 | 28 | 29 | 30 | 7/1 | 2 | 3 | 4 | 5 | 6 | 7 | 8 | 9 | 10 | 11 | 12 | 13 | 14 | 15 | 16 | 17 | 18 |
| 일주 | 임신 | 계유 | 갑술 | 을해 | 병자 | 정축 | 무인 | 기묘 | 경진 | 신사 | 임오 | 계미 | 갑신 | 을유 | 병술 | 정해 | 무자 | 기축 | 경인 | 신묘 | 임진 | 계사 | 갑오 | 을미 | 병신 | 정유 | 무술 | 기해 | 경자 |

### ■ 6월

| 음력 | 6/1 | 2 | 3 | 4 | 5 | 6 | 7 | 8 | 9 | 10 | 11 | 12 | 13 | 14 | 15 | 16 | 17 | 18 | 19 | 20 | 21 | 22 | 23 | 24 | 25 | 26 | 27 | 28 | 29 | 30 |
|---|---|---|---|---|---|---|---|---|---|---|---|---|---|---|---|---|---|---|---|---|---|---|---|---|---|---|---|---|---|---|
| 양력 | 7/19 | 20 | 21 | 22 | 23 | 24 | 25 | 26 | 27 | 28 | 29 | 30 | 31 | 8/1 | 2 | 3 | 4 | 5 | 6 | 7 | 8 | 9 | 10 | 11 | 12 | 13 | 14 | 15 | 16 | 17 |
| 일주 | 신축 | 임인 | 계묘 | 갑진 | 을사 | 병오 | 정미 | 무신 | 기유 | 경술 | 신해 | 임자 | 계축 | 갑인 | 을묘 | 병진 | 정사 | 무오 | 기미 | 경신 | 신유 | 임술 | 계해 | 갑자 | 을축 | 병인 | 정묘 | 무진 | 기사 | 경오 |

## ■ 7월

| 음력 | 7/1 | 2 | 3 | 4 | 5 | 6 | 7 | 8 | 9 | 10 | 11 | 12 | 13 | 14 | 15 | 16 | 17 | 18 | 19 | 20 | 21 | 22 | 23 | 24 | 25 | 26 | 27 | 28 | 29 |
|---|---|---|---|---|---|---|---|---|---|---|---|---|---|---|---|---|---|---|---|---|---|---|---|---|---|---|---|---|---|
| 양력 | 8/18 | 19 | 20 | 21 | 22 | 23 | 24 | 25 | 26 | 27 | 28 | 29 | 30 | 31 | 9/1 | 2 | 3 | 4 | 5 | 6 | 7 | 8 | 9 | 10 | 11 | 12 | 13 | 14 | 15 |
| 일주 | 신미 | 임신 | 계유 | 갑술 | 을해 | 병자 | 정축 | 무인 | 기묘 | 경진 | 신사 | 임오 | 계미 | 갑신 | 을유 | 병술 | 정해 | 무자 | 기축 | 경인 | 신묘 | 임진 | 계사 | 갑오 | 을미 | 병신 | 정유 | 무술 | 기해 |

## ■ 8월

| 음력 | 8/1 | 2 | 3 | 4 | 5 | 6 | 7 | 8 | 9 | 10 | 11 | 12 | 13 | 14 | 15 | 16 | 17 | 18 | 19 | 20 | 21 | 22 | 23 | 24 | 25 | 26 | 27 | 28 | 29 |
|---|---|---|---|---|---|---|---|---|---|---|---|---|---|---|---|---|---|---|---|---|---|---|---|---|---|---|---|---|---|
| 양력 | 9/16 | 17 | 18 | 19 | 20 | 21 | 22 | 23 | 24 | 25 | 26 | 27 | 28 | 29 | 30 | 10/1 | 2 | 3 | 4 | 5 | 6 | 7 | 8 | 9 | 10 | 11 | 12 | 13 | 14 |
| 일주 | 경자 | 신축 | 임인 | 계묘 | 갑진 | 을사 | 병오 | 정미 | 무신 | 기유 | 경술 | 신해 | 임자 | 계축 | 갑인 | 을묘 | 병진 | 정사 | 무오 | 기미 | 경신 | 신유 | 임술 | 계해 | 갑자 | 을축 | 병인 | 정묘 | 무진 |

## ■ 9월

| 음력 | 9/1 | 2 | 3 | 4 | 5 | 6 | 7 | 8 | 9 | 10 | 11 | 12 | 13 | 14 | 15 | 16 | 17 | 18 | 19 | 20 | 21 | 22 | 23 | 24 | 25 | 26 | 27 | 28 | 29 | 30 |
|---|---|---|---|---|---|---|---|---|---|---|---|---|---|---|---|---|---|---|---|---|---|---|---|---|---|---|---|---|---|---|
| 양력 | 10/15 | 16 | 17 | 18 | 19 | 20 | 21 | 22 | 23 | 24 | 25 | 26 | 27 | 28 | 29 | 30 | 31 | 11/1 | 2 | 3 | 4 | 5 | 6 | 7 | 8 | 9 | 10 | 11 | 12 | 13 |
| 일주 | 기사 | 경오 | 신미 | 임신 | 계유 | 갑술 | 을해 | 병자 | 정축 | 무인 | 기묘 | 경진 | 신사 | 임오 | 계미 | 갑신 | 을유 | 병술 | 정해 | 무자 | 기축 | 경인 | 신묘 | 임진 | 계사 | 갑오 | 을미 | 병신 | 정유 | 무술 |

## ■ 10월

| 음력 | 10/1 | 2 | 3 | 4 | 5 | 6 | 7 | 8 | 9 | 10 | 11 | 12 | 13 | 14 | 15 | 16 | 17 | 18 | 19 | 20 | 21 | 22 | 23 | 24 | 25 | 26 | 27 | 28 | 29 |
|---|---|---|---|---|---|---|---|---|---|---|---|---|---|---|---|---|---|---|---|---|---|---|---|---|---|---|---|---|---|
| 양력 | 11/14 | 15 | 16 | 17 | 18 | 19 | 20 | 21 | 22 | 23 | 24 | 25 | 26 | 27 | 28 | 29 | 30 | 12/1 | 2 | 3 | 4 | 5 | 6 | 7 | 8 | 9 | 10 | 11 | 12 |
| 일주 | 기해 | 경자 | 신축 | 임인 | 계묘 | 갑진 | 을사 | 병오 | 정미 | 무신 | 기유 | 경술 | 신해 | 임자 | 계축 | 갑인 | 을묘 | 병진 | 정사 | 무오 | 기미 | 경신 | 신유 | 임술 | 계해 | 갑자 | 을축 | 병인 | 정묘 |

## ■ 11월

| 음력 | 11/1 | 2 | 3 | 4 | 5 | 6 | 7 | 8 | 9 | 10 | 11 | 12 | 13 | 14 | 15 | 16 | 17 | 18 | 19 | 20 | 21 | 22 | 23 | 24 | 25 | 26 | 27 | 28 | 29 | 30 |
|---|---|---|---|---|---|---|---|---|---|---|---|---|---|---|---|---|---|---|---|---|---|---|---|---|---|---|---|---|---|---|
| 양력 | 12/13 | 14 | 15 | 16 | 17 | 18 | 19 | 20 | 21 | 22 | 23 | 24 | 25 | 26 | 27 | 28 | 29 | 30 | 31 | 1/1 | 2 | 3 | 4 | 5 | 6 | 7 | 8 | 9 | 10 | 11 |
| 일주 | 무진 | 기사 | 경오 | 신미 | 임신 | 계유 | 갑술 | 을해 | 병자 | 정축 | 무인 | 기묘 | 경진 | 신사 | 임오 | 계미 | 갑신 | 을유 | 병술 | 정해 | 무자 | 기축 | 경인 | 신묘 | 임진 | 계사 | 갑오 | 을미 | 병신 | 정유 |

## ■ 12월

| 음력 | 12/1 | 2 | 3 | 4 | 5 | 6 | 7 | 8 | 9 | 10 | 11 | 12 | 13 | 14 | 15 | 16 | 17 | 18 | 19 | 20 | 21 | 22 | 23 | 24 | 25 | 26 | 27 | 28 | 29 |
|---|---|---|---|---|---|---|---|---|---|---|---|---|---|---|---|---|---|---|---|---|---|---|---|---|---|---|---|---|---|
| 양력 | 1/12 | 13 | 14 | 15 | 16 | 17 | 18 | 19 | 20 | 21 | 22 | 23 | 24 | 25 | 26 | 27 | 28 | 29 | 30 | 31 | 2/1 | 2 | 3 | 4 | 5 | 6 | 7 | 8 | 9 |
| 일주 | 무술 | 기해 | 경자 | 신축 | 임인 | 계묘 | 갑진 | 을사 | 병오 | 정미 | 무신 | 기유 | 경술 | 신해 | 임자 | 계축 | 갑인 | 을묘 | 병진 | 정사 | 무오 | 기미 | 경신 | 신유 | 임술 | 계해 | 갑자 | 을축 | 병인 |

# 1994년

## 1월

| 음력 | 1/1 | 2 | 3 | 4 | 5 | 6 | 7 | 8 | 9 | 10 | 11 | 12 | 13 | 14 | 15 | 16 | 17 | 18 | 19 | 20 | 21 | 22 | 23 | 24 | 25 | 26 | 27 | 28 | 29 | 30 |
|---|---|---|---|---|---|---|---|---|---|---|---|---|---|---|---|---|---|---|---|---|---|---|---|---|---|---|---|---|---|---|
| 양력 | 2/10 | 11 | 12 | 13 | 14 | 15 | 16 | 17 | 18 | 19 | 20 | 21 | 22 | 23 | 24 | 25 | 26 | 27 | 28 | 3/1 | 2 | 3 | 4 | 5 | 6 | 7 | 8 | 9 | 10 | 11 |
| 일주 | 정묘 | 무진 | 기사 | 경오 | 신미 | 임신 | 계유 | 갑술 | 을해 | 병자 | 정축 | 무인 | 기묘 | 경진 | 신사 | 임오 | 계미 | 갑신 | 을유 | 병술 | 정해 | 무자 | 기축 | 경인 | 신묘 | 임진 | 계사 | 갑오 | 을미 | 병신 |

## 2월

| 음력 | 2/1 | 2 | 3 | 4 | 5 | 6 | 7 | 8 | 9 | 10 | 11 | 12 | 13 | 14 | 15 | 16 | 17 | 18 | 19 | 20 | 21 | 22 | 23 | 24 | 25 | 26 | 27 | 28 | 29 | 30 |
|---|---|---|---|---|---|---|---|---|---|---|---|---|---|---|---|---|---|---|---|---|---|---|---|---|---|---|---|---|---|---|
| 양력 | 3/12 | 13 | 14 | 15 | 16 | 17 | 18 | 19 | 20 | 21 | 22 | 23 | 24 | 25 | 26 | 27 | 28 | 29 | 30 | 31 | 4/1 | 2 | 3 | 4 | 5 | 6 | 7 | 8 | 9 | 10 |
| 일주 | 정유 | 무술 | 기해 | 경자 | 신축 | 임인 | 계묘 | 갑진 | 을사 | 병오 | 정미 | 무신 | 기유 | 경술 | 신해 | 임자 | 계축 | 갑인 | 을묘 | 병진 | 정사 | 무오 | 기미 | 경신 | 신유 | 임술 | 계해 | 갑자 | 을축 | 병인 |

## 3월

| 음력 | 3/1 | 2 | 3 | 4 | 5 | 6 | 7 | 8 | 9 | 10 | 11 | 12 | 13 | 14 | 15 | 16 | 17 | 18 | 19 | 20 | 21 | 22 | 23 | 24 | 25 | 26 | 27 | 28 | 29 | 30 |
|---|---|---|---|---|---|---|---|---|---|---|---|---|---|---|---|---|---|---|---|---|---|---|---|---|---|---|---|---|---|---|
| 양력 | 4/11 | 12 | 13 | 14 | 15 | 16 | 17 | 18 | 19 | 20 | 21 | 22 | 23 | 24 | 25 | 26 | 27 | 28 | 29 | 30 | 5/1 | 2 | 3 | 4 | 5 | 6 | 7 | 8 | 9 | 10 |
| 일주 | 정묘 | 무진 | 기사 | 경오 | 신미 | 임신 | 계유 | 갑술 | 을해 | 병자 | 정축 | 무인 | 기묘 | 경진 | 신사 | 임오 | 계미 | 갑신 | 을유 | 병술 | 정해 | 무자 | 기축 | 경인 | 신묘 | 임진 | 계사 | 갑오 | 을미 | 병신 |

## 4월

| 음력 | 4/1 | 2 | 3 | 4 | 5 | 6 | 7 | 8 | 9 | 10 | 11 | 12 | 13 | 14 | 15 | 16 | 17 | 18 | 19 | 20 | 21 | 22 | 23 | 24 | 25 | 26 | 27 | 28 | 29 |
|---|---|---|---|---|---|---|---|---|---|---|---|---|---|---|---|---|---|---|---|---|---|---|---|---|---|---|---|---|---|
| 양력 | 5/11 | 12 | 13 | 14 | 15 | 16 | 17 | 18 | 19 | 20 | 21 | 22 | 23 | 24 | 25 | 26 | 27 | 28 | 29 | 30 | 31 | 6/1 | 2 | 3 | 4 | 5 | 6 | 7 | 8 |
| 일주 | 정유 | 무술 | 기해 | 경자 | 신축 | 임인 | 계묘 | 갑진 | 을사 | 병오 | 정미 | 무신 | 기유 | 경술 | 신해 | 임자 | 계축 | 갑인 | 을묘 | 병진 | 정사 | 무오 | 기미 | 경신 | 신유 | 임술 | 계해 | 갑자 | 을축 |

## 5월

| 음력 | 5/1 | 2 | 3 | 4 | 5 | 6 | 7 | 8 | 9 | 10 | 11 | 12 | 13 | 14 | 15 | 16 | 17 | 18 | 19 | 20 | 21 | 22 | 23 | 24 | 25 | 26 | 27 | 28 | 29 | 30 |
|---|---|---|---|---|---|---|---|---|---|---|---|---|---|---|---|---|---|---|---|---|---|---|---|---|---|---|---|---|---|---|
| 양력 | 6/9 | 10 | 11 | 12 | 13 | 14 | 15 | 16 | 17 | 18 | 19 | 20 | 21 | 22 | 23 | 24 | 25 | 26 | 27 | 28 | 29 | 30 | 7/1 | 2 | 3 | 4 | 5 | 6 | 7 | 8 |
| 일주 | 병인 | 정묘 | 무진 | 기사 | 경오 | 신미 | 임신 | 계유 | 갑술 | 을해 | 병자 | 정축 | 무인 | 기묘 | 경진 | 신사 | 임오 | 계미 | 갑신 | 을유 | 병술 | 정해 | 무자 | 기축 | 경인 | 신묘 | 임진 | 계사 | 갑오 | 을미 |

## 6월

| 음력 | 6/1 | 2 | 3 | 4 | 5 | 6 | 7 | 8 | 9 | 10 | 11 | 12 | 13 | 14 | 15 | 16 | 17 | 18 | 19 | 20 | 21 | 22 | 23 | 24 | 25 | 26 | 27 | 28 | 29 |
|---|---|---|---|---|---|---|---|---|---|---|---|---|---|---|---|---|---|---|---|---|---|---|---|---|---|---|---|---|---|
| 양력 | 7/9 | 10 | 11 | 12 | 13 | 14 | 15 | 16 | 17 | 18 | 19 | 20 | 21 | 22 | 23 | 24 | 25 | 26 | 27 | 28 | 29 | 30 | 31 | 8/1 | 2 | 3 | 4 | 5 | 6 |
| 일주 | 병신 | 정유 | 무술 | 기해 | 경자 | 신축 | 임인 | 계묘 | 갑진 | 을사 | 병오 | 정미 | 무신 | 기유 | 경술 | 신해 | 임자 | 계축 | 갑인 | 을묘 | 병진 | 정사 | 무오 | 기미 | 경신 | 신유 | 임술 | 계해 | 갑자 |

### ■ 7월

| 음력 | 7/1 | 2 | 3 | 4 | 5 | 6 | 7 | 8 | 9 | 10 | 11 | 12 | 13 | 14 | 15 | 16 | 17 | 18 | 19 | 20 | 21 | 22 | 23 | 24 | 25 | 26 | 27 | 28 | 29 | 30 |
|---|---|---|---|---|---|---|---|---|---|---|---|---|---|---|---|---|---|---|---|---|---|---|---|---|---|---|---|---|---|---|
| 양력 | 8/7 | 8 | 9 | 10 | 11 | 12 | 13 | 14 | 15 | 16 | 17 | 18 | 19 | 20 | 21 | 22 | 23 | 24 | 25 | 26 | 27 | 28 | 29 | 30 | 31 | 9/1 | 2 | 3 | 4 | 5 |
| 일주 | 을축 | 병인 | 정묘 | 무진 | 기사 | 경오 | 신미 | 임신 | 계유 | 갑술 | 을해 | 병자 | 정축 | 무인 | 기묘 | 경진 | 신사 | 임오 | 계미 | 갑신 | 을유 | 병술 | 정해 | 무자 | 기축 | 경인 | 신묘 | 임진 | 계사 | 갑오 |

### ■ 8월

| 음력 | 8/1 | 2 | 3 | 4 | 5 | 6 | 7 | 8 | 9 | 10 | 11 | 12 | 13 | 14 | 15 | 16 | 17 | 18 | 19 | 20 | 21 | 22 | 23 | 24 | 25 | 26 | 27 | 28 | 29 |
|---|---|---|---|---|---|---|---|---|---|---|---|---|---|---|---|---|---|---|---|---|---|---|---|---|---|---|---|---|---|
| 양력 | 9/6 | 7 | 8 | 9 | 10 | 11 | 12 | 13 | 14 | 15 | 16 | 17 | 18 | 19 | 20 | 21 | 22 | 23 | 24 | 25 | 26 | 27 | 28 | 29 | 30 | 10/1 | 2 | 3 | 4 |
| 일주 | 을미 | 병신 | 정유 | 무술 | 기해 | 경자 | 신축 | 임인 | 계묘 | 갑진 | 을사 | 병오 | 정미 | 무신 | 기유 | 경술 | 신해 | 임자 | 계축 | 갑인 | 을묘 | 병진 | 정사 | 무오 | 기미 | 경신 | 신유 | 임술 | 계해 |

### ■ 9월

| 음력 | 9/1 | 2 | 3 | 4 | 5 | 6 | 7 | 8 | 9 | 10 | 11 | 12 | 13 | 14 | 15 | 16 | 17 | 18 | 19 | 20 | 21 | 22 | 23 | 24 | 25 | 26 | 27 | 28 | 29 |
|---|---|---|---|---|---|---|---|---|---|---|---|---|---|---|---|---|---|---|---|---|---|---|---|---|---|---|---|---|---|
| 양력 | 10/5 | 6 | 7 | 8 | 9 | 10 | 11 | 12 | 13 | 14 | 15 | 16 | 17 | 18 | 19 | 20 | 21 | 22 | 23 | 24 | 25 | 26 | 27 | 28 | 29 | 30 | 31 | 11/1 | 2 |
| 일주 | 갑자 | 을축 | 병인 | 정묘 | 무진 | 기사 | 경오 | 신미 | 임신 | 계유 | 갑술 | 을해 | 병자 | 정축 | 무인 | 기묘 | 경진 | 신사 | 임오 | 계미 | 갑신 | 을유 | 병술 | 정해 | 무자 | 기축 | 경인 | 신묘 | 임진 |

### ■ 10월

| 음력 | 10/1 | 2 | 3 | 4 | 5 | 6 | 7 | 8 | 9 | 10 | 11 | 12 | 13 | 14 | 15 | 16 | 17 | 18 | 19 | 20 | 21 | 22 | 23 | 24 | 25 | 26 | 27 | 28 | 29 | 30 |
|---|---|---|---|---|---|---|---|---|---|---|---|---|---|---|---|---|---|---|---|---|---|---|---|---|---|---|---|---|---|---|
| 양력 | 11/3 | 4 | 5 | 6 | 7 | 8 | 9 | 10 | 11 | 12 | 13 | 14 | 15 | 16 | 17 | 18 | 19 | 20 | 21 | 22 | 23 | 24 | 25 | 26 | 27 | 28 | 29 | 30 | 12/1 | 2 |
| 일주 | 계사 | 갑오 | 을미 | 병신 | 정유 | 무술 | 기해 | 경자 | 신축 | 임인 | 계묘 | 갑진 | 을사 | 병오 | 정미 | 무신 | 기유 | 경술 | 신해 | 임자 | 계축 | 갑인 | 을묘 | 병진 | 정사 | 무오 | 기미 | 경신 | 신유 | 임술 |

### ■ 11월

| 음력 | 11/1 | 2 | 3 | 4 | 5 | 6 | 7 | 8 | 9 | 10 | 11 | 12 | 13 | 14 | 15 | 16 | 17 | 18 | 19 | 20 | 21 | 22 | 23 | 24 | 25 | 26 | 27 | 28 | 29 |
|---|---|---|---|---|---|---|---|---|---|---|---|---|---|---|---|---|---|---|---|---|---|---|---|---|---|---|---|---|---|
| 양력 | 12/3 | 4 | 5 | 6 | 7 | 8 | 9 | 10 | 11 | 12 | 13 | 14 | 15 | 16 | 17 | 18 | 19 | 20 | 21 | 22 | 23 | 24 | 25 | 26 | 27 | 28 | 29 | 30 | 31 |
| 일주 | 계해 | 갑자 | 을축 | 병인 | 정묘 | 무진 | 기사 | 경오 | 신미 | 임신 | 계유 | 갑술 | 을해 | 병자 | 정축 | 무인 | 기묘 | 경진 | 신사 | 임오 | 계미 | 갑신 | 을유 | 병술 | 정해 | 무자 | 기축 | 경인 | 신묘 |

### ■ 12월

| 음력 | 12/1 | 2 | 3 | 4 | 5 | 6 | 7 | 8 | 9 | 10 | 11 | 12 | 13 | 14 | 15 | 16 | 17 | 18 | 19 | 20 | 21 | 22 | 23 | 24 | 25 | 26 | 27 | 28 | 29 | 30 |
|---|---|---|---|---|---|---|---|---|---|---|---|---|---|---|---|---|---|---|---|---|---|---|---|---|---|---|---|---|---|---|
| 양력 | 1/1 | 2 | 3 | 4 | 5 | 6 | 7 | 8 | 9 | 10 | 11 | 12 | 13 | 14 | 15 | 16 | 17 | 18 | 19 | 20 | 21 | 22 | 23 | 24 | 25 | 26 | 27 | 28 | 29 | 30 |
| 일주 | 임진 | 계사 | 갑오 | 을미 | 병신 | 정유 | 무술 | 기해 | 경자 | 신축 | 임인 | 계묘 | 갑진 | 을사 | 병오 | 정미 | 무신 | 기유 | 경술 | 신해 | 임자 | 계축 | 갑인 | 을묘 | 병진 | 정사 | 무오 | 기미 | 경신 | 신유 |

## 1995년

### ■ 1월

| 음력 | 1/1 | 2 | 3 | 4 | 5 | 6 | 7 | 8 | 9 | 10 | 11 | 12 | 13 | 14 | 15 | 16 | 17 | 18 | 19 | 20 | 21 | 22 | 23 | 24 | 25 | 26 | 27 | 28 | 29 |
|---|---|---|---|---|---|---|---|---|---|---|---|---|---|---|---|---|---|---|---|---|---|---|---|---|---|---|---|---|---|
| 양력 | 1/31 | 2/1 | 2 | 3 | 4 | 5 | 6 | 7 | 8 | 9 | 10 | 11 | 12 | 13 | 14 | 15 | 16 | 17 | 18 | 19 | 20 | 21 | 22 | 23 | 24 | 25 | 26 | 27 | 28 |
| 일주 | 임술 | 계해 | 갑자 | 을축 | 병인 | 정묘 | 무진 | 기사 | 경오 | 신미 | 임신 | 계유 | 갑술 | 을해 | 병자 | 정축 | 무인 | 기묘 | 경진 | 신사 | 임오 | 계미 | 갑신 | 을유 | 병술 | 정해 | 무자 | 기축 | 경인 |

### ■ 2월

| 음력 | 2/1 | 2 | 3 | 4 | 5 | 6 | 7 | 8 | 9 | 10 | 11 | 12 | 13 | 14 | 15 | 16 | 17 | 18 | 19 | 20 | 21 | 22 | 23 | 24 | 25 | 26 | 27 | 28 | 29 | 30 |
|---|---|---|---|---|---|---|---|---|---|---|---|---|---|---|---|---|---|---|---|---|---|---|---|---|---|---|---|---|---|---|
| 양력 | 3/1 | 2 | 3 | 4 | 5 | 6 | 7 | 8 | 9 | 10 | 11 | 12 | 13 | 14 | 15 | 16 | 17 | 18 | 19 | 20 | 21 | 22 | 23 | 24 | 25 | 26 | 27 | 28 | 29 | 30 |
| 일주 | 신묘 | 임진 | 계사 | 갑오 | 을미 | 병신 | 정유 | 무술 | 기해 | 경자 | 신축 | 임인 | 계묘 | 갑진 | 을사 | 병오 | 정미 | 무신 | 기유 | 경술 | 신해 | 임자 | 계축 | 갑인 | 을묘 | 병진 | 정사 | 무오 | 기미 | 경신 |

### ■ 3월

| 음력 | 3/1 | 2 | 3 | 4 | 5 | 6 | 7 | 8 | 9 | 10 | 11 | 12 | 13 | 14 | 15 | 16 | 17 | 18 | 19 | 20 | 21 | 22 | 23 | 24 | 25 | 26 | 27 | 28 | 29 | 30 |
|---|---|---|---|---|---|---|---|---|---|---|---|---|---|---|---|---|---|---|---|---|---|---|---|---|---|---|---|---|---|---|
| 양력 | 3/31 | 4/1 | 2 | 3 | 4 | 5 | 6 | 7 | 8 | 9 | 10 | 11 | 12 | 13 | 14 | 15 | 16 | 17 | 18 | 19 | 20 | 21 | 22 | 23 | 24 | 25 | 26 | 27 | 28 | 29 |
| 일주 | 신유 | 임술 | 계해 | 갑자 | 을축 | 병인 | 정묘 | 무진 | 기사 | 경오 | 신미 | 임신 | 계유 | 갑술 | 을해 | 병자 | 정축 | 무인 | 기묘 | 경진 | 신사 | 임오 | 계미 | 갑신 | 을유 | 병술 | 정해 | 무자 | 기축 | 경인 |

### ■ 4월

| 음력 | 4/1 | 2 | 3 | 4 | 5 | 6 | 7 | 8 | 9 | 10 | 11 | 12 | 13 | 14 | 15 | 16 | 17 | 18 | 19 | 20 | 21 | 22 | 23 | 24 | 25 | 26 | 27 | 28 | 29 |
|---|---|---|---|---|---|---|---|---|---|---|---|---|---|---|---|---|---|---|---|---|---|---|---|---|---|---|---|---|---|
| 양력 | 4/30 | 5/1 | 2 | 3 | 4 | 5 | 6 | 7 | 8 | 9 | 10 | 11 | 12 | 13 | 14 | 15 | 16 | 17 | 18 | 19 | 20 | 21 | 22 | 23 | 24 | 25 | 26 | 27 | 28 |
| 일주 | 신묘 | 임진 | 계사 | 갑오 | 을미 | 병신 | 정유 | 무술 | 기해 | 경자 | 신축 | 임인 | 계묘 | 갑진 | 을사 | 병오 | 정미 | 무신 | 기유 | 경술 | 신해 | 임자 | 계축 | 갑인 | 을묘 | 병진 | 정사 | 무오 | 기미 |

### ■ 5월

| 음력 | 5/1 | 2 | 3 | 4 | 5 | 6 | 7 | 8 | 9 | 10 | 11 | 12 | 13 | 14 | 15 | 16 | 17 | 18 | 19 | 20 | 21 | 22 | 23 | 24 | 25 | 26 | 27 | 28 | 29 | 30 |
|---|---|---|---|---|---|---|---|---|---|---|---|---|---|---|---|---|---|---|---|---|---|---|---|---|---|---|---|---|---|---|
| 양력 | 5/29 | 30 | 31 | 6/1 | 2 | 3 | 4 | 5 | 6 | 7 | 8 | 9 | 10 | 11 | 12 | 13 | 14 | 15 | 16 | 17 | 18 | 19 | 20 | 21 | 22 | 23 | 24 | 25 | 26 | 27 |
| 일주 | 경신 | 신유 | 임술 | 계해 | 갑자 | 을축 | 병인 | 정묘 | 무진 | 기사 | 경오 | 신미 | 임신 | 계유 | 갑술 | 을해 | 병자 | 정축 | 무인 | 기묘 | 경진 | 신사 | 임오 | 계미 | 갑신 | 을유 | 병술 | 정해 | 무자 | 기축 |

### ■ 6월

| 음력 | 6/1 | 2 | 3 | 4 | 5 | 6 | 7 | 8 | 9 | 10 | 11 | 12 | 13 | 14 | 15 | 16 | 17 | 18 | 19 | 20 | 21 | 22 | 23 | 24 | 25 | 26 | 27 | 28 | 29 | 30 |
|---|---|---|---|---|---|---|---|---|---|---|---|---|---|---|---|---|---|---|---|---|---|---|---|---|---|---|---|---|---|---|
| 양력 | 6/28 | 29 | 30 | 7/1 | 2 | 3 | 4 | 5 | 6 | 7 | 8 | 9 | 10 | 11 | 12 | 13 | 14 | 15 | 16 | 17 | 18 | 19 | 20 | 21 | 22 | 23 | 24 | 25 | 26 | 27 |
| 일주 | 경인 | 신묘 | 임진 | 계사 | 갑오 | 을미 | 병신 | 정유 | 무술 | 기해 | 경자 | 신축 | 임인 | 계묘 | 갑진 | 을사 | 병오 | 정미 | 무신 | 기유 | 경술 | 신해 | 임자 | 계축 | 갑인 | 을묘 | 병진 | 정사 | 무오 | 기미 |

### ■ 7월

| 음력 | 7/1 | 2 | 3 | 4 | 5 | 6 | 7 | 8 | 9 | 10 | 11 | 12 | 13 | 14 | 15 | 16 | 17 | 18 | 19 | 20 | 21 | 22 | 23 | 24 | 25 | 26 | 27 | 28 | 29 |
|---|---|---|---|---|---|---|---|---|---|---|---|---|---|---|---|---|---|---|---|---|---|---|---|---|---|---|---|---|---|
| 양력 | 7/28 | 29 | 30 | 31 | 8/1 | 2 | 3 | 4 | 5 | 6 | 7 | 8 | 9 | 10 | 11 | 12 | 13 | 14 | 15 | 16 | 17 | 18 | 19 | 20 | 21 | 22 | 23 | 24 | 25 |
| 일주 | 경신 | 신유 | 임술 | 계해 | 갑자 | 을축 | 병인 | 정묘 | 무진 | 기사 | 경오 | 신미 | 임신 | 계유 | 갑술 | 을해 | 병자 | 정축 | 무인 | 기묘 | 경진 | 신사 | 임오 | 계미 | 갑신 | 을유 | 병술 | 정해 | 무자 |

### ■ 8월

| 음력 | 8/1 | 2 | 3 | 4 | 5 | 6 | 7 | 8 | 9 | 10 | 11 | 12 | 13 | 14 | 15 | 16 | 17 | 18 | 19 | 20 | 21 | 22 | 23 | 24 | 25 | 26 | 27 | 28 | 29 | 30 |
|---|---|---|---|---|---|---|---|---|---|---|---|---|---|---|---|---|---|---|---|---|---|---|---|---|---|---|---|---|---|---|
| 양력 | 8/26 | 27 | 28 | 29 | 30 | 31 | 9/1 | 2 | 3 | 4 | 5 | 6 | 7 | 8 | 9 | 10 | 11 | 12 | 13 | 14 | 15 | 16 | 17 | 18 | 19 | 20 | 21 | 22 | 23 | 24 |
| 일주 | 기축 | 경인 | 신묘 | 임진 | 계사 | 갑오 | 을미 | 병신 | 정유 | 무술 | 기해 | 경자 | 신축 | 임인 | 계묘 | 갑진 | 을사 | 병오 | 정미 | 무신 | 기유 | 경술 | 신해 | 임자 | 계축 | 갑인 | 을묘 | 병진 | 정사 | 무오 |

### ■ 8월 윤달

| 음력 | 8/1 | 2 | 3 | 4 | 5 | 6 | 7 | 8 | 9 | 10 | 11 | 12 | 13 | 14 | 15 | 16 | 17 | 18 | 19 | 20 | 21 | 22 | 23 | 24 | 25 | 26 | 27 | 28 | 29 |
|---|---|---|---|---|---|---|---|---|---|---|---|---|---|---|---|---|---|---|---|---|---|---|---|---|---|---|---|---|---|
| 양력 | 9/25 | 26 | 27 | 28 | 29 | 30 | 10/1 | 2 | 3 | 4 | 5 | 6 | 7 | 8 | 9 | 10 | 11 | 12 | 13 | 14 | 15 | 16 | 17 | 18 | 19 | 20 | 21 | 22 | 23 |
| 일주 | 기미 | 경신 | 신유 | 임술 | 계해 | 갑자 | 을축 | 병인 | 정묘 | 무진 | 기사 | 경오 | 신미 | 임신 | 계유 | 갑술 | 을해 | 병자 | 정축 | 무인 | 기묘 | 경진 | 신사 | 임오 | 계미 | 갑신 | 을유 | 병술 | 정해 |

### ■ 9월

| 음력 | 9/1 | 2 | 3 | 4 | 5 | 6 | 7 | 8 | 9 | 10 | 11 | 12 | 13 | 14 | 15 | 16 | 17 | 18 | 19 | 20 | 21 | 22 | 23 | 24 | 25 | 26 | 27 | 28 | 29 | 30 |
|---|---|---|---|---|---|---|---|---|---|---|---|---|---|---|---|---|---|---|---|---|---|---|---|---|---|---|---|---|---|---|
| 양력 | 10/24 | 25 | 26 | 27 | 28 | 29 | 30 | 31 | 11/1 | 2 | 3 | 4 | 5 | 6 | 7 | 8 | 9 | 10 | 11 | 12 | 13 | 14 | 15 | 16 | 17 | 18 | 19 | 20 | 21 | 22 |
| 일주 | 무자 | 기축 | 경인 | 신묘 | 임진 | 계사 | 갑오 | 을미 | 병신 | 정유 | 무술 | 기해 | 경자 | 신축 | 임인 | 계묘 | 갑진 | 을사 | 병오 | 정미 | 무신 | 기유 | 경술 | 신해 | 임자 | 계축 | 갑인 | 을묘 | 병진 | 정사 |

### ■ 10월

| 음력 | 10/1 | 2 | 3 | 4 | 5 | 6 | 7 | 8 | 9 | 10 | 11 | 12 | 13 | 14 | 15 | 16 | 17 | 18 | 19 | 20 | 21 | 22 | 23 | 24 | 25 | 26 | 27 | 28 | 29 |
|---|---|---|---|---|---|---|---|---|---|---|---|---|---|---|---|---|---|---|---|---|---|---|---|---|---|---|---|---|---|
| 양력 | 11/23 | 24 | 25 | 26 | 27 | 28 | 29 | 30 | 12/1 | 2 | 3 | 4 | 5 | 6 | 7 | 8 | 9 | 10 | 11 | 12 | 13 | 14 | 15 | 16 | 17 | 18 | 19 | 20 | 21 |
| 일주 | 무오 | 기미 | 경신 | 신유 | 임술 | 계해 | 갑자 | 을축 | 병인 | 정묘 | 무진 | 기사 | 경오 | 신미 | 임신 | 계유 | 갑술 | 을해 | 병자 | 정축 | 무인 | 기묘 | 경진 | 신사 | 임오 | 계미 | 갑신 | 을유 | 병술 |

### ■ 11월

| 음력 | 11/1 | 2 | 3 | 4 | 5 | 6 | 7 | 8 | 9 | 10 | 11 | 12 | 13 | 14 | 15 | 16 | 17 | 18 | 19 | 20 | 21 | 22 | 23 | 24 | 25 | 26 | 27 | 28 | 29 |
|---|---|---|---|---|---|---|---|---|---|---|---|---|---|---|---|---|---|---|---|---|---|---|---|---|---|---|---|---|---|
| 양력 | 12/22 | 23 | 24 | 25 | 26 | 27 | 28 | 29 | 30 | 31 | 1/1 | 2 | 3 | 4 | 5 | 6 | 7 | 8 | 9 | 10 | 11 | 12 | 13 | 14 | 15 | 16 | 17 | 18 | 19 |
| 일주 | 정해 | 무자 | 기축 | 경인 | 신묘 | 임진 | 계사 | 갑오 | 을미 | 병신 | 정유 | 무술 | 기해 | 경자 | 신축 | 임인 | 계묘 | 갑진 | 을사 | 병오 | 정미 | 무신 | 기유 | 경술 | 신해 | 임자 | 계축 | 갑인 | 을묘 |

### ■ 12월

| 음력 | 12/1 | 2 | 3 | 4 | 5 | 6 | 7 | 8 | 9 | 10 | 11 | 12 | 13 | 14 | 15 | 16 | 17 | 18 | 19 | 20 | 21 | 22 | 23 | 24 | 25 | 26 | 27 | 28 | 29 | 30 |
|---|---|---|---|---|---|---|---|---|---|---|---|---|---|---|---|---|---|---|---|---|---|---|---|---|---|---|---|---|---|---|
| 양력 | 1/20 | 21 | 22 | 23 | 24 | 25 | 26 | 27 | 28 | 29 | 30 | 31 | 2/1 | 2 | 3 | 4 | 5 | 6 | 7 | 8 | 9 | 10 | 11 | 12 | 13 | 14 | 15 | 16 | 17 | 18 |
| 일주 | 병진 | 정사 | 무오 | 기미 | 경신 | 신유 | 임술 | 계해 | 갑자 | 을축 | 병인 | 정묘 | 무진 | 기사 | 경오 | 신미 | 임신 | 계유 | 갑술 | 을해 | 병자 | 정축 | 무인 | 기묘 | 경진 | 신사 | 임오 | 계미 | 갑신 | 을유 |

## 1996년

### 1월

| 음력 | 1/1 | 2 | 3 | 4 | 5 | 6 | 7 | 8 | 9 | 10 | 11 | 12 | 13 | 14 | 15 | 16 | 17 | 18 | 19 | 20 | 21 | 22 | 23 | 24 | 25 | 26 | 27 | 28 | 29 |
|---|---|---|---|---|---|---|---|---|---|---|---|---|---|---|---|---|---|---|---|---|---|---|---|---|---|---|---|---|---|
| 양력 | 2/19 | 20 | 21 | 22 | 23 | 24 | 25 | 26 | 27 | 28 | 29 | 3/1 | 2 | 3 | 4 | 5 | 6 | 7 | 8 | 9 | 10 | 11 | 12 | 13 | 14 | 15 | 16 | 17 | 18 |
| 일주 | 병술 | 정해 | 무자 | 기축 | 경인 | 신묘 | 임진 | 계사 | 갑오 | 을미 | 병신 | 정유 | 무술 | 기해 | 경자 | 신축 | 임인 | 계묘 | 갑진 | 을사 | 병오 | 정미 | 무신 | 기유 | 경술 | 신해 | 임자 | 계축 | 갑인 |

### 2월

| 음력 | 2/1 | 2 | 3 | 4 | 5 | 6 | 7 | 8 | 9 | 10 | 11 | 12 | 13 | 14 | 15 | 16 | 17 | 18 | 19 | 20 | 21 | 22 | 23 | 24 | 25 | 26 | 27 | 28 | 29 | 30 |
|---|---|---|---|---|---|---|---|---|---|---|---|---|---|---|---|---|---|---|---|---|---|---|---|---|---|---|---|---|---|---|
| 양력 | 3/19 | 20 | 21 | 22 | 23 | 24 | 25 | 26 | 27 | 28 | 29 | 30 | 31 | 4/1 | 2 | 3 | 4 | 5 | 6 | 7 | 8 | 9 | 10 | 11 | 12 | 13 | 14 | 15 | 16 | 17 |
| 일주 | 을묘 | 병진 | 정사 | 무오 | 기미 | 경신 | 신유 | 임술 | 계해 | 갑자 | 을축 | 병인 | 정묘 | 무진 | 기사 | 경오 | 신미 | 임신 | 계유 | 갑술 | 을해 | 병자 | 정축 | 무인 | 기묘 | 경진 | 신사 | 임오 | 계미 | 갑신 |

### 3월

| 음력 | 3/1 | 2 | 3 | 4 | 5 | 6 | 7 | 8 | 9 | 10 | 11 | 12 | 13 | 14 | 15 | 16 | 17 | 18 | 19 | 20 | 21 | 22 | 23 | 24 | 25 | 26 | 27 | 28 | 29 |
|---|---|---|---|---|---|---|---|---|---|---|---|---|---|---|---|---|---|---|---|---|---|---|---|---|---|---|---|---|---|
| 양력 | 4/18 | 19 | 20 | 21 | 22 | 23 | 24 | 25 | 26 | 27 | 28 | 29 | 30 | 5/1 | 2 | 3 | 4 | 5 | 6 | 7 | 8 | 9 | 10 | 11 | 12 | 13 | 14 | 15 | 16 |
| 일주 | 을유 | 병술 | 정해 | 무자 | 기축 | 경인 | 신묘 | 임진 | 계사 | 갑오 | 을미 | 병신 | 정유 | 무술 | 기해 | 경자 | 신축 | 임인 | 계묘 | 갑진 | 을사 | 병오 | 정미 | 무신 | 기유 | 경술 | 신해 | 임자 | 계축 |

### 4월

| 음력 | 4/1 | 2 | 3 | 4 | 5 | 6 | 7 | 8 | 9 | 10 | 11 | 12 | 13 | 14 | 15 | 16 | 17 | 18 | 19 | 20 | 21 | 22 | 23 | 24 | 25 | 26 | 27 | 28 | 29 | 30 |
|---|---|---|---|---|---|---|---|---|---|---|---|---|---|---|---|---|---|---|---|---|---|---|---|---|---|---|---|---|---|---|
| 양력 | 5/17 | 18 | 19 | 20 | 21 | 22 | 23 | 24 | 25 | 26 | 27 | 28 | 29 | 30 | 31 | 6/1 | 2 | 3 | 4 | 5 | 6 | 7 | 8 | 9 | 10 | 11 | 12 | 13 | 14 | 15 |
| 일주 | 갑인 | 을묘 | 병진 | 정사 | 무오 | 기미 | 경신 | 신유 | 임술 | 계해 | 갑자 | 을축 | 병인 | 정묘 | 무진 | 기사 | 경오 | 신미 | 임신 | 계유 | 갑술 | 을해 | 병자 | 정축 | 무인 | 기묘 | 경진 | 신사 | 임오 | 계미 |

### 5월

| 음력 | 5/1 | 2 | 3 | 4 | 5 | 6 | 7 | 8 | 9 | 10 | 11 | 12 | 13 | 14 | 15 | 16 | 17 | 18 | 19 | 20 | 21 | 22 | 23 | 24 | 25 | 26 | 27 | 28 | 29 | 30 |
|---|---|---|---|---|---|---|---|---|---|---|---|---|---|---|---|---|---|---|---|---|---|---|---|---|---|---|---|---|---|---|
| 양력 | 6/16 | 17 | 18 | 19 | 20 | 21 | 22 | 23 | 24 | 25 | 26 | 27 | 28 | 29 | 30 | 7/1 | 2 | 3 | 4 | 5 | 6 | 7 | 8 | 9 | 10 | 11 | 12 | 13 | 14 | 15 |
| 일주 | 갑신 | 을유 | 병술 | 정해 | 무자 | 기축 | 경인 | 신묘 | 임진 | 계사 | 갑오 | 을미 | 병신 | 정유 | 무술 | 기해 | 경자 | 신축 | 임인 | 계묘 | 갑진 | 을사 | 병오 | 정미 | 무신 | 기유 | 경술 | 신해 | 임자 | 계축 |

### 6월

| 음력 | 6/1 | 2 | 3 | 4 | 5 | 6 | 7 | 8 | 9 | 10 | 11 | 12 | 13 | 14 | 15 | 16 | 17 | 18 | 19 | 20 | 21 | 22 | 23 | 24 | 25 | 26 | 27 | 28 | 29 |
|---|---|---|---|---|---|---|---|---|---|---|---|---|---|---|---|---|---|---|---|---|---|---|---|---|---|---|---|---|---|
| 양력 | 7/16 | 17 | 18 | 19 | 20 | 21 | 22 | 23 | 24 | 25 | 26 | 27 | 28 | 29 | 30 | 31 | 8/1 | 2 | 3 | 4 | 5 | 6 | 7 | 8 | 9 | 10 | 11 | 12 | 13 |
| 일주 | 갑인 | 을묘 | 병진 | 정사 | 무오 | 기미 | 경신 | 신유 | 임술 | 계해 | 갑자 | 을축 | 병인 | 정묘 | 무진 | 기사 | 경오 | 신미 | 임신 | 계유 | 갑술 | 을해 | 병자 | 정축 | 무인 | 기묘 | 경진 | 신사 | 임오 |

## ■ 7월

| | | | | | | | | | | | | | | | | | | | | | | | | | | | | | | |
|---|---|---|---|---|---|---|---|---|---|---|---|---|---|---|---|---|---|---|---|---|---|---|---|---|---|---|---|---|---|---|
| 음력 | 7/1 | 2 | 3 | 4 | 5 | 6 | 7 | 8 | 9 | 10 | 11 | 12 | 13 | 14 | 15 | 16 | 17 | 18 | 19 | 20 | 21 | 22 | 23 | 24 | 25 | 26 | 27 | 28 | 29 | 30 |
| 양력 | 8/14 | 15 | 16 | 17 | 18 | 19 | 20 | 21 | 22 | 23 | 24 | 25 | 26 | 27 | 28 | 29 | 30 | 31 | 9/1 | 2 | 3 | 4 | 5 | 6 | 7 | 8 | 9 | 10 | 11 | 12 |
| 일주 | 계미 | 갑신 | 을유 | 병술 | 정해 | 무자 | 기축 | 경인 | 신묘 | 임진 | 계사 | 갑오 | 을미 | 병신 | 정유 | 무술 | 기해 | 경자 | 신축 | 임인 | 계묘 | 갑진 | 을사 | 병오 | 정미 | 무신 | 기유 | 경술 | 신해 | 임자 |

## ■ 8월

| | | | | | | | | | | | | | | | | | | | | | | | | | | | | | |
|---|---|---|---|---|---|---|---|---|---|---|---|---|---|---|---|---|---|---|---|---|---|---|---|---|---|---|---|---|---|
| 음력 | 8/1 | 2 | 3 | 4 | 5 | 6 | 7 | 8 | 9 | 10 | 11 | 12 | 13 | 14 | 15 | 16 | 17 | 18 | 19 | 20 | 21 | 22 | 23 | 24 | 25 | 26 | 27 | 28 | 29 |
| 양력 | 9/13 | 14 | 15 | 16 | 17 | 18 | 19 | 20 | 21 | 22 | 23 | 24 | 25 | 26 | 27 | 28 | 29 | 30 | 10/1 | 2 | 3 | 4 | 5 | 6 | 7 | 8 | 9 | 10 | 11 |
| 일주 | 계축 | 갑인 | 을묘 | 병진 | 정사 | 무오 | 기미 | 경신 | 신유 | 임술 | 계해 | 갑자 | 을축 | 병인 | 정묘 | 무진 | 기사 | 경오 | 신미 | 임신 | 계유 | 갑술 | 을해 | 병자 | 정축 | 무인 | 기묘 | 경진 | 신사 |

## ■ 9월

| | | | | | | | | | | | | | | | | | | | | | | | | | | | | | | |
|---|---|---|---|---|---|---|---|---|---|---|---|---|---|---|---|---|---|---|---|---|---|---|---|---|---|---|---|---|---|---|
| 음력 | 9/1 | 2 | 3 | 4 | 5 | 6 | 7 | 8 | 9 | 10 | 11 | 12 | 13 | 14 | 15 | 16 | 17 | 18 | 19 | 20 | 21 | 22 | 23 | 24 | 25 | 26 | 27 | 28 | 29 | 30 |
| 양력 | 10/12 | 13 | 14 | 15 | 16 | 17 | 18 | 19 | 20 | 21 | 22 | 23 | 24 | 25 | 26 | 27 | 28 | 29 | 30 | 31 | 11/1 | 2 | 3 | 4 | 5 | 6 | 7 | 8 | 9 | 10 |
| 일주 | 임오 | 계미 | 갑신 | 을유 | 병술 | 정해 | 무자 | 기축 | 경인 | 신묘 | 임진 | 계사 | 갑오 | 을미 | 병신 | 정유 | 무술 | 기해 | 경자 | 신축 | 임인 | 계묘 | 갑진 | 을사 | 병오 | 정미 | 무신 | 기유 | 경술 | 신해 |

## ■ 10월

| | | | | | | | | | | | | | | | | | | | | | | | | | | | | | | |
|---|---|---|---|---|---|---|---|---|---|---|---|---|---|---|---|---|---|---|---|---|---|---|---|---|---|---|---|---|---|---|
| 음력 | 10/1 | 2 | 3 | 4 | 5 | 6 | 7 | 8 | 9 | 10 | 11 | 12 | 13 | 14 | 15 | 16 | 17 | 18 | 19 | 20 | 21 | 22 | 23 | 24 | 25 | 26 | 27 | 28 | 29 | 30 |
| 양력 | 11/11 | 12 | 13 | 14 | 15 | 16 | 17 | 18 | 19 | 20 | 21 | 22 | 23 | 24 | 25 | 26 | 27 | 28 | 29 | 30 | 12/1 | 2 | 3 | 4 | 5 | 6 | 7 | 8 | 9 | 10 |
| 일주 | 임자 | 계축 | 갑인 | 을묘 | 병진 | 정사 | 무오 | 기미 | 경신 | 신유 | 임술 | 계해 | 갑자 | 을축 | 병인 | 정묘 | 무진 | 기사 | 경오 | 신미 | 임신 | 계유 | 갑술 | 을해 | 병자 | 정축 | 무인 | 기묘 | 경진 | 신사 |

## ■ 11월

| | | | | | | | | | | | | | | | | | | | | | | | | | | | | | |
|---|---|---|---|---|---|---|---|---|---|---|---|---|---|---|---|---|---|---|---|---|---|---|---|---|---|---|---|---|---|
| 음력 | 11/1 | 2 | 3 | 4 | 5 | 6 | 7 | 8 | 9 | 10 | 11 | 12 | 13 | 14 | 15 | 16 | 17 | 18 | 19 | 20 | 21 | 22 | 23 | 24 | 25 | 26 | 27 | 28 | 29 |
| 양력 | 12/11 | 12 | 13 | 14 | 15 | 16 | 17 | 18 | 19 | 20 | 21 | 22 | 23 | 24 | 25 | 26 | 27 | 28 | 29 | 30 | 31 | 1/1 | 2 | 3 | 4 | 5 | 6 | 7 | 8 |
| 일주 | 임오 | 계미 | 갑신 | 을유 | 병술 | 정해 | 무자 | 기축 | 경인 | 신묘 | 임진 | 계사 | 갑오 | 을미 | 병신 | 정유 | 무술 | 기해 | 경자 | 신축 | 임인 | 계묘 | 갑진 | 을사 | 병오 | 정미 | 무신 | 기유 | 경술 |

## ■ 12월

| | | | | | | | | | | | | | | | | | | | | | | | | | | | | | | |
|---|---|---|---|---|---|---|---|---|---|---|---|---|---|---|---|---|---|---|---|---|---|---|---|---|---|---|---|---|---|---|
| 음력 | 12/1 | 2 | 3 | 4 | 5 | 6 | 7 | 8 | 9 | 10 | 11 | 12 | 13 | 14 | 15 | 16 | 17 | 18 | 19 | 20 | 21 | 22 | 23 | 24 | 25 | 26 | 27 | 28 | 29 | 30 |
| 양력 | 1/9 | 10 | 11 | 12 | 13 | 14 | 15 | 16 | 17 | 18 | 19 | 20 | 21 | 22 | 23 | 24 | 25 | 26 | 27 | 28 | 29 | 30 | 31 | 2/1 | 2 | 3 | 4 | 5 | 6 | 7 |
| 일주 | 신해 | 임자 | 계축 | 갑인 | 을묘 | 병진 | 정사 | 무오 | 기미 | 경신 | 신유 | 임술 | 계해 | 갑자 | 을축 | 병인 | 정묘 | 무진 | 기사 | 경오 | 신미 | 임신 | 계유 | 갑술 | 을해 | 병자 | 정축 | 무인 | 기묘 | 경진 |

# 1997년

## ■ 1월

| 음력 | 1/1 | 2 | 3 | 4 | 5 | 6 | 7 | 8 | 9 | 10 | 11 | 12 | 13 | 14 | 15 | 16 | 17 | 18 | 19 | 20 | 21 | 22 | 23 | 24 | 25 | 26 | 27 | 28 | 29 |
|---|---|---|---|---|---|---|---|---|---|---|---|---|---|---|---|---|---|---|---|---|---|---|---|---|---|---|---|---|---|
| 양력 | 2/8 | 9 | 10 | 11 | 12 | 13 | 14 | 15 | 16 | 17 | 18 | 19 | 20 | 21 | 22 | 23 | 24 | 25 | 26 | 27 | 28 | 3/1 | 2 | 3 | 4 | 5 | 6 | 7 | 8 |
| 일주 | 신사 | 임오 | 계미 | 갑신 | 을유 | 병술 | 정해 | 무자 | 기축 | 경인 | 신묘 | 임진 | 계사 | 갑오 | 을미 | 병신 | 정유 | 무술 | 기해 | 경자 | 신축 | 임인 | 계묘 | 갑진 | 을사 | 병오 | 정미 | 무신 | 기유 |

## ■ 2월

| 음력 | 2/1 | 2 | 3 | 4 | 5 | 6 | 7 | 8 | 9 | 10 | 11 | 12 | 13 | 14 | 15 | 16 | 17 | 18 | 19 | 20 | 21 | 22 | 23 | 24 | 25 | 26 | 27 | 28 | 29 | | |
|---|---|---|---|---|---|---|---|---|---|---|---|---|---|---|---|---|---|---|---|---|---|---|---|---|---|---|---|---|---|---|---|
| 양력 | 3/9 | 10 | 11 | 12 | 13 | 14 | 15 | 16 | 17 | 18 | 19 | 20 | 21 | 22 | 23 | 24 | 25 | 26 | 27 | 28 | 29 | 30 | 31 | 4/1 | 2 | 3 | 4 | 5 | 6 | | |
| 일주 | 경술 | 신해 | 임자 | 계축 | 갑인 | 을묘 | 병진 | 정사 | 무오 | 기미 | 경신 | 신유 | 임술 | 계해 | 갑자 | 을축 | 병인 | 정묘 | 무진 | 기사 | 경오 | 신미 | 임신 | 계유 | 갑술 | 을해 | 병자 | 정축 | 무인 | | |

## ■ 3월

| 음력 | 3/1 | 2 | 3 | 4 | 5 | 6 | 7 | 8 | 9 | 10 | 11 | 12 | 13 | 14 | 15 | 16 | 17 | 18 | 19 | 20 | 21 | 22 | 23 | 24 | 25 | 26 | 27 | 28 | 29 | 30 |
|---|---|---|---|---|---|---|---|---|---|---|---|---|---|---|---|---|---|---|---|---|---|---|---|---|---|---|---|---|---|---|
| 양력 | 4/7 | 8 | 9 | 10 | 11 | 12 | 13 | 14 | 15 | 16 | 17 | 18 | 19 | 20 | 21 | 22 | 23 | 24 | 25 | 26 | 27 | 28 | 29 | 30 | 5/1 | 2 | 3 | 4 | 5 | 6 |
| 일주 | 기묘 | 경진 | 신사 | 임오 | 계미 | 갑신 | 을유 | 병술 | 정해 | 무자 | 기축 | 경인 | 신묘 | 임진 | 계사 | 갑오 | 을미 | 병신 | 정유 | 무술 | 기해 | 경자 | 신축 | 임인 | 계묘 | 갑진 | 을사 | 병오 | 정미 | 무신 |

## ■ 4월

| 음력 | 4/1 | 2 | 3 | 4 | 5 | 6 | 7 | 8 | 9 | 10 | 11 | 12 | 13 | 14 | 15 | 16 | 17 | 18 | 19 | 20 | 21 | 22 | 23 | 24 | 25 | 26 | 27 | 28 | 29 | |
|---|---|---|---|---|---|---|---|---|---|---|---|---|---|---|---|---|---|---|---|---|---|---|---|---|---|---|---|---|---|---|
| 양력 | 5/7 | 8 | 9 | 10 | 11 | 12 | 13 | 14 | 15 | 16 | 17 | 18 | 19 | 20 | 21 | 22 | 23 | 24 | 25 | 26 | 27 | 28 | 29 | 30 | 31 | 6/1 | 2 | 3 | 4 | |
| 일주 | 기유 | 경술 | 신해 | 임자 | 계축 | 갑인 | 을묘 | 병진 | 정사 | 무오 | 기미 | 경신 | 신유 | 임술 | 계해 | 갑자 | 을축 | 병인 | 정묘 | 무진 | 기사 | 경오 | 신미 | 임신 | 계유 | 갑술 | 을해 | 병자 | 정축 | |

## ■ 5월

| 음력 | 5/1 | 2 | 3 | 4 | 5 | 6 | 7 | 8 | 9 | 10 | 11 | 12 | 13 | 14 | 15 | 16 | 17 | 18 | 19 | 20 | 21 | 22 | 23 | 24 | 25 | 26 | 27 | 28 | 29 | 30 |
|---|---|---|---|---|---|---|---|---|---|---|---|---|---|---|---|---|---|---|---|---|---|---|---|---|---|---|---|---|---|---|
| 양력 | 6/5 | 6 | 7 | 8 | 9 | 10 | 11 | 12 | 13 | 14 | 15 | 16 | 17 | 18 | 19 | 20 | 21 | 22 | 23 | 24 | 25 | 26 | 27 | 28 | 29 | 30 | 7/1 | 2 | 3 | 4 |
| 일주 | 무인 | 기묘 | 경진 | 신사 | 임오 | 계미 | 갑신 | 을유 | 병술 | 정해 | 무자 | 기축 | 경인 | 신묘 | 임진 | 계사 | 갑오 | 을미 | 병신 | 정유 | 무술 | 기해 | 경자 | 신축 | 임인 | 계묘 | 갑진 | 을사 | 병오 | 정미 |

## ■ 6월

| 음력 | 6/1 | 2 | 3 | 4 | 5 | 6 | 7 | 8 | 9 | 10 | 11 | 12 | 13 | 14 | 15 | 16 | 17 | 18 | 19 | 20 | 21 | 22 | 23 | 24 | 25 | 26 | 27 | 28 | 29 | |
|---|---|---|---|---|---|---|---|---|---|---|---|---|---|---|---|---|---|---|---|---|---|---|---|---|---|---|---|---|---|---|
| 양력 | 7/5 | 6 | 7 | 8 | 9 | 10 | 11 | 12 | 13 | 14 | 15 | 16 | 17 | 18 | 19 | 20 | 21 | 22 | 23 | 24 | 25 | 26 | 27 | 28 | 29 | 30 | 31 | 8/1 | 2 | |
| 일주 | 무신 | 기유 | 경술 | 신해 | 임자 | 계축 | 갑인 | 을묘 | 병진 | 정사 | 무오 | 기미 | 경신 | 신유 | 임술 | 계해 | 갑자 | 을축 | 병인 | 정묘 | 무진 | 기사 | 경오 | 신미 | 임신 | 계유 | 갑술 | 을해 | 병자 | |

## ■ 7월

| 음력 | 7/1 | 2 | 3 | 4 | 5 | 6 | 7 | 8 | 9 | 10 | 11 | 12 | 13 | 14 | 15 | 16 | 17 | 18 | 19 | 20 | 21 | 22 | 23 | 24 | 25 | 26 | 27 | 28 | 29 | 30 |
|---|---|---|---|---|---|---|---|---|---|---|---|---|---|---|---|---|---|---|---|---|---|---|---|---|---|---|---|---|---|---|
| 양력 | 8/3 | 4 | 5 | 6 | 7 | 8 | 9 | 10 | 11 | 12 | 13 | 14 | 15 | 16 | 17 | 18 | 19 | 20 | 21 | 22 | 23 | 24 | 25 | 26 | 27 | 28 | 29 | 30 | 31 | 9/1 |
| 일주 | 정축 | 무인 | 기묘 | 경진 | 신사 | 임오 | 계미 | 갑신 | 을유 | 병술 | 정해 | 무자 | 기축 | 경인 | 신묘 | 임진 | 계사 | 갑오 | 을미 | 병신 | 정유 | 무술 | 기해 | 경자 | 신축 | 임인 | 계묘 | 갑진 | 을사 | 병오 |

## ■ 8월

| 음력 | 8/1 | 2 | 3 | 4 | 5 | 6 | 7 | 8 | 9 | 10 | 11 | 12 | 13 | 14 | 15 | 16 | 17 | 18 | 19 | 20 | 21 | 22 | 23 | 24 | 25 | 26 | 27 | 28 | 29 | 30 |
|---|---|---|---|---|---|---|---|---|---|---|---|---|---|---|---|---|---|---|---|---|---|---|---|---|---|---|---|---|---|---|
| 양력 | 9/2 | 3 | 4 | 5 | 6 | 7 | 8 | 9 | 10 | 11 | 12 | 13 | 14 | 15 | 16 | 17 | 18 | 19 | 20 | 21 | 22 | 23 | 24 | 25 | 26 | 27 | 28 | 29 | 30 | 10/1 |
| 일주 | 정미 | 무신 | 기유 | 경술 | 신해 | 임자 | 계축 | 갑인 | 을묘 | 병진 | 정사 | 무오 | 기미 | 경신 | 신유 | 임술 | 계해 | 갑자 | 을축 | 병인 | 정묘 | 무진 | 기사 | 경오 | 신미 | 임신 | 계유 | 갑술 | 을해 | 병자 |

## ■ 9월

| 음력 | 9/1 | 2 | 3 | 4 | 5 | 6 | 7 | 8 | 9 | 10 | 11 | 12 | 13 | 14 | 15 | 16 | 17 | 18 | 19 | 20 | 21 | 22 | 23 | 24 | 25 | 26 | 27 | 28 | 29 |
|---|---|---|---|---|---|---|---|---|---|---|---|---|---|---|---|---|---|---|---|---|---|---|---|---|---|---|---|---|---|
| 양력 | 10/2 | 3 | 4 | 5 | 6 | 7 | 8 | 9 | 10 | 11 | 12 | 13 | 14 | 15 | 16 | 17 | 18 | 19 | 20 | 21 | 22 | 23 | 24 | 25 | 26 | 27 | 28 | 29 | 30 |
| 일주 | 정축 | 무인 | 기묘 | 경진 | 신사 | 임오 | 계미 | 갑신 | 을유 | 병술 | 정해 | 무자 | 기축 | 경인 | 신묘 | 임진 | 계사 | 갑오 | 을미 | 병신 | 정유 | 무술 | 기해 | 경자 | 신축 | 임인 | 계묘 | 갑진 | 을사 |

## ■ 10월

| 음력 | 10/1 | 2 | 3 | 4 | 5 | 6 | 7 | 8 | 9 | 10 | 11 | 12 | 13 | 14 | 15 | 16 | 17 | 18 | 19 | 20 | 21 | 22 | 23 | 24 | 25 | 26 | 27 | 28 | 29 | 30 |
|---|---|---|---|---|---|---|---|---|---|---|---|---|---|---|---|---|---|---|---|---|---|---|---|---|---|---|---|---|---|---|
| 양력 | 10/31 | 11/1 | 2 | 3 | 4 | 5 | 6 | 7 | 8 | 9 | 10 | 11 | 12 | 13 | 14 | 15 | 16 | 17 | 18 | 19 | 20 | 21 | 22 | 23 | 24 | 25 | 26 | 27 | 28 | 29 |
| 일주 | 병오 | 정미 | 무신 | 기유 | 경술 | 신해 | 임자 | 계축 | 갑인 | 을묘 | 병진 | 정사 | 무오 | 기미 | 경신 | 신유 | 임술 | 계해 | 갑자 | 을축 | 병인 | 정묘 | 무진 | 기사 | 경오 | 신미 | 임신 | 계유 | 갑술 | 을해 |

## ■ 11월

| 음력 | 11/1 | 2 | 3 | 4 | 5 | 6 | 7 | 8 | 9 | 10 | 11 | 12 | 13 | 14 | 15 | 16 | 17 | 18 | 19 | 20 | 21 | 22 | 23 | 24 | 25 | 26 | 27 | 28 | 29 | 30 |
|---|---|---|---|---|---|---|---|---|---|---|---|---|---|---|---|---|---|---|---|---|---|---|---|---|---|---|---|---|---|---|
| 양력 | 11/30 | 12/1 | 2 | 3 | 4 | 5 | 6 | 7 | 8 | 9 | 10 | 11 | 12 | 13 | 14 | 15 | 16 | 17 | 18 | 19 | 20 | 21 | 22 | 23 | 24 | 25 | 26 | 27 | 28 | 29 |
| 일주 | 병자 | 정축 | 무인 | 기묘 | 경진 | 신사 | 임오 | 계미 | 갑신 | 을유 | 병술 | 정해 | 무자 | 기축 | 경인 | 신묘 | 임진 | 계사 | 갑오 | 을미 | 병신 | 정유 | 무술 | 기해 | 경자 | 신축 | 임인 | 계묘 | 갑진 | 을사 |

## ■ 12월

| 음력 | 12/1 | 2 | 3 | 4 | 5 | 6 | 7 | 8 | 9 | 10 | 11 | 12 | 13 | 14 | 15 | 16 | 17 | 18 | 19 | 20 | 21 | 22 | 23 | 24 | 25 | 26 | 27 | 28 | 29 |
|---|---|---|---|---|---|---|---|---|---|---|---|---|---|---|---|---|---|---|---|---|---|---|---|---|---|---|---|---|---|
| 양력 | 12/30 | 31 | 1/1 | 2 | 3 | 4 | 5 | 6 | 7 | 8 | 9 | 10 | 11 | 12 | 13 | 14 | 15 | 16 | 17 | 18 | 19 | 20 | 21 | 22 | 23 | 24 | 25 | 26 | 27 |
| 일주 | 병오 | 정미 | 무신 | 기유 | 경술 | 신해 | 임자 | 계축 | 갑인 | 을묘 | 병진 | 정사 | 무오 | 기미 | 경신 | 신유 | 임술 | 계해 | 갑자 | 을축 | 병인 | 정묘 | 무진 | 기사 | 경오 | 신미 | 임신 | 계유 | 갑술 |

# 1998년

## ■ 1월

| 음력 | 1/1 | 2 | 3 | 4 | 5 | 6 | 7 | 8 | 9 | 10 | 11 | 12 | 13 | 14 | 15 | 16 | 17 | 18 | 19 | 20 | 21 | 22 | 23 | 24 | 25 | 26 | 27 | 28 | 29 | 30 |
|---|---|---|---|---|---|---|---|---|---|---|---|---|---|---|---|---|---|---|---|---|---|---|---|---|---|---|---|---|---|---|
| 양력 | 1/28 | 29 | 30 | 31 | 2/1 | 2 | 3 | 4 | 5 | 6 | 7 | 8 | 9 | 10 | 11 | 12 | 13 | 14 | 15 | 16 | 17 | 18 | 19 | 20 | 21 | 22 | 23 | 24 | 25 | 26 |
| 일주 | 을해 | 병자 | 정축 | 무인 | 기묘 | 경진 | 신사 | 임오 | 계미 | 갑신 | 을유 | 병술 | 정해 | 무자 | 기축 | 경인 | 신묘 | 임진 | 계사 | 갑오 | 을미 | 병신 | 정유 | 무술 | 기해 | 경자 | 신축 | 임인 | 계묘 | 갑진 |

## ■ 2월

| 음력 | 2/1 | 2 | 3 | 4 | 5 | 6 | 7 | 8 | 9 | 10 | 11 | 12 | 13 | 14 | 15 | 16 | 17 | 18 | 19 | 20 | 21 | 22 | 23 | 24 | 25 | 26 | 27 | 28 | 29 |
|---|---|---|---|---|---|---|---|---|---|---|---|---|---|---|---|---|---|---|---|---|---|---|---|---|---|---|---|---|---|
| 양력 | 2/27 | 28 | 3/1 | 2 | 3 | 4 | 5 | 6 | 7 | 8 | 9 | 10 | 11 | 12 | 13 | 14 | 15 | 16 | 17 | 18 | 19 | 20 | 21 | 22 | 23 | 24 | 25 | 26 | 27 |
| 일주 | 을사 | 병오 | 정미 | 무신 | 기유 | 경술 | 신해 | 임자 | 계축 | 갑인 | 을묘 | 병진 | 정사 | 무오 | 기미 | 경신 | 신유 | 임술 | 계해 | 갑자 | 을축 | 병인 | 정묘 | 무진 | 기사 | 경오 | 신미 | 임신 | 계유 |

## ■ 3월

| 음력 | 3/1 | 2 | 3 | 4 | 5 | 6 | 7 | 8 | 9 | 10 | 11 | 12 | 13 | 14 | 15 | 16 | 17 | 18 | 19 | 20 | 21 | 22 | 23 | 24 | 25 | 26 | 27 | 28 | 29 |
|---|---|---|---|---|---|---|---|---|---|---|---|---|---|---|---|---|---|---|---|---|---|---|---|---|---|---|---|---|---|
| 양력 | 3/28 | 29 | 30 | 31 | 4/1 | 2 | 3 | 4 | 5 | 6 | 7 | 8 | 9 | 10 | 11 | 12 | 13 | 14 | 15 | 16 | 17 | 18 | 19 | 20 | 21 | 22 | 23 | 24 | 25 |
| 일주 | 갑술 | 을해 | 병자 | 정축 | 무인 | 기묘 | 경진 | 신사 | 임오 | 계미 | 갑신 | 을유 | 병술 | 정해 | 무자 | 기축 | 경인 | 신묘 | 임진 | 계사 | 갑오 | 을미 | 병신 | 정유 | 무술 | 기해 | 경자 | 신축 | 임인 |

## ■ 4월

| 음력 | 4/1 | 2 | 3 | 4 | 5 | 6 | 7 | 8 | 9 | 10 | 11 | 12 | 13 | 14 | 15 | 16 | 17 | 18 | 19 | 20 | 21 | 22 | 23 | 24 | 25 | 26 | 27 | 28 | 29 | 30 |
|---|---|---|---|---|---|---|---|---|---|---|---|---|---|---|---|---|---|---|---|---|---|---|---|---|---|---|---|---|---|---|
| 양력 | 4/26 | 27 | 28 | 29 | 30 | 5/1 | 2 | 3 | 4 | 5 | 6 | 7 | 8 | 9 | 10 | 11 | 12 | 13 | 14 | 15 | 16 | 17 | 18 | 19 | 20 | 21 | 22 | 23 | 24 | 25 |
| 일주 | 계묘 | 갑진 | 을사 | 병오 | 정미 | 무신 | 기유 | 경술 | 신해 | 임자 | 계축 | 갑인 | 을묘 | 병진 | 정사 | 무오 | 기미 | 경신 | 신유 | 임술 | 계해 | 갑자 | 을축 | 병인 | 정묘 | 무진 | 기사 | 경오 | 신미 | 임신 |

## ■ 5월

| 음력 | 5/1 | 2 | 3 | 4 | 5 | 6 | 7 | 8 | 9 | 10 | 11 | 12 | 13 | 14 | 15 | 16 | 17 | 18 | 19 | 20 | 21 | 22 | 23 | 24 | 25 | 26 | 27 | 28 | 29 |
|---|---|---|---|---|---|---|---|---|---|---|---|---|---|---|---|---|---|---|---|---|---|---|---|---|---|---|---|---|---|
| 양력 | 5/26 | 27 | 28 | 29 | 30 | 31 | 6/1 | 2 | 3 | 4 | 5 | 6 | 7 | 8 | 9 | 10 | 11 | 12 | 13 | 14 | 15 | 16 | 17 | 18 | 19 | 20 | 21 | 22 | 23 |
| 일주 | 계유 | 갑술 | 을해 | 병자 | 정축 | 무인 | 기묘 | 경진 | 신사 | 임오 | 계미 | 갑신 | 을유 | 병술 | 정해 | 무자 | 기축 | 경인 | 신묘 | 임진 | 계사 | 갑오 | 을미 | 병신 | 정유 | 무술 | 기해 | 경자 | 신축 |

## ■ 5월 윤달

| 음력 | 5/1 | 2 | 3 | 4 | 5 | 6 | 7 | 8 | 9 | 10 | 11 | 12 | 13 | 14 | 15 | 16 | 17 | 18 | 19 | 20 | 21 | 22 | 23 | 24 | 25 | 26 | 27 | 28 | 29 |
|---|---|---|---|---|---|---|---|---|---|---|---|---|---|---|---|---|---|---|---|---|---|---|---|---|---|---|---|---|---|
| 양력 | 6/24 | 25 | 26 | 27 | 28 | 29 | 30 | 7/1 | 2 | 3 | 4 | 5 | 6 | 7 | 8 | 9 | 10 | 11 | 12 | 13 | 14 | 15 | 16 | 17 | 18 | 19 | 20 | 21 | 22 |
| 일주 | 임인 | 계묘 | 갑진 | 을사 | 병오 | 정미 | 무신 | 기유 | 경술 | 신해 | 임자 | 계축 | 갑인 | 을묘 | 병진 | 정사 | 무오 | 기미 | 경신 | 신유 | 임술 | 계해 | 갑자 | 을축 | 병인 | 정묘 | 무진 | 기사 | 경오 |

## ■ 6월

| 음력 | 6/1 | 2 | 3 | 4 | 5 | 6 | 7 | 8 | 9 | 10 | 11 | 12 | 13 | 14 | 15 | 16 | 17 | 18 | 19 | 20 | 21 | 22 | 23 | 24 | 25 | 26 | 27 | 28 | 29 | 30 |
|---|---|---|---|---|---|---|---|---|---|---|---|---|---|---|---|---|---|---|---|---|---|---|---|---|---|---|---|---|---|---|
| 양력 | 7/23 | 24 | 25 | 26 | 27 | 28 | 29 | 30 | 31 | 8/1 | 2 | 3 | 4 | 5 | 6 | 7 | 8 | 9 | 10 | 11 | 12 | 13 | 14 | 15 | 16 | 17 | 18 | 19 | 20 | 21 |
| 일주 | 신미 | 임신 | 계유 | 갑술 | 을해 | 병자 | 정축 | 무인 | 기묘 | 경진 | 신사 | 임오 | 계미 | 갑신 | 을유 | 병술 | 정해 | 무자 | 기축 | 경인 | 신묘 | 임진 | 계사 | 갑오 | 을미 | 병신 | 정유 | 무술 | 기해 | 경자 |

## ■ 7월

| 음력 | 7/1 | 2 | 3 | 4 | 5 | 6 | 7 | 8 | 9 | 10 | 11 | 12 | 13 | 14 | 15 | 16 | 17 | 18 | 19 | 20 | 21 | 22 | 23 | 24 | 25 | 26 | 27 | 28 | 29 | 30 |
|---|---|---|---|---|---|---|---|---|---|---|---|---|---|---|---|---|---|---|---|---|---|---|---|---|---|---|---|---|---|---|
| 양력 | 8/22 | 23 | 24 | 25 | 26 | 27 | 28 | 29 | 30 | 31 | 9/1 | 2 | 3 | 4 | 5 | 6 | 7 | 8 | 9 | 10 | 11 | 12 | 13 | 14 | 15 | 16 | 17 | 18 | 19 | 20 |
| 일주 | 신축 | 임인 | 계묘 | 갑진 | 을사 | 병오 | 정미 | 무신 | 기유 | 경술 | 신해 | 임자 | 계축 | 갑인 | 을묘 | 병진 | 정사 | 무오 | 기미 | 경신 | 신유 | 임술 | 계해 | 갑자 | 을축 | 병인 | 정묘 | 무진 | 기사 | 경오 |

## ■ 8월

| 음력 | 8/1 | 2 | 3 | 4 | 5 | 6 | 7 | 8 | 9 | 10 | 11 | 12 | 13 | 14 | 15 | 16 | 17 | 18 | 19 | 20 | 21 | 22 | 23 | 24 | 25 | 26 | 27 | 28 | 29 |
|---|---|---|---|---|---|---|---|---|---|---|---|---|---|---|---|---|---|---|---|---|---|---|---|---|---|---|---|---|---|
| 양력 | 9/21 | 22 | 23 | 24 | 25 | 26 | 27 | 28 | 29 | 30 | 10/1 | 2 | 3 | 4 | 5 | 6 | 7 | 8 | 9 | 10 | 11 | 12 | 13 | 14 | 15 | 16 | 17 | 18 | 19 |
| 일주 | 신미 | 임신 | 계유 | 갑술 | 을해 | 병자 | 정축 | 무인 | 기묘 | 경진 | 신사 | 임오 | 계미 | 갑신 | 을유 | 병술 | 정해 | 무자 | 기축 | 경인 | 신묘 | 임진 | 계사 | 갑오 | 을미 | 병신 | 정유 | 무술 | 기해 |

## ■ 9월

| 음력 | 9/1 | 2 | 3 | 4 | 5 | 6 | 7 | 8 | 9 | 10 | 11 | 12 | 13 | 14 | 15 | 16 | 17 | 18 | 19 | 20 | 21 | 22 | 23 | 24 | 25 | 26 | 27 | 28 | 29 | 30 |
|---|---|---|---|---|---|---|---|---|---|---|---|---|---|---|---|---|---|---|---|---|---|---|---|---|---|---|---|---|---|---|
| 양력 | 10/20 | 21 | 22 | 23 | 24 | 25 | 26 | 27 | 28 | 29 | 30 | 31 | 11/1 | 2 | 3 | 4 | 5 | 6 | 7 | 8 | 9 | 10 | 11 | 12 | 13 | 14 | 15 | 16 | 17 | 18 |
| 일주 | 경자 | 신축 | 임인 | 계묘 | 갑진 | 을사 | 병오 | 정미 | 무신 | 기유 | 경술 | 신해 | 임자 | 계축 | 갑인 | 을묘 | 병진 | 정사 | 무오 | 기미 | 경신 | 신유 | 임술 | 계해 | 갑자 | 을축 | 병인 | 정묘 | 무진 | 기사 |

## ■ 10월

| 음력 | 10/1 | 2 | 3 | 4 | 5 | 6 | 7 | 8 | 9 | 10 | 11 | 12 | 13 | 14 | 15 | 16 | 17 | 18 | 19 | 20 | 21 | 22 | 23 | 24 | 25 | 26 | 27 | 28 | 29 | 30 |
|---|---|---|---|---|---|---|---|---|---|---|---|---|---|---|---|---|---|---|---|---|---|---|---|---|---|---|---|---|---|---|
| 양력 | 11/19 | 20 | 21 | 22 | 23 | 24 | 25 | 26 | 27 | 28 | 29 | 30 | 12/1 | 2 | 3 | 4 | 5 | 6 | 7 | 8 | 9 | 10 | 11 | 12 | 13 | 14 | 15 | 16 | 17 | 18 |
| 일주 | 경오 | 신미 | 임신 | 계유 | 갑술 | 을해 | 병자 | 정축 | 무인 | 기묘 | 경진 | 신사 | 임오 | 계미 | 갑신 | 을유 | 병술 | 정해 | 무자 | 기축 | 경인 | 신묘 | 임진 | 계사 | 갑오 | 을미 | 병신 | 정유 | 무술 | 기해 |

## ■ 11월

| 음력 | 11/1 | 2 | 3 | 4 | 5 | 6 | 7 | 8 | 9 | 10 | 11 | 12 | 13 | 14 | 15 | 16 | 17 | 18 | 19 | 20 | 21 | 22 | 23 | 24 | 25 | 26 | 27 | 28 | 29 | 30 |
|---|---|---|---|---|---|---|---|---|---|---|---|---|---|---|---|---|---|---|---|---|---|---|---|---|---|---|---|---|---|---|
| 양력 | 12/19 | 20 | 21 | 22 | 23 | 24 | 25 | 26 | 27 | 28 | 29 | 30 | 31 | 1/1 | 2 | 3 | 4 | 5 | 6 | 7 | 8 | 9 | 10 | 11 | 12 | 13 | 14 | 15 | 16 | 17 |
| 일주 | 경자 | 신축 | 임인 | 계묘 | 갑진 | 을사 | 병오 | 정미 | 무신 | 기유 | 경술 | 신해 | 임자 | 계축 | 갑인 | 을묘 | 병진 | 정사 | 무오 | 기미 | 경신 | 신유 | 임술 | 계해 | 갑자 | 을축 | 병인 | 정묘 | 무진 | 기사 |

## ■ 12월

| 음력 | 12/1 | 2 | 3 | 4 | 5 | 6 | 7 | 8 | 9 | 10 | 11 | 12 | 13 | 14 | 15 | 16 | 17 | 18 | 19 | 20 | 21 | 22 | 23 | 24 | 25 | 26 | 27 | 28 | 29 |
|---|---|---|---|---|---|---|---|---|---|---|---|---|---|---|---|---|---|---|---|---|---|---|---|---|---|---|---|---|---|
| 양력 | 1/18 | 19 | 20 | 21 | 22 | 23 | 24 | 25 | 26 | 27 | 28 | 29 | 30 | 31 | 2/1 | 2 | 3 | 4 | 5 | 6 | 7 | 8 | 9 | 10 | 11 | 12 | 13 | 14 | 15 |
| 일주 | 경오 | 신미 | 임신 | 계유 | 갑술 | 을해 | 병자 | 정축 | 무인 | 기묘 | 경진 | 신사 | 임오 | 계미 | 갑신 | 을유 | 병술 | 정해 | 무자 | 기축 | 경인 | 신묘 | 임진 | 계사 | 갑오 | 을미 | 병신 | 정유 | 무술 |

# 1999년

## 1월

| 음력 | 1/1 | 2 | 3 | 4 | 5 | 6 | 7 | 8 | 9 | 10 | 11 | 12 | 13 | 14 | 15 | 16 | 17 | 18 | 19 | 20 | 21 | 22 | 23 | 24 | 25 | 26 | 27 | 28 | 29 | 30 |
|---|---|---|---|---|---|---|---|---|---|---|---|---|---|---|---|---|---|---|---|---|---|---|---|---|---|---|---|---|---|---|
| 양력 | 2/16 | 17 | 18 | 19 | 20 | 21 | 22 | 23 | 24 | 25 | 26 | 27 | 28 | 3/1 | 2 | 3 | 4 | 5 | 6 | 7 | 8 | 9 | 10 | 11 | 12 | 13 | 14 | 15 | 16 | 17 |
| 일주 | 기해 | 경자 | 신축 | 임인 | 계묘 | 갑진 | 을사 | 병오 | 정미 | 무신 | 기유 | 경술 | 신해 | 임자 | 계축 | 갑인 | 을묘 | 병진 | 정사 | 무오 | 기미 | 경신 | 신유 | 임술 | 계해 | 갑자 | 을축 | 병인 | 정묘 | 무진 |

## 2월

| 음력 | 2/1 | 2 | 3 | 4 | 5 | 6 | 7 | 8 | 9 | 10 | 11 | 12 | 13 | 14 | 15 | 16 | 17 | 18 | 19 | 20 | 21 | 22 | 23 | 24 | 25 | 26 | 27 | 28 | 29 |
|---|---|---|---|---|---|---|---|---|---|---|---|---|---|---|---|---|---|---|---|---|---|---|---|---|---|---|---|---|---|
| 양력 | 3/18 | 19 | 20 | 21 | 22 | 23 | 24 | 25 | 26 | 27 | 28 | 29 | 30 | 31 | 4/1 | 2 | 3 | 4 | 5 | 6 | 7 | 8 | 9 | 10 | 11 | 12 | 13 | 14 | 15 |
| 일주 | 기사 | 경오 | 신미 | 임신 | 계유 | 갑술 | 을해 | 병자 | 정축 | 무인 | 기묘 | 경진 | 신사 | 임오 | 계미 | 갑신 | 을유 | 병술 | 정해 | 무자 | 기축 | 경인 | 신묘 | 임진 | 계사 | 갑오 | 을미 | 병신 | 정유 |

## 3월

| 음력 | 3/1 | 2 | 3 | 4 | 5 | 6 | 7 | 8 | 9 | 10 | 11 | 12 | 13 | 14 | 15 | 16 | 17 | 18 | 19 | 20 | 21 | 22 | 23 | 24 | 25 | 26 | 27 | 28 | 29 |
|---|---|---|---|---|---|---|---|---|---|---|---|---|---|---|---|---|---|---|---|---|---|---|---|---|---|---|---|---|---|
| 양력 | 4/16 | 17 | 18 | 19 | 20 | 21 | 22 | 23 | 24 | 25 | 26 | 27 | 28 | 29 | 30 | 5/1 | 2 | 3 | 4 | 5 | 6 | 7 | 8 | 9 | 10 | 11 | 12 | 13 | 14 |
| 일주 | 무술 | 기해 | 경자 | 신축 | 임인 | 계묘 | 갑진 | 을사 | 병오 | 정미 | 무신 | 기유 | 경술 | 신해 | 임자 | 계축 | 갑인 | 을묘 | 병진 | 정사 | 무오 | 기미 | 경신 | 신유 | 임술 | 계해 | 갑자 | 을축 | 병인 |

## 4월

| 음력 | 4/1 | 2 | 3 | 4 | 5 | 6 | 7 | 8 | 9 | 10 | 11 | 12 | 13 | 14 | 15 | 16 | 17 | 18 | 19 | 20 | 21 | 22 | 23 | 24 | 25 | 26 | 27 | 28 | 29 | 30 |
|---|---|---|---|---|---|---|---|---|---|---|---|---|---|---|---|---|---|---|---|---|---|---|---|---|---|---|---|---|---|---|
| 양력 | 5/15 | 16 | 17 | 18 | 19 | 20 | 21 | 22 | 23 | 24 | 25 | 26 | 27 | 28 | 29 | 30 | 31 | 6/1 | 2 | 3 | 4 | 5 | 6 | 7 | 8 | 9 | 10 | 11 | 12 | 13 |
| 일주 | 정묘 | 무진 | 기사 | 경오 | 신미 | 임신 | 계유 | 갑술 | 을해 | 병자 | 정축 | 무인 | 기묘 | 경진 | 신사 | 임오 | 계미 | 갑신 | 을유 | 병술 | 정해 | 무자 | 기축 | 경인 | 신묘 | 임진 | 계사 | 갑오 | 을미 | 병신 |

## 5월

| 음력 | 5/1 | 2 | 3 | 4 | 5 | 6 | 7 | 8 | 9 | 10 | 11 | 12 | 13 | 14 | 15 | 16 | 17 | 18 | 19 | 20 | 21 | 22 | 23 | 24 | 25 | 26 | 27 | 28 | 29 |
|---|---|---|---|---|---|---|---|---|---|---|---|---|---|---|---|---|---|---|---|---|---|---|---|---|---|---|---|---|---|
| 양력 | 6/14 | 15 | 16 | 17 | 18 | 19 | 20 | 21 | 22 | 23 | 24 | 25 | 26 | 27 | 28 | 29 | 30 | 7/1 | 2 | 3 | 4 | 5 | 6 | 7 | 8 | 9 | 10 | 11 | 12 |
| 일주 | 정유 | 무술 | 기해 | 경자 | 신축 | 임인 | 계묘 | 갑진 | 을사 | 병오 | 정미 | 무신 | 기유 | 경술 | 신해 | 임자 | 계축 | 갑인 | 을묘 | 병진 | 정사 | 무오 | 기미 | 경신 | 신유 | 임술 | 계해 | 갑자 | 을축 |

## 6월

| 음력 | 6/1 | 2 | 3 | 4 | 5 | 6 | 7 | 8 | 9 | 10 | 11 | 12 | 13 | 14 | 15 | 16 | 17 | 18 | 19 | 20 | 21 | 22 | 23 | 24 | 25 | 26 | 27 | 28 | 29 |
|---|---|---|---|---|---|---|---|---|---|---|---|---|---|---|---|---|---|---|---|---|---|---|---|---|---|---|---|---|---|
| 양력 | 7/13 | 14 | 15 | 16 | 17 | 18 | 19 | 20 | 21 | 22 | 23 | 24 | 25 | 26 | 27 | 28 | 29 | 30 | 31 | 8/1 | 2 | 3 | 4 | 5 | 6 | 7 | 8 | 9 | 10 |
| 일주 | 병인 | 정묘 | 무진 | 기사 | 경오 | 신미 | 임신 | 계유 | 갑술 | 을해 | 병자 | 정축 | 무인 | 기묘 | 경진 | 신사 | 임오 | 계미 | 갑신 | 을유 | 병술 | 정해 | 무자 | 기축 | 경인 | 신묘 | 임진 | 계사 | 갑오 |

## 7월

| 음력 | 7/1 | 2 | 3 | 4 | 5 | 6 | 7 | 8 | 9 | 10 | 11 | 12 | 13 | 14 | 15 | 16 | 17 | 18 | 19 | 20 | 21 | 22 | 23 | 24 | 25 | 26 | 27 | 28 | 29 | 30 |
|---|---|---|---|---|---|---|---|---|---|---|---|---|---|---|---|---|---|---|---|---|---|---|---|---|---|---|---|---|---|---|
| 양력 | 8/11 | 12 | 13 | 14 | 15 | 16 | 17 | 18 | 19 | 20 | 21 | 22 | 23 | 24 | 25 | 26 | 27 | 28 | 29 | 30 | 31 | 9/1 | 2 | 3 | 4 | 5 | 6 | 7 | 8 | 9 |
| 일주 | 을미 | 병신 | 정유 | 무술 | 기해 | 경자 | 신축 | 임인 | 계묘 | 갑진 | 을사 | 병오 | 정미 | 무신 | 기유 | 경술 | 신해 | 임자 | 계축 | 갑인 | 을묘 | 병진 | 정사 | 무오 | 기미 | 경신 | 신유 | 임술 | 계해 | 갑자 |

## 8월

| 음력 | 8/1 | 2 | 3 | 4 | 5 | 6 | 7 | 8 | 9 | 10 | 11 | 12 | 13 | 14 | 15 | 16 | 17 | 18 | 19 | 20 | 21 | 22 | 23 | 24 | 25 | 26 | 27 | 28 | 29 |
|---|---|---|---|---|---|---|---|---|---|---|---|---|---|---|---|---|---|---|---|---|---|---|---|---|---|---|---|---|---|
| 양력 | 9/10 | 11 | 12 | 13 | 14 | 15 | 16 | 17 | 18 | 19 | 20 | 21 | 22 | 23 | 24 | 25 | 26 | 27 | 28 | 29 | 30 | 10/1 | 2 | 3 | 4 | 5 | 6 | 7 | 8 |
| 일주 | 을축 | 병인 | 정묘 | 무진 | 기사 | 경오 | 신미 | 임신 | 계유 | 갑술 | 을해 | 병자 | 정축 | 무인 | 기묘 | 경진 | 신사 | 임오 | 계미 | 갑신 | 을유 | 병술 | 정해 | 무자 | 기축 | 경인 | 신묘 | 임진 | 계사 |

## 9월

| 음력 | 9/1 | 2 | 3 | 4 | 5 | 6 | 7 | 8 | 9 | 10 | 11 | 12 | 13 | 14 | 15 | 16 | 17 | 18 | 19 | 20 | 21 | 22 | 23 | 24 | 25 | 26 | 27 | 28 | 29 | 30 |
|---|---|---|---|---|---|---|---|---|---|---|---|---|---|---|---|---|---|---|---|---|---|---|---|---|---|---|---|---|---|---|
| 양력 | 10/9 | 10 | 11 | 12 | 13 | 14 | 15 | 16 | 17 | 18 | 19 | 20 | 21 | 22 | 23 | 24 | 25 | 26 | 27 | 28 | 29 | 30 | 31 | 11/1 | 2 | 3 | 4 | 5 | 6 | 7 |
| 일주 | 갑오 | 을미 | 병신 | 정유 | 무술 | 기해 | 경자 | 신축 | 임인 | 계묘 | 갑진 | 을사 | 병오 | 정미 | 무신 | 기유 | 경술 | 신해 | 임자 | 계축 | 갑인 | 을묘 | 병진 | 정사 | 무오 | 기미 | 경신 | 신유 | 임술 | 계해 |

## 10월

| 음력 | 10/1 | 2 | 3 | 4 | 5 | 6 | 7 | 8 | 9 | 10 | 11 | 12 | 13 | 14 | 15 | 16 | 17 | 18 | 19 | 20 | 21 | 22 | 23 | 24 | 25 | 26 | 27 | 28 | 29 | 30 |
|---|---|---|---|---|---|---|---|---|---|---|---|---|---|---|---|---|---|---|---|---|---|---|---|---|---|---|---|---|---|---|
| 양력 | 11/8 | 9 | 10 | 11 | 12 | 13 | 14 | 15 | 16 | 17 | 18 | 19 | 20 | 21 | 22 | 23 | 24 | 25 | 26 | 27 | 28 | 29 | 30 | 12/1 | 2 | 3 | 4 | 5 | 6 | 7 |
| 일주 | 갑자 | 을축 | 병인 | 정묘 | 무진 | 기사 | 경오 | 신미 | 임신 | 계유 | 갑술 | 을해 | 병자 | 정축 | 무인 | 기묘 | 경진 | 신사 | 임오 | 계미 | 갑신 | 을유 | 병술 | 정해 | 무자 | 기축 | 경인 | 신묘 | 임진 | 계사 |

## 11월

| 음력 | 11/1 | 2 | 3 | 4 | 5 | 6 | 7 | 8 | 9 | 10 | 11 | 12 | 13 | 14 | 15 | 16 | 17 | 18 | 19 | 20 | 21 | 22 | 23 | 24 | 25 | 26 | 27 | 28 | 29 | 30 |
|---|---|---|---|---|---|---|---|---|---|---|---|---|---|---|---|---|---|---|---|---|---|---|---|---|---|---|---|---|---|---|
| 양력 | 12/8 | 9 | 10 | 11 | 12 | 13 | 14 | 15 | 16 | 17 | 18 | 19 | 20 | 21 | 22 | 23 | 24 | 25 | 26 | 27 | 28 | 29 | 30 | 31 | 1/1 | 2 | 3 | 4 | 5 | 6 |
| 일주 | 갑오 | 을미 | 병신 | 정유 | 무술 | 기해 | 경자 | 신축 | 임인 | 계묘 | 갑진 | 을사 | 병오 | 정미 | 무신 | 기유 | 경술 | 신해 | 임자 | 계축 | 갑인 | 을묘 | 병진 | 정사 | 무오 | 기미 | 경신 | 신유 | 임술 | 계해 |

## 12월

| 음력 | 12/1 | 2 | 3 | 4 | 5 | 6 | 7 | 8 | 9 | 10 | 11 | 12 | 13 | 14 | 15 | 16 | 17 | 18 | 19 | 20 | 21 | 22 | 23 | 24 | 25 | 26 | 27 | 28 | 29 |
|---|---|---|---|---|---|---|---|---|---|---|---|---|---|---|---|---|---|---|---|---|---|---|---|---|---|---|---|---|---|
| 양력 | 1/7 | 8 | 9 | 10 | 11 | 12 | 13 | 14 | 15 | 16 | 17 | 18 | 19 | 20 | 21 | 22 | 23 | 24 | 25 | 26 | 27 | 28 | 29 | 30 | 31 | 2/1 | 2 | 3 | 4 |
| 일주 | 갑자 | 을축 | 병인 | 정묘 | 무진 | 기사 | 경오 | 신미 | 임신 | 계유 | 갑술 | 을해 | 병자 | 정축 | 무인 | 기묘 | 경진 | 신사 | 임오 | 계미 | 갑신 | 을유 | 병술 | 정해 | 무자 | 기축 | 경인 | 신묘 | 임진 |

## 2000년

### ■ 1월

| 음력 | 1/1 | 2 | 3 | 4 | 5 | 6 | 7 | 8 | 9 | 10 | 11 | 12 | 13 | 14 | 15 | 16 | 17 | 18 | 19 | 20 | 21 | 22 | 23 | 24 | 25 | 26 | 27 | 28 | 29 | 30 |
|---|---|---|---|---|---|---|---|---|---|---|---|---|---|---|---|---|---|---|---|---|---|---|---|---|---|---|---|---|---|---|
| 양력 | 2/5 | 6 | 7 | 8 | 9 | 10 | 11 | 12 | 13 | 14 | 15 | 16 | 17 | 18 | 19 | 20 | 21 | 22 | 23 | 24 | 25 | 26 | 27 | 28 | 29 | 3/1 | 2 | 3 | 4 | 5 |
| 일주 | 계사 | 갑오 | 을미 | 병신 | 정유 | 무술 | 기해 | 경자 | 신축 | 임인 | 계묘 | 갑진 | 을사 | 병오 | 정미 | 무신 | 기유 | 경술 | 신해 | 임자 | 계축 | 갑인 | 을묘 | 병진 | 정사 | 무오 | 기미 | 경신 | 신유 | 임술 |

### ■ 2월

| 음력 | 2/1 | 2 | 3 | 4 | 5 | 6 | 7 | 8 | 9 | 10 | 11 | 12 | 13 | 14 | 15 | 16 | 17 | 18 | 19 | 20 | 21 | 22 | 23 | 24 | 25 | 26 | 27 | 28 | 29 | 30 |
|---|---|---|---|---|---|---|---|---|---|---|---|---|---|---|---|---|---|---|---|---|---|---|---|---|---|---|---|---|---|---|
| 양력 | 3/6 | 7 | 8 | 9 | 10 | 11 | 12 | 13 | 14 | 15 | 16 | 17 | 18 | 19 | 20 | 21 | 22 | 23 | 24 | 25 | 26 | 27 | 28 | 29 | 30 | 31 | 4/1 | 2 | 3 | 4 |
| 일주 | 계해 | 갑자 | 을축 | 병인 | 정묘 | 무진 | 기사 | 경오 | 신미 | 임신 | 계유 | 갑술 | 을해 | 병자 | 정축 | 무인 | 기묘 | 경진 | 신사 | 임오 | 계미 | 갑신 | 을유 | 병술 | 정해 | 무자 | 기축 | 경인 | 신묘 | 임진 |

### ■ 3월

| 음력 | 3/1 | 2 | 3 | 4 | 5 | 6 | 7 | 8 | 9 | 10 | 11 | 12 | 13 | 14 | 15 | 16 | 17 | 18 | 19 | 20 | 21 | 22 | 23 | 24 | 25 | 26 | 27 | 28 | 29 |
|---|---|---|---|---|---|---|---|---|---|---|---|---|---|---|---|---|---|---|---|---|---|---|---|---|---|---|---|---|---|
| 양력 | 4/5 | 6 | 7 | 8 | 9 | 10 | 11 | 12 | 13 | 14 | 15 | 16 | 17 | 18 | 19 | 20 | 21 | 22 | 23 | 24 | 25 | 26 | 27 | 28 | 29 | 30 | 5/1 | 2 | 3 |
| 일주 | 계사 | 갑오 | 을미 | 병신 | 정유 | 무술 | 기해 | 경자 | 신축 | 임인 | 계묘 | 갑진 | 을사 | 병오 | 정미 | 무신 | 기유 | 경술 | 신해 | 임자 | 계축 | 갑인 | 을묘 | 병진 | 정사 | 무오 | 기미 | 경신 | 신유 |

### ■ 4월

| 음력 | 4/1 | 2 | 3 | 4 | 5 | 6 | 7 | 8 | 9 | 10 | 11 | 12 | 13 | 14 | 15 | 16 | 17 | 18 | 19 | 20 | 21 | 22 | 23 | 24 | 25 | 26 | 27 | 28 | 29 |
|---|---|---|---|---|---|---|---|---|---|---|---|---|---|---|---|---|---|---|---|---|---|---|---|---|---|---|---|---|---|
| 양력 | 5/4 | 5 | 6 | 7 | 8 | 9 | 10 | 11 | 12 | 13 | 14 | 15 | 16 | 17 | 18 | 19 | 20 | 21 | 22 | 23 | 24 | 25 | 26 | 27 | 28 | 29 | 30 | 31 | 6/1 |
| 일주 | 임술 | 계해 | 갑자 | 을축 | 병인 | 정묘 | 무진 | 기사 | 경오 | 신미 | 임신 | 계유 | 갑술 | 을해 | 병자 | 정축 | 무인 | 기묘 | 경진 | 신사 | 임오 | 계미 | 갑신 | 을유 | 병술 | 정해 | 무자 | 기축 | 경인 |

### ■ 5월

| 음력 | 5/1 | 2 | 3 | 4 | 5 | 6 | 7 | 8 | 9 | 10 | 11 | 12 | 13 | 14 | 15 | 16 | 17 | 18 | 19 | 20 | 21 | 22 | 23 | 24 | 25 | 26 | 27 | 28 | 29 | 30 |
|---|---|---|---|---|---|---|---|---|---|---|---|---|---|---|---|---|---|---|---|---|---|---|---|---|---|---|---|---|---|---|
| 양력 | 6/2 | 3 | 4 | 5 | 6 | 7 | 8 | 9 | 10 | 11 | 12 | 13 | 14 | 15 | 16 | 17 | 18 | 19 | 20 | 21 | 22 | 23 | 24 | 25 | 26 | 27 | 28 | 29 | 30 | 7/1 |
| 일주 | 신묘 | 임진 | 계사 | 갑오 | 을미 | 병신 | 정유 | 무술 | 기해 | 경자 | 신축 | 임인 | 계묘 | 갑진 | 을사 | 병오 | 정미 | 무신 | 기유 | 경술 | 신해 | 임자 | 계축 | 갑인 | 을묘 | 병진 | 정사 | 무오 | 기미 | 경신 |

### ■ 6월

| 음력 | 6/1 | 2 | 3 | 4 | 5 | 6 | 7 | 8 | 9 | 10 | 11 | 12 | 13 | 14 | 15 | 16 | 17 | 18 | 19 | 20 | 21 | 22 | 23 | 24 | 25 | 26 | 27 | 28 | 29 |
|---|---|---|---|---|---|---|---|---|---|---|---|---|---|---|---|---|---|---|---|---|---|---|---|---|---|---|---|---|---|
| 양력 | 7/2 | 3 | 4 | 5 | 6 | 7 | 8 | 9 | 10 | 11 | 12 | 13 | 14 | 15 | 16 | 17 | 18 | 19 | 20 | 21 | 22 | 23 | 24 | 25 | 26 | 27 | 28 | 29 | 30 |
| 일주 | 신유 | 임술 | 계해 | 갑자 | 을축 | 병인 | 정묘 | 무진 | 기사 | 경오 | 신미 | 임신 | 계유 | 갑술 | 을해 | 병자 | 정축 | 무인 | 기묘 | 경진 | 신사 | 임오 | 계미 | 갑신 | 을유 | 병술 | 정해 | 무자 | 기축 |

### ■ 7월

| 음력 | 7/1 | 2 | 3 | 4 | 5 | 6 | 7 | 8 | 9 | 10 | 11 | 12 | 13 | 14 | 15 | 16 | 17 | 18 | 19 | 20 | 21 | 22 | 23 | 24 | 25 | 26 | 27 | 28 | 29 |
|---|---|---|---|---|---|---|---|---|---|---|---|---|---|---|---|---|---|---|---|---|---|---|---|---|---|---|---|---|---|
| 양력 | 7/31 | 8/1 | 2 | 3 | 4 | 5 | 6 | 7 | 8 | 9 | 10 | 11 | 12 | 13 | 14 | 15 | 16 | 17 | 18 | 19 | 20 | 21 | 22 | 23 | 24 | 25 | 26 | 27 | 28 |
| 일주 | 경인 | 신묘 | 임진 | 계사 | 갑오 | 을미 | 병신 | 정유 | 무술 | 기해 | 경자 | 신축 | 임인 | 계묘 | 갑진 | 을사 | 병오 | 정미 | 무신 | 기유 | 경술 | 신해 | 임자 | 계축 | 갑인 | 을묘 | 병진 | 정사 | 무오 |

### ■ 8월

| 음력 | 8/1 | 2 | 3 | 4 | 5 | 6 | 7 | 8 | 9 | 10 | 11 | 12 | 13 | 14 | 15 | 16 | 17 | 18 | 19 | 20 | 21 | 22 | 23 | 24 | 25 | 26 | 27 | 28 | 29 | 30 |
|---|---|---|---|---|---|---|---|---|---|---|---|---|---|---|---|---|---|---|---|---|---|---|---|---|---|---|---|---|---|---|
| 양력 | 8/29 | 30 | 31 | 9/1 | 2 | 3 | 4 | 5 | 6 | 7 | 8 | 9 | 10 | 11 | 12 | 13 | 14 | 15 | 16 | 17 | 18 | 19 | 20 | 21 | 22 | 23 | 24 | 25 | 26 | 27 |
| 일주 | 기미 | 경신 | 신유 | 임술 | 계해 | 갑자 | 을축 | 병인 | 정묘 | 무진 | 기사 | 경오 | 신미 | 임신 | 계유 | 갑술 | 을해 | 병자 | 정축 | 무인 | 기묘 | 경진 | 신사 | 임오 | 계미 | 갑신 | 을유 | 병술 | 정해 | 무자 |

### ■ 9월

| 음력 | 9/1 | 2 | 3 | 4 | 5 | 6 | 7 | 8 | 9 | 10 | 11 | 12 | 13 | 14 | 15 | 16 | 17 | 18 | 19 | 20 | 21 | 22 | 23 | 24 | 25 | 26 | 27 | 28 | 29 |
|---|---|---|---|---|---|---|---|---|---|---|---|---|---|---|---|---|---|---|---|---|---|---|---|---|---|---|---|---|---|
| 양력 | 9/28 | 29 | 30 | 10/1 | 2 | 3 | 4 | 5 | 6 | 7 | 8 | 9 | 10 | 11 | 12 | 13 | 14 | 15 | 16 | 17 | 18 | 19 | 20 | 21 | 22 | 23 | 24 | 25 | 26 |
| 일주 | 기축 | 경인 | 신묘 | 임진 | 계사 | 갑오 | 을미 | 병신 | 정유 | 무술 | 기해 | 경자 | 신축 | 임인 | 계묘 | 갑진 | 을사 | 병오 | 정미 | 무신 | 기유 | 경술 | 신해 | 임자 | 계축 | 갑인 | 을묘 | 병진 | 정사 |

### ■ 10월

| 음력 | 10/1 | 2 | 3 | 4 | 5 | 6 | 7 | 8 | 9 | 10 | 11 | 12 | 13 | 14 | 15 | 16 | 17 | 18 | 19 | 20 | 21 | 22 | 23 | 24 | 25 | 26 | 27 | 28 | 29 | 30 |
|---|---|---|---|---|---|---|---|---|---|---|---|---|---|---|---|---|---|---|---|---|---|---|---|---|---|---|---|---|---|---|
| 양력 | 10/27 | 28 | 29 | 30 | 31 | 11/1 | 2 | 3 | 4 | 5 | 6 | 7 | 8 | 9 | 10 | 11 | 12 | 13 | 14 | 15 | 16 | 17 | 18 | 19 | 20 | 21 | 22 | 23 | 24 | 25 |
| 일주 | 무오 | 기미 | 경신 | 신유 | 임술 | 계해 | 갑자 | 을축 | 병인 | 정묘 | 무진 | 기사 | 경오 | 신미 | 임신 | 계유 | 갑술 | 을해 | 병자 | 정축 | 무인 | 기묘 | 경진 | 신사 | 임오 | 계미 | 갑신 | 을유 | 병술 | 정해 |

### ■ 11월

| 음력 | 11/1 | 2 | 3 | 4 | 5 | 6 | 7 | 8 | 9 | 10 | 11 | 12 | 13 | 14 | 15 | 16 | 17 | 18 | 19 | 20 | 21 | 22 | 23 | 24 | 25 | 26 | 27 | 28 | 29 | 30 |
|---|---|---|---|---|---|---|---|---|---|---|---|---|---|---|---|---|---|---|---|---|---|---|---|---|---|---|---|---|---|---|
| 양력 | 11/26 | 27 | 28 | 29 | 30 | 12/1 | 2 | 3 | 4 | 5 | 6 | 7 | 8 | 9 | 10 | 11 | 12 | 13 | 14 | 15 | 16 | 17 | 18 | 19 | 20 | 21 | 22 | 23 | 24 | 25 |
| 일주 | 무자 | 기축 | 경인 | 신묘 | 임진 | 계사 | 갑오 | 을미 | 병신 | 정유 | 무술 | 기해 | 경자 | 신축 | 임인 | 계묘 | 갑진 | 을사 | 병오 | 정미 | 무신 | 기유 | 경술 | 신해 | 임자 | 계축 | 갑인 | 을묘 | 병진 | 정사 |

### ■ 12월

| 음력 | 12/1 | 2 | 3 | 4 | 5 | 6 | 7 | 8 | 9 | 10 | 11 | 12 | 13 | 14 | 15 | 16 | 17 | 18 | 19 | 20 | 21 | 22 | 23 | 24 | 25 | 26 | 27 | 28 | 29 |
|---|---|---|---|---|---|---|---|---|---|---|---|---|---|---|---|---|---|---|---|---|---|---|---|---|---|---|---|---|---|
| 양력 | 12/26 | 27 | 28 | 29 | 30 | 31 | 1/1 | 2 | 3 | 4 | 5 | 6 | 7 | 8 | 9 | 10 | 11 | 12 | 13 | 14 | 15 | 16 | 17 | 18 | 19 | 20 | 21 | 22 | 23 |
| 일주 | 무오 | 기미 | 경신 | 신유 | 임술 | 계해 | 갑자 | 을축 | 병인 | 정묘 | 무진 | 기사 | 경오 | 신미 | 임신 | 계유 | 갑술 | 을해 | 병자 | 정축 | 무인 | 기묘 | 경진 | 신사 | 임오 | 계미 | 갑신 | 을유 | 병술 |

## 1월

| 음력 | 1/1 | 2 | 3 | 4 | 5 | 6 | 7 | 8 | 9 | 10 | 11 | 12 | 13 | 14 | 15 | 16 | 17 | 18 | 19 | 20 | 21 | 22 | 23 | 24 | 25 | 26 | 27 | 28 | 29 | 30 |
|---|---|---|---|---|---|---|---|---|---|---|---|---|---|---|---|---|---|---|---|---|---|---|---|---|---|---|---|---|---|---|
| 양력 | 1/24 | 25 | 26 | 27 | 28 | 29 | 30 | 31 | 2/1 | 2 | 3 | 4 | 5 | 6 | 7 | 8 | 9 | 10 | 11 | 12 | 13 | 14 | 15 | 16 | 17 | 18 | 19 | 20 | 21 | 22 |
| 일주 | 정해 | 무자 | 기축 | 경인 | 신묘 | 임진 | 계사 | 갑오 | 을미 | 병신 | 정유 | 무술 | 기해 | 경자 | 신축 | 임인 | 계묘 | 갑진 | 을사 | 병오 | 정미 | 무신 | 기유 | 경술 | 신해 | 임자 | 계축 | 갑인 | 을묘 | 병진 |

## 2월

| 음력 | 2/1 | 2 | 3 | 4 | 5 | 6 | 7 | 8 | 9 | 10 | 11 | 12 | 13 | 14 | 15 | 16 | 17 | 18 | 19 | 20 | 21 | 22 | 23 | 24 | 25 | 26 | 27 | 28 | 29 | 30 |
|---|---|---|---|---|---|---|---|---|---|---|---|---|---|---|---|---|---|---|---|---|---|---|---|---|---|---|---|---|---|---|
| 양력 | 2/23 | 24 | 25 | 26 | 27 | 28 | 3/1 | 2 | 3 | 4 | 5 | 6 | 7 | 8 | 9 | 10 | 11 | 12 | 13 | 14 | 15 | 16 | 17 | 18 | 19 | 20 | 21 | 22 | 23 | 24 |
| 일주 | 정사 | 무오 | 기미 | 경신 | 신유 | 임술 | 계해 | 갑자 | 을축 | 병인 | 정묘 | 무진 | 기사 | 경오 | 신미 | 임신 | 계유 | 갑술 | 을해 | 병자 | 정축 | 무인 | 기묘 | 경진 | 신사 | 임오 | 계미 | 갑신 | 을유 | 병술 |

## 3월

| 음력 | 3/1 | 2 | 3 | 4 | 5 | 6 | 7 | 8 | 9 | 10 | 11 | 12 | 13 | 14 | 15 | 16 | 17 | 18 | 19 | 20 | 21 | 22 | 23 | 24 | 25 | 26 | 27 | 28 | 29 | 30 |
|---|---|---|---|---|---|---|---|---|---|---|---|---|---|---|---|---|---|---|---|---|---|---|---|---|---|---|---|---|---|---|
| 양력 | 3/25 | 26 | 27 | 28 | 29 | 30 | 31 | 4/1 | 2 | 3 | 4 | 5 | 6 | 7 | 8 | 9 | 10 | 11 | 12 | 13 | 14 | 15 | 16 | 17 | 18 | 19 | 20 | 21 | 22 | 23 |
| 일주 | 정해 | 무자 | 기축 | 경인 | 신묘 | 임진 | 계사 | 갑오 | 을미 | 병신 | 정유 | 무술 | 기해 | 경자 | 신축 | 임인 | 계묘 | 갑진 | 을사 | 병오 | 정미 | 무신 | 기유 | 경술 | 신해 | 임자 | 계축 | 갑인 | 을묘 | 병진 |

## 4월

| 음력 | 4/1 | 2 | 3 | 4 | 5 | 6 | 7 | 8 | 9 | 10 | 11 | 12 | 13 | 14 | 15 | 16 | 17 | 18 | 19 | 20 | 21 | 22 | 23 | 24 | 25 | 26 | 27 | 28 | 29 |
|---|---|---|---|---|---|---|---|---|---|---|---|---|---|---|---|---|---|---|---|---|---|---|---|---|---|---|---|---|---|
| 양력 | 4/24 | 25 | 26 | 27 | 28 | 29 | 30 | 5/1 | 2 | 3 | 4 | 5 | 6 | 7 | 8 | 9 | 10 | 11 | 12 | 13 | 14 | 15 | 16 | 17 | 18 | 19 | 20 | 21 | 22 |
| 일주 | 정사 | 무오 | 기미 | 경신 | 신유 | 임술 | 계해 | 갑자 | 을축 | 병인 | 정묘 | 무진 | 기사 | 경오 | 신미 | 임신 | 계유 | 갑술 | 을해 | 병자 | 정축 | 무인 | 기묘 | 경진 | 신사 | 임오 | 계미 | 갑신 | 을유 |

## 4월 윤달

| 음력 | 4/1 | 2 | 3 | 4 | 5 | 6 | 7 | 8 | 9 | 10 | 11 | 12 | 13 | 14 | 15 | 16 | 17 | 18 | 19 | 20 | 21 | 22 | 23 | 24 | 25 | 26 | 27 | 28 | 29 |
|---|---|---|---|---|---|---|---|---|---|---|---|---|---|---|---|---|---|---|---|---|---|---|---|---|---|---|---|---|---|
| 양력 | 5/23 | 24 | 25 | 26 | 27 | 28 | 29 | 30 | 31 | 6/1 | 2 | 3 | 4 | 5 | 6 | 7 | 8 | 9 | 10 | 11 | 12 | 13 | 14 | 15 | 16 | 17 | 18 | 19 | 20 |
| 일주 | 병술 | 정해 | 무자 | 기축 | 경인 | 신묘 | 임진 | 계사 | 갑오 | 을미 | 병신 | 정유 | 무술 | 기해 | 경자 | 신축 | 임인 | 계묘 | 갑진 | 을사 | 병오 | 정미 | 무신 | 기유 | 경술 | 신해 | 임자 | 계축 | 갑인 |

## 5월

| 음력 | 5/1 | 2 | 3 | 4 | 5 | 6 | 7 | 8 | 9 | 10 | 11 | 12 | 13 | 14 | 15 | 16 | 17 | 18 | 19 | 20 | 21 | 22 | 23 | 24 | 25 | 26 | 27 | 28 | 29 | 30 |
|---|---|---|---|---|---|---|---|---|---|---|---|---|---|---|---|---|---|---|---|---|---|---|---|---|---|---|---|---|---|---|
| 양력 | 6/21 | 22 | 23 | 24 | 25 | 26 | 27 | 28 | 29 | 30 | 7/1 | 2 | 3 | 4 | 5 | 6 | 7 | 8 | 9 | 10 | 11 | 12 | 13 | 14 | 15 | 16 | 17 | 18 | 19 | 20 |
| 일주 | 을묘 | 병진 | 정사 | 무오 | 기미 | 경신 | 신유 | 임술 | 계해 | 갑자 | 을축 | 병인 | 정묘 | 무진 | 기사 | 경오 | 신미 | 임신 | 계유 | 갑술 | 을해 | 병자 | 정축 | 무인 | 기묘 | 경진 | 신사 | 임오 | 계미 | 갑신 |

## 6월

| 음력 | 6/1 | 2 | 3 | 4 | 5 | 6 | 7 | 8 | 9 | 10 | 11 | 12 | 13 | 14 | 15 | 16 | 17 | 18 | 19 | 20 | 21 | 22 | 23 | 24 | 25 | 26 | 27 | 28 | 29 |
|---|---|---|---|---|---|---|---|---|---|---|---|---|---|---|---|---|---|---|---|---|---|---|---|---|---|---|---|---|---|
| 양력 | 7/21 | 22 | 23 | 24 | 25 | 26 | 27 | 28 | 29 | 30 | 31 | 8/1 | 2 | 3 | 4 | 5 | 6 | 7 | 8 | 9 | 10 | 11 | 12 | 13 | 14 | 15 | 16 | 17 | 18 |
| 일주 | 을유 | 병술 | 정해 | 무자 | 기축 | 경인 | 신묘 | 임진 | 계사 | 갑오 | 을미 | 병신 | 정유 | 무술 | 기해 | 경자 | 신축 | 임인 | 계묘 | 갑진 | 을사 | 병오 | 정미 | 무신 | 기유 | 경술 | 신해 | 임자 | 계축 |

## 7월

| 음력 | 7/1 | 2 | 3 | 4 | 5 | 6 | 7 | 8 | 9 | 10 | 11 | 12 | 13 | 14 | 15 | 16 | 17 | 18 | 19 | 20 | 21 | 22 | 23 | 24 | 25 | 26 | 27 | 28 | 29 |
|---|---|---|---|---|---|---|---|---|---|---|---|---|---|---|---|---|---|---|---|---|---|---|---|---|---|---|---|---|---|
| 양력 | 8/19 | 20 | 21 | 22 | 23 | 24 | 25 | 26 | 27 | 28 | 29 | 30 | 31 | 9/1 | 2 | 3 | 4 | 5 | 6 | 7 | 8 | 9 | 10 | 11 | 12 | 13 | 14 | 15 | 16 |
| 일주 | 갑인 | 을묘 | 병진 | 정사 | 무오 | 기미 | 경신 | 신유 | 임술 | 계해 | 갑자 | 을축 | 병인 | 정묘 | 무진 | 기사 | 경오 | 신미 | 임신 | 계유 | 갑술 | 을해 | 병자 | 정축 | 무인 | 기묘 | 경진 | 신사 | 임오 |

## 8월

| 음력 | 8/1 | 2 | 3 | 4 | 5 | 6 | 7 | 8 | 9 | 10 | 11 | 12 | 13 | 14 | 15 | 16 | 17 | 18 | 19 | 20 | 21 | 22 | 23 | 24 | 25 | 26 | 27 | 28 | 29 | 30 |
|---|---|---|---|---|---|---|---|---|---|---|---|---|---|---|---|---|---|---|---|---|---|---|---|---|---|---|---|---|---|---|
| 양력 | 9/17 | 18 | 19 | 20 | 21 | 22 | 23 | 24 | 25 | 26 | 27 | 28 | 29 | 30 | 10/1 | 2 | 3 | 4 | 5 | 6 | 7 | 8 | 9 | 10 | 11 | 12 | 13 | 14 | 15 | 16 |
| 일주 | 계미 | 갑신 | 을유 | 병술 | 정해 | 무자 | 기축 | 경인 | 신묘 | 임진 | 계사 | 갑오 | 을미 | 병신 | 정유 | 무술 | 기해 | 경자 | 신축 | 임인 | 계묘 | 갑진 | 을사 | 병오 | 정미 | 무신 | 기유 | 경술 | 신해 | 임자 |

## 9월

| 음력 | 9/1 | 2 | 3 | 4 | 5 | 6 | 7 | 8 | 9 | 10 | 11 | 12 | 13 | 14 | 15 | 16 | 17 | 18 | 19 | 20 | 21 | 22 | 23 | 24 | 25 | 26 | 27 | 28 | 29 |
|---|---|---|---|---|---|---|---|---|---|---|---|---|---|---|---|---|---|---|---|---|---|---|---|---|---|---|---|---|---|
| 양력 | 10/17 | 18 | 19 | 20 | 21 | 22 | 23 | 24 | 25 | 26 | 27 | 28 | 29 | 30 | 31 | 11/1 | 2 | 3 | 4 | 5 | 6 | 7 | 8 | 9 | 10 | 11 | 12 | 13 | 14 |
| 일주 | 계축 | 갑인 | 을묘 | 병진 | 정사 | 무오 | 기미 | 경신 | 신유 | 임술 | 계해 | 갑자 | 을축 | 병인 | 정묘 | 무진 | 기사 | 경오 | 신미 | 임신 | 계유 | 갑술 | 을해 | 병자 | 정축 | 무인 | 기묘 | 경진 | 신사 |

## 10월

| 음력 | 10/1 | 2 | 3 | 4 | 5 | 6 | 7 | 8 | 9 | 10 | 11 | 12 | 13 | 14 | 15 | 16 | 17 | 18 | 19 | 20 | 21 | 22 | 23 | 24 | 25 | 26 | 27 | 28 | 29 | 30 |
|---|---|---|---|---|---|---|---|---|---|---|---|---|---|---|---|---|---|---|---|---|---|---|---|---|---|---|---|---|---|---|
| 양력 | 11/15 | 16 | 17 | 18 | 19 | 20 | 21 | 22 | 23 | 24 | 25 | 26 | 27 | 28 | 29 | 30 | 12/1 | 2 | 3 | 4 | 5 | 6 | 7 | 8 | 9 | 10 | 11 | 12 | 13 | 14 |
| 일주 | 임오 | 계미 | 갑신 | 을유 | 병술 | 정해 | 무자 | 기축 | 경인 | 신묘 | 임진 | 계사 | 갑오 | 을미 | 병신 | 정유 | 무술 | 기해 | 경자 | 신축 | 임인 | 계묘 | 갑진 | 을사 | 병오 | 정미 | 무신 | 기유 | 경술 | 신해 |

## 11월

| 음력 | 11/1 | 2 | 3 | 4 | 5 | 6 | 7 | 8 | 9 | 10 | 11 | 12 | 13 | 14 | 15 | 16 | 17 | 18 | 19 | 20 | 21 | 22 | 23 | 24 | 25 | 26 | 27 | 28 | 29 |
|---|---|---|---|---|---|---|---|---|---|---|---|---|---|---|---|---|---|---|---|---|---|---|---|---|---|---|---|---|---|
| 양력 | 12/15 | 16 | 17 | 18 | 19 | 20 | 21 | 22 | 23 | 24 | 25 | 26 | 27 | 28 | 29 | 30 | 31 | 1/1 | 2 | 3 | 4 | 5 | 6 | 7 | 8 | 9 | 10 | 11 | 12 |
| 일주 | 임자 | 계축 | 갑인 | 을묘 | 병진 | 정사 | 무오 | 기미 | 경신 | 신유 | 임술 | 계해 | 갑자 | 을축 | 병인 | 정묘 | 무진 | 기사 | 경오 | 신미 | 임신 | 계유 | 갑술 | 을해 | 병자 | 정축 | 무인 | 기묘 | 경진 |

## 12월

| 음력 | 12/1 | 2 | 3 | 4 | 5 | 6 | 7 | 8 | 9 | 10 | 11 | 12 | 13 | 14 | 15 | 16 | 17 | 18 | 19 | 20 | 21 | 22 | 23 | 24 | 25 | 26 | 27 | 28 | 29 | 30 |
|---|---|---|---|---|---|---|---|---|---|---|---|---|---|---|---|---|---|---|---|---|---|---|---|---|---|---|---|---|---|---|
| 양력 | 1/13 | 14 | 15 | 16 | 17 | 18 | 19 | 20 | 21 | 22 | 23 | 24 | 25 | 26 | 27 | 28 | 29 | 30 | 31 | 2/1 | 2 | 3 | 4 | 5 | 6 | 7 | 8 | 9 | 10 | 11 |
| 일주 | 신사 | 임오 | 계미 | 갑신 | 을유 | 병술 | 정해 | 무자 | 기축 | 경인 | 신묘 | 임진 | 계사 | 갑오 | 을미 | 병신 | 정유 | 무술 | 기해 | 경자 | 신축 | 임인 | 계묘 | 갑진 | 을사 | 병오 | 정미 | 무신 | 기유 | 경술 |

## 2002년

### ■ 1월

| 음력 | 1/1 | 2 | 3 | 4 | 5 | 6 | 7 | 8 | 9 | 10 | 11 | 12 | 13 | 14 | 15 | 16 | 17 | 18 | 19 | 20 | 21 | 22 | 23 | 24 | 25 | 26 | 27 | 28 | 29 | 30 |
|---|---|---|---|---|---|---|---|---|---|---|---|---|---|---|---|---|---|---|---|---|---|---|---|---|---|---|---|---|---|---|
| 양력 | 2/12 | 13 | 14 | 15 | 16 | 17 | 18 | 19 | 20 | 21 | 22 | 23 | 24 | 25 | 26 | 27 | 28 | 3/1 | 2 | 3 | 4 | 5 | 6 | 7 | 8 | 9 | 10 | 11 | 12 | 13 |
| 일주 | 신해 | 임자 | 계축 | 갑인 | 을묘 | 병진 | 정사 | 무오 | 기미 | 경신 | 신유 | 임술 | 계해 | 갑자 | 을축 | 병인 | 정묘 | 무진 | 기사 | 경오 | 신미 | 임신 | 계유 | 갑술 | 을해 | 병자 | 정축 | 무인 | 기묘 | 경진 |

### ■ 2월

| 음력 | 2/1 | 2 | 3 | 4 | 5 | 6 | 7 | 8 | 9 | 10 | 11 | 12 | 13 | 14 | 15 | 16 | 17 | 18 | 19 | 20 | 21 | 22 | 23 | 24 | 25 | 26 | 27 | 28 | 29 | 30 |
|---|---|---|---|---|---|---|---|---|---|---|---|---|---|---|---|---|---|---|---|---|---|---|---|---|---|---|---|---|---|---|
| 양력 | 3/14 | 15 | 16 | 17 | 18 | 19 | 20 | 21 | 22 | 23 | 24 | 25 | 26 | 27 | 28 | 29 | 30 | 31 | 4/1 | 2 | 3 | 4 | 5 | 6 | 7 | 8 | 9 | 10 | 11 | 12 |
| 일주 | 신사 | 임오 | 계미 | 갑신 | 을유 | 병술 | 정해 | 무자 | 기축 | 경인 | 신묘 | 임진 | 계사 | 갑오 | 을미 | 병신 | 정유 | 무술 | 기해 | 경자 | 신축 | 임인 | 계묘 | 갑진 | 을사 | 병오 | 정미 | 무신 | 기유 | 경술 |

### ■ 3월

| 음력 | 3/1 | 2 | 3 | 4 | 5 | 6 | 7 | 8 | 9 | 10 | 11 | 12 | 13 | 14 | 15 | 16 | 17 | 18 | 19 | 20 | 21 | 22 | 23 | 24 | 25 | 26 | 27 | 28 | 29 |
|---|---|---|---|---|---|---|---|---|---|---|---|---|---|---|---|---|---|---|---|---|---|---|---|---|---|---|---|---|---|
| 양력 | 4/13 | 14 | 15 | 16 | 17 | 18 | 19 | 20 | 21 | 22 | 23 | 24 | 25 | 26 | 27 | 28 | 29 | 30 | 5/1 | 2 | 3 | 4 | 5 | 6 | 7 | 8 | 9 | 10 | 11 |
| 일주 | 신해 | 임자 | 계축 | 갑인 | 을묘 | 병진 | 정사 | 무오 | 기미 | 경신 | 신유 | 임술 | 계해 | 갑자 | 을축 | 병인 | 정묘 | 무진 | 기사 | 경오 | 신미 | 임신 | 계유 | 갑술 | 을해 | 병자 | 정축 | 무인 | 기묘 |

### ■ 4월

| 음력 | 4/1 | 2 | 3 | 4 | 5 | 6 | 7 | 8 | 9 | 10 | 11 | 12 | 13 | 14 | 15 | 16 | 17 | 18 | 19 | 20 | 21 | 22 | 23 | 24 | 25 | 26 | 27 | 28 | 29 | 30 |
|---|---|---|---|---|---|---|---|---|---|---|---|---|---|---|---|---|---|---|---|---|---|---|---|---|---|---|---|---|---|---|
| 양력 | 5/12 | 13 | 14 | 15 | 16 | 17 | 18 | 19 | 20 | 21 | 22 | 23 | 24 | 25 | 26 | 27 | 28 | 29 | 30 | 31 | 6/1 | 2 | 3 | 4 | 5 | 6 | 7 | 8 | 9 | 10 |
| 일주 | 경진 | 신사 | 임오 | 계미 | 갑신 | 을유 | 병술 | 정해 | 무자 | 기축 | 경인 | 신묘 | 임진 | 계사 | 갑오 | 을미 | 병신 | 정유 | 무술 | 기해 | 경자 | 신축 | 임인 | 계묘 | 갑진 | 을사 | 병오 | 정미 | 무신 | 기유 |

### ■ 5월

| 음력 | 5/1 | 2 | 3 | 4 | 5 | 6 | 7 | 8 | 9 | 10 | 11 | 12 | 13 | 14 | 15 | 16 | 17 | 18 | 19 | 20 | 21 | 22 | 23 | 24 | 25 | 26 | 27 | 28 | 29 |
|---|---|---|---|---|---|---|---|---|---|---|---|---|---|---|---|---|---|---|---|---|---|---|---|---|---|---|---|---|---|
| 양력 | 6/11 | 12 | 13 | 14 | 15 | 16 | 17 | 18 | 19 | 20 | 21 | 22 | 23 | 24 | 25 | 26 | 27 | 28 | 29 | 30 | 7/1 | 2 | 3 | 4 | 5 | 6 | 7 | 8 | 9 |
| 일주 | 경술 | 신해 | 임자 | 계축 | 갑인 | 을묘 | 병진 | 정사 | 무오 | 기미 | 경신 | 신유 | 임술 | 계해 | 갑자 | 을축 | 병인 | 정묘 | 무진 | 기사 | 경오 | 신미 | 임신 | 계유 | 갑술 | 을해 | 병자 | 정축 | 무인 |

### ■ 6월

| 음력 | 6/1 | 2 | 3 | 4 | 5 | 6 | 7 | 8 | 9 | 10 | 11 | 12 | 13 | 14 | 15 | 16 | 17 | 18 | 19 | 20 | 21 | 22 | 23 | 24 | 25 | 26 | 27 | 28 | 29 | 30 |
|---|---|---|---|---|---|---|---|---|---|---|---|---|---|---|---|---|---|---|---|---|---|---|---|---|---|---|---|---|---|---|
| 양력 | 7/10 | 11 | 12 | 13 | 14 | 15 | 16 | 17 | 18 | 19 | 20 | 21 | 22 | 23 | 24 | 25 | 26 | 27 | 28 | 29 | 30 | 31 | 8/1 | 2 | 3 | 4 | 5 | 6 | 7 | 8 |
| 일주 | 기묘 | 경진 | 신사 | 임오 | 계미 | 갑신 | 을유 | 병술 | 정해 | 무자 | 기축 | 경인 | 신묘 | 임진 | 계사 | 갑오 | 을미 | 병신 | 정유 | 무술 | 기해 | 경자 | 신축 | 임인 | 계묘 | 갑진 | 을사 | 병오 | 정미 | 무신 |

## ■ 7월

| 음력 | 7/1 | 2 | 3 | 4 | 5 | 6 | 7 | 8 | 9 | 10 | 11 | 12 | 13 | 14 | 15 | 16 | 17 | 18 | 19 | 20 | 21 | 22 | 23 | 24 | 25 | 26 | 27 | 28 | 29 |
|---|---|---|---|---|---|---|---|---|---|---|---|---|---|---|---|---|---|---|---|---|---|---|---|---|---|---|---|---|---|
| 양력 | 8/9 | 10 | 11 | 12 | 13 | 14 | 15 | 16 | 17 | 18 | 19 | 20 | 21 | 22 | 23 | 24 | 25 | 26 | 27 | 28 | 29 | 30 | 31 | 9/1 | 2 | 3 | 4 | 5 | 6 |
| 일주 | 기유 | 경술 | 신해 | 임자 | 계축 | 갑인 | 을묘 | 병진 | 정사 | 무오 | 기미 | 경신 | 신유 | 임술 | 계해 | 갑자 | 을축 | 병인 | 정묘 | 무진 | 기사 | 경오 | 신미 | 임신 | 계유 | 갑술 | 을해 | 병자 | 정축 |

## ■ 8월

| 음력 | 8/1 | 2 | 3 | 4 | 5 | 6 | 7 | 8 | 9 | 10 | 11 | 12 | 13 | 14 | 15 | 16 | 17 | 18 | 19 | 20 | 21 | 22 | 23 | 24 | 25 | 26 | 27 | 28 | 29 |
|---|---|---|---|---|---|---|---|---|---|---|---|---|---|---|---|---|---|---|---|---|---|---|---|---|---|---|---|---|---|
| 양력 | 9/7 | 8 | 9 | 10 | 11 | 12 | 13 | 14 | 15 | 16 | 17 | 18 | 19 | 20 | 21 | 22 | 23 | 24 | 25 | 26 | 27 | 28 | 29 | 30 | 10/1 | 2 | 3 | 4 | 5 |
| 일주 | 무인 | 기묘 | 경진 | 신사 | 임오 | 계미 | 갑신 | 을유 | 병술 | 정해 | 무자 | 기축 | 경인 | 신묘 | 임진 | 계사 | 갑오 | 을미 | 병신 | 정유 | 무술 | 기해 | 경자 | 신축 | 임인 | 계묘 | 갑진 | 을사 | 병오 |

## ■ 9월

| 음력 | 9/1 | 2 | 3 | 4 | 5 | 6 | 7 | 8 | 9 | 10 | 11 | 12 | 13 | 14 | 15 | 16 | 17 | 18 | 19 | 20 | 21 | 22 | 23 | 24 | 25 | 26 | 27 | 28 | 29 | 30 |
|---|---|---|---|---|---|---|---|---|---|---|---|---|---|---|---|---|---|---|---|---|---|---|---|---|---|---|---|---|---|---|
| 양력 | 10/6 | 7 | 8 | 9 | 10 | 11 | 12 | 13 | 14 | 15 | 16 | 17 | 18 | 19 | 20 | 21 | 22 | 23 | 24 | 25 | 26 | 27 | 28 | 29 | 30 | 31 | 11/1 | 2 | 3 | 4 |
| 일주 | 정미 | 무신 | 기유 | 경술 | 신해 | 임자 | 계축 | 갑인 | 을묘 | 병진 | 정사 | 무오 | 기미 | 경신 | 신유 | 임술 | 계해 | 갑자 | 을축 | 병인 | 정묘 | 무진 | 기사 | 경오 | 신미 | 임신 | 계유 | 갑술 | 을해 | 병자 |

## ■ 10월

| 음력 | 10/1 | 2 | 3 | 4 | 5 | 6 | 7 | 8 | 9 | 10 | 11 | 12 | 13 | 14 | 15 | 16 | 17 | 18 | 19 | 20 | 21 | 22 | 23 | 24 | 25 | 26 | 27 | 28 | 29 |
|---|---|---|---|---|---|---|---|---|---|---|---|---|---|---|---|---|---|---|---|---|---|---|---|---|---|---|---|---|---|
| 양력 | 11/5 | 6 | 7 | 8 | 9 | 10 | 11 | 12 | 13 | 14 | 15 | 16 | 17 | 18 | 19 | 20 | 21 | 22 | 23 | 24 | 25 | 26 | 27 | 28 | 29 | 30 | 12/1 | 2 | 3 |
| 일주 | 정축 | 무인 | 기묘 | 경진 | 신사 | 임오 | 계미 | 갑신 | 을유 | 병술 | 정해 | 무자 | 기축 | 경인 | 신묘 | 임진 | 계사 | 갑오 | 을미 | 병신 | 정유 | 무술 | 기해 | 경자 | 신축 | 임인 | 계묘 | 갑진 | 을사 |

## ■ 11월

| 음력 | 11/1 | 2 | 3 | 4 | 5 | 6 | 7 | 8 | 9 | 10 | 11 | 12 | 13 | 14 | 15 | 16 | 17 | 18 | 19 | 20 | 21 | 22 | 23 | 24 | 25 | 26 | 27 | 28 | 29 | 30 |
|---|---|---|---|---|---|---|---|---|---|---|---|---|---|---|---|---|---|---|---|---|---|---|---|---|---|---|---|---|---|---|
| 양력 | 12/4 | 5 | 6 | 7 | 8 | 9 | 10 | 11 | 12 | 13 | 14 | 15 | 16 | 17 | 18 | 19 | 20 | 21 | 22 | 23 | 24 | 25 | 26 | 27 | 28 | 29 | 30 | 31 | 1/1 | 2 |
| 일주 | 병오 | 정미 | 무신 | 기유 | 경술 | 신해 | 임자 | 계축 | 갑인 | 을묘 | 병진 | 정사 | 무오 | 기미 | 경신 | 신유 | 임술 | 계해 | 갑자 | 을축 | 병인 | 정묘 | 무진 | 기사 | 경오 | 신미 | 임신 | 계유 | 갑술 | 을해 |

## ■ 12월

| 음력 | 12/1 | 2 | 3 | 4 | 5 | 6 | 7 | 8 | 9 | 10 | 11 | 12 | 13 | 14 | 15 | 16 | 17 | 18 | 19 | 20 | 21 | 22 | 23 | 24 | 25 | 26 | 27 | 28 | 29 |
|---|---|---|---|---|---|---|---|---|---|---|---|---|---|---|---|---|---|---|---|---|---|---|---|---|---|---|---|---|---|
| 양력 | 1/3 | 4 | 5 | 6 | 7 | 8 | 9 | 10 | 11 | 12 | 13 | 14 | 15 | 16 | 17 | 18 | 19 | 20 | 21 | 22 | 23 | 24 | 25 | 26 | 27 | 28 | 29 | 30 | 31 |
| 일주 | 병자 | 정축 | 무인 | 기묘 | 경진 | 신사 | 임오 | 계미 | 갑신 | 을유 | 병술 | 정해 | 무자 | 기축 | 경인 | 신묘 | 임진 | 계사 | 갑오 | 을미 | 병신 | 정유 | 무술 | 기해 | 경자 | 신축 | 임인 | 계묘 | 갑진 |

# 2003년

## ■ 1월

| 음력 | 1/1 | 2 | 3 | 4 | 5 | 6 | 7 | 8 | 9 | 10 | 11 | 12 | 13 | 14 | 15 | 16 | 17 | 18 | 19 | 20 | 21 | 22 | 23 | 24 | 25 | 26 | 27 | 28 | 29 | 30 |
|---|---|---|---|---|---|---|---|---|---|---|---|---|---|---|---|---|---|---|---|---|---|---|---|---|---|---|---|---|---|---|
| 양력 | 2/1 | 2 | 3 | 4 | 5 | 6 | 7 | 8 | 9 | 10 | 11 | 12 | 13 | 14 | 15 | 16 | 17 | 18 | 19 | 20 | 21 | 22 | 23 | 24 | 25 | 26 | 27 | 28 | 3/1 | 2 |
| 일주 | 을사 | 병오 | 정미 | 무신 | 기유 | 경술 | 신해 | 임자 | 계축 | 갑인 | 을묘 | 병진 | 정사 | 무오 | 기미 | 경신 | 신유 | 임술 | 계해 | 갑자 | 을축 | 병인 | 정묘 | 무진 | 기사 | 경오 | 신미 | 임신 | 계유 | 갑술 |

## ■ 2월

| 음력 | 2/1 | 2 | 3 | 4 | 5 | 6 | 7 | 8 | 9 | 10 | 11 | 12 | 13 | 14 | 15 | 16 | 17 | 18 | 19 | 20 | 21 | 22 | 23 | 24 | 25 | 26 | 27 | 28 | 29 | 30 |
|---|---|---|---|---|---|---|---|---|---|---|---|---|---|---|---|---|---|---|---|---|---|---|---|---|---|---|---|---|---|---|
| 양력 | 3/3 | 4 | 5 | 6 | 7 | 8 | 9 | 10 | 11 | 12 | 13 | 14 | 15 | 16 | 17 | 18 | 19 | 20 | 21 | 22 | 23 | 24 | 25 | 26 | 27 | 28 | 29 | 30 | 31 | 4/1 |
| 일주 | 을해 | 병자 | 정축 | 무인 | 기묘 | 경진 | 신사 | 임오 | 계미 | 갑신 | 을유 | 병술 | 정해 | 무자 | 기축 | 경인 | 신묘 | 임진 | 계사 | 갑오 | 을미 | 병신 | 정유 | 무술 | 기해 | 경자 | 신축 | 임인 | 계묘 | 갑진 |

## ■ 3월

| 음력 | 3/1 | 2 | 3 | 4 | 5 | 6 | 7 | 8 | 9 | 10 | 11 | 12 | 13 | 14 | 15 | 16 | 17 | 18 | 19 | 20 | 21 | 22 | 23 | 24 | 25 | 26 | 27 | 28 | 29 |
|---|---|---|---|---|---|---|---|---|---|---|---|---|---|---|---|---|---|---|---|---|---|---|---|---|---|---|---|---|---|
| 양력 | 4/2 | 3 | 4 | 5 | 6 | 7 | 8 | 9 | 10 | 11 | 12 | 13 | 14 | 15 | 16 | 17 | 18 | 19 | 20 | 21 | 22 | 23 | 24 | 25 | 26 | 27 | 28 | 29 | 30 |
| 일주 | 을사 | 병오 | 정미 | 무신 | 기유 | 경술 | 신해 | 임자 | 계축 | 갑인 | 을묘 | 병진 | 정사 | 무오 | 기미 | 경신 | 신유 | 임술 | 계해 | 갑자 | 을축 | 병인 | 정묘 | 무진 | 기사 | 경오 | 신미 | 임신 | 계유 |

## ■ 4월

| 음력 | 4/1 | 2 | 3 | 4 | 5 | 6 | 7 | 8 | 9 | 10 | 11 | 12 | 13 | 14 | 15 | 16 | 17 | 18 | 19 | 20 | 21 | 22 | 23 | 24 | 25 | 26 | 27 | 28 | 29 | 30 |
|---|---|---|---|---|---|---|---|---|---|---|---|---|---|---|---|---|---|---|---|---|---|---|---|---|---|---|---|---|---|---|
| 양력 | 5/1 | 2 | 3 | 4 | 5 | 6 | 7 | 8 | 9 | 10 | 11 | 12 | 13 | 14 | 15 | 16 | 17 | 18 | 19 | 20 | 21 | 22 | 23 | 24 | 25 | 26 | 27 | 28 | 29 | 30 |
| 일주 | 갑술 | 을해 | 병자 | 정축 | 무인 | 기묘 | 경진 | 신사 | 임오 | 계미 | 갑신 | 을유 | 병술 | 정해 | 무자 | 기축 | 경인 | 신묘 | 임진 | 계사 | 갑오 | 을미 | 병신 | 정유 | 무술 | 기해 | 경자 | 신축 | 임인 | 계묘 |

## ■ 5월

| 음력 | 5/1 | 2 | 3 | 4 | 5 | 6 | 7 | 8 | 9 | 10 | 11 | 12 | 13 | 14 | 15 | 16 | 17 | 18 | 19 | 20 | 21 | 22 | 23 | 24 | 25 | 26 | 27 | 28 | 29 | 30 |
|---|---|---|---|---|---|---|---|---|---|---|---|---|---|---|---|---|---|---|---|---|---|---|---|---|---|---|---|---|---|---|
| 양력 | 5/31 | 6/1 | 2 | 3 | 4 | 5 | 6 | 7 | 8 | 9 | 10 | 11 | 12 | 13 | 14 | 15 | 16 | 17 | 18 | 19 | 20 | 21 | 22 | 23 | 24 | 25 | 26 | 27 | 28 | 29 |
| 일주 | 갑진 | 을사 | 병오 | 정미 | 무신 | 기유 | 경술 | 신해 | 임자 | 계축 | 갑인 | 을묘 | 병진 | 정사 | 무오 | 기미 | 경신 | 신유 | 임술 | 계해 | 갑자 | 을축 | 병인 | 정묘 | 무진 | 기사 | 경오 | 신미 | 임신 | 계유 |

## ■ 6월

| 음력 | 6/1 | 2 | 3 | 4 | 5 | 6 | 7 | 8 | 9 | 10 | 11 | 12 | 13 | 14 | 15 | 16 | 17 | 18 | 19 | 20 | 21 | 22 | 23 | 24 | 25 | 26 | 27 | 28 | 29 |
|---|---|---|---|---|---|---|---|---|---|---|---|---|---|---|---|---|---|---|---|---|---|---|---|---|---|---|---|---|---|
| 양력 | 6/30 | 7/1 | 2 | 3 | 4 | 5 | 6 | 7 | 8 | 9 | 10 | 11 | 12 | 13 | 14 | 15 | 16 | 17 | 18 | 19 | 20 | 21 | 22 | 23 | 24 | 25 | 26 | 27 | 28 |
| 일주 | 갑술 | 을해 | 병자 | 정축 | 무인 | 기묘 | 경진 | 신사 | 임오 | 계미 | 갑신 | 을유 | 병술 | 정해 | 무자 | 기축 | 경인 | 신묘 | 임진 | 계사 | 갑오 | 을미 | 병신 | 정유 | 무술 | 기해 | 경자 | 신축 | 임인 |

## ■ 7월

| 음력 | 7/1 | 2 | 3 | 4 | 5 | 6 | 7 | 8 | 9 | 10 | 11 | 12 | 13 | 14 | 15 | 16 | 17 | 18 | 19 | 20 | 21 | 22 | 23 | 24 | 25 | 26 | 27 | 28 | 29 | 30 |
|---|---|---|---|---|---|---|---|---|---|---|---|---|---|---|---|---|---|---|---|---|---|---|---|---|---|---|---|---|---|---|
| 양력 | 7/29 | 30 | 31 | 8/1 | 2 | 3 | 4 | 5 | 6 | 7 | 8 | 9 | 10 | 11 | 12 | 13 | 14 | 15 | 16 | 17 | 18 | 19 | 20 | 21 | 22 | 23 | 24 | 25 | 26 | 27 |
| 일주 | 계묘 | 갑진 | 을사 | 병오 | 정미 | 무신 | 기유 | 경술 | 신해 | 임자 | 계축 | 갑인 | 을묘 | 병진 | 정사 | 무오 | 기미 | 경신 | 신유 | 임술 | 계해 | 갑자 | 을축 | 병인 | 정묘 | 무진 | 기사 | 경오 | 신미 | 임신 |

## ■ 8월

| 음력 | 8/1 | 2 | 3 | 4 | 5 | 6 | 7 | 8 | 9 | 10 | 11 | 12 | 13 | 14 | 15 | 16 | 17 | 18 | 19 | 20 | 21 | 22 | 23 | 24 | 25 | 26 | 27 | 28 | 29 |
|---|---|---|---|---|---|---|---|---|---|---|---|---|---|---|---|---|---|---|---|---|---|---|---|---|---|---|---|---|---|
| 양력 | 8/28 | 29 | 30 | 31 | 9/1 | 2 | 3 | 4 | 5 | 6 | 7 | 8 | 9 | 10 | 11 | 12 | 13 | 14 | 15 | 16 | 17 | 18 | 19 | 20 | 21 | 22 | 23 | 24 | 25 |
| 일주 | 계유 | 갑술 | 을해 | 병자 | 정축 | 무인 | 기묘 | 경진 | 신사 | 임오 | 계미 | 갑신 | 을유 | 병술 | 정해 | 무자 | 기축 | 경인 | 신묘 | 임진 | 계사 | 갑오 | 을미 | 병신 | 정유 | 무술 | 기해 | 경자 | 신축 |

## ■ 9월

| 음력 | 9/1 | 2 | 3 | 4 | 5 | 6 | 7 | 8 | 9 | 10 | 11 | 12 | 13 | 14 | 15 | 16 | 17 | 18 | 19 | 20 | 21 | 22 | 23 | 24 | 25 | 26 | 27 | 28 | 29 |
|---|---|---|---|---|---|---|---|---|---|---|---|---|---|---|---|---|---|---|---|---|---|---|---|---|---|---|---|---|---|
| 양력 | 9/26 | 27 | 28 | 29 | 30 | 10/1 | 2 | 3 | 4 | 5 | 6 | 7 | 8 | 9 | 10 | 11 | 12 | 13 | 14 | 15 | 16 | 17 | 18 | 19 | 20 | 21 | 22 | 23 | 24 |
| 일주 | 임인 | 계묘 | 갑진 | 을사 | 병오 | 정미 | 무신 | 기유 | 경술 | 신해 | 임자 | 계축 | 갑인 | 을묘 | 병진 | 정사 | 무오 | 기미 | 경신 | 신유 | 임술 | 계해 | 갑자 | 을축 | 병인 | 정묘 | 무진 | 기사 | 경오 |

## ■ 10월

| 음력 | 10/1 | 2 | 3 | 4 | 5 | 6 | 7 | 8 | 9 | 10 | 11 | 12 | 13 | 14 | 15 | 16 | 17 | 18 | 19 | 20 | 21 | 22 | 23 | 24 | 25 | 26 | 27 | 28 | 29 | 30 |
|---|---|---|---|---|---|---|---|---|---|---|---|---|---|---|---|---|---|---|---|---|---|---|---|---|---|---|---|---|---|---|
| 양력 | 10/25 | 26 | 27 | 28 | 29 | 30 | 31 | 11/1 | 2 | 3 | 4 | 5 | 6 | 7 | 8 | 9 | 10 | 11 | 12 | 13 | 14 | 15 | 16 | 17 | 18 | 19 | 20 | 21 | 22 | 23 |
| 일주 | 신미 | 임신 | 계유 | 갑술 | 을해 | 병자 | 정축 | 무인 | 기묘 | 경진 | 신사 | 임오 | 계미 | 갑신 | 을유 | 병술 | 정해 | 무자 | 기축 | 경인 | 신묘 | 임진 | 계사 | 갑오 | 을미 | 병신 | 정유 | 무술 | 기해 | 경자 |

## ■ 11월

| 음력 | 11/1 | 2 | 3 | 4 | 5 | 6 | 7 | 8 | 9 | 10 | 11 | 12 | 13 | 14 | 15 | 16 | 17 | 18 | 19 | 20 | 21 | 22 | 23 | 24 | 25 | 26 | 27 | 28 | 29 |
|---|---|---|---|---|---|---|---|---|---|---|---|---|---|---|---|---|---|---|---|---|---|---|---|---|---|---|---|---|---|
| 양력 | 11/24 | 25 | 26 | 27 | 28 | 29 | 30 | 12/1 | 2 | 3 | 4 | 5 | 6 | 7 | 8 | 9 | 10 | 11 | 12 | 13 | 14 | 15 | 16 | 17 | 18 | 19 | 20 | 21 | 22 |
| 일주 | 신축 | 임인 | 계묘 | 갑진 | 을사 | 병오 | 정미 | 무신 | 기유 | 경술 | 신해 | 임자 | 계축 | 갑인 | 을묘 | 병진 | 정사 | 무오 | 기미 | 경신 | 신유 | 임술 | 계해 | 갑자 | 을축 | 병인 | 정묘 | 무진 | 기사 |

## ■ 12월

| 음력 | 12/1 | 2 | 3 | 4 | 5 | 6 | 7 | 8 | 9 | 10 | 11 | 12 | 13 | 14 | 15 | 16 | 17 | 18 | 19 | 20 | 21 | 22 | 23 | 24 | 25 | 26 | 27 | 28 | 29 | 30 |
|---|---|---|---|---|---|---|---|---|---|---|---|---|---|---|---|---|---|---|---|---|---|---|---|---|---|---|---|---|---|---|
| 양력 | 12/23 | 24 | 25 | 26 | 27 | 28 | 29 | 30 | 31 | 1/1 | 2 | 3 | 4 | 5 | 6 | 7 | 8 | 9 | 10 | 11 | 12 | 13 | 14 | 15 | 16 | 17 | 18 | 19 | 20 | 21 |
| 일주 | 경오 | 신미 | 임신 | 계유 | 갑술 | 을해 | 병자 | 정축 | 무인 | 기묘 | 경진 | 신사 | 임오 | 계미 | 갑신 | 을유 | 병술 | 정해 | 무자 | 기축 | 경인 | 신묘 | 임진 | 계사 | 갑오 | 을미 | 병신 | 정유 | 무술 | 기해 |

# 2004년

## ■ 1월

| 음력 | 1/1 | 2 | 3 | 4 | 5 | 6 | 7 | 8 | 9 | 10 | 11 | 12 | 13 | 14 | 15 | 16 | 17 | 18 | 19 | 20 | 21 | 22 | 23 | 24 | 25 | 26 | 27 | 28 | 29 |
|---|---|---|---|---|---|---|---|---|---|---|---|---|---|---|---|---|---|---|---|---|---|---|---|---|---|---|---|---|---|
| 양력 | 1/22 | 23 | 24 | 25 | 26 | 27 | 28 | 29 | 30 | 31 | 2/1 | 2 | 3 | 4 | 5 | 6 | 7 | 8 | 9 | 10 | 11 | 12 | 13 | 14 | 15 | 16 | 17 | 18 | 19 |
| 일주 | 경자 | 신축 | 임인 | 계묘 | 갑진 | 을사 | 병오 | 정미 | 무신 | 기유 | 경술 | 신해 | 임자 | 계축 | 갑인 | 을묘 | 병진 | 정사 | 무오 | 기미 | 경신 | 신유 | 임술 | 계해 | 갑자 | 을축 | 병인 | 정묘 | 무진 |

## ■ 2월

| 음력 | 2/1 | 2 | 3 | 4 | 5 | 6 | 7 | 8 | 9 | 10 | 11 | 12 | 13 | 14 | 15 | 16 | 17 | 18 | 19 | 20 | 21 | 22 | 23 | 24 | 25 | 26 | 27 | 28 | 29 | 30 |
|---|---|---|---|---|---|---|---|---|---|---|---|---|---|---|---|---|---|---|---|---|---|---|---|---|---|---|---|---|---|---|
| 양력 | 2/20 | 21 | 22 | 23 | 24 | 25 | 26 | 27 | 28 | 29 | 3/1 | 2 | 3 | 4 | 5 | 6 | 7 | 8 | 9 | 10 | 11 | 12 | 13 | 14 | 15 | 16 | 17 | 18 | 19 | 20 |
| 일주 | 기사 | 경오 | 신미 | 임신 | 계유 | 갑술 | 을해 | 병자 | 정축 | 무인 | 기묘 | 경진 | 신사 | 임오 | 계미 | 갑신 | 을유 | 병술 | 정해 | 무자 | 기축 | 경인 | 신묘 | 임진 | 계사 | 갑오 | 을미 | 병신 | 정유 | 무술 |

## ■ 2월 윤달

| 음력 | 2/1 | 2 | 3 | 4 | 5 | 6 | 7 | 8 | 9 | 10 | 11 | 12 | 13 | 14 | 15 | 16 | 17 | 18 | 19 | 20 | 21 | 22 | 23 | 24 | 25 | 26 | 27 | 28 | 29 |
|---|---|---|---|---|---|---|---|---|---|---|---|---|---|---|---|---|---|---|---|---|---|---|---|---|---|---|---|---|---|
| 양력 | 3/21 | 22 | 23 | 24 | 25 | 26 | 27 | 28 | 29 | 30 | 31 | 4/1 | 2 | 3 | 4 | 5 | 6 | 7 | 8 | 9 | 10 | 11 | 12 | 13 | 14 | 15 | 16 | 17 | 18 |
| 일주 | 기해 | 경자 | 신축 | 임인 | 계묘 | 갑진 | 을사 | 병오 | 정미 | 무신 | 기유 | 경술 | 신해 | 임자 | 계축 | 갑인 | 을묘 | 병진 | 정사 | 무오 | 기미 | 경신 | 신유 | 임술 | 계해 | 갑자 | 을축 | 병인 | 정묘 |

## ■ 3월

| 음력 | 3/1 | 2 | 3 | 4 | 5 | 6 | 7 | 8 | 9 | 10 | 11 | 12 | 13 | 14 | 15 | 16 | 17 | 18 | 19 | 20 | 21 | 22 | 23 | 24 | 25 | 26 | 27 | 28 | 29 | 30 |
|---|---|---|---|---|---|---|---|---|---|---|---|---|---|---|---|---|---|---|---|---|---|---|---|---|---|---|---|---|---|---|
| 양력 | 4/19 | 20 | 21 | 22 | 23 | 24 | 25 | 26 | 27 | 28 | 29 | 30 | 5/1 | 2 | 3 | 4 | 5 | 6 | 7 | 8 | 9 | 10 | 11 | 12 | 13 | 14 | 15 | 16 | 17 | 18 |
| 일주 | 무진 | 기사 | 경오 | 신미 | 임신 | 계유 | 갑술 | 을해 | 병자 | 정축 | 무인 | 기묘 | 경진 | 신사 | 임오 | 계미 | 갑신 | 을유 | 병술 | 정해 | 무자 | 기축 | 경인 | 신묘 | 임진 | 계사 | 갑오 | 을미 | 병신 | 정유 |

## ■ 4월

| 음력 | 4/1 | 2 | 3 | 4 | 5 | 6 | 7 | 8 | 9 | 10 | 11 | 12 | 13 | 14 | 15 | 16 | 17 | 18 | 19 | 20 | 21 | 22 | 23 | 24 | 25 | 26 | 27 | 28 | 29 | 30 |
|---|---|---|---|---|---|---|---|---|---|---|---|---|---|---|---|---|---|---|---|---|---|---|---|---|---|---|---|---|---|---|
| 양력 | 5/19 | 20 | 21 | 22 | 23 | 24 | 25 | 26 | 27 | 28 | 29 | 30 | 31 | 6/1 | 2 | 3 | 4 | 5 | 6 | 7 | 8 | 9 | 10 | 11 | 12 | 13 | 14 | 15 | 16 | 17 |
| 일주 | 무술 | 기해 | 경자 | 신축 | 임인 | 계묘 | 갑진 | 을사 | 병오 | 정미 | 무신 | 기유 | 경술 | 신해 | 임자 | 계축 | 갑인 | 을묘 | 병진 | 정사 | 무오 | 기미 | 경신 | 신유 | 임술 | 계해 | 갑자 | 을축 | 병인 | 정묘 |

## ■ 5월

| 음력 | 5/1 | 2 | 3 | 4 | 5 | 6 | 7 | 8 | 9 | 10 | 11 | 12 | 13 | 14 | 15 | 16 | 17 | 18 | 19 | 20 | 21 | 22 | 23 | 24 | 25 | 26 | 27 | 28 | 29 |
|---|---|---|---|---|---|---|---|---|---|---|---|---|---|---|---|---|---|---|---|---|---|---|---|---|---|---|---|---|---|
| 양력 | 6/18 | 19 | 20 | 21 | 22 | 23 | 24 | 25 | 26 | 27 | 28 | 29 | 30 | 7/1 | 2 | 3 | 4 | 5 | 6 | 7 | 8 | 9 | 10 | 11 | 12 | 13 | 14 | 15 | 16 |
| 일주 | 무진 | 기사 | 경오 | 신미 | 임신 | 계유 | 갑술 | 을해 | 병자 | 정축 | 무인 | 기묘 | 경진 | 신사 | 임오 | 계미 | 갑신 | 을유 | 병술 | 정해 | 무자 | 기축 | 경인 | 신묘 | 임진 | 계사 | 갑오 | 을미 | 병신 |

## ■ 6월

| 음력 | 6/1 | 2 | 3 | 4 | 5 | 6 | 7 | 8 | 9 | 10 | 11 | 12 | 13 | 14 | 15 | 16 | 17 | 18 | 19 | 20 | 21 | 22 | 23 | 24 | 25 | 26 | 27 | 28 | 29 | 30 |
|---|---|---|---|---|---|---|---|---|---|---|---|---|---|---|---|---|---|---|---|---|---|---|---|---|---|---|---|---|---|---|
| 양력 | 7/17 | 18 | 19 | 20 | 21 | 22 | 23 | 24 | 25 | 26 | 27 | 28 | 29 | 30 | 31 | 8/1 | 2 | 3 | 4 | 5 | 6 | 7 | 8 | 9 | 10 | 11 | 12 | 13 | 14 | 15 |
| 일주 | 정유 | 무술 | 기해 | 경자 | 신축 | 임인 | 계묘 | 갑진 | 을사 | 병오 | 정미 | 무신 | 기유 | 경술 | 신해 | 임자 | 계축 | 갑인 | 을묘 | 병진 | 정사 | 무오 | 기미 | 경신 | 신유 | 임술 | 계해 | 갑자 | 을축 | 병인 |

## ■ 7월

| 음력 | 7/1 | 2 | 3 | 4 | 5 | 6 | 7 | 8 | 9 | 10 | 11 | 12 | 13 | 14 | 15 | 16 | 17 | 18 | 19 | 20 | 21 | 22 | 23 | 24 | 25 | 26 | 27 | 28 | 29 |
|---|---|---|---|---|---|---|---|---|---|---|---|---|---|---|---|---|---|---|---|---|---|---|---|---|---|---|---|---|---|
| 양력 | 8/16 | 17 | 18 | 19 | 20 | 21 | 22 | 23 | 24 | 25 | 26 | 27 | 28 | 29 | 30 | 31 | 9/1 | 2 | 3 | 4 | 5 | 6 | 7 | 8 | 9 | 10 | 11 | 12 | 13 |
| 일주 | 정묘 | 무진 | 기사 | 경오 | 신미 | 임신 | 계유 | 갑술 | 을해 | 병자 | 정축 | 무인 | 기묘 | 경진 | 신사 | 임오 | 계미 | 갑신 | 을유 | 병술 | 정해 | 무자 | 기축 | 경인 | 신묘 | 임진 | 계사 | 갑오 | 을미 |

## ■ 8월

| 음력 | 8/1 | 2 | 3 | 4 | 5 | 6 | 7 | 8 | 9 | 10 | 11 | 12 | 13 | 14 | 15 | 16 | 17 | 18 | 19 | 20 | 21 | 22 | 23 | 24 | 25 | 26 | 27 | 28 | 29 | 30 |
|---|---|---|---|---|---|---|---|---|---|---|---|---|---|---|---|---|---|---|---|---|---|---|---|---|---|---|---|---|---|---|
| 양력 | 9/14 | 15 | 16 | 17 | 18 | 19 | 20 | 21 | 22 | 23 | 24 | 25 | 26 | 27 | 28 | 29 | 30 | 10/1 | 2 | 3 | 4 | 5 | 6 | 7 | 8 | 9 | 10 | 11 | 12 | 13 |
| 일주 | 병신 | 정유 | 무술 | 기해 | 경자 | 신축 | 임인 | 계묘 | 갑진 | 을사 | 병오 | 정미 | 무신 | 기유 | 경술 | 신해 | 임자 | 계축 | 갑인 | 을묘 | 병진 | 정사 | 무오 | 기미 | 경신 | 신유 | 임술 | 계해 | 갑자 | 을축 |

## ■ 9월

| 음력 | 9/1 | 2 | 3 | 4 | 5 | 6 | 7 | 8 | 9 | 10 | 11 | 12 | 13 | 14 | 15 | 16 | 17 | 18 | 19 | 20 | 21 | 22 | 23 | 24 | 25 | 26 | 27 | 28 | 29 |
|---|---|---|---|---|---|---|---|---|---|---|---|---|---|---|---|---|---|---|---|---|---|---|---|---|---|---|---|---|---|
| 양력 | 10/14 | 15 | 16 | 17 | 18 | 19 | 20 | 21 | 22 | 23 | 24 | 25 | 26 | 27 | 28 | 29 | 30 | 31 | 11/1 | 2 | 3 | 4 | 5 | 6 | 7 | 8 | 9 | 10 | 11 |
| 일주 | 병인 | 정묘 | 무진 | 기사 | 경오 | 신미 | 임신 | 계유 | 갑술 | 을해 | 병자 | 정축 | 무인 | 기묘 | 경진 | 신사 | 임오 | 계미 | 갑신 | 을유 | 병술 | 정해 | 무자 | 기축 | 경인 | 신묘 | 임진 | 계사 | 갑오 |

## ■ 10월

| 음력 | 10/1 | 2 | 3 | 4 | 5 | 6 | 7 | 8 | 9 | 10 | 11 | 12 | 13 | 14 | 15 | 16 | 17 | 18 | 19 | 20 | 21 | 22 | 23 | 24 | 25 | 26 | 27 | 28 | 29 | 30 |
|---|---|---|---|---|---|---|---|---|---|---|---|---|---|---|---|---|---|---|---|---|---|---|---|---|---|---|---|---|---|---|
| 양력 | 11/12 | 13 | 14 | 15 | 16 | 17 | 18 | 19 | 20 | 21 | 22 | 23 | 24 | 25 | 26 | 27 | 28 | 29 | 30 | 12/1 | 2 | 3 | 4 | 5 | 6 | 7 | 8 | 9 | 10 | 11 |
| 일주 | 을미 | 병신 | 정유 | 무술 | 기해 | 경자 | 신축 | 임인 | 계묘 | 갑진 | 을사 | 병오 | 정미 | 무신 | 기유 | 경술 | 신해 | 임자 | 계축 | 갑인 | 을묘 | 병진 | 정사 | 무오 | 기미 | 경신 | 신유 | 임술 | 계해 | 갑자 |

## ■ 11월

| 음력 | 11/1 | 2 | 3 | 4 | 5 | 6 | 7 | 8 | 9 | 10 | 11 | 12 | 13 | 14 | 15 | 16 | 17 | 18 | 19 | 20 | 21 | 22 | 23 | 24 | 25 | 26 | 27 | 28 | 29 |
|---|---|---|---|---|---|---|---|---|---|---|---|---|---|---|---|---|---|---|---|---|---|---|---|---|---|---|---|---|---|
| 양력 | 12/12 | 13 | 14 | 15 | 16 | 17 | 18 | 19 | 20 | 21 | 22 | 23 | 24 | 25 | 26 | 27 | 28 | 29 | 30 | 31 | 1/1 | 2 | 3 | 4 | 5 | 6 | 7 | 8 | 9 |
| 일주 | 을축 | 병인 | 정묘 | 무진 | 기사 | 경오 | 신미 | 임신 | 계유 | 갑술 | 을해 | 병자 | 정축 | 무인 | 기묘 | 경진 | 신사 | 임오 | 계미 | 갑신 | 을유 | 병술 | 정해 | 무자 | 기축 | 경인 | 신묘 | 임진 | 계사 |

## ■ 12월

| 음력 | 12/1 | 2 | 3 | 4 | 5 | 6 | 7 | 8 | 9 | 10 | 11 | 12 | 13 | 14 | 15 | 16 | 17 | 18 | 19 | 20 | 21 | 22 | 23 | 24 | 25 | 26 | 27 | 28 | 29 | 30 |
|---|---|---|---|---|---|---|---|---|---|---|---|---|---|---|---|---|---|---|---|---|---|---|---|---|---|---|---|---|---|---|
| 양력 | 1/10 | 11 | 12 | 13 | 14 | 15 | 16 | 17 | 18 | 19 | 20 | 21 | 22 | 23 | 24 | 25 | 26 | 27 | 28 | 29 | 30 | 31 | 2/1 | 2 | 3 | 4 | 5 | 6 | 7 | 8 |
| 일주 | 갑오 | 을미 | 병신 | 정유 | 무술 | 기해 | 경자 | 신축 | 임인 | 계묘 | 갑진 | 을사 | 병오 | 정미 | 무신 | 기유 | 경술 | 신해 | 임자 | 계축 | 갑인 | 을묘 | 병진 | 정사 | 무오 | 기미 | 경신 | 신유 | 임술 | 계해 |

## 2005년

### ■ 1월

| 음력 | 1/1 | 2 | 3 | 4 | 5 | 6 | 7 | 8 | 9 | 10 | 11 | 12 | 13 | 14 | 15 | 16 | 17 | 18 | 19 | 20 | 21 | 22 | 23 | 24 | 25 | 26 | 27 | 28 | 29 | |
|---|---|---|---|---|---|---|---|---|---|---|---|---|---|---|---|---|---|---|---|---|---|---|---|---|---|---|---|---|---|---|
| 양력 | 2/9 | 10 | 11 | 12 | 13 | 14 | 15 | 16 | 17 | 18 | 19 | 20 | 21 | 22 | 23 | 24 | 25 | 26 | 27 | 28 | 3/1 | 2 | 3 | 4 | 5 | 6 | 7 | 8 | 9 | |
| 일주 | 갑자 | 을축 | 병인 | 정묘 | 무진 | 기사 | 경오 | 신미 | 임신 | 계유 | 갑술 | 을해 | 병자 | 정축 | 무인 | 기묘 | 경진 | 신사 | 임오 | 계미 | 갑신 | 을유 | 병술 | 정해 | 무자 | 기축 | 경인 | 신묘 | 임진 | |

### ■ 2월

| 음력 | 2/1 | 2 | 3 | 4 | 5 | 6 | 7 | 8 | 9 | 10 | 11 | 12 | 13 | 14 | 15 | 16 | 17 | 18 | 19 | 20 | 21 | 22 | 23 | 24 | 25 | 26 | 27 | 28 | 29 | 30 |
|---|---|---|---|---|---|---|---|---|---|---|---|---|---|---|---|---|---|---|---|---|---|---|---|---|---|---|---|---|---|---|
| 양력 | 3/10 | 11 | 12 | 13 | 14 | 15 | 16 | 17 | 18 | 19 | 20 | 21 | 22 | 23 | 24 | 25 | 26 | 27 | 28 | 29 | 30 | 31 | 4/1 | 2 | 3 | 4 | 5 | 6 | 7 | 8 |
| 일주 | 계사 | 갑오 | 을미 | 병신 | 정유 | 무술 | 기해 | 경자 | 신축 | 임인 | 계묘 | 갑진 | 을사 | 병오 | 정미 | 무신 | 기유 | 경술 | 신해 | 임자 | 계축 | 갑인 | 을묘 | 병진 | 정사 | 무오 | 기미 | 경신 | 신유 | 임술 |

### ■ 3월

| 음력 | 3/1 | 2 | 3 | 4 | 5 | 6 | 7 | 8 | 9 | 10 | 11 | 12 | 13 | 14 | 15 | 16 | 17 | 18 | 19 | 20 | 21 | 22 | 23 | 24 | 25 | 26 | 27 | 28 | 29 | |
|---|---|---|---|---|---|---|---|---|---|---|---|---|---|---|---|---|---|---|---|---|---|---|---|---|---|---|---|---|---|---|
| 양력 | 4/9 | 10 | 11 | 12 | 13 | 14 | 15 | 16 | 17 | 18 | 19 | 20 | 21 | 22 | 23 | 24 | 25 | 26 | 27 | 28 | 29 | 30 | 5/1 | 2 | 3 | 4 | 5 | 6 | 7 | |
| 일주 | 계해 | 갑자 | 을축 | 병인 | 정묘 | 무진 | 기사 | 경오 | 신미 | 임신 | 계유 | 갑술 | 을해 | 병자 | 정축 | 무인 | 기묘 | 경진 | 신사 | 임오 | 계미 | 갑신 | 을유 | 병술 | 정해 | 무자 | 기축 | 경인 | 신묘 | |

### ■ 4월

| 음력 | 4/1 | 2 | 3 | 4 | 5 | 6 | 7 | 8 | 9 | 10 | 11 | 12 | 13 | 14 | 15 | 16 | 17 | 18 | 19 | 20 | 21 | 22 | 23 | 24 | 25 | 26 | 27 | 28 | 29 | 30 |
|---|---|---|---|---|---|---|---|---|---|---|---|---|---|---|---|---|---|---|---|---|---|---|---|---|---|---|---|---|---|---|
| 양력 | 5/8 | 9 | 10 | 11 | 12 | 13 | 14 | 15 | 16 | 17 | 18 | 19 | 20 | 21 | 22 | 23 | 24 | 25 | 26 | 27 | 28 | 29 | 30 | 31 | 6/1 | 2 | 3 | 4 | 5 | 6 |
| 일주 | 임진 | 계사 | 갑오 | 을미 | 병신 | 정유 | 무술 | 기해 | 경자 | 신축 | 임인 | 계묘 | 갑진 | 을사 | 병오 | 정미 | 무신 | 기유 | 경술 | 신해 | 임자 | 계축 | 갑인 | 을묘 | 병진 | 정사 | 무오 | 기미 | 경신 | 신유 |

### ■ 5월

| 음력 | 5/1 | 2 | 3 | 4 | 5 | 6 | 7 | 8 | 9 | 10 | 11 | 12 | 13 | 14 | 15 | 16 | 17 | 18 | 19 | 20 | 21 | 22 | 23 | 24 | 25 | 26 | 27 | 28 | 29 | |
|---|---|---|---|---|---|---|---|---|---|---|---|---|---|---|---|---|---|---|---|---|---|---|---|---|---|---|---|---|---|---|
| 양력 | 6/7 | 8 | 9 | 10 | 11 | 12 | 13 | 14 | 15 | 16 | 17 | 18 | 19 | 20 | 21 | 22 | 23 | 24 | 25 | 26 | 27 | 28 | 29 | 30 | 7/1 | 2 | 3 | 4 | 5 | |
| 일주 | 임술 | 계해 | 갑자 | 을축 | 병인 | 정묘 | 무진 | 기사 | 경오 | 신미 | 임신 | 계유 | 갑술 | 을해 | 병자 | 정축 | 무인 | 기묘 | 경진 | 신사 | 임오 | 계미 | 갑신 | 을유 | 병술 | 정해 | 무자 | 기축 | 경인 | |

### ■ 6월

| 음력 | 6/1 | 2 | 3 | 4 | 5 | 6 | 7 | 8 | 9 | 10 | 11 | 12 | 13 | 14 | 15 | 16 | 17 | 18 | 19 | 20 | 21 | 22 | 23 | 24 | 25 | 26 | 27 | 28 | 29 | 30 |
|---|---|---|---|---|---|---|---|---|---|---|---|---|---|---|---|---|---|---|---|---|---|---|---|---|---|---|---|---|---|---|
| 양력 | 7/6 | 7 | 8 | 9 | 10 | 11 | 12 | 13 | 14 | 15 | 16 | 17 | 18 | 19 | 20 | 21 | 22 | 23 | 24 | 25 | 26 | 27 | 28 | 29 | 30 | 31 | 8/1 | 2 | 3 | 4 |
| 일주 | 신묘 | 임진 | 계사 | 갑오 | 을미 | 병신 | 정유 | 무술 | 기해 | 경자 | 신축 | 임인 | 계묘 | 갑진 | 을사 | 병오 | 정미 | 무신 | 기유 | 경술 | 신해 | 임자 | 계축 | 갑인 | 을묘 | 병진 | 정사 | 무오 | 기미 | 경신 |

## ■ 7월

| 음력 | 7/1 | 2 | 3 | 4 | 5 | 6 | 7 | 8 | 9 | 10 | 11 | 12 | 13 | 14 | 15 | 16 | 17 | 18 | 19 | 20 | 21 | 22 | 23 | 24 | 25 | 26 | 27 | 28 | 29 | 30 |
|---|---|---|---|---|---|---|---|---|---|---|---|---|---|---|---|---|---|---|---|---|---|---|---|---|---|---|---|---|---|---|
| 양력 | 8/5 | 6 | 7 | 8 | 9 | 10 | 11 | 12 | 13 | 14 | 15 | 16 | 17 | 18 | 19 | 20 | 21 | 22 | 23 | 24 | 25 | 26 | 27 | 28 | 29 | 30 | 31 | 9/1 | 2 | 3 |
| 일주 | 신유 | 임술 | 계해 | 갑자 | 을축 | 병인 | 정묘 | 무진 | 기사 | 경오 | 신미 | 임신 | 계유 | 갑술 | 을해 | 병자 | 정축 | 무인 | 기묘 | 경진 | 신사 | 임오 | 계미 | 갑신 | 을유 | 병술 | 정해 | 무자 | 기축 | 경인 |

## ■ 8월

| 음력 | 8/1 | 2 | 3 | 4 | 5 | 6 | 7 | 8 | 9 | 10 | 11 | 12 | 13 | 14 | 15 | 16 | 17 | 18 | 19 | 20 | 21 | 22 | 23 | 24 | 25 | 26 | 27 | 28 | 29 |
|---|---|---|---|---|---|---|---|---|---|---|---|---|---|---|---|---|---|---|---|---|---|---|---|---|---|---|---|---|---|
| 양력 | 9/4 | 5 | 6 | 7 | 8 | 9 | 10 | 11 | 12 | 13 | 14 | 15 | 16 | 17 | 18 | 19 | 20 | 21 | 22 | 23 | 24 | 25 | 26 | 27 | 28 | 29 | 30 | 10/1 | 2 |
| 일주 | 신묘 | 임진 | 계사 | 갑오 | 을미 | 병신 | 정유 | 무술 | 기해 | 경자 | 신축 | 임인 | 계묘 | 갑진 | 을사 | 병오 | 정미 | 무신 | 기유 | 경술 | 신해 | 임자 | 계축 | 갑인 | 을묘 | 병진 | 정사 | 무오 | 기미 |

## ■ 9월

| 음력 | 9/1 | 2 | 3 | 4 | 5 | 6 | 7 | 8 | 9 | 10 | 11 | 12 | 13 | 14 | 15 | 16 | 17 | 18 | 19 | 20 | 21 | 22 | 23 | 24 | 25 | 26 | 27 | 28 | 29 | 30 |
|---|---|---|---|---|---|---|---|---|---|---|---|---|---|---|---|---|---|---|---|---|---|---|---|---|---|---|---|---|---|---|
| 양력 | 10/3 | 4 | 5 | 6 | 7 | 8 | 9 | 10 | 11 | 12 | 13 | 14 | 15 | 16 | 17 | 18 | 19 | 20 | 21 | 22 | 23 | 24 | 25 | 26 | 27 | 28 | 29 | 30 | 31 | 11/1 |
| 일주 | 경신 | 신유 | 임술 | 계해 | 갑자 | 을축 | 병인 | 정묘 | 무진 | 기사 | 경오 | 신미 | 임신 | 계유 | 갑술 | 을해 | 병자 | 정축 | 무인 | 기묘 | 경진 | 신사 | 임오 | 계미 | 갑신 | 을유 | 병술 | 정해 | 무자 | 기축 |

## ■ 10월

| 음력 | 10/1 | 2 | 3 | 4 | 5 | 6 | 7 | 8 | 9 | 10 | 11 | 12 | 13 | 14 | 15 | 16 | 17 | 18 | 19 | 20 | 21 | 22 | 23 | 24 | 25 | 26 | 27 | 28 | 29 | 30 |
|---|---|---|---|---|---|---|---|---|---|---|---|---|---|---|---|---|---|---|---|---|---|---|---|---|---|---|---|---|---|---|
| 양력 | 11/2 | 3 | 4 | 5 | 6 | 7 | 8 | 9 | 10 | 11 | 12 | 13 | 14 | 15 | 16 | 17 | 18 | 19 | 20 | 21 | 22 | 23 | 24 | 25 | 26 | 27 | 28 | 29 | 30 | 12/1 |
| 일주 | 경인 | 신묘 | 임진 | 계사 | 갑오 | 을미 | 병신 | 정유 | 무술 | 기해 | 경자 | 신축 | 임인 | 계묘 | 갑진 | 을사 | 병오 | 정미 | 무신 | 기유 | 경술 | 신해 | 임자 | 계축 | 갑인 | 을묘 | 병진 | 정사 | 무오 | 기미 |

## ■ 11월

| 음력 | 11/1 | 2 | 3 | 4 | 5 | 6 | 7 | 8 | 9 | 10 | 11 | 12 | 13 | 14 | 15 | 16 | 17 | 18 | 19 | 20 | 21 | 22 | 23 | 24 | 25 | 26 | 27 | 28 | 29 |
|---|---|---|---|---|---|---|---|---|---|---|---|---|---|---|---|---|---|---|---|---|---|---|---|---|---|---|---|---|---|
| 양력 | 12/2 | 3 | 4 | 5 | 6 | 7 | 8 | 9 | 10 | 11 | 12 | 13 | 14 | 15 | 16 | 17 | 18 | 19 | 20 | 21 | 22 | 23 | 24 | 25 | 26 | 27 | 28 | 29 | 30 |
| 일주 | 경신 | 신유 | 임술 | 계해 | 갑자 | 을축 | 병인 | 정묘 | 무진 | 기사 | 경오 | 신미 | 임신 | 계유 | 갑술 | 을해 | 병자 | 정축 | 무인 | 기묘 | 경진 | 신사 | 임오 | 계미 | 갑신 | 을유 | 병술 | 정해 | 무자 |

## ■ 12월

| 음력 | 12/1 | 2 | 3 | 4 | 5 | 6 | 7 | 8 | 9 | 10 | 11 | 12 | 13 | 14 | 15 | 16 | 17 | 18 | 19 | 20 | 21 | 22 | 23 | 24 | 25 | 26 | 27 | 28 | 29 | 30 |
|---|---|---|---|---|---|---|---|---|---|---|---|---|---|---|---|---|---|---|---|---|---|---|---|---|---|---|---|---|---|---|
| 양력 | 12/31 | 1/1 | 2 | 3 | 4 | 5 | 6 | 7 | 8 | 9 | 10 | 11 | 12 | 13 | 14 | 15 | 16 | 17 | 18 | 19 | 20 | 21 | 22 | 23 | 24 | 25 | 26 | 27 | 28 | 29 |
| 일주 | 기축 | 경인 | 신묘 | 임진 | 계사 | 갑오 | 을미 | 병신 | 정유 | 무술 | 기해 | 경자 | 신축 | 임인 | 계묘 | 갑진 | 을사 | 병오 | 정미 | 무신 | 기유 | 경술 | 신해 | 임자 | 계축 | 갑인 | 을묘 | 병진 | 정사 | 무오 |